우가릿어 사전

우가릿어 사전
2010년 6월 18일 교회인가
2010년 7월 20일 초판 1쇄 펴냄
지은이: 요제프 트롭퍼
개역자: 주원준
펴낸이: 조병우
펴낸곳: 한님성서연구소
등록: 제85호
주소: 480-844 경기도 의정부시 의정부 1동 227-23
전화: 031)846-3467　팩스: 031)846-3595
http://www.biblicum.or.kr

이 책의 한글서체는 중앙폰트를 사용하였습니다.
이 책의 표지 사진은 InscriptiFact의 허락을 얻어 사용하였습니다. www.inscriptifact.com

값: 20,000원

ISBN 978-89-94359-15-1 94230
ISBN 978-89-94359-13-7 94230(전 2권)

Josef Tropper
Kleines Wörterbuch des Ugaritischen
Elementa Linguarum Orientis 4

Translated, noted and added by Wonjun Joo

우가릿어 사전

요제프 트롭퍼 지음

주원준 개역

한님성서연구소
Hannim Biblical Institute

독어판 서문

이 책(KWU: *Kleines Wörterbuch des Ugaritischen*)을 내려는 생각은 필자의 교육 경험에서 비롯했다. 비교적 최근까지도 우가릿어 수업에 쓸 만한 사전류의 부교재가 없어서, 학생들은 단어장들을 손수 만들어 사용해야 했다. 하지만 우가릿어 사전의 새 표준인 DUL (G. del Olmo Lete, J. Sanmartín, *A Dictionary of the Ugaritic Language in the Alphabetic Tradition* [Leiden 2003])이 나오면서 상황은 한결 나아졌다. 그런데 DUL은 우가릿어의 초보자들이 쓰기가 쉽지 않다. 왜냐하면 자료의 양이 너무 많고 참고 문헌과 관련 토론이 너무 길게 실렸기 때문이다. 또 단어의 어원을 제시하는 방식이 교육적으로 비효율적이다. 이를테면 우가릿어 낱말의 어원으로(아카드어, 아람어 등) 다른 셈어 낱말이 제시될 때, 이 낱말이 해당 언어에서 전혀 다른 뜻으로 쓰여도 아무런 번역 없이 그냥 실었다.

이 책은 훨씬 방대한 DUL과 겨룰 만한 것이 못된다. 우가릿어의 모든 낱말을 포함하고 있지도 않고 고유명사는 훨씬 적다. 이 책에 실린 낱말의 선별 기준은, 서사시나 종교 문헌 등 학교 수업시간에 읽기 알맞은 문헌들에 나오는 단어를 거의 다 싣는 것이다. 거기에 동사의 어근만을 따로 모아 나열하였다. 교육적으로도 이 책은 DUL과 전혀 다른 방향이다. 이를테면 낱말에 모음을 붙였고, 어근은 '고전' 셈어에서 뽑았다. 곧 우가릿어를 배우는 학생이 이미 알고 있거나 최소한 낯설지는 않다고 생각하는 언어들로 한정했다. 물론 이 사전에는 우가릿어 문헌에 대한 저자의 주관적 이해가 스며들어 있어 일부 낱말은 DUL과 그 해석이 다를 것이다. 그러므로 이 사전은 어떤 의미에서 DUL의 비판적 보완물이자 학문적 참고서일 수 있다.

우가릿학은 아직 풀지 못한 난제들과 씨름해야 하는 학문이다. 수많은 문제들이 확실한 답을 찾지 못하고 있고, 그저 논리적 추론에 그치는 것도 있다. 사전에 실을 수 있을 정도의 뚜렷한 의미를 모르는 낱말도 많다. 그러므로 이 사전에 실린 낱말과 해석은 미래에 오류라고 판정나거나 적잖은 부분이 부정확한 것으로 이해될 수도 있다. 그러므로 이 사전에 대한 비판을 바라고 환영하는 바이다.

2006년 9월, 베를린에서

요제프 트롭퍼Josef Tropper

일러두기

이 사전은 우가릿어로 쓰인 대작 세 편, 곧 바알루 신화집, 케레투 서사시, 아크하투 서사시의 모든 어휘를 포함한다. 토판에서 알아보기 힘든 낱말은 제외했지만, 서사시에서 자주 나오는 고유명사는 포함시켰다. 그 밖에 신화를 담은 문헌과 제의문헌의 중요한 낱말을 대부분 담았다. 알파벳 문자와 음절 문자로 쓰인 낱말 가운데 중요하다고 생각하는 것도 넣었고, 동사는 모두 포함시켰다. 그래서 이 사전은 2,000개 항목을 담았는데, 그 가운데 어휘소는 1,880개이고 나머지는 고유명사다. 참고로 DUL은 모두 4,445개 항목 가운데 어휘소가 2,230개이고 고유명사가 2,215개다(이 자료는 베를린의 할라이카Issam Halayqa 박사가 제공했다).

어휘를 고를 때는 낱말의 종교·문법적 의미에 가치를 두었다. 또한 필자가 보기에 DUL에서 제안한 의미와 다른 뜻을 지닌 낱말들도 중요하게 다루었다. 그 밖에 DUL이 미처 포함시키지 못한 새 문헌들(1994년 이후 발굴된 것)의 어휘들은 특별히 모두 실었다. 이렇게 해서 이 책은 DUL을 비판적으로 보완할 수 있게 되었다.

이 사전을 구상하며 첫째로 생각한 것은 교육적 목적이다. 그래서 한 낱말이 나오면 바로 옆에 음성학적으로 재구성한 모음을 제시하고 뜻을 밝혔다. 물론 이런 모음의 재구성은 대부분 학문적으로 근거한 제안일 뿐이고, 증명할 수 있는 경우는 드물다는 점을 밝혀 둔다. 그러므로 이 사전을 사용하는 사람은 모음과 관련해서 비판적으로 접근해야 할 것이다. 명사와 형용사의 모음은 주격으로 실었다.

'|' 표시 다음에는 어근과 관련된 자료를 제시하였다. 모든 어근을 일일이 다 밝힌 것은 아니고, 이른바 고전 셈어에서만 골랐다. 특히 중부셈어(북서셈어, 아랍어, 또한 스바어)를 중시했는데, 우가릿어와 가깝다고 생각하는 다음 순서로 인용했다. 1. 가나안어 계통, 2. 아람어(시리아어는 강조상태status emphaticus로 인용), 3. 북아랍어, 4. 고대 남부아랍어(대개는 스바어), 5. 에티오피아어(대개 고대 에티오피아어), 6. 아카드어. 이렇게 관련 어근이 해당하는 우가릿어 낱말과 의미가 다르면, 그 의미도 밝혀 놓았다.

대부분의 우가릿어 어휘소들에 최소한 하나의 문헌 자료를 제시했는데, KTU[2] 번호 순으로 가장 처음에 등장하는 곳을 적는 것을 원칙으로 삼았다. 문헌을 제시한 뒤에 '&' 표시가 있으면, 그 낱말은 문헌에서 최소 두 번 더 나온다는 뜻이다. 드물게 나오는 낱말은 등장하는 문헌을 전부 제시했지만, 무척 자주 등장하는 낱말, 곧 전치사, 접속사 등은 문헌표시를 따로 하지 않았다. 문헌 표시는 KTU[2]에 따라 '문헌의 번호:열:행'식으로 표시한다. 그 밖의 문헌은 출토 당시 사용된 표시(RS = Ras Shamra)로 인용한다.

그 밖에 다음을 주의하라.
- 첫째 자음이 약한 동사(primae infirmae, 곧 I-*y* 또는 I-*w*)는 모두 I–*y*로 싣는다.
- 우가릿어의 명사와 형용사는 주격을 기준으로 모음을 붙였다.
- 히브리어와 아람어 가운데 셋째 자음이 약한 동사(tertiae infirmae)는 모두 III–*y*로 싣는다.
- 히브리어와 아람어의 형태 가운데 '베가드케파트 문자'가 마찰음화하는 것은 따로 표기하지 않는다. 이를테면 아람어에서 '간'을 뜻하는 단어 *kaḇdā*는 *kabdā*로 싣는다.

이 책에서 쓰인 기호의 의미는 다음과 같다.

√ 동사의 어근을 표시
예: √ʾ*hb*

& 해당하는 단어나 형태를 보여주는 문헌이 (최소한 두 개) 더 있다는 표시
예: *adr* 항목의 '여성형 *adrt* 1.12:II:29; 1.17:VI:20.21&'는 이 여성형이 이 세 곳 외에도 더 등장한다는 뜻

* ① 낱말 뒤에서는 문헌에서 발견되지 않지만 재구성할 수 있는 형태를 표시
예: *bkt* 항목의 '**bākiytu*'는 실제 이런 단어를 문헌에서는 찾을 수 없다는 뜻
② 문헌표시 뒤에서는 해당하는 곳에서 문헌이 심하게 훼손되었다는 표시
③ D*, Dp* 등에서는 II–*w*/*y* 동사의 '보통의' 중첩형과 형태가 다른 경우를 지칭(히브리어의 '폴렐' Pōlel, '폴랄' Pōlal 등에 해당)
예: √ʿ*wd* 항목의 'D*'는 이 동사의 중첩형이 보통의 형태와 다름을 의미

\ 문헌을 직접 인용할 때 줄바뀜을 표시
예: √ʾ*wd* 항목의 '*nrn al tud \ ad at lhm \ ṯtm ksp*'는 토판의 줄바뀜을 의미

/ ① 문헌을 직접 인용할 때는 구문론적 단위(예: 문장 경계 등)나 시적 단위(예: 연 등)가 바뀜을 표시
② 음소를 표시할 때는 '또는'의 의미
예: *šm* 항목의 '/*šu*/*imu*/'는 /*šumu*/ 또는 /*šimu*/의 뜻

! 문헌의 정서법 오류를 교정했다는 표시
예: √*mll* 항목의 '*ymll*[!]'은 문헌상의 정서법 오류를 교정해서 읽었다는 뜻

? 문헌의 해당 글자가 불확실함을 표시
예: *ṣm* 항목의 '*ṯlṯ ymm l ṣ*[?]*m*[?] *y*ʿ*rb*'은 해당하는 두 글자가 불확실하다는 뜻

// 병행구 또는 병행하는 형태
예: 2부 √*rgm* 항목의 '// √*ṯny*'는 이 낱말과 자주 병행한다는 뜻

< 더 오래된 기본 형태에서 어원학적으로 변형되는 과정을 표시

예: √*ndd*$_2$ 항목의 '< **nḍḍ*'는 이 낱말이 어원이 **nḍḍ*라는 뜻

V 모음(Vowel)이 분명하지 않음을 표시

예: *tsm* 항목의 '/*tôsVmu*/'는 둘째 음절의 모음이 분명하지 않다는 뜻

˘ 모음의 길이를 정확히 규정하기 힘든 경우.

예: *at*$_1$ 항목의 '/ˀ*attă̄*/'의 *ă̄*는 보통의 *a*인지 긴 *ā*인지 짧은 *ă*인지 정확히 규정하기 힘들다는 뜻

/ / 음소를 표시

[ ] 음성을 표시

{ } 글자를 하나씩 표시

° 고유명사(인명, 신명, 지명 등)를 표시

| 어원과 관련된 사항을 나열한다는 표시

한국어판 서문

이 책은 『우가릿어 문법』과 한 짝을 이루는 것으로서, 우가릿 신화와 서사시를 직접 읽고 새길 수 있게 도와줄 것이다. 이 두 권 만으로 초급자나 중급자가 우가릿어 문헌을 직접 해독하는데 어려움이 없을 것이다. 또한 『우가릿어 문법』과 마찬가지로, 이 사전에도 UG가 연동된다. UG는 §를 붙이지 않는 이상 쪽수로 표시한다.

이 책은 단순한 번역이 아니다. 옮긴이와 저자는 근동어학이 전반적으로 낯선 우리나라의 사정을 감안하고, 초보자일수록 상세한 사전이 필요하다는 믿음과 경험에 기반하여, 무척 친절한 사전이 되어야 한다는 데 공감했다. 그래서 교육적 목표에 가치를 두고 이 책의 형식과 내용에 과감하게 손을 댔다.

우선 1부 '우가릿어-한글 사전'에서 수많은 약어와 기호들을 우리말로 되도록 풀어 설명하려고 했다. 낱말의 형태적 변화도 보기 편하게 실었고, 중요한 토론이 실릴 때는 되도록 자세하게 설명하려고 했다. 또한 히브리어에 익숙한 국내 독자들을 위해, 히브리어 관련 어근을 더욱 소상히 실었다. 우가릿어 낱말의 뜻도 되도록 자연스러운 우리말로 옮기고자 했다. 이렇게 해서 1부의 분량이 독일어본보다 대폭 늘어났다.

2부 '우가릿어 어근 목록'은 독일어본과는 달리, 해당 어근의 형태적·내용적 파생어를 되도록 모두 실어 한눈에 파악할 수 있도록 했다. 우가릿어의 중급 이상의 실력을 갖추려면, 반드시 이 2부를 숙달해야만 할 것이다. 또한 옮긴이는 저자보다 어근을 더욱 적극적으로 평가해서 독일어본보다 어근의 수가 조금 늘었다.

3부 '한글-우가릿 사전'은 독일어본의 '독일어-우가릿어 사전'과 비교해 볼 때, 내용과 분량이 대폭 늘어났다. 현존하는 우가릿어 사전 가운데 이 책의 3부만큼 꼼꼼하게 만든 사전은 아직 찾을 수 없을 것이다.

그리고 우가릿어 낱말의 뜻을 규명하기 위해 참고한 여러 고대어에 대한 설명이 꼭 필요할 것 같아, 책머리에 간략히 정리했다. 이 다양한 언어들은 구약성경뿐 아니라 인류 문명의 뿌리를 이해하는 데 매우 중요하지만, 안타깝게도 우리말로 배울 수 있는 교재는 대부분 없는 실정이다.

이제 우가릿어 문법서와 사전이 마련되어 우가릿 신화를 우리말로 옮기고 이해할 수 있는 기초를 소박하게나마 갖추게 되어 마음 깊이 감사드린다.

2010년 여름 한님에서 주원준

차 례

○ 독어판 서문 5
○ 일러두기 6
○ 한국어판 서문 9
○ 차례 10

○ 고대 근동 민족명과 니스바 어미 15
○ 고대 근동어 17
○ 언어 약어표 27
○ 참고 문헌 28

○ 제1부: 우가릿어-한글 사전 31
ʾ 32
a 34
i 41
u 45
ʿ 48
b 56
d 62
ḏ 67
g 68
ǧ 72
h 75

ḥ	79
ḫ	86
k	91
l	99
m	104
n	122
p	132
q	137
r	143
ɜ, ɜ̀	148
ṣ	151
š	155
t	165
ṭ	171
ṯ	172
w	178
y	178
z	186
ẓ	187

○ 제2부: 우가릿어 어근 목록 189

○ 제3부: 한글-우가릿어 사전 209

고대 근동어

고대 근동 민족명과 니스바 어미

고대 근동의 다양한 민족 이름Gentilicium을 우리말로 옮길 때는 이른바 '니스바Nisba 어미'에 주의해야 한다. '니스바'는 아랍어로 '관계'를 의미한다. 니스바 어미의 단수 남성형은 -ī, 여성형은 -*īya*인데, 명사나 동명사에 붙어 형용사를 만들거나, '직업'이나 '소속'을 나타낼 수 있고, 지명이나 민족명에 붙어 '… 사람', '… 인'을 뜻하기도 한다(Krahl/Reuschel/Schlulz, *Arabisch*, 88). 이 니스바 어미는 다양한 셈어에서 일반적으로 사용되는 어미로서(GvG I, 397f.), 유럽어의 -er, -ist나 독일어의 -isch에 해당한다. 아래에서 보듯, 히브리어 성경에도 자주 나온다(Waltke/O'Connor, *Syntax*, 92).

히브리어	우리말(성경)	분석
אמֹרִי	아모리인	*ᵓAmurr-ī* = *ᵓAmurr*(아무르) + *ī*(사람)
אמֹנִי	암몬인	*ᵓAmmon-ī* = *ᵓAmmā / ōn*(암몬, 암만) + *ī*(사람)
יִשְׂרְאֵלִי	이스라엘인	*Yiśraᵓel-ī* = *Yiśraᵓel*(이스라엘) + *ī*(사람)

첫째, '아모리인'의 경우, 히브리어로 '아모르'라는 민족은 성경이 탄생되기 훨씬 이전 시기인 수메르 문헌에 '아무르'*ᵓAmurr*로 등장한다. 이 말은 원래 신명神名이었는데, 점차 '서쪽'을 뜻하는 일반명사가 되어 지금의 가나안-시리아 지방을 일컫게 되었다AHw. 이 낱말에 니스바 어미 -ī가 붙어 민족의 이름이 되었으므로, 그 뜻을 직역하면 '아무르신의 사람들' 또는 '(메소포타미아를 기준으로) 서쪽 사람들'이다.

둘째, '암몬인'은 역시 지명이나 신명인(NBL I, 87) '암만'(암몬)에 니스바 어미가 붙은 것이다. 셋째의 경우 '이스라엘'이라는 고유명사에 니스바 어미가 붙어 '이스라엘 사람' 또는 '이스라엘의'라는 뜻이 되었다. 이 니스바 어미는 아래에서 보듯 셈족과 관련된 현대 영어 단어에도 일부 영향을 끼쳤다.

Iraq	이라크	Iraqi	이라크인= Iraq(이라크) + i(사람)
Israel	이스라엘	Israeli	이스라엘인 = Israel(이스라엘) + i(사람)

고대부터 전해져 현재 널리 사용되는 고유명사를 살펴보면, 고유명사에 니스바 어미를 포함시킨 것도 있고(아모리인), 뺀 것도 있다(암몬인, 이스라엘인). 이렇게 된 이유는 성경 번역이 니스바 어미에 충분히 주의를 기울이지 않았기 때문이다. 고대 근동학이 고대

근동의 고유명사를 학문적으로 검토하기 시작한 것은 비교적 최근의 일이다.

언어학적으로 엄밀하게 논하자면, 니스바 어미를 고유명사에 포함시키는 것은 동일한 요소를 불필요하게 중복시키는 것이다. 곧 '아모리인'의 경우 '아무르ʾ*Amurr*–인*ī*–인'은 '역전前앞'의 구조와 같은 셈이다. 따라서 우리말로 옮길 때, 히브리어 '아모르'보다 더 옛 형태인 '아무르'를 취하고 니스바 어미를 빼서 '아무르 사람' 또는 '아무르인'으로 옮기는 것이 더 적절하다.

하지만 전통적으로 널리 쓰여 이미 학계에 고착된 이름을 모두 한번에 개선하자는 주장이 설득력을 얻긴 힘들다. 다만 고대 근동 언어학에 충실하려는 이 책에서 사용하는 민족과 언어의 이름들이 성경에 등장하는 이름과 다를 때, 그 이유 가운데 하나가 바로 이 니스바 어미를 주의 깊게 다루었기 때문임을 밝혀 두려 한다. 다음에서 소개할 고대 근동어의 고유명사는 현재 널리 쓰이는 이름을 사용했지만 괄호 안에 더 적절하다고 생각하는 이름을 병기했다.

고대 근동어

이 사전에서 우가릿어의 뜻을 밝히기 위해 참고한 다양한 고대 근동 언어를 간략히 소개한다. 사전은 NBL(*Neues Bibellexikon* [Benzinger 1995–2001])과 AHw(von Soden, *Akkadisches Handwörterbuch* [Wiesbaden 1985])를 사용하였다.

셈어

이 책에서 가장 많이 참고한 언어는 당연히 셈어다. 다양한 셈어에서 일반적으로 등장하는 낱말을 소개할 때는 그냥 '셈어'라고 했다. 셈어는 지역에 따라 동부셈어와 서부셈어로 나뉜다(이하 UG §13). 동부셈어는 아카드어가 대표적이다. 서부셈어는 남부셈어와 중부셈어로 나뉜다. 남부셈어는 에티오피아어와 고대 남부아랍어가 대표적이다. 한편 중부셈어 가운데 가나안어와 아람어는 공통점이 많아 조상 언어가 같을 것으로 보는데, 이 조상 언어를 '북서셈어'라 한다. 우가릿어도 이 북서셈어를 조상어로 두었을 것이다. 그리고 ⑦ 아무르어와 ㉔ 신남부아랍어는 어디에 속하는지 의견이 분분하여 '기타 셈어'로 분류하였다. 이를 간략하게 정리하면 다음과 같다.

○ 동부셈어

① 아카드어 ② 에블라어

○ 서부셈어

–중부셈어 –(북서셈어) –③ 가나안어: ④ 페니키아어, ⑤ 히브리어
–⑥ 우가릿어
–⑧ 아람어 –⑨ 고대 아람어, ⑩ 삼알어,
–⑪ 제국 아람어
–⑫ 중기 아람어: ⑬ 팔미라어, ⑭ 나바태아어
–⑮ 후기 아람어: ⑯ 유다 아람어, ⑰ 시리아어, ⑱ 만다어
–북아랍어 –⑲ 아랍어
–㉓ 고대 남부아랍어(?): 스바어, 미내어, 카타반어
–⑳ 남부셈어 –고대 에티오피아어: ㉑ 게에즈어, ㉒ 암하라어

○ 기타 셈어

⑦ 아무르어, ㉔ 신남부아랍어

그 밖에 셈어는 아니지만 셈족과 이웃하면서 역사적으로 긴밀하게 영향을 주고받은 언어로서, 이 책에서 참고한 언어들은 다음과 같다. ㉕ 수메르어, ㉖ 후르어, ㉗ 우라르투어, ㉘ 히타이트어, ㉙ 루비어, ㉚ 쿠쉬어

① **아카드어**(악카두어)

아카드어는 가장 오래된 셈어에 속한다. 대부분의 아카드어 문헌은 부드러운 진흙판에 쐐기문자를 찍은 다음 강한 햇볕이나 불에 구워 만든 토판으로 남아 있다. '아카드어'라는 이름은 사르곤 대제(기원전 2335-2279년)가 통치하던 도시국가 '악카두'(또는 악카데 ʾ*Akkadu*, ʾ*Akkade*)에서 유래한다. 아카드의 임금은 자신을 '수메르와 아카드의 임금'으로 불렀고, 아카드어는 수메르어의 쐐기문자를 사용하는 등 아카드 제국은 수메르를 계승하는 정책을 취했다. 아카드어는 약 2500년간 고대 메소포타미아 지역을 중심으로 사용되었을 뿐 아니라, 고대 근동의 국제공용어lingua franca로서 널리 사용되었다. 방대한 지역에서 오랜 기간 널리 쓰였기에 문헌자료가 풍부히 남아 있는 반면, 시대와 지역에 따른 차이도 두드러진다.

다음의 표는 아카드어의 구분을 한눈에 잘 보여 준다(Caplice, *Akkadian*, 5). 이 표에서 알 수 있듯, 가장 오래된 형태인 고대 아카드어에서 남부 바빌론어 계통과 북부 아시리아어 계통이 갈라진다. 일상의 구어와 문어에서 이 두 언어는 병행했다.

남부	**○고대 아카드어** 기원전 2500-1950	북부
○고대 바빌론어 기원전 1950-1530		**○고대 아시리아어** 기원전 1950-1750
○중기 바빌론어 기원전 1530-1000	**○표준 바빌론어** 기원전 1500-500	**○중기 아시리아어** 기원전 1500-1000
○신바빌론어 기원전 1000-625		**○신아시리아어** 기원전 1000-600
○후기 바빌론어 기원전 625-기원후 75		

이 밖에 지역에 따른 '지역어'dialect로 아카드어를 분류할 수 있다. 이를테면 라스 샤라Ras Shamra에서도 우가릿어 문헌과 함께 아카드어 문헌이 발견되었다. 이 경우 '아카(우가릿)'로 표기했다. 이 책에서는 '아카(에마르)', '아카(마리)', '아카(누지)' 등이 사용되었다.

② 에블라어

아카드어와 히타이트어 문헌에 등장하는 고대의 에블라*Ebla*는 현재 시리아의 텔 마르디흐Tell Mardīḫ 부근이다. 1960년대 말부터 발견된 유물은 가장 오래된 것이 기원전 3천 년대에 속한다. 에블라는 아카드 제국 초기에 사르곤 대제와 그의 아들 나람-신*Narām-Sîn*에 의해 아카드 제국에 속하게 되었다. 에블라에서 발견된 수많은 쐐기문자 문헌의 동질성, 기원, 용도 등에 대해 학자들의 의견이 아직 통일되지 못했다. 대개 에블라어를 아카드어에 매우 가까운 동부셈어로 보지만, 북서셈어의 영향도 강하게 발견된다(Gordon, "Introduction"; Archi, "Ebla"; Krebernik, NBL I, 458).

③ 가나안어(카나안어)

이미 기원전 18세기 마리 문헌에 처음 등장하는 '카나안'이라는 이름은, 전통적으로 아카드어의 '(붉은) 자주색'을 뜻하는 '키나후'*kinaḫḫu*에서 비롯한 것으로 이해했다. 하지만 '낮다, 낮추다'를 뜻하는 '카나아'*KNʿ* 어근에서 유래한 말로, '낮은 땅의 사람들' 곧 '해안가 사람들'을 의미한다고 보기도 한다(Görg, NBL II, 438). '카나안'이 지명으로 사용될 때 대개 남으로는 가자, 북으로는 레바논에 이르는 지중해 동쪽 해안('레반트'Levant라고도 한다), 곧 요르단 강의 서편을 지칭한다. 가나안인들은 구약성경에 자주 등장한다.

이들은 페니키아인들과 깊은 관련이 있다. 우선 가나안어와 페니키아어는 문자와 문법이 매우 비슷하다. 이 문자는 기원전 9세기에 작성된 메샤 임금 비문에 나타난 모압어와 아래에서 설명할 페니키아어/푸니어, 히브리어에도 쓰였다. 한편 이집트의 아마르나 문헌에도 가나안어로 쓰인 문서가 포함되어 있어, 이 책에서는 '고대 가나안어(아마르나)'로 표기하였다. 가나안어를 사용하던 지역은 시간이 지나면서 아람어가 지배하게 된다.

④ 페니키아어/푸니어

청동기 말기인 기원전 1200여 년까지 사용된 페니키아어는 히브리어와 가장 가까운 언어라고 할 수 있다. '페니키아'라는 이름은 그리스어 '푀니케스'*Φοινίκες*에서 유래하는데, 이 말은 '자주색'을 뜻하는 '푀닉스'*Φοῖνιξ*에서 나왔다. 팔레스티나의 남부 비블로스에서 발견된 문헌이 가장 오래된 것으로 알려진 페니키아어는 선형 알파벳 계열에 속한다.

이들은 실상 가나안인들과 관련이 깊다. 칠십인역은 탈출 16,35의 '가나안인'을 '페니키아인'으로 옮겼다. 이들은 일부 문헌에서 자신들의 고향을 가나안으로 언급하고, 북아프리카에 정착한 페니키아의 후손들이 스스로를 '가나안 사람'Chanani으로 칭했다(Segert, *Phoenician*, 17).

한편 카르타고와 지중해 서쪽을 중심으로 활약한 페니키아인을 라틴어로 '포에니'Poeni(< *Φοινι-*)라 한다. 형용사형은 '푸니쿠스'Punicus이고, '푸니어'Punic라는 말도 여기서 나왔다. 푸니어 금석문은 멀리 남프랑스와 스페인에서도 발견되며, 이따금

라틴문자로 쓰인(*latino-punisch*: Röllig, *Phönizisch*, 2) 문헌은 고대 셈어의 모음을 파악하는 데 큰 도움을 준다.

⑤ 히브리어

고대 근동학에서 '히브리어'는 고대 팔레스티나에 살던 이스라엘인의 언어로 구약성경에서 볼 수 있는 '고대 히브리어'를 의미한다. 이 고대 히브리어는 현대 이스라엘의 공용어인 '현대 히브리어'Ivrit로 계승되지만, 두 언어는 시대의 변화에 따른 차이도 크다. 고대 히브리어는 고대 가나안어 계통의 문자를 사용했지만, 점차 아람어 문자를 쓰게 되었고, 중세를 거치며 마소라 모음부호를 채택하여 오늘의 형태를 띠게 되었다. 구약성경 밖에서 발견된 고대 히브리어는 드물다. 하지만 예루살렘 남쪽 44킬로미터 부근에서 발견된 라키슈(*Lakišu* = 여호 10,33의 '라키스')에서 '야훼'*YHWH*신을 언급하는 고대 히브리어 문헌들이 발견되기도 했다.

⑥ 우가릿어

고대의 도시국가 '우가리투'ᵓ*Ugaritu*는 고대 근동 문헌에서 여러 번 언급되는데, 오늘날 시리아 북부 지중해변의 라스 샴라 부근이다. 기원전 1400-1200년에 전성기를 맞은 우가릿 왕국은 가나안인이나 페니키아인을 뜻하는 '바다민족'에게 기원전 1200년경 멸망한 것으로 보인다. 하지만 우가릿어는 발굴되어 해독되기 전까지 그 존재조차 거의 알려지지 않은 신비의 언어였다. 아카드어의 쐐기문자에 기반한 알파벳 30자를 사용하는 우가릿어는 최초의 알파벳 문자 가운데 하나다. 또한 우가릿어 문헌은 비교적 풍부한 분량과 구약성경과의 깊은 연관성 때문에 학문적으로 매우 중요하게 취급된다. 우가릿어 연구 초창기에는 중부셈어의 북아랍어와 가까운 언어라고 보는 견해도 있었지만, 점차 북서셈어의 일부로 보고 있다.

⑦ 아무르어(아무루어)

아무르인들은 유프라테스 강 서쪽에서 메소포타미아 지방으로 대량으로 이주한 유목민이다. 아무르인들은 이미 기원전 25세기 수메르어 문헌에서 서쪽의 문명화되지 않은 유목민으로 등장한다. 그들은 점차 동쪽으로 이주했고, 고바빌론 제국을 세워 기원전 1770년 함무라비 임금에서 전성기을 맞는 등 고대 근동의 역사와 문화에 큰 영향을 끼친 민족이다. 구약성경에서는 '아모리족'(신명 7,1 등)으로 등장한다(NBL I, 91).

'아무루'*Amurru*라는 이름은 그들이 믿던 신의 이름에서 유래했다. 이 신은 수메르어로 마르투*MAR.TU*, 고대 아카드어로 '아무루'라고 일컫는데, 갈고리를 든 파괴의 신이다. 이 아카드어 고유명사는 점차 '서쪽'을 가리키는 일반명사가 되었다(Black/Green, *Gods*, 130).

아무루인이 세운 제국은 당시의 국제공용어인 아카드어를 사용했기 때문에 현재 아무루어로 된 문헌은 남아 있지 않다. 단지 마리 문헌에 아무르어 이름 6천여 개가 발견되는 등, 아카드어 문헌에 아무르어 고유명사의 흔적만이 남아 있는 실정이다. 이

고유명사는 동부셈어와 퍽 다르고, 중부셈어의 특징을 많이 보여 준다.

⑧ 아람어

'아람어'는 고대 근동에서 일찍이 널리 사용된 언어다. 아람어의 역사는 아래에서 설명할 '제국 아람어'를 기준으로 그 이전과 이후 시기가 뚜렷하게 차이 난다. 고대 아람어는 몇몇 도시국가를 중심으로 사용되었고 지역에 따라 편차가 큰 언어였다. 하지만 제국 아람어 시기에 통일된 형태를 갖춘 국제 공용어가 되었다. 그러고 나서 점차 종교적 문어로 명맥을 잇다가, 근동 지역이 이슬람화되자 일상어의 지위를 아랍어에 내주게 된다.

아람어의 학문적 가치는 크다. 이미 구약성경의 일부가(창세 31,47; 예레 10,11; 에즈 4,8-6,18; 7,12-26; 다니 2,4-7,28) 아람어로 쓰여 있고, 신약성경의 복음서는 예수님과 제자들도 아람어를 이해했다고 증언한다. 또한 구약성경과 히브리어를 보존하고 전승한 유다교 라삐들이 아람어에 능통했기에 수많은 유다이즘 문헌이 아람어로 쓰였다. 또한 초기 그리스도교 문헌 가운데 아람어로 쓰인 문헌은 풍부하다. 시대와 지역에 따라 아람어를 구분하자면 다음과 같다.

⑨ 고대 아람어: 기원전 9세기-612년

이미 기원전 3천 년경 아카드어 문헌에 '아라무'*ʾAramu*라는 지명이 등장하는데, 이 낱말은 점차 민족 이름으로(*ʾArmaya* 또는 *ʾArmītu*) 쓰인다(Segert, *Altaramäische*, 33-34; AHw) 이들은 이미 기원전 11세기에 북부 메소포타미아 지방, 곧 유프라테스 강 상류 지역, 시리아, 요르단 강 상류 지역에 도시국가들을 건설하기 시작했다. 하지만 기원전 9세기경부터 신아시리아 제국이 이 지역을 정복하고 민속 이주정책을 펴자, 이 지역의 아람인들은 제국 곳곳으로 흩어져야 했다. 그 결과 아람어는 제국 곳곳으로 퍼져나가고, 간편한 알파벳 체계와 비교적 배우기 쉬운 문법으로 말미암아 더욱 영향력을 키워간다. 하지만 이 시기의 아람어는 아직 통일된 형태를 갖추지 못하고, 지역별로 편차를 보인다.

⑩ 삼알어

현재 터키 남동쪽의 진치를리*Zincirli* 산에 위치한 고대 삼알*Samʾal* 왕국에는 기원전 1천 년경부터 아람인들이 들어와 살기 시작했다. 이 왕국의 이름을 야우드*Jaʾud*라고도 하는데, 이는 셈어 이름이 아니므로 셈어인 '삼알' 왕국으로 불러야 한다(Tropper, *Zincirli*, 7-8). 이 작은 도시국가는 히타이트 제국과 미탄 왕국('후리어' 참고)의 영향을 받다가 기원전 12세기부터 '바다민족'의 영향권에 든다. 이 왕국은 기원전 9-8세기에 전성기를 맞지만, 기원전 8세기부터는 아시리아 제국에 속하게 된다. 진치를리에서는 다양한 언어의 비문이 출토되었는데, 그 가운데 기원전 9세기의 고대 아람어 비문이 있다.

⑪ 제국 아람어: 기원전 6-4세기

기원전 612년 아시리아 제국의 수도 니네베를 함락하고 신바빌론 제국이 들어섰지만, 고대 근동의 언어 환경은 바뀌지 않았다. 곧 공식 언어는 아카드어였지만 여전히 사람들이 아람어를 사용했다. 신바빌론 제국 후기에는 아카드어와 아람어를 병기하는 일도 잦아졌다. 그 뒤 고대 근동의 패권을 장악한 페르시아 제국의 다리우스 1세가 아람어를 공식 외교언어로 채택하자 아카드어의 영향력은 쇠퇴한다. 반면 아람어는 철자와 문법 등이 통일되고 제국의 공식문서에 사용되어, 이집트 남부에서 소아시아와 인도 접경까지 이르는 고대 근동 전 지역에서 국제공용어의 지위를 얻었다. 구약성경의 아람어가 여기 속한다.

⑫ 중기 아람어: 기원전 3세기-기원후 2세기

그리스가 고대 근동의 패권을 장악함으로써 이 지역이 헬레니즘 시대로 접어들자, 아람어는 공식 언어로서의 지위를 그리스어에 내준다. 하지만 문어와 구어에서 여전히 폭넓게 사용되고, 지역에 따라 독특하게 발전한다. 따라서 이 시기의 아람어는 지역에 따라 '팔미라어', '나바투어' 식으로 일컫는다.

⑬ 팔미라어(팔뮈라어)

현재 시리아 중부, 곧 다마스쿠스와 유프라테스 강 중간 즈음에 위치한 타드무르*Tadmur* 시의 그리스어 이름이 '야자나무의 도시'라는 뜻의 '팔뮈라'*Palmyra*이다. 이 도시는 기원전 2천 년경 마리 문헌에 처음 등장한다. 1열왕 9,18은 솔로몬이 광야에 '타모르'를 세웠다고 전하는데, 크레קרי와 미드라쉬, 병행구 2역대 8,4은 '타드무르'로 읽어 '팔뮈라'를 가리킴을 알 수 있다. 이 도시는 페르시아와 지중해를 연결하는 시리아 사막의 오아시스라는 지정학적 이점을 살려 번성했다. 이 지역에서는 제국 아람어를 사용했지만, 점차 그리스어와 아랍어의 영향을 받은 지역어로 발전했다. 특히 그리스어와 아람어를 나란히 사용한 비문이 200개 이상 출토되었다.

⑭ 나바태아어(나바투어)

현재 요르단 왕국의 세계적 유적지 페트라의 옛이름이 '나바투'*Nabatu*이다. 이곳을 중심으로 기원전 7세기부터 활약한 유목 민족을 나바태아인Nabataeans이라 한다. 창세 25,13에서 이스마엘의 아들 '느바욧'이 이 민족의 기원으로 등장한다. 아라비아 반도 북부와 시리아 지역을 이어 주는 상업으로 기원전 4세기에 번성했고, 기원후 106년 로마의 속주가 된다. 제국 아람어를 쓰다가 점차 아랍어에 영향을 받은 지역어를 사용하였고, 아람 문자에 기반한 독자적 문자도 사용하였다. 기원후 4세기 이후에는 아랍어를 사용하게 되었다.

⑮ 후기 아람어: 기원후 3세기-1200년

이 시기 초기에는 아람어가 여전히 구어로 사용되었지만, 후기에는 지식인층의 문어로 존재했다. 하지만 일부 지역에서는 제의와 신학 분야에서 공식 지위를 차지함으로써 여전히 풍부한 문학작품이 생산되었다.

⑯ 유다 아람어, 사마리아어/사마리아-아람어

이스라엘이란 나라가 사라진 뒤에도 팔레스티나 지역에서는 라삐들이 아람어로 유다교 문헌을 꾸준히 생산했다. 타르굼, 미드라쉬, 탈무드 등에 히브리어와 함께 아람어가 사용되었다. 이들 가운데 일부 문헌은 매우 오래된 전승을 포함한다. 이런 '유다 아람어'의 흔적을 신약성경의 일부 어휘에서도 찾아볼 수 있다.

이와 비슷한 시기에 팔레스티나 중부 사마리아 지역에서 경전과 전례에 사용된 아람어를 '사마리아어', 또는 '사마리아-아람어'로 일컫는다. 특히 모세오경 타르굼이 중요하다.

⑰ (고대) 시리아어

현재 터키의 우르파*Urfa*시에 해당하는 '에뎃사'*Edessa*를 중심으로 발달한 아람어를 '(고대) 시리아어'라 한다. 시리아어는 동방 정교회의 전례와 신학의 공식 언어로서 사용되었고, 동방 교부들의 왕성한 활동으로 활발히 창작되고 번역되어 지금도 작품이 풍부히 남아 있다. 시리아어는 서부지역의 야코비트Jakobit와 동부지역의 네스토리안Nestorian으로 나뉘는데, 이들은 문자, 음성학, 문법 등에서 차이를 보인다.

⑱ 만다어

고대 후기에 팔레스티나에서 발생한 유다계 영지주의 공동체에서 사용한 아람어로서, 이 이름은 '지식'을 뜻하는 아람어 '만다'מנדע에서 유래했다. 이들은 나중에 바빌론 지역으로 이주했으며, '만다교敎'Mandaeism라는 소수 종교로 현재도 전세계에 신자가 약 6-7만 명이 존재한다고 한다. 이렇듯 만다어는 극소수지만 지금도 사용하는 언어다. 오랜 세월 동안 다양한 언어의 영향을 받아 발전했지만, 그 뿌리가 서부 아람어에 속하는 언어임은 분명하다.

⑲ 아랍어

아랍어는 이슬람교의 경전 쿠란에 쓰인 '문어체 아랍어' 또는 '고전 아랍어'를 기본으로 삼아 이슬람의 확장과 함께 퍼져 현재 아랍 국가들 3억 명이 사용하는 국제 공용어이자 셈어 가운데 가장 널리 사용되는 언어다. 쿠란의 아랍어는 중부셈어 가운데 '북아랍어'에 속한다. 쿠란의 아랍어는 무슬림의 종교생활에서 아직도 중요한 역할을 하지만, 일상의 구어체 아랍어는 지역 간의 차이가 크다. 이 책에서는 지역어인 경우 괄호 안에 지역을 표기하여 '아랍어(이라크)' 식으로 표기하였다.

⑳ 남부셈어

남부셈어는 홍해를 기준으로 둘로 나뉜다. 곧 아라비아 반도 남부 지역의 '고대 남부 아랍어'와 이집트의 남쪽, 곧 '아프리카의 뿔'에 해당하는 지역(에티오피아 등)의 셈어다.

㉑ 고대 에티오피아어/게에즈어

'고대 에티오피아어'인 '게에즈'*Geᶜez*어는 '자유인의 (말)'이란 뜻으로, 기원전 1천 년경 아라비아 남부에서 이주한 집단의 언어가 그 기원이다. 기원후 4세기경 이 지역에 그리스도교를 도입한 '악숨'(*Aksum* 또는 *Axum*) 왕조의 공식어로 11세기 악숨 왕조가 몰락할 때까지 이 지역의 일상어였다. 이 시기 그리스도교 문헌이 게에즈어로 풍부히 창작되고 번역되는 등 문화·종교적으로 에티오피아에 큰 영향을 끼쳤다. 그래서 게에즈어를 '고전 에티오피아어'라고도 한다. 게에즈어는 13세기까지 일상어로 지속했고, 그 뒤부터 현재까지 에티오피아와 에리트레아 지역의 가톨릭, 정교회, 유다교의 전례용어로 명맥을 유지하고 있다. 독특한 문자를 사용하며, 다른 셈어와는 다르게 왼쪽에서 오른쪽으로 쓴다.

㉒ 티그리냐어, 티그레어, 암하라어, 하라르어

고대 에티오피아어인 게에즈어는 크게 둘로 나뉘어 발전한다. 티그리냐어와 티그레어 등 북부 에티오피아어와 암하라어와 하라르어 등 남부 에티오피아어다.

'티그리냐어'(또는 티그라이어 = Tigrinya 또는 Tigrigna)는 현재 에티오피아 북쪽에 자리 잡은 나라 에리트레아의 제1공용어이자 에티오피아 북부 티그라이*Tigray* 지역의 공용어이다. 티그라이 지역은 악숨 왕조의 수도 악숨시가 속한 지역이다. 한편 에리트레아 서부의 약 80만 명은 제2공용어인 '티그레어'*Tigre*를 사용한다.

'암하라어'는 원래 에티오피아 중북부 지역의 암하라*Amhara* 지역의 언어인데, 게에즈어를 계승하여 에티오피아의 공용어가 되었고, 현재 사용되는 셈어 가운데 아랍어에 이어 둘째로 사용자가 많은 언어다. '하라르어'는 에티오피아 동남부 하라르(Harar 또는 *Adarəñña*) 지방의 언어다. 하라르어는 남부 셈어지만, 이 지역은 쿠쉬어 사용자가 대다수이기 때문에 쿠쉬어의 영향을 많이 받았다.

㉓ 고대 남부아랍어: 스바어, 미내어, 카타반어, 하드라마우트어

현재의 예멘 서북부에 기원전 1천 년경–기원후 3세기에 '스바'*Šbaʾ*라는 소왕국이 있었다. 1열왕 10장에도 등장하는 스바 왕국의 북쪽에는 기원전 6–1세기에 마인*Maᶜin* 왕국이 있었는데, 그 언어를 '미내어'(Minaean, Minäisch)라고 한다. 한편 스바 왕국의 남쪽에는 기원전 4세기부터 '카타반'(*Qataban* 또는 *Ḳataban*) 왕국이, 현재 예멘의 동부인 고대 카타반 왕국의 동부 지역에는 '하드라마우트'(*Hadramaut* 또는 *Hadramout*) 왕국이 기원전 7백 년경부터 존재했다. 이 소왕국들 가운데 스바 왕국과 카타반 왕국의 기록이 가장 잘 보존되어 전한다. 이들의 언어는 공통점이 많고 상호 교류의 역사도 깊다.

이들은 모두 고대 남부아랍어에서 갈라져 나왔는데, 고대 남부아랍어를 남부셈어로 보기도 하지만 중부셈어로 보는 견해도 있다. 이 소왕국들을 중심으로 사이하드*Sayhad* 문명을 이룬 고대 남부아랍어는 이슬람이 팽창하자 공용어의 위치를 아랍어에 물려준다.

㉔ 신남부아랍어: 지발리어, 소코트라어

아라비아 반도는 현재 아랍어가 공용어이지만, 남부 해안가를 중심으로 소수의 셈어가 사용된다. 이를 '신남부아랍어'라 하는데, 특이하게도 이들은 현대 아랍어의 지역어도 아니고, 고대 남부아랍어의 후손으로 보기도 힘들다. 신남부아랍어가 고대 셈어와 깊은 관련이 있다고 보기도 한다. 대표적인 언어로는 지금의 오만에서 '셰흐리'*Shehri* 라고도 불리는 '지발리어'*Jibbali*를 들 수 있다.

소코트라(*Soqoṭra* 또는 *Sokotra*)는 인도양의 서북쪽, 곧 아라비아 반도 남쪽과 '아프리카의 뿔' 동쪽에 자리 잡은 섬으로 현재는 예멘 공화국에 속한다. '소코트라어'는 대개 신남부아랍어의 일부로 이해하지만, 서부셈어와도 가깝다.

㉕ 수메르어(슈메루어)

티그리스 강과 유프라테스 강 하류에서 이미 기원전 3300년경에 등장한, 인류 최초의 문자로 기록된 언어다. 이 지역의 문명을 아카드어로 '슈메루'*Šumeru*라고 부른 데서 이 이름이 유래했다. 수메르어는 대략 기원전 1700년경까지 일상어로 사용되었고, 그 뒤 기원전 1천 년경까지는 학문과 종교의 언어로 사용되었다. 수메르어는 대개 굴절어로 분류되지만, 어느 계통에 속하는지 뚜렷하지 않다는 견해도 있다. 수메르어 쐐기문자는 초기에는 순전한 상형문자에 가까웠지만, 점차 독특한 체계를 발전시켰고, 히타이트어, 고대 페르시아어, 아카드어 문자에 큰 영향을 끼쳤다.

㉖ 후리어(후루어)

핫투샤에서 발굴된 히타이트어 문헌에 '후루(족)의 땅', '후루어'*ḫurlili*란 표현이 있고, 기원전 15세기 이집트 문헌도 '후루'*ḫurru*를 언급한다. 굴절어를 사용하는 후루(Hurru 또는 Churru)인은 기원전 3천 년경 아나톨리아 반도 동부에 살다가 티그리스 강 동부로 이주하여 기원전 16세기에 '미탄'(*Mittan* 또는 *Mitann*) 왕국을 세웠지만 기원전 1335년 히타이트와 아시리아에 정복된다. 그 뒤 후리어는 주로 제의문헌에서만 나타나고 1200년 이후에는 거의 사라지지만, 지역에 따라 기원전 7세기까지도 발견된다. 구약성경은 '호르인'(창세 14,6; 36,20; 신명 2,12.22)으로 옮겼다. 북시리아의 텔 페케리예(Tell Fecherje 또는 Tell-Fakhariyah)는 미탄 왕국의 수도 와슈칸니*Washukanni*로 추정되는데, 다양한 언어의 유물이 발굴되었다.

㉗ 우라르투어

현재 터키 동부와 아르메니아 지방을 아시리아어로 우라르투*Urarṭu*로 부른 것을 따라 이 지역의 언어를 '우라르투어'(Urartian 또는 Urartäisch)로 부르기도 하고, 발견지의 지명을 따라 '반어'(Van 또는 Vann)라고도 한다. 이곳은 구약성경의 아라랏에 해당한다. 후리어와 매우 가까운 굴절어로 알려져 있는데, 이 두 언어가 어떤 상위 어족에 속하는지에 대해서는 일치된 견해가 없는 실정이다. 쐐기문자, 우라르투 신성문자, 루비어 신성문자의 세 가지 형태로 전한다. 우라르투에는 기원전 860-585년에 우라르투 왕국이 존재했다.

㉘ 히타이트어(헷트어), 핫트어

기원전 2500-1700년경에 아나톨리아 반도에는 핫트인*Ḫatt[i]*들이 살고 있었다. 이들에 대해선 간접 증거만 남아 있어 잘 알 수는 없지만, '핫트어'가 인도-유럽어족은 아니었을 것으로 본다. 핫투샤*Ḫattuša*를 최초로 건설한 사람도 이 핫트인일 것이다. 그런데 점차 인도-유럽어족인 '헷트'(= Heth[i] 또는 Hitt[i] = 히타이트)인들이 들어와 기원전 18세기에 핫투샤를 수도로 대제국을 건설하였다. 그들은 자신의 제국을 '핫트의*Ḫatti* 땅'이라고 불렀고, 핫트인의 문화와 언어를 계승하는 정책을 취했다. 우가릿 등 주변 민족들도 '헷트'와 '핫트'인을 뚜렷이 구별하지 않을 때가 있다. 하지만 점차 핫트어는 전례용어로 국한되고 '헷트어(히타이트어)'가 공용어로 자리 잡는다. 히타이트 제국은 기원전 14세기에 융성기를 맞아 기원전 1180년까지 이집트, 바빌론과 패권을 다퉜다. 그 뒤에는 작은 소왕국으로 남아 기원전 8세기까지 명맥을 유지했다.

㉙ 루비어

히타이트어와 함께 아나톨리아 반도의 고대 인도-유럽어를 대표한다. 히타이트인들이 이들의 언어를 '루비어'*luwili*로 일컬은 데서 이 이름이 유래한다. 기원전 3천 년경부터 아나톨리아에 들어와 자리 잡기 시작한 민족으로서 아나톨리아 반도 서쪽에서 살던 이 민족에 대해 알려진 것은 거의 없다. 히타이트 시대 이후에 이 지역은 리디아Lydia로 불렸다. 루비어는 기원전 2천 년경에 이미 사멸했고, 현재 전하는 문헌은 거의 모두가 전례문이다. '루비어'는 신성문자와 쐐기문자 두 가지 형태로 전한다.

㉚ 쿠쉬어

현재 에티오피아 남부의 탄자니아, 케냐, 수단 등에서 사용하는 언어로 셈어와 함께 아프로-아시아어에 속한다. '쿠쉬'(Cush 또는 Khush)라는 이름은 성경 히브리어의 '검은색'을 의미하는 말에서 유래했는데, 고대 이집트인들은 '누비아'라고 불렀다. 쿠쉬어는 셈어가 아니지만 오랜 세월 이집트어와 교류하며 서로 깊게 영향을 주고 받았다. 쿠쉬어에는 오로모어, 소말리어 등 최소 8개 언어가 있다.

언어 약어표

가나	가나안어
게에	게에즈어
고남아랍	고대 남부아랍어
고바빌	고대 바빌론어(아카드어)
고아람	고대 아람어
고아시	고대 아시리아어(아카드어)
고아카	고대 아카드어
나바	나바태아어
남셈	남부셈어
라틴	라틴어
만다	만다어
모압	모압어
미내	미내어
바빌	바빌론어(아카드어)
북서셈	북서셈어
사마	사마리아어
삼알	삼알어
서셈	서부셈어
성아람	성경 아람어
셈	셈어
소코	소코트라어
수메	수메르어
스바	스바어
시리	시리아어
신남아랍	신남부아랍어
신바빌	신바빌론어(아카드어)
신아람	신아람어
신아시	신아시리아어(아카드어)
신이집	신이집트어
신히브	신히브리어
아람	아람어
아랍	아랍어
아무	아무르어
아시	아시리아어(아카드어)
아카	아카드어
암하	암하라어
에블	에블라어
에티	고대 에티오피아어
우가	우가릿어
우라	우라르투어
유나아람	유다 아람어
이집	이집트어
제국아람	제국 아람어
중세히브	중세 히브리어
중셈	중부 셈어
지발	지발리어
카타	카타반어
티그레	티그레어
티그리	티그리냐어
팔미	팔미라어
페니	페니키아어
푸니	푸니어
하드	하드라마우트어
하라	하라르어
핫트	핫트어
후리	후리어
후바빌	후기 바빌론어(아카드어)
히브	히브리어
히타	히타이트어

참고 문헌

Archi, A., "Ebla and Eblaite", C. Gordon (ed.), *Eblaitica*, 7-18.

Black J., Green A., *Gods, Demons and Symbols of Ancient Mesopotamia - An Illustrated Dictionary* (Austin 2003).

Brockelmann, C., *Grundriss der vergleichenden Grammatik der semitischen Sprachen* (Hildesheim 1961).

Caplice, R., *Introduction to Akkadian* (Rome 1980).

Gordon, C. et. al. (eds.), *Eblaitica: Essays on the Ebla Archives and Eblaite Language*, Vol. 1, (Winona Lake 1987).

________, "Introduction", Gordon (eds.), *Eblaitica*, 1-6.

Grover, H., *Highland East Cushitic dictionary* (Hamburg 1989).

Huehnergard, J., "Semitic Languages", J. Sasson et. al. (eds.), *Civilizations of the Ancient Near East*, Vol. III & IV (New York 1995), 2117-2134.

Kaiser, T., *The Religious Life of Palmyra - A Study of the Social Patterns of Worship in the Roman Period* (Stuttgart 2002).

Kane, T., *Tigrinya-English Dictionary* (Springfield 2000).

Krahl, G., Reuschel, R., Schlulz, E., *Lehrbuch des modernen Arabisch* (Leipzig 1995).

Kuhrt, A., *The Ancient Near East I: From c.3000 to c. 1200 BC* (London 1995)

________, *The Ancient Near East II: From c.1200 to c. 330 BC* (London 1995)

Lambdin, T., Huehnergard, J., *Grammatica Targumica* = 배철현 옮김, 『타르굼 아람어 문법』(한님성서연구소 2001).

Leslau, W., *Comparative Dictionary of Ge^{c}ez (Classical Ethiopic) – Ge^{c}ez-English / English-Ge^{c}ez with an index of the Semitic roots* (Wiesbaden 1991).

________, *Etymological Dictionary of Harari* (Berkley 1963).

________, *Documents Tigrigna (Éthiopien septentrional) – Grammaire et Textes* (Paris 1941).

Negash, G., *A History of Tigrinya Literarture in Eritrea – The Oral and the Written 1890-1991* (Leiden 1991).

Plöchl, R., *Einführung ins Hieroglyphen-Luwische* (DTH 8; Dresden 2003).

Röllig, W., *Phönizisch-Punische Grammatik* (Rome ^{2}1970).

Segert, S., *A Grammar of Phoenician and Punic* (München 1976).

_______, *Altaramäische Grammatik - mit Bibliographie, Chrestomatie und Glossar* (Leipzig ^{4}1990).

Tropper, J., *Die Inschriften von Zincirli - Neue Edition und vergleichende Grammatik des phönizischen, samʾalischen und aramäischen Textkorpus* (Münster 1993).

_______, *Ugaritisch – Kurzgefasste Grammatik mit Übungstexten und Glossar* = 주원준 개역, 『우가릿어 문법』 (한님성서연구소 2010).

Waltke, B., O'Connor, *Introduction to Biblical Hebrew Syntax* (Winona Lake 1990).

Wegner, I., *Hurritisch – Eine Einfuhrung* (Wiesbaden 2007).

Weninger, S., *Das Verbalsystem des Altäthiopischen – Eine Untersuchung seiner Verwendung und Funktion unter Berücksichtigung des Interferenzproblem* (Wiesbaden 2001).

http://de.wikipedia.org/wiki/Altsüdarabische_Sprache

http://en.wikipedia.org/wiki/Urartian_language

제1부: 우가릿어-한글 사전

ʾ 

√ʾbd

G **망하다, 멸망하다** 1.2:IV:3&

Gt 완전히 멸망하다 1.14:I:8.24

D 파괴하다 1.100:5&

– RS 16.267:8의 음절문자 *na-ba-ti/dì-šu-nu* 그들의 도주/탈출은 우가 N 부정사 형태

| 히브 אבד, 북서셈 √ʾ*bd* 망하다, 아카 *abātu* 파괴하다, 부수다, 아랍/에티 √ʾ*bd* 이리저리 방황하다, 헤매다, 도주하다

√ʾdm

G **붉다, 붉게 되다** 1.19:IV:42

N 스스로 붉게 칠하다/물들이다, 붉게 화장하다 1.14:II:9&

| 히브 אדם, 셈 √ʾ*dm*

√ʾdn

G **귀 기울이다, 유심히 듣다**(?)

– 명사 udn_1 귀의 파생어 또는 √ʾ*wd*와 관련

– RS 92.2014:8의 *tudn*은 어두변화형 2인칭 남성 단수일 것이다.

| 히브 אזן*

√ʾgg

G **투덜거리다,** (낮게) **중얼거리다**(?)

– 1.82:43에서 *tiggn*로 나온다. 하지만 어근을 히브 הגג를 참고하여 √*hgg*으로 볼 수 있다. 그렇다면 본문을 *th*ˈ*ggn*으로 수정할 수도 있다.

*√ʾgr**

G (돈을 주고) **고용하다, 빌리다, 빌려 주다**

– *agrt* 고용된/빌린/빌려 준 여성

| 히브 אגר*

√ʾhb

G **사랑하다** 1.5:V:18&

| 히브 אהב, 페니 √ʾ*hb*

√ʾḫd, √ʾḫḏ

G ㉮ **잡다, 붙잡다, 쥐다, 취하다** 1.2:I:40&

– 어두변화형은 *yiḫd*형과 *yuḫd*형으로 쓰여 있다.

– 어두변화형 1인칭 공통 단수 *iḫd* RS 20.398A.7:1; 20.398A.11:2'

– 명령형 *uḫd* 1.82:6; RS 94.2406:37

– 어미변화형 2인칭 남성 단수 *aḫt* RS 88.2159:4.23

㉯ (토지를) 점유하다

– 1.4:V:56의 *aḫd*는 분사형 또는 어미변화형으로 청원하는 문맥에서 사용되었다.

– 1.12:II:31-35의 어미변화형 *aḫḏ*에는 {ḏ} 문자가 쓰였다.

Gp 붙잡히다, 정복당하다 2.19:1

– *tuḫd* 1.127:29

N 꽉 붙잡히다(?) 4.44:28

| 히브 אחז, 셈 ʾ*ḫḏ*, 페니 ʾ*ḥz*

√ʾḫr

D **말리다, 막다; 늦추다** 1.166:7

Š 말리다, 막다, 늦추다 2.42:11; 2.79:4; RS 94.2284:33

| 히브 אחר D, 셈 √ʾ*ḫr* D 망설이다, 말리다, 머무르다

√ʾkl

G **먹다** 1.4:VI:24&

– 명사 *akl* 먹을 것, *ikl* 음식과 비교

| 히브 אכל, 셈(에티 제외)

√ʾmn ☞ *imt*, mt_4

√ʾmr_1

G **말하다**(?) 1.2:I:31

| 히브 אמר, 중셈 √ʾ*mr* 말하다, 명령하다

√ʾmr_2

Gt (…처럼) **보이다,** (…처럼) **나타나다; 보다, 눈여겨보다**

– *yitmr* 1.2:I:32, *ytmr* 1.3:I:22

| 아카 *amāru* 보다, 에티 ʾ*ammara* D 보여 주다, 알려 주다

√ʾmṣ

G **강하다, 단단하다, 굳다** 2.33:5.39; 1.82:14

| 히브 אמץ

√ʾnš

G **투지가 넘치다; 끄떡없다**

– *anš* 1.2:I:38.43, *anšt* 1.3:V:27&

| 참고: 히브 אָנֻשׁ 나을 수 없는, 불행이 가득 찬; 남성적인

√ʾnṯ ☞ *tinṯt*

√ʾny

G **탄식/통곡하다** 1.3:V:35&

– *any* G 분사

| 히브 אנה(√ʾny) 탄식/통곡하다, 슬퍼하다

√ʾpq

㉮ 1.169:12의 *al tapq apq*에서 *tapq*를 이 어근의 N(또는 D) 어두변화형으로 볼 수 있는데 뜻이 분명하지 않다. 아마도 생각을 가다듬다, 참다 또는 자제할 것을 요청받다

또는 ㉯ *apq* 시내, 개울, 강바닥의 파생어

| 참고: 히브 אפק tD 스스로 강해지다, 용기를 내다

√ʾpy

G (빵을) **굽다** 1.14:II:30; IV:11

| 히브 אפה(√ʾpy), 셈(아랍 제외) √ʾpy, 아카 *epû*

√ʾrk

G **길다, 길게 되다** 1.23:33.34

| 히브 ארך, 페니/아람/아카 √ʾrk

√ʾrš

G **원하다, 갈망하다** 1.17:VI:17&

– 언제나 명령형 *irš*로 나오며, D 명령형으로 볼 수도 있다.

D 소망하다, 갈망하다, 청하다 1.3:V:28&

– 어두변화형 *yarš*

| 히브 ארשׁ, 페니 √ʾrš 갈망하다, 아카 *erēšu*

√ʾsp

G **줍다, 따다, 수확하다, 모으다** 1.1:IV:11&

Gt 뜯어내다, 찢어내다, 낚아채다, 빼앗다, 죽이다 1.14:I:18

D 빼앗아 가다, 근절하다 1.107:36

Š 모으다, 합치다 2.33:12

N 모여지다, 모이다(?) 1.175:3

| 히브 אסף, 유다아람 √ʾsp, 아카 *esēpu*

√ʾsr

G/D (가축을) **묶다, 매달다, 메우다, 고삐를 당기다** 1.1:V:9&

| 히브 אסר, 서셈 √ʾsr, 아카 *esēru* 가두다

√ʾṣl

Gp **쫓겨** (한 곳으로) **몰리다** 1.106:25; 7.41:5

| 참고: 히브 אצל N …와 사귀다, …와 연결되다, 아랍 √wṣl 묶다, 잇다

√ʾtw, √ʾty

G **오다, 가다** 1.4:IV:32&

– 주의: 어미변화형 3인칭 여성 단수 *atwt*(1.4:IV:32)와 어두변화형 *tit*(1.20:II:10)

| 히브 אתה(√ʾty), 중셈 √ʾty, 스바/에티 √ʾtw

√ʾṯ(y)

G **…이 있다** 1.14:IV:38; 2.13:15; 2.30:14

– *iṯt* 어미변화형 3인칭 여성 단수 또는 1인칭 공통 단수

| 히브 אִשׁ, אִישׁ

√ʾṯm

Gt **죄가 있다, …의 탓이다; 빚지다** 2 21:21&

| 히브 אשׁם G 죄짓다, 죗값을 치르다, 아랍 √ʾṯm(ʾaṯima) 죄짓다, 빚지다

√ʾwd

G (돈을) **빌리다**(?); (돈을) **요청하다**

– *nrn al tud \ ad at lhm \ ṯtm ksp* 2.26:19-20

☞ *ud*

| 어원이 분명하지 않다. 참고: 아랍 √ʾwd 짐을 지우다, 압박하다, 굽히다.

√ʾwr

G **밝다, 빛나다** 1.24:38.39

N 눈부시게/환히 빛나다(?)

– *nark* 1.10:II:20

| 히브 אור, 유다아람 √ʾwr

√ʾzr

G **두르다, 덮다,** (얼굴을) **가리다**

– *ṯuṯk tizr pnm* (여신) 싸우쓰카*Ṯaʾuṯka*는 얼굴을

가렸다 1.116:9
D 어두변화형(?) ***yazr*** 1.82:13(문맥이 끊겼다)
– 파생어 ***mizrt*** 허리끈
| 히브 **אזר** 두르다, 허리(끈)을 묶다, 아람 √*ʾzr* G 두르다, 덮다, D (옷을)입다, 둘러쳐 가리다

a 𐎀

ab
/*ʾabu*/ **아버지** 1.1:III:24&
| 히브 **אָב**, 셈 **ʾab*

abn
/*ʾabnu*/ **돌, 돌멩이** 1.1:III:13&; 1.19:I:8
– ***abn p-*** 입의 돌 곧 이
| 히브 **אֶבֶן**, 아카 *abnu*

abyn
/*ʾabyānu*/ **가난한, 힘든** 1.17:I:16
| 히브 **אֶבְיוֹן**, 아카(마리) *ab(i)yānum* 슬프다, 불행하다

ad
/*ʾadu*/ **아버지** 1.23:32.43
| 수메 AD, 아무 **ad*

adm
/*ʾadamu*/ **사람, 인간, 인류** 1.3:II:8&
| 히브 **אָדָם**, 페니 *ʾdm*

*admn***
/*ʾadmānu*/ **붉은**
= 음절문자 *ad-ma-ni* 소유격
| 비교: 히브 **אַדְמוֹנִי** 불그레하다

adn
/*ʾadānu*/ ㉮ **주인** 1.1:IV:17&
㉯ **보호자, 아버지**
= 음절문자 *a-da-nu*
– 산문에서는 때때로 *ab* 아버지 대신 사용한다. 또한 ☞ *ad*
| 히브 **אָדוֹן**, 페니 *ʾdn*

adr

/ʾ*aduru*/ ㉮ **큰, 강한, 높은**
= 음절문자 *a-du-rù*
– 여성형 *adrt* 1.12:II:29; 1.17:VI:20.21&
– *d adr*[ ] RS 94.2406:17
㉯ **늙은** 4.102:4&
– 여성형 *adrt*
| 참고: 히브 אַדִּיר, 페니 ʾ*dr*

adt

/ʾ*adattu*/ **여주인** 2.11:1&
< *ʾ*adāntu* /ʾ*adānatu*/
– 그 밖에 2.83:5에 *adnt*(*y*) 형태도 등장하는데, *adn* 주인의 여성형인 *adty* 또는 *adtny*를 잘못 쓴 것 같다. 이 단어를 *ad* 아버지의 여성형으로는 볼 수 없다.
| 페니 ʾ*dt*

agn

수조, 대야 1.23:15.36
| 히브 אַגָּן, 아카 *agannu* 크고 깊은 접시

*agr**

여성형 *agrt*로 나온다. **고용된/빌린/빌려 준 여성**
– √ʾ*gr*의 G 분사형
– *agrtn*의 *-n*은 의존불변화사나 접미대명사 1인칭 통성 복수일 것이다. 1.19:IV:51
| 히브 אגר*, 중셈/아카 √ʾ*gr* 빌리다, 빌려 주다

*agzr**

잘라내는 자, 나누는 자(?)
– 쌍수형 *agzrym* 1.23:[23].58.61
| 히브 גזר, 서셈 √*gzr* 잘라내다, 나누다

ahbt

사랑 1.3:III:7; 1.4:IV:39&
| 히브 אַהֲבָה

ahl

/ʾ*ahlu*/ **거주지, 천막**(?) 1.15:III:18&
| 히브 אֹהֶל(< *ʾ*uhl*) 천막, 아카 *ālu* < *ʾ*ahlu* 도시, 장소, 아랍 ʾ*ahl* 가족, 사람

*aḥd*₁

/ʾ*aḥ*(*ḥ*)*adu*/ **하나, 일** 1.6:I:46&, 함께, 일치하여 1.2:I:25
= 음절문자 [*a*]-*ḫa-du*
– 여성형 *aḥt*
– *aḥdy* 나 홀로 1.4:VII:50
| 참고: 히브 אֶחָד(ʾ*æḥḥad*), 히브 קוֹל אֶחָד 한 목소리로(탈출 24,3), 아랍 ʾ*aḥad*, 아람 *ḥad* < *ʾᵉ*ḥad*

*aḥd*₂

혼자 있는 자, 하나뿐인 자
– 1.14:IV:21에서 *almnt*와 병행
☞ *yḥd*(같은 뜻)

aḥdh

/ʾ*aḥ*(*ḥ*)*adah*/(*aḥd*의 종착격) **함께, 서로**
| 참고: 히브 יַחְדָּו, 아카 *išteniš*

aḥdm

한 쌍 4.306:2; 4.384:12&
– *aḥd*₂의 쌍수형

aḥl

/ʾ*aḥVlê*/*ū*/ **아, …이라면/하다면!**
– *aḥl an*(= *an*₃) 1.19:II:15.22
| 히브 אַחֲלַי

aḥt

/ʾ*aḥ*(*ḥ*)*attu*/ **하나** 1.48:12&
< *ʾ*aḥadtu*
– *aḥd*₁의 여성형
| 히브 אַחַת(< *ʾ*aḥadt*)

*aḫ*₁

/ʾ*aḫu*/; /ʾ*aḫû*/ **형제**
< *ʾ*aḫawu*
– 주격 *uḫ* /ʾ*uḫu*/
– 소유격 *iḫ* /ʾ*iḫi*/
– 복수형 *aḫm* /ʾ*aḫḫūma*/ 1.4:V:28
– UG §33.171.3
| 히브 אָח, 셈 ʾ*aḫu*/*û*

*aḫ*₂

/ʾ*aḫû*/ **늪의 풀, 갈대** 1.10:II:9.12
< *ʾ*aḫwu*
| 히브 אָחוּ

*aḫr*₁

/ʾ*aḫ*(*ḫa*)*ru*/ **다음에, 뒤에** 부사 1.24:32&

| 히브 אַחַר(ʾaḥḥar)

aḫr$_2$

/ʾ*aḫ*(*ḫa*)*ra*/ **…뒤에** 전치사

– 문헌증거는 모두 불확실하여 *aḫr*$_1$로 볼 수도 있다. 1.4:V:44; 1.5:II:11

| 히브 אַחַר(ʾaḥḥar)

aḫr$_3$

/ʾ*aḫ*(*ḫa*)*rV*/ **…하고 난 다음** 접속사 1.4:III:23&

| 히브 אַחַר(ʾaḥḥar)

aḫrm

/ʾ*aḫ*(*ḫa*)*rumma*/ **앞뒤로 늘어서서, 서로 전후해서, 차례차례로** 1.163:12'(5)

☞ *aḫr*$_1$

aḫt

/ʾ*aḫâtu*/ **누이, 자매** 1.10:II:16&

< *ʾ*aḫawatu*

– RS 92.2005:24; RS 94.2284:7.26에도 등장한다.

| 히브 אָחוֹת, 아카 *aḫātu*

akl

/ʾ*aklu*/ **먹을 것, 음식, 식사, 곡식** 1.14:II:28; 1.14:IV:9&

| 아랍 ʾ*akl*, 아카 *ak*(*a*)*lu*, 또한 참고: 히브 אֹכֶל, 아랍 ʾ*uklā*, 에티 ʾ*əkl*

aklt

황무지 1.19:II:19&

| 아카 *akkullātu*(복수형) '들이나 밭에 있는 흙덩어리들' 또는 그와 비슷하게 '별로 좋지 않은 것들' 또는 '그런 것들이 많아 못쓸 밭이나 들' CAD A/1, 275f.

al$_1$

/ʾ*al*/ **…이 아니다, …을 하지 않는다** 부정의 불변화사

| 히브 אַל, 북서셈 ʾ*al*, 에티 ʾ*albo* …이 없다

al$_2$

진실로! 정말로! /ʾ*allV*/ 1.3:VI:12&

– UG §85.1

– *ʾ*an* 그럼! 제발! + *l* 정말로!로 볼 수 있다

aliy

[ʾalʾeyu] (월등히) **강한**

< *ʾ*alʾayu*

– √*lʾy*의 절대최상급

– 바알루 신의 칭호에 쓰인다. *aliy qrdm* 1.3:III:14

– 비교: 1.19:II:35의 *aliym*. 이 낱말을 *tliym*로 읽을 수 있지만, *nliym*로 읽을 수는 없다.

aliyn

월등히 강한 자, 권력자, 위대한 자

– 바알루 신의 칭호에 쓰인다. *aliyn bʿl* 위대하신 바알루 1.1:IV:22&

☞ *aliy*

algbṯ

돌의 종류. 동석凍石일 것이다. 4.158:15

| 외래어. 참고: 아카 *algamišu*, 아카(우가릿) *al-ka-ba-šu*

all

겉옷의 일종

– *lpš*와 병행 1.6:II:11

| 후리 *alāli*에서 온 외래어. 또한 참고: 아카 *allānu* 일종의 옷(?)

almg

나무의 종류 4.91:8; RS 94.2965:10

| 히브 אַלְמֻגִּים 자단나무(?), 아카 *elammakku*

almnt

/ʾ*alma*/*ānatu*/ **과부, 미망인** 1.14:II:44&

| 히브 אַלְמָנָה, 페니 ʾ*lmt*. 아카 *almattu*, 시리 ʾ*rmltʾ*, 아랍 ʾ*armala*ᵗ

alp$_1$

/ʾ*alpu*/ **황소** 1.3:IV:41&

– 복수형 *alpm* 1.4:VI:40&

| 히브 אֶלֶף, 북서셈 ʾ*alp*, 아카 ʾ*alpu*

alp$_2$

/ʾ*alpu*/ **천千, 1,000**

– 쌍수형 *alpm* 이천, 2000 2.33:24.32.38&

– 복수형 *alpm*는 언제나 *rb*(*b*)*t*와 병행 1.4:I:27; 1.14:II:39; 1.14:IV:17

| 히브 אֶלֶף, 서셈 ʾ*alp*, 에티 ʾ*əlf*

*alpn**

물고기의 종류임이 분명하다.

– 복수형 *alpnm* 4.247:25
– 비교: ***alp*** 황소

alt$_1$

기둥, 지주 1.6:VI:27
– 이 낱말을 복수형(?)으로 이해해 /*ʾâlātu*/ < **ʾayalātu*로 볼 수 있다. 이 경우 단수형은 **il* /*ʾêlu*/ < **ʾaylu*가 된다.
| 히브 단수형 אַיִל, 복수형 אֵילִים 벽기둥, 문설주

alt$_2$

/*ʾalâtu*/ **악담, 저주** 1.82:2
< **ʾalayatu*
| 히브 אָלָה, 페니 *ʾlt*

amht ☞ *amt*$_1$

amr

/*ʾamru*/ **말, 말씀, 알림, 선언**
– 다음의 문헌자료는 모두 불확실하며, 읽는 법도 논쟁 중이다. 1.2:I:15-16.31; 1.16:IV:1
| 히브 אֹמֶר, אִמְרָה 말, 말씀, 가르침, 아랍 *ʾamr* 명령, 시리 *ʾemrā* 말, 말씀

amr ☞ *imr* 1.20:I:10

amrr º ☞ *qdš*

amt$_1$

/*ʾam(a)tu*/ **여종, 하녀** 1.4:IV:61&
– 복수형 *amht* /*ʾamahātu*/ 1.4:III:21&
| 히브 אָמָה, 셈 *ʾam(a)tu*, 시리 *ʾamtā*, 복수형 *ʾamhātā*, 아카 *amtu*

amt$_2$

/*ʾammatu*/ **팔꿈치, 엘레**(길이의 단위) 1.14:II:10; 1.14:III:53&
– *amt-h* 팔꿈치까지
| 히브 אַמָּה, 셈(아랍 제외) *ʾammatu*, 아카 *ammatu*, 시리 *ʾamm*(^{e})*tā*, 에티 *ʾəmat*

an$_1$

/*ʾanā*/ **나** 1인칭 대명사의 단형
☞ *ank*
| 히브 אֲנִי, 아랍 *ʾanā*, 에티 *ʾana*, 아람 *ʾenā*

an$_2$*

/*ʾânu*/ **힘**
< **ʾawanu*
– 단수형을 다음처럼 볼 수도 있다.
*un** /*ʾônu*/ < **ʾawnu*
– 복수형 *anm* /*ʾânīma*/ 1.6:I:50
| 히브 אוֹן 힘, 부富, 복수형 אוֹנִים

an$_3$

/*ʾânV*/ **어디**?
– *an l an* 어디든지 1.6:IV:22.23
| 히브 אָן, אָנָה 어디? 어디로?, אָנֶה וְאָנָה 어디든지, 여기저기, 고아람 *ʾn* 어디?, 아랍 *ʾanna* 어디?

an$_4$

/*ʾannă*/ **아! 제발!**
– *aḥl an* 1.19:II:15.22
| 히브 אָנָּה, אָנָּא

anhb

(보라색을 띤) **조개 속/고둥**(?); **향수를 만드는 조개류** 1.3:II:3&
☞ *ǵlp*의 의미
| 어원이 분명하지 않다.

anḫ

/*ʾanḫu*/ **지친, 패배한** 1.17:I:17
| 아카 *anḫu*

anḫr

고래 1.5:I:15; 1.133:5
| 비교: 아카 *nāḫiru*

ank

/*ʾanāku*/ **나** 1.1:IV:18&
= 음절문자 *a-na-ku*
– 의존불변화사로 확장되기도 한다. *ank-n* 2.42:6, *ank-m* RS 94.2406:25
☞ 단형 *an*$_1$
| 히브 אָנֹכִי, 아카 *anāku*, 가나 금석문 *ʾnk*, 삼알 *ʾnk*(*y*), 이집 *ỉnk*

anš

좌골부의 힘줄, 좌골신경, 엉덩이(?) 여성명사
– 언제나 다음과 같은 구문으로 등장한다. *anš dt ẓrh* 1.3:III:35; 1.4:II:20; 1.19:II:47
| 참고: 히브 נָשֶׁה, 시리 *gennešyā* < **gēd-*

nešyā, 아랍 (ʾ*a*)*n-nasā*

anšt

친근한/신뢰하는 여성

– *anšt* ᶜ*rš zbln* (직역:) 네 친근한 여성은 병상病床이다 1.16:VI:36.51

| 참고: 아랍 ʾ*anīs* 신뢰하는, 친한 사람, 친구

any

/ʾ*an*(*a*)*yu*/ **배, 선단** 여성명사

– 단수형 *any* 2.38:10.24&

– 복수형 *anyt* 2.42:24&

| 히브 אֳנִי(< *ʾ*uny*), 가나(아마르나) /ʾ*anayu*/

ap_1

/ʾ*appV*/ **또한, 역시; 심지어, 더욱이, 진실로** 1.3:IV:31&

– *apn*처럼 확장된 형태도 있다. ☞ apn_2

– UG §83.131; §85.2

| 히브 אַף I(ʾ*app*), 북서셈 ʾ*ap*(*p*)

ap_2

/ʾ*appu*/ ㉮ **코**, (말馬의) **콧등** 1.18:IV:26&

< *ʾ*anpu*

= 음절문자 *ap-pu*

– 쌍수형으로 앞면, 겉면, 표면, 꼭대기 1.3:V:11.27; 1.17:V:6&; 1.23:24&

– *ap lb*가 *bmt*와 병행 1.5:VI:21; 1.6:I:5

– 1.16:I:3.17은 ap_1로 볼 수도 있다.

㉯ **분노, 화**

| 히브 אַף II(ʾ*app*), 셈 ʾ*app-*

*ap*ᶜ

/ʾ*ap*ᶜ*û*/ 뱀의 종류 살모사(?)

< *ʾ*ap*ᶜ*ay/wu*

| 히브 אֶפְעֶה, 아랍 ʾ*af*ᶜ*ā*

aphn

그다음, 따라서, 그 때문에, 그 결과 1.17:I:1!; 1.17:II:28&

< ap_1 + *hn*

apn_1

/ʾ*apannu*/(?) **바퀴**

– 쌍수형 *apnm* 4.88:3-8

– 복수형 *apnt* 4.145:3&

| 히브 אוֹפַן(ʾ*ôpann*), 아람/시리 ʾ*opannā*/ʾ*opnā*

apn_2

/ʾ*appVnV*/ **또한, 마찬가지로** 1.3:I:24; 1.6:II:57

< *ap_1 + *-n*

| 비교: 아카 *appūna* 게다가, 덧붙여

apnk

그다음, 따라서, 그 때문에, 그 결과 1.6:I:56&

< apn_2 + 의존불변화사 ***k***

apq

/ʾ*apīqu*/(?) **개울, 시내, 강바닥** 1.2:III:[4]; 1.3:V:6&

– *al tapq apq* 1.169:12(?)

– 참고: *apk*는 *apq*의 음성학적 변형이거나 ap_1에 의존불변화사 *-k*가 덧붙은 형태 RS 94.2965:7

☞ √ʾ*pq*

| 히브 אָפִיק 개울, 시내, 강바닥

aps

/ʾ*apsu*/ (위쪽) **끝**, (위쪽) **가장자리** 1.6:I:61

| 히브 אֶפֶס, 페니 ʾ*ps*, 가나 *upsu* 끝, 가장자리

apy

/ʾ*āpiyu*/ **빵 굽는 이** 4.125:10&

– √ʾ*py* G 분사

| 히브 אֹפֶה, 아카 *ēpû* 빵 굽는 이

aqhr

식량의 일종 또는 양념의 일종 4.14:3; 4.61:4

| 어원이 분명하지 않다.

ar °

여신의 이름, *pdry bt ar*의 일부 1.3:III:6&

– 어근과 뜻이 분명하지 않다. 빛(?)

*arb*ᶜ

/ʾ*arba*ᶜ*u*/ **넷, 4**

– 여성형 *arb*ᶜ*t*

☞ √*rb*ᶜ

| 히브 אַרְבַּע, 셈 ʾ*arba*ᶜ

*arb*ᶜ*m*

/*arba*ᶜ*ūma*/ **사십, 마흔, 40**

| *arb*ᶜ의 복수형

arb^c^tm

네 번, 네 곱절 RS 92.2016:15'

arbdd

제물의 일종

– *šlm*와 병행 1.3:III:17&

– 어원이 분명하지 않다. √*rbd* 쌓아 올리다, 포개다, 펴다, 덮다의 파생어. 또는 *arb*(뜻이 분명하지 않다)에 *dd* 사랑이 덧붙은 것

argmn

공물, 제물

– *mnḥ*와 병행 1.2:I:37&

– *irgmn* 형태로 나오기도 한다.

| 외래어. 참고: 히타 *arkamma(n)-*, 아카 *argamannu*

arḫ

/*ʾarḫu*/ **암소**

– 복수형 *arḫt* 1.4:VI:50&

| 아카 *arḫu*, 아랍 *ʾarḫ* 수송아지

arkt

긴; 팔길이, 팔

– 형용사 *ark* 긴의 여성형

☞ √*ʾrk*

– *b gdlt arkty* 내 강하고 긴 (팔)로. 이 구문은 *b ymny* 내 오른팔로와 병행 1.3:V:23; 1.18:I:10

| 참고: 히브 ארך, 북서셈 $ʾrk_4$

arn

/*ʾarānu*/ **상자, 궤** 4.385:5

| 히브 אֲרוֹן, 페니 *ʾrn*, 아람/시리 *ʾārōnā*, 아카 *arānu*, 모두 상자, 관을 뜻한다.

arṣ

/*ʾarṣu*/ **땅, 대지, 지하의 저승**

= 음절문자 *ar-ṣu*

| 히브 אֶרֶץ, 아랍 *ʾarḍ*, 아람 *ʾarq/ʿā*, 아카 *erṣetu*

arṣy °

여신의 이름, **아르차유***Arṣayu* 바알루의 딸 1.3:III:7&

arš °

신명 **아르슈***Aršu* 바다괴물, 해룡 1.3:III:43; 1.6:VI:51

*art**

방패(?)

– 복수형 *art* 4.247:26

| 아카 *arītu* 방패

arṯm ☞ √*rṯm*, √*yrṯ* 1.2:I:19.35

arw

/*ʾarwû*/ **사자**獅子 6.62:2

< **ʾarwayu*(?)

| 비교: 히브 אַרְיֵה

ary

/*ʾaryu*/ **친척, 피붙이** 1.3:V:37[!]; 1.4:IV:50&

| 참고: 이집 *ỉrj* 동행자, 동료

arz

/*ʾarzu*/ **삼나무** 더 정확히는 향백나무 1.4:V:10&; 창槍 1.4:VII:41

= 음절문자 *ar-zu*

| 히브 אֶרֶז, 서셈 *ʾarz*

asm

/*ʾasamu*/ (곡식을 베고 난 다음 쌓아 올린) **곡식 더미; 곳간** 1.19:II:18.25

| 히브 אָסָם 창고, 히브 금석문 אסם (곡식더미를) 쌓아 올리다, 아람 *ʾassānāʾ* 곡식 더미, 곡식 비축분

asr

/*ʾasīru*/ **죄수, 포로** 1.2:I:37&

| 히브 אָסִיר, אַסִּיר

ašt √*šyt*의 G 어두변화

aštn √*ytn*의 Š 어두변화

at_1

/*ʾattă*/ **너, 당신** 남성형

= 음절문자 *at-ta*

| 히브 אַתָּה, 셈 **ʾanta*

at_2

/*ʾattĭ*/ **너, 당신** 여성형

– *at-m*은 *at*에 의존불변화사 *-m*이 붙은 것으로 너에게의 의미로 쓰였다. 1.1:III:16; 1.3:III:28; 1.3:IV:18

| 히브 אַתְּ, 셈 *ˀanti

*atm*₁
/ˀattumŭ/ **너희들** 인칭대명사 2인칭 남성 복수형
| 히브 אַתֶּם, 셈 *ˀantumu

*atm*₂
/ˀattumâ/ **너희 두 명** 인칭대명사 2인칭 통성 쌍수형
| 셈 *ˀantumā

atm
너, 당신 1.3:III:28; 1.3:IV:18
☞ *at*₂
– 또는 √ˀ*tw/y*의 파생어일 수 있다.

*atn**
/ˀatānu/ **암탕나귀**
– 복수형 *atnt* 1.4:IV:7.12
| 히브 אָתוֹן, 아카/아랍 ˀ*atān*

aṯr
/ˀaṯru/ **장소**, (의례를 행하는) **곳** 1.17:I:28&
| 아카 *ašru*; 아랍 ˀ*aṯar*, 에티 ˀ*aśar* 흔적

aṯr
/ˀaṯ(a)ra/ ㉮ **…을 따라, …의 결과로, …의 뒤에, …의 다음에** 전치사 1.5:VI:24&
㉯ …를 (배려하면서) 뒤에; …를 위하여 1.6:II:6-9.28f

aṯr
/ˀaṯ(a)ru/ **뒤로, 그다음에, 나중에** 1.4:IV:18; 그러고 나서 1.124:16
– 반대말: *l pnm* 앞에

aṯrt °
/ˀaṯiratu/ 여성형 신명, **아씨라투***Aṯir(a)tu* = 아세라
| 히브 אֲשֵׁרָה

*aṯry** °
복수형 *aṯrym* 아시리아인들 4.230:3
| 참고: 히브 אַשּׁוּר, אַשֻּׁר

aṯryt
/ˀaṯrīyatu/ **끝, 종말, 운명**
☞ √ˀ*ṯr*
– *uḫryt*와 병행 1.17:VI:36

*aṯṯ*₁
/ˀaṯṯatu/ **여인, 부인, 아내** 1.3:IV:40&
< *ˀanṯatu
– 비교: *tinṯt*와 비교
| 히브 אִשָּׁה, 아카 *aššatu*, 시리 ˀ*attā*, 아랍 ˀ*unṯā*, 에티 ˀ*anest*, 스바 ˀ*nṯt*, ˀ*ṯt*

*aṯṯ*₂
가죽끈
– *bˁl aṯṯ* 가죽끈/고삐, 장인(?) 4.153:2-5. *aṯṯ*₁로 해석하자면, 아내의 주인 곧 혼인한 남자의 뜻이 되는데, 문맥상 이럴 가능성은 낮다.
| 외래어. 참고: 아카 *ašītu* 끈, 복수형 *ašâtu* 고삐

ay
/ˀayyu/ **어떤 것이나, 어떤** 1.23:6
| 참고: 셈 ˀ*ayy-*; 히브 אַי(< *ˀay) 어디?

*ayl**
/ˀayyalu/ **사슴**
– 복수형 *aylm*가 *ṣin*와 병행 1.6:I:24
– 비교: 인명 *a-ia-li*
| 히브 אַיָּל

aylt
/ˀayyal(a)tu/ **암사슴** 1.1:V:19; 1.5:I:17&
| 히브 אַיָּלָה, אַיֶּלֶת

aymr °
고유명사, 무기의 이름 1.2:IV:19
☞ √*mrr*₁

azml ☞ *izml*

azmr
포도덩굴 1.41:51
– 참고: √*zbr* < **zmr*(?)

i 

i_1
/ʾê/ **어디?** 1.5:IV:6.7
– 단형이다. 장형은 *iy_1*
| 히브 אֵי(< *ʾay), אַיֵּה

i_2
/ʾī/ **맹세코! 반드시!** 1.14:IV:38
| 참고: 아랍 ʾī(y) 진정코! 오!(맹세할 때 쓰임), 바빌 *i* 자! 우리 이제!(탄원의 불변화사 1인칭 통성 복수형)

ib_1
/ʾêbu/ **원수, 적** 1.2:IV:8.9&
< *ʾaybu
= 음절문자 *e-bu*
| 히브 אֵיב, אוֹיֵב, 아카 *ayyābu*, 아카(아마르나) *ību*

ib_2
새싹, 어린 줄기 1.19:I:31
| 히브 אֵב, 복수형 연계상태 אִבֵּי, 아람 ʾi/ebbā/ʾinbā

ib_3
순수한 1.14:III:43; 1.14:VI:29
– *ib iqni* (가장) 순수한 청금석(으로)
| 아카 *ebbu* 밝은, 순수한

ibr
/ʾibbīru/ **황소** 1.9:11.16; 1.10:III:20.35&
< *ʾabbīru
| 히브 אַבִּיר 힘센 자, 황소, 수말馬

ibrmnt 분해와 해석이 분명하지 않다. 1.4:VII:56

ibsn
/ʾibVsānu/(?) **저장 창고** 3.9:5
| 참고: 히브 אֵבוּס(< *ʾibās), 아카 *abūsu*

ibt
적개심, 적대행위(?)
– *w atm ydʿt lb aḫtk \ k mrṣ hm ibt* RS 94.2284:27
| 히브 אֵיבָה(< *ʾaibā)

-id
번, 곱, 회
– 숫자와 함께. 예: *ṯlṯid* 세 번
– *yd* 손의 파생어가 아니다!
– UG 377-379
| 스바 -ʾḏ (같은 용법). 아랍 ʾiḏ

id
…할 때, …하자마자 접속사 1.41:50; 1.90:1&
– 부사로 이해하여 그러면, 그때에로 해석할 수도 있지만, 가능성이 적다.
| 히브 אָז 그러면, 그때에, 아랍 ʾiḏā …할 때

idk
/ʾid(d)āka/(?) **그러면, 그 결과** 1.3:IV:37&
< *id* + 의존불변화사 *-k*
| 참고: 아랍 ʾiḏḏāka 그 당시, 그때에

idn
/ʾidnu/(?) **허락, 허가** 2.15:5
| 아랍 ʾiḏn

iht ☞ *iy** 1.3:VI:8

iḫ ☞ *$aḫ_1$*

ik
/ʾêkā/ **어떻게? 왜? 무슨 이유로?** 1.2:I:40&
– KTU²는 1.16:I:3을 *i k mtm*로 읽었다.
| 히브 אֵיךְ, אֵיכָה 어떻게?(수사학적 용법으로도 쓰인다), 시리 ʾaʸk, ʾaykan(nā)

ikl
/ʾiklu/ **음식, 식사** 1.22:I:24
– *bt ikl* 식사하는 건물, 식당
| 아카 *iklu* 먹고 마시기

ikm(y)
어떻게?
< *ik* + 의존불변화사 *-m*(+ 의존불변화사 *-y*)
– *ikm* 1.16:I:20; 2.7:10; *ikmy* 2.82:17
– UG 754

iky
어떻게? 2.14:6&
< *ik* + 의존불변화사 *-y*

il_1
/ʾ*ilu*/ **신**神
= 음절문자 [ì]-*lu*
– 단수형 *il* 1.3:III:39&
– 복수형 *ilm* 1.1:III:19&
| 히브 אֵל, 복수형 אֱלֹהִים, 페니 ʾ*l*, 복수형 ʾ*lm*, 셈(에티 제외)

*il_2**
/ʾ*êlu*/ **숫양**
< *ʾ*aylu*
– 복수형 *ilm* /ʾ*êlūma*/ 1.4:VI:42; 1.22:I:13
| 히브 אַיִל, 복수형 אֵילִים, 푸니 ʾ*yl*, 아카 *ālu*, *yālu*

il °
/ʾ*ilu*/ 신명 **일루***Ilu* = 엘 *il_1*
– *ilm*(= *il* + *-m*)형태로 자주 나온다.
예: *bn il-m mt* 일루의 아들, 모투 1.4:VII:46&

ilh °
/ʾ*ilāhu*/ 신명 **일라후***Ilāhu* 1.39:5; 1.108:13
– 참고: *il_1*
| 히브 אֱלוֹהַּ, 아랍 ʾ*ilāh*, 아람 ʾ*alāhā*

ilhm °
/ʾ*ilāhūma*/ 신명 **일라후마***Ilāhūma* 복수형
– *ilh*의 복수형
– 일루 신보다 하위의 신들, 또는 일루 신에게서 나온 신들 1.39:3&(제의문헌에만 나온다.)

ilht ☞ *ilt*

iln
/ʾ*ilānu*/ **신**神; **신적 존재**. 신명일 수도 있다. 1.112:30
– 복수형은 *ilnm*이다. 단수형은 ʾ*ilny**으로 재구성할 수 있다. 1.19:I:10
– 다음의 축약을 눈여겨보라. **ilnym* /ʾ*ilānīyīmā*/ > *ilnm* /ʾ*ilānîmā*/
– 또한 ☞ *il_2*
| 페니/푸니 ʾ*ln* 신, 신적인, 신의 복을 받은, 고귀한, 귀족의. 참고: 아카 *ilānû* 신의 복을 받은, 행복한

*ilny**
/ʾ*ilānīyu*/ **신적인**, **거룩한**, 명사로 쓰여 신성神性 1.6:VI:47&
– 복수형 ʾ*ilnym*
| 참고: 푸니 *aloniuth*(여성 복수형)

ilqṣm
매우 값진 재료, **보석** 복수형(?)
– *udr ilqṣm*이 *ksp*와 *ḫrṣ*와 병행 1.4:V:17.40
– 다음처럼 분해하여 이해할 수 있다.
il + *qṣm*
ilq + *ṣm*
ilq + *qṣm*
| 아랍 √ʾ*lq* 빛나다, 반짝거리다, 번쩍이다. 참고: 파생어 ʾ*alaq*, ʾ*ilqa*[t] 광채, 미광

ilt
/ʾ*il(a)tu*/ **여신들** 1.3:V:37&
– 쌍수형 *iltm* 1.39:18&
– 복수형 *ilht* /ʾ*ilahātu*/ 1.3:V:28&
– *il_2*의 여성형

im_1
/ʾ*im(ma)*/ **…한다면, …할 경우에** 1.6:V:21&
< **him(ma)*
| *hm*와 어원이 같다.

im_2
/ʾ*im(ma)*/ **또는** 2.72:12-16에만 나온다.
= ʾ*im_1* …한다면

imr
/ʾ*immĭru*/ **양**羊 1.1:IV:32; 1.3:V:1&
< *ʾ*ammĭru*
– *amr* /ʾ*ammīru*/ 형태로 나오기도 한다. 1.20:I:10
| 히브 אִמַּר, 아카 *i/emmeru*, 페니 ʾ*mr*, 시리 ʾ*emmrā*

imt

/ˀ*imitta*/ **정말로! 진실로!** 1.5:I:18.19

< *ˀ*aminta*

| 히브 אֱמֶת, 삼알 *mt*

in

/ˀ*êna*/ **…이 없다, 없음** 1.3:V:33&

< *ˀ*ayna*

– *in d* …하는 자/것 없다 RS 94.2284:9.11&

– 반대말: *iṯ*

| 히브 אַיִן, אֵין, 푸니/모압 ˀ*n*, 아카 *yānu*

inbb °

산의 이름, 아나투ʿ*Anatu*가 사는 곳 1.1:II:14&

inn

…이 없다 2.39:20&

< *in* + -*n*

– *w ank inny yd*ʿ*t* … 나는 …을 모른다의 *inny*는 1인칭 공통 단수 접미 대명사가 붙은 것이다. RS 94.2592:3'

| 히브 אַיִן, אֵין에 접미대명사가 붙은 다음 형태와 비교: אֵינֶנִּי, אֵינֶנּוּ, אֵינֶנָּה

inr

개犬

< **irn*(? 자위치환)

– *klb*와 병행 1.16:I:2.16; 1.16:II:39; 1.114:13

| 참고: 아카 *mīrānu* 강아지, 새끼 늑대

inš

/ˀ*ināšu*/; /ˀ*inšu*/ **사람, 인간; 종** 2.81:7&

– 이따금 *inš ilm* 신들의 사람이라는 구문이 죽은 이를 신성화해서 경배하는 제의에서 등장한다. 1.39:22&

| 히브 אֱנוֹשׁ, 아랍 ˀ*ins*

inšt

인원, 종(?)

– 1.6:VI:41은 문맥이 일부 소실되었다.

– 4.38:5&에서 직업군을 지칭한다.

– 비교: *inš*

ipd

화려한 겉옷 4.707:13&

– 쌍수형 *ipdm* 4.707:22

– 복수형 *iptt* 4.707:11

| 히브 אֵפוֹד 에풋, 아카 *epattu*, 시리 *pedtā*(ܦܕܬܐ)

ipdk

뜻이 분명하지 않다. √*npd*의 파생어(?) 1.5:I:5

iqnu

/ˀ*iqna*ˀ*u*/ **라피스라줄리, 청금석** (금속 또는 그 푸른빛), **청금석 색깔이 나는** (곧 푸른빛이 도는) **양털** 3.1:23&

– 사격 복수형 *iqnim*

ṯhrm iqnim 1.4:V:19&

*š*ʿ*rt* \ *iqn*[*i*]*m* 4.341:4

– 복수형 *iqnum*

w kblm \ *iqnum ištir* RS 94.2284:19

– 복수형의 음성학적 변형 *qnim* 2.36+:29

| 아카 *uqnû* 청금석. 참고: *uqniātum* / *uqnâtu* 푸른빛이 도는 양털. 어원이 셈어가 아니다.

irby

/ˀ*irbĭyu*/ **이동 메뚜기 떼, 큰 메뚜기 무리** 1.14:II:50; 1.14:IV:29

– 복수형 *irbym* 1.3:II:10

| 히브 אַרְבֶּה, 고아람 ˀ*rbh*, 아카 *erbû*, 소코 ˀ*erbiyyoh*

irn

강아지 1.103+:33

– 비교: *inr*

| 아카 *mīrānu* 강아지, 새끼 늑대

iršt

/ˀ*irištu*/ **소원, 소망, 청원** 1.104:1; 1.108:20-21; 2.22:4&; RS 94.2406:15

= 음절문자 *i*-[*r*]*i*-*iš*-[*t*]u_4

< *ˀ*arištu*

☞ √ˀ*rš*

| 히브 אֲרֶשֶׁת, 아카 *erištu*

irt

/ˀ*ir*(*a*)*tu*/ **가슴, 흉부** 1.3:III:5&

= 음절문자 *i*-*r*[*a*?-tu_4]

– *irt lbnn* 레바논 산맥의 중턱/산허리 1.22:I:25(?)

– *irtm* 1.2:IV:3

| 아카 *irtu*

iṣr
다발, 묶음, 보따리(?)
– *ṯmnt iṣr rᶜt* 여덟 개의 천둥 묶음(?) 1.101:4
| 히브 אצר 쌓다, 아랍 √ʾṣr 묶다, ʾāṣiraᵗ 띠, 묶기

iš
불火
– 1.12:I:10은 중자탈락Haplography으로 보아 *iš<t>*로 고쳐 읽어야 할 것이다.
☞ *išt*
| 히브 אֵשׁ(< *ʾišš), 아람 ʾš

išd-
/ʾišdâ-/ **다리**脚 쌍수 연계형
– *išdk*, *išdh*
– *pᶜn*와 병행
| 아카 *išdu* 기초

išḫn
/(ʾ)išḫanī/
– √*šḫn* G 명령형

*išpr**
정확한 의미와 어근은 분명하지 않다. 직물, 융단(?)
– 쌍수형/복수형 *išprm*
– 언제나 *sp* 대접, 쟁반과 함께 등장한다. RS 94.2406:26 이하에서는 gp_2가 뒤따르며 RS 94.2284:5 이하에서는 뜻이 분명하지 않은 단어 *ᶜrmlḫt*가 뒤따른다.
| 아카 *i/ušparu* 직공

išryt
/ʾišrīyatu/ **행복, 복**
| 히브 *אֹשֶׁר, *אֶשֶׁר 행운, 복

išt
/iš(a)tu/; /ʾišitu/ **불**火 1.2:I:32&
= 음절문자 *iš-tu₄*, *i-ši-t[u₄]*
– 비교: *iš* (또는 *iš<t>*) 1.12:I:10
| 히브 אֵשׁ(< *ʾišš), 아카 ʾišātu, 에티 ʾəsāt, 아람 ʾš, ʾšh, ʾeššātā

išt °
여성형 신명, 일루의 암캐의 이름
☞ *išt*
– *klbt ilm išt* 1.3:III:45

ištn ☞ √*ytn* Š 어두변화형 2.79:3

itnn
/(ʾ)itnānu/ **선물**
< *yitnānu
– mhr_3와 병행 1.100:74.76
| 히브 אֶתְנַן 선물, 화대

iṯ
/ʾiṯê/; /ʾiṯâ/ **…이 있다**, 그는 있다/존재한다 1.3:III:21&
< *ʾiṯay(a)
☞ √ʾṯ(y)
| 히브 יֵשׁ, אִשׁ, 아람 ʾit(ay)

iṯl
침 1.1:II:9; 1.18:IV:25&
| 외래어. 히타 *iššali*, 아카 *ušultu* 점액

iṯm 뜻이 분명하지 않다. 1.5:III:24

iṯt
㉮ /ʾiṯat/ (또는 /ʾiṯât/) **그녀는 있다/존재한다** *iṯ*의 어미변화형 3인칭 여성 단수 1.14:IV:38
㉯ /ʾiṯ(V)tu/ 나는 있다/존재한다 *iṯ*의 어미변화형 1인칭 공통 단수 2.13:15; 2.30:14

iy_1
/ʾeyya/u/(?) **어디?** 1.6:IV:4.5.15.16
– i_1의 장형으로, 격어미가 붙은 것
| 히브 אֵי, אַיֵּה

iy_2*
/ʾiyu/ **바닷가, 섬**
– 복수형 *iht* /ʾîhātu/ < *ʾiy(a)hātu 1.3:VI:8
| 히브 אִי, 이집 *îw*

izml
자루 또는 자루 모양으로 생긴 것 4.284:2&
– 불확실하지만 변형으로 *azml*가 있다. 4.390:10; 5.23:3
| 비교: 아카 *azamil(l)u*

u 𐎜

u$_1$

/ʾô/ **또는** 1.4:VII:43; 1.119:13&

< *ʾ*aw*

– UG 792f

| 히브 אוֹ, 셈 ʾ*aw*

u$_2$

/ʾô/(?) **오오! 흑!** 1.15:III:29; 1.16:I:4.22&; 1.161:26&

– UG §84.22

| 히브 אוֹי, 시리 ʾ*o*(*y*), 아랍 ʾ*aww*

ud

빌려줌, 대부; 청구

– *ud mnny*: *manny*의 빌려줌 3.10:1

☞ √ʾ*wd*

| 참고: 아랍 ʾ*awda*^{t} 짐, 부담, ʾ*awad* 필요, 생활 필수품

udbr

관리자, 경영자(?)

– … *w udbrh* … (인명) 그리고 그의 관리자 RS 94.2050+:52.56

| 참고: 시리 √*dbr* G 이끌다, 지배하다, 경영하다(파생어 *dābōrā* 영도자, 지도자), 아랍 √*dbr* D 이끌다, 정리하다, 명령하다, 경영하다(파생어 *mudabbir* 지도자, 조정자)

udm °

지명 1.14:III:4&

– 쌍수형(?) *udmm*: *Udm*시市의 두 구역 1.15:I:7

*udm*ʿ*t*

/(ʾ)*udma*ʿ*ātu*/ **눈물** 복수형 1.6:I:10&

☞ *dm*ʿ*t*

udn$_1$

/ʾ*udnu*/ **귀**耳 1.13:23; 1.18:IV:23.34&

< *ʾ*uḏnu*

| 히브 אֹזֶן, 셈 ʾ*uḏn*

udn$_2$

둥지, 진영; 갈대; 기초, 받침대; 부족의 영토

– *mšṣṣ k* ʿ*ṣr* \ *udnh* 1.3:IV:2

| 히브 אֶדֶן 기초, 비교: 아카 *adattu* 둥지, 진영(?)(AHw); 갈대(CAD), 유다아람 ʾ*uddānā* 팔걸이 의자

udr

/ʾ*udru*/ **화려함, 영광** 1.4:V:17.40

| 히브 אֶדֶר

ugr °

신명, 복합명 *gpn w ugr* 구파누와우가루(포도덩굴과 들)의 뒷이름, 바알루의 종 1.3:III:36&

ugrt °

/ʾ*ugarit*-/ 지명 **우가릿***Ugarit*

= 음절문자 ^{uru}*ú*/*u-ga-ri-it*

uḫ ☞ *aḫ*$_1$

uḫd /ʾ^u*ḫud*/ ☞ √ʾ*ḫd* G 명령형 1.82:6

uḫry

/ʾ*uḫrāyu*/ ㉮ **끝**, (막대기의) **끝** 1.19:III:49&

㉯ **후손** 1.103+:39f.

= 음절문자 *uḫ-ra-a-yi* 소유격

| 참고: 히브 אַחֲרֵי 끝, 종말(복수형)

uḫryt

/ʾ*uḫrā*/*īyatu*/ **끝, 종말, 미래**

– *aṯryt*와 병행 1.17:VI:35

| 히브 אַחֲרִית, 시리 (ʾ)*ḥrāytā*, 아카 *aḫrâtu*

uk

/ʾ*uk*(*kV*)/ **오호! 진실로!** 2.39:6.8

ul

/ʾ*ôlu*/; /ʾ*ûlu*/ **힘, 권력, 군사력** 1.14:II:35; 1.14:IV:15

< *ʾ*awlu* 또는 < *ʾ*uwlu*

| 히브 אֵל(< *ʾ*ayl*)

ulmn
/ʾ*ulmānu*/ **과부의 신세/신분** 1.23:9
☞ *almnt*
| 히브 אַלְמָן

ulny
힘센 자, 권력자
– 1.2:IV:5에서 ˁ*ẓmny*와 병행하는 *ulny*를 *ul*에 1인칭 통성 쌍수형 접미대명사 *-ny*, 또는 1인칭 공통 단수형 *-n-y*가 붙은 것으로 봐서 나의/우리의 힘으로 옮길 수도 있다.

ulp
☞ l_1
– *l p* …에 따라서 1.40; 1.84에 여러 번 나온다.

ulṯ
흙벽돌을 빚는 데 쓰는 도구, **작은 괭이; 벽돌틀** 1.4:IV:60
| 어근이 분명하지 않다. 외래어일 듯

um
/ʾ*ummu*/ **엄마, 어머니** 1.14:I:9&
< *ʾ*immu*
– 복수형 *umht* /ʾ*ummahātu*/ 1.15:I:6
| 히브 אֵם, 셈 ʾ*i/umm*, 아랍 ʾ*umm*

umht ☞ *um*

umt
/ʾ*ummatu*/ **족, 씨족, 가족** 1.6:IV:19&
| 히브 אֻמָּה, 아람 ʾ*umma*ᵗ, 시리 ʾ*umm*ᵉ*tā*, 아카(마리) *ummatum*

un_1
비탄, 슬픔, 비애 1.5:VI:15
| 참고: 히브 אוֹנִים(복수형) 슬픔, אָנֶה 비탄; 히브 인명 בֶּן־אוֹנִי

un_2
불행 1.19:I:40
| 히브 אָוֶן 불행, 불의, 악

unṯ
/ʾ*unuṯṯu*/ *unuṯṯu*-**의무/세금** 신하의 의무 또는 부동산을 사고팔 때 내는 세금 2.19:2.5&
– √*ybl* 동사와 함께 *unṯ*-의무/세금을 지다의 뜻으로 사용된다. RS 94.2965:21f
| 외래어 후리/아카 *ilku/pilku* 토지 점유에 따르는 의무

upqt 뜻이 분명하지 않다. 1.1:V:11.24

uqrb
/(ʾ)*uqrubī*/ **가까이 오라!**
☞ √*qrb* 명령형 여성 단수형 1.169:5

ur_1
/ʾ*ôru*/(?) 채소, 식물; **싹, 새순** 1.19:II:17
< *ʾ*awru*(?)
| 히브 אֹרֹת 남새, 나물(복수형), 아카 *aru* 줄기, 잎꼭지

ur_2*
/ʾ*ûru*/(?) **불, 화덕**
– 복수형 *urm* 1.39:8&
| 히브 אוּר 빛, 불, אוֹר 빛, 햇빛, 아랍 ʾ*uwār* 열기

urbt
/ʾ*urubbatu*/ (천장으로 난) **창, 창문, 입구** 1.4:V:61&
< *ʾ*arubbatu*
| 히브 אֲרֻבָּה

urk
/ʾ*urku*/ **길이**
– *w urk ym b*ˁ*ly* 2.23:20
| 히브 אֹרֶךְ; אֹרֶךְ יָמִים 오랜 수명, 장수

*uṣb*ˁ
/ʾ*uṣba*ˁ*u*/ **손가락** 여성명사
< **ṣVba*ˁ*u*
– 복수형 *uṣb*ˁ*t* 1.3:II:33&
– 단수형인 *uṣb*ˁ는 1.19:I:8에서만 접미대명사와 결합하여 *uṣb*ˁ*h*로 나오는데, 이 단어는 *uṣb*ˁ<*t*>*h*으로, 곧 복수형에 접미대명사가 붙은 형태로 봐야 할 것 같다
| 히브 אֶצְבַּע, 제국아람 ʾ*ṣb*ˁ, 시리 *ṣeb*ˁ*ā*, 아랍 ʾ*iṣba*ˁ, ʾ*uṣbū*ˁ, 에티 ʾ*aṣbā*ˁ*t*

ušḫry °
여신의 이름, **우슈하라유***Ušḫarāyu* 1.118:22&
= 음절문자 ᵈ*iš-ḫa-ra* RS 20.24:23
– 참고: 복합명 *ušḫr ḫlmẓ*의 앞이름 1.115:2.12!

– 참고: 후리어 어휘소에 후리어 격어미가 붙은 *išḫrd* 1.116:21

*ušk**

/ʾ*ušku*/ **고환, 불알**

– 쌍수형 *uškm* 1.11:2; 1.103+:14&

| 히브 *אֶשֶׁךְ, 아카 *išku*, 시리 ʾ*eškᵉtā*

ušn

/ʾ*ôšānu*/ **선물** 1.14:III:31&

< *ʾ*awšānu*

| 히브 אוש 주다, 보답하다, 아랍 ʾ*aws*

ušpǧt

겉옷의 일종 1.43:4&

| 외래어. 참고: 아카(누지) *uš/spaḫḫu*

ušr

남성의 성기 1.103+:47

| 아카 *išaru*, (*m*)*ušaru*

uṭ

뜻이 분명하지 않다. **한 뼘, 반 엘레**(?) 1.2:I:13

– 복수형(?) *uṭm* 1.5:I:5

| 아카 *ūṭu*

*uṭb**

화려한 겉옷의 일종

– 복수형 *uṭbm* 4.337:11

| 참고: 아카(마리) *uṭ-ba*, 아카 *ed/ṭa/uppu*(AHw 185a).

uṯḫt

(조금 큰) **향로** 1.47:31; 1.118:30; 1.125:14

| 외래어. 아카 *šēḫtu* 향로(우가릿어의 어두음 첨가).

uṯkl

/(ʾ)*uṯkā/ūlu*/ **포도, 포도송이**

– 1.87:2와 병행구 1.41:(2)

| 히브 אֶשְׁכּוֹל, 유다아람 ʾ*itkālā*, 아랍 ʾ/ᶜ*iṯkāl*, ᶜ*uṯkūl*, 에티 ʾ*askāl*

uṯpt

/(ʾ)*uṯpatu*/ **요리사, 주방장** 4.53:15&

– 비교: 음절문자 *iš-pa-tu* RS 19.36:5

| 외래어. 아카 *išpatu*, 후리 *išpanti*, 이집 *ỉspt*

uṯryn

/ʾ*uṯriyānu*/ (히타이트 왕족의) **왕자, 세자** 2.67:1; 3.1:30

| 외래어. 어원이 분명하지 않다.

uz

/ʾ*ûzu*/; /ʾ*ôzu*/ **거위** 1.106:30&

– 복수형 *uzm* 4.247:21

– 여성형 *arbᶜ uzm mrat* 4.247:20

| 수메 *uz*, 아카 *ūsu*, 복수형 *usātu*, 아랍 ʾ*iwazz* (집합명사)

uzr

뜻이 분명하지 않다. √ʾ*zr*의 수동 분사형으로 둘러친, 덮은, 달린, 맨; 일종의 제물; 직물

– 1.17:I:2-22에 여러 번 나오는데, 21행 이하에는 *uzr-m*으로 나온다

| 참고: 아카 *uzāru* 신상神像에 걸치는 수건이나 옷가지; K. Kessler, "*Bit Sutummu*", 251; Watson, *NABU*, 37 (2002).

uzᶜrt

(두 눈 사이에) **털이 성기게 난 곳**(?) 1.101:6

– UG §33.423a

– 어두음 첨가의 /ʾ*u*/

| 참고: 아랍 *zaᶜir*/ʾ*azᶜar* 털이 성기게 나다

ʿ △

√*ʿbd*

G/D **봉사하다, 일하다** 1.3:I:2

| 히브 עבד, 서셈 √*ʿbd* G 봉사하다, 일하다, D/H 봉사하게 하다, 노예로 삼다

ʿbd$_1$

/*ʿabdu*/**종, 노예** 1.2:I:36&

= 음절문자 *ab-du*

– *ʿbd dgn*은 이따금 *ḥrt̲*$_2$와 병행

| 히브 עֶבֶד, 중셈 *ʿabd*

ʿbd$_2$

/*ʿābidu*/(?) **일꾼, 일하는 사람** 4.99:1&

– *ʿbd dgn*가 *rt̲*$_2$와 병행 1.16:III:13

– √*ʿbd* G 분사

√*ʿbr*

G **지나가다, 지나치다, 가로질러 가다** 1.3:VI:4&

| 히브 עבר, 셈(에티 제외) √*ʿbr*

ʿbs ☞ *ʿps* 6.27:1

√*ʿbṣ*

G **서두르다, 조급히 굴다**(?)

– *ḥšk ʿṣk ʿbṣk* 1.3:III:18&

| 히브 עבץ, 제국아람 √*ʿbq* < **ʿbṣ́*(?) 서두르다 (DNSI 821)

√*ʿbš*

모으다(?)

– *yʿbš* 1.22:I:6.7

| 어원이 분명하지 않다. 참고: 아랍 √*ʿfš* (쓸모없는 것을) 주워 모으다, 아랍 √*ʿfs* 사납게 재촉하다, 끌어내리다, 격투하다.

√*ʿbt*

G/D (새끼 따위를) **꼬다, 묶다**(?) 1.107:7

ʿd$_1$

/*ʿôdu*/ **지속, 시간**, 기간 1.23:67

< **ʿawdu*

| 히브 עוד, 아랍 *ʿawd*

ʿd$_2$

임금의 방, 알현실(?); (나무로 만든) **단**壇, **대**臺

1.16:VI:22; 1.23:12; 1.119:9

| 어근이 분명하지 않다. 참고: 아랍 *ʿūd* 목재, 가지, 나무

ʿd$_3$

/*ʿadê*/(?) **…까지** 전치사

| 히브 עַד, עֲדֵי, 페니 *ʿd*, 고아람 *ʿd*, 시리 *ʿad*, *ʿdammā*, 스바/미내/카타 *ʿd*

| 비교: 첫음이 /ʾ/인 예들, 아카 *adi*, 하드 *ʾd*, 신남아랍 *ʾed*, *ʾid*, *wedé*, 암하 *wädä*

ʿd$_4$

/*ʿadê*/(?) **… 근처에, … 곁에, … 옆에** 전치사

1.6:VI:48.49

– *ʿd*$_3$ …까지와 어원이 같을 것이다.

ʿd$_5$

…하는 한, …할 때, …할 때까지 접속사 1.3:II:29; 1.4:V:48

– 또는 *ʿd*$_6$ 1.6:I:9; 3.4:17

– 참고: 전치사 *ʿd*$_3$

ʿd$_6$

/*ʿôda*/(?) **오래, 언제나** 부사 1.4:III:40&

– 명사인 *ʿd*$_1$ 지속, 시간에 목적격 어미가 붙었을 것

– *ʿd-m* = *ʿd* + 의존불변화사 *-m*

| 참고: 히브 עוד

√*ʿdb*

G **놓다, 세우다, 박다** 1.1:II:10&; (식탁을) 차리다 1.17:V:16&; (등을) 펴다, 굽히다 1.114:4

Gp 놓이다, 세워지다 1.4:V:46

| 히브 עזב II(포장돌을) 깔다, 줄맞춰 놓다, 조정하다, 참고: 스바 √*ʿd̲b* G 줄맞춰 놓다, 사역형 나란히 놓다, 어원이 분명하지 않다.

ʿdbt

비품, 가구(?)

– 복수형(?) 1.4:VI:38.39

– 참고: √ʿ*db*

√ʿ*dd** ☞ √ʿ*wd*

ʿ*dd*

사자, 전령 원래는 증인(?)

– *dll*와 병행 1.4:VII:46

| 참고: 히브 עֵד 증인, עוד 증언하다, 권유하다, 경고하다

ʿ*dmt*

(큰) **손실; 비참, 비탄**

– 단수형/복수형 1.161:17(3번)

| 참고: 아랍 ʿ*adam* 헛됨, 부족, 부재, √ʿ*dm* 빼겼다, 잃다, 없다

√ʿ*dn*

D **즐겁게 하다, 넘치게 하다, 넉넉하게 하다; 약속을 정하다**

– *y*ʿ*dn*의 어근을 √*y*ʿ*d* 또는 ʿ*dn*$_2$를 참고하여 √ʿ*dn*로 볼 수 있다. 1.4:V:7

– 비교: ʿ*dn*$_2$

| 히브 עדן, 아랍 √ʿ*dn*, 아랍 √*ğdn*

ʿ*dn*$_1$

군대, 군사 1.14:II:32.34; IV:13.14

| 참고: 아랍 ʿ*adāna*ᵗ 무리, 떼, 군대

ʿ*dn*$_2$

희열, 환희; 넉넉한 수량; 기한, 약속 1.4:V:6.7

☞ √ʿ*dn*

| 참고: 시리 ʿ*eddānā* 기한, 약속

ʿ*dn*$_3$

빵을 저장하는 용기/저장소 1.16:III:14

| 어근이 분명하지 않다.

ʿ*dt*$_1$

모임, 회합 1.15:II:7.11; 합류 1.100:3

| 히브 עֵדָה, 시리 ʿ*edtā*

ʿ*dt*$_2$

시각, 순간

– *ym*와 병행 1.4:VII:16

– 참고: ʿ*d*$_1$

ʿ*dt*$_3$

식물의 이름

– ʿ*dt-m* 1.100:66

☞ √ʿ*dy*

√ʿ*dy*

D/G **떼다, 벗다, 제거하다**

– *y*ʿ*dynh* 1.100:66

| 히브 עדה(√ʿ*dy*)와 유다아람 √ʿ*dy*의 사역형 떼다, 벗다, 집어치우다, 제거하다, 시리 √ʿ*dy* 사역형 빼앗다, 낚아채다

ʿ*ḏbt*

상품; 대상隊商

– *ḫrn*과 병행

| 참고: 히브 *עִזָּבוֹן

√ʿ*ḏr*

G **돕다** 1.18:I:14

| 히브 עזר, 페니/고아람 √ʿ*zr*, 아랍 √ʿ*ḏr*

ʿ*ḏrt*

/ʿ*iḏirtu*/ **도움**

= 음절문자 *i-zi-ir-*[*tu*$_4$]

< *ʿ*iḏratu*

| 히브 עֶזְרָה

ʿ*gl*

/ʿ*iglu*/ **수송아지** 1.3:III:44&

– 복수형 ʿ*glm* 1.4:VI:42&

| 히브 עֵגֶל, 페니/고아람 ʿ*gl*, 아랍 ʿ*iğl*, 에티 ʾ*əg*ʷ*l*

ʿ*glt*

/ʿ*iglatu*/ **암송아지**

– *prt*와 병행 1.5:V:18

| 아랍 ʿ*iğla*ᵗ

ʿ*gm**

슬픔, 비탄 1.14:I:27

– 복수형 ʿ*gmm*

| 히브 עגם, 유다아람 √ʿ*gm* 슬프다, 참고: 아카 *agāmu* 화나다, 아랍 √ʾ*ğm* 빛나다

√ʿ*kd*

G **열심이다, 진지하다, 믿음직하다**(?)

– *bd*ᵗ *bnil hl* ʿ*kd* … 바나일루*Banâʾilu*를 통해 … 보라, 그는 진지하다.(?) RS 94.2284:25

| 참고: 아랍 √ʿ*kd*(ʿ*akida*) 무엇에 대해 진지하다/

열심이다, 기름지다

*ˤl*₁

/*ˤalê/â*/ **… 위에, …에 짐을 지우는**

– 반대말: *tḥt* 아래에

| 히브 עַל, עֶל

*ˤl*₂

/*ˤalû*/(?) **위로, 위쪽으로** 1.17:II:9; 1.19:IV:46

– UG §81.13a

*ˤl*₃

/*ˤûlu*/ **젖먹이, 어린 아기, 짐승의 새끼**

= 음절문자 *ú-lu*

< **ˤuwlu*

– *ˤl umt-y* 내 가족의 아기 1.19:IV:35

| 히브 עוּל

√*ˤlg*

D/G **말을 더듬다** 1.169:11

| 참고: 히브 עִלֵּג 말더듬이

*ˤlm*₁

/*ˤālamu*/ **먼 시간, 영원** 1.2:IV:10&

– *ˤm ˤlm* 영원히 1.3:V:31&

– 종착격으로 쓰인 *ˤlm-h* 영원히가 *dr dr*와 병행 1.19:III:48.55; IV:6

| 히브 עוֹלָם, 시리 *ˤālmā*, 에티 *ˤālam* 세상, 영원, 아랍 *ˤālam* 세상, 우주

*ˤlm*₂

/*ˤalû(m)mV*/ **다음날**

– 원래 뜻은 위로 당겨진 (날) 1.41:8&

– 제의문헌에 자주 나온다. RS 94.2406:7

– UG §63.32

– √*ˤly* 어근의 명사형에 위치격 어미(?) + 의존불변화사 *-m*

ˤlmt ☞ *t̠lt̠t*₂ 3.5:15

ˤln

/*ˤalânu*/ **위로, 위쪽으로** 부사

| 아카 *elē/ānu* 위로

√*ˤlw*, √*ˤly*

G **오르다, 올라가다**

Š 올리다, 올려보내다, 제물을 바치다

Št 부사 *mštˤltm*

| 참고: 아랍 √*ˤlw/y*

ˤly

/*ˤalīyu*/ **가장 높은 이, 지존**

– 원래 뜻은 높은 이 1.16:III:6.8

– 바알루의 별칭

| 아랍 *ˤalīy* 높은

*ˤly**

/*ˤelāyu*/ **위, 윗사람, 높은 장소, 단**壇, **대**臺; **위층**

< **ˤilāyu*

= 음절문자 *eʾ-la-yi*

– *ˤlyh* 1.41:45&

| 시리 *ˤel(l)āyā*

*ˤm*₁

/*ˤammu*/ **민족, 씨족** 1.17:I:27&

| 히브 עַם(*ˤamm*), 중셈 *ˤamm*

*ˤm*₂

/*ˤimma*/ **…와 함께, … 옆에서**

– 확장형 *ˤm-n* 1.3:III:25&

– 확장형 *ˤm-m* 1.14:VI:37

| 히브 עִם(*ˤmm*), 서셈 *ˤm*, *ˤim*, *ˤam*, 아랍 *maˤa* (자위치환)

√*ˤmm*

Dp(?) **덮이다, 푹 싸이다, 어두워지다**

– 1.8:II:7와 병행구 1.4:VII:[55]를 보라.

| 히브 עמם, 아랍 √*ǧmm* 덮다, 푹 덮어 감추다

ˤmm ☞ *ˤm*₂ 1.14:VI:37

ˤmn ☞ *ˤm*₂ 1.3:III:25&

*ˤmq*₁*

/*ˤi/amqu*/ **골짜기, 분지** 1.3:II:6&

– 복수형은 나오지 않는다. 1.148:6은 KTU²처럼 *ˤm[q]t* 골짜기들로 읽어서는 안 되고, *th[m]t*로 읽어야 할 것이다. 1.148:41을 보라.

| 참고: 히브 עֵמֶק, 아무 *ˤamqum*, 아람 *ˤumqā* 계곡, 분지

*ˤmq*₂

슬기로운, 지혜로운(?); 강한

– 원래 뜻은 깊은(?)

– *ˤmq nšm* 사람 가운데 가장 슬기로운 1.17:VI:45

| 히브 עָמֹק 깊은, 참고: 아카 *emqu*

√ᶜms

D **짐을 싣다, 지다, 메다, 지탱하다**; (벽돌을) 포개어 쌓다, 한 줄씩 쌓다 1.4:V:11

| 히브 עמס G 메다, (짐을) 지다, 서셈 *ᶜms* 무겁다, 임신했다, 누르다

ᶜmsn

싣기, 짐, 메기 4.370:2

☞ *√ᶜms*

√ᶜmt

뜻이 분명하지 않다. **때리다, 치다** 1.16:VI:8

| 아람 *√ᶜmt* 둥글게 말다, 뭉치다, 때리다, 제압하다, 굴복시키다

ᶜn₁

/*ᶜênu*/ ㉮ **눈**目 1.4:VII:40& 여성명사

< **ᶜaynu*

– 쌍수형 *ᶜnm* 1.2:IV:22&

㉯ **샘, 원천** 1.5:I:17&

| 히브 עַיִן, 셈 *ᶜayn*

*ᶜn₂**, *ᶜnt**

밭고랑

– 단수형은 *ᶜn* 또는 *ᶜnt*로 재구성할 수 있다.

– 복수형은 *ᶜnt*로, 샘들, 원천들일 수 있다. 1.3:IV:36&

| 참고: 히브 מַעֲנָה 밭고랑

ᶜnn

종, 보조자 1.1:III:17&

☞ *√ᶜwn*

ᶜnq

목걸이 1.22:I:19&

– 1.2:I:18.35 *w ᶜnnh* ☞ *√ᶜnw*

| 히브 עֲנָק, 시리 *ᶜeqqā*

ᶜnt

/*ᶜan(V)ta*/ **지금, 이제** 1.19:III:48&

| 히브 עַתָּה

ᶜnt °

/*ᶜanatu*/ 여성형 신명 **아나투***ᶜAnatu*

√ᶜnw, *√ᶜny*

D **업신여기다, 굴복시키다**

– 1.2:I:18.35의 *ᶜnnh*는 **ʾᶜnnh* /*ʾaᶜannî-*/에서 유래했거나, 명사*ᶜnn*으로 볼 수 있다.

Dp 업신여겨지다, 겸허하다 1.16:VI:58

| 히브 ענה(*√ᶜny*), 페니/아람 *√ᶜny* 비굴하다, 기죽이다, 업신여기다, 아랍 *√ᶜnw* 겸손하다, 굴복되다, 스바 *√ᶜnw* 억눌리다

√ᶜny₁

G **대답하다, 말을 받다, 답변하다**

– 어두변화 단형 *yᶜn*, *tᶜn* 1.1:III:17&

| 히브 ענה(*√ᶜny*), 아람 *√ᶜny*, 아랍 *√ǧny*

√ᶜny₂

G(?) **크고 날카롭게 소리치다, 슬픔에 겨워 울부짖다; 노래하다**

– *√ḥdy*과 병행 1.3:II:23; 1.7:6

– 1.17:VI:32은 노래하다란 의미보다는 *√ᶜny₁*일 것이다.

| 히브 ענה(*√ᶜny*) G/D 크게 소리치다, 환호하다, 노래하다, 시리 *√ᶜny* D/사역형 노래를 시작하다, 소리를 높이다, 아랍 *√ǧny* D 노래하다

ᶜpᶜp-

/*ᶜapᶜapu*/ **눈동자**(?)

– 쌍수형 대명사접미상태 1.14:III:43; VI:30

| 히브 עַפְעַפַּיִם

√ᶜpp

㉮ **돌보다**(?) 1.4:II:10

| 참고: 아랍 *√ᶜff* VI 가꾸다, 소중히 여기다

또는 ㉯ *√ᶜwp* D*

ᶜpr

/*ᶜaparu*/ **먼지, 저승** 1.1:IV:8&

| 참고: 히브 עָפָר, 가나 *ḫa-pa-ru*, 아랍 *ᶜafr*

√ᶜps

G/D 말리다, 참다(?)

– 문헌증거는 모두 불확실하다. 아래 예들을 명사 *ᶜps*로 볼 수도 있다

ḫrd ᶜps 2.47:17; *ḫrdk ᶜps* 2.47:19; *mn ᶜps* … RS 88.2159:14

– 참고: *ᶜps* 경계, 한계

| 참고: 아랍 *√ᶜfs* 막다, 떼다, 아카 *epēsu* G (지나치게) 어렵다(?), D 어렵게 하다(?)

^{c}*ps*, ^{c}*pṡ*, ^{c}*bs*, ^{c}*bṡ*

경계, 경계선 단수형, (경계선 안의) **지역, 영토** 복수형

– 단수형(?) 연계상태/대명사접미상태 ^{c}*pṡ*, RS 94.2965:6.9

– 복수형 절대상태 ^{c}*psm* 6.29:1; RS 94.2965:12

– 복수형 대명사접미상태 ^{c}*ps-* RS 94.2965:3

– 복수형(?) 연계상태 ^{c}*bs* 6.27:1

| 가나 *up-sí-ḫi* EA 366:35

√^{c}*qb*

G **뒤따르다,** (발이) **잇닿다/접하다**(?) 4.645:1

D **뒤꿈치에 바싹 따라붙다,** (뒤에서) **잡다/말리다**

– D 분사 *m*^{c}*qbk* 1.18:I:19

– ^{c}*qb* 발꿈치의 파생어

| 히브 עקב 바짝 뒤따르다, 시리 √^{c}*qb* 뒤쫓다, 아랍 ^{c}*aqaba* 뒤따르다

^{c}*qb**

/^{c}*aqibu*/ **발굽**

– 복수형 ^{c}*qbt* 1.17:VI:23

| 히브 עָקֵב, 아랍 ^{c}*aqib*

^{c}*qltn*

/^{c}*aqalatānu*/ **감긴, 꼬인, 구불구불한** 1.3:III:41

– *bṯn* ^{c}*qltn* 1.5:I:2

| 히브 עֲקַלָּתוֹן

^{c}*qrb*

/^{c}*aqrabu*/ **전갈** RS 92.2014:5.7

| 히브 עַקְרָב, 아랍 ^{c}*aqrab*

^{c}*qrbn*

식물의 일종 1.85:2&

– 참고: ^{c}*qrb* 전갈

^{c}*qšr*

/^{c}*aqšaru*/(?) **비늘로 덮인** 1.100:5&

| 참고: 아랍 √*qšr* (껍질을) 벗기다, (비늘을) 떼다

^{c}*r*$_1$

/^{c}*îru*/ **도시, 거주지**

– 복수형 ^{c}*rm*이 이따금 *pdr*과 병행 1.4:VII:9&

| 히브 עִיר

^{c}*r*$_2$

/^{c}*êru*/ **수탕나귀** 1.4:IV:4.9.14&

< *^{c}*ayru*

| 히브 עַיִר 수탕나귀, עִירֹה 새끼 당나귀(창세 49,11), 아랍 ^{c}*ayr* 야생 당나귀

^{c}*r*^{c}*r*

/^{c}*ar*^{c}*aru*/ **위성류**渭城柳 **나무** 지중해변과 중앙아시아에 분포하는 식물

– *b* ^{c}*r*^{c}*r* 1.109:29

– 1.100:64.65의 ^{c}*r*^{c}*r-m*은 장소격어미(?)에 의존불변화사 *-m*이 붙은 것으로 봐서 위성류 나무를 써서로 옮길 수 있다.

– *ssn-m*와 *yblt-m*가 병행

| 히브 עַרְעָר, 아랍 ^{c}*ar*^{c}*ar*

√^{c}*rb*

G ㉮ **들어서다, 입장하다, 안으로 들어오다** 1.4:VII:13&

㉯ **보증하다** 3.3:2&

Š 들어오게 하다, 안으로 이끌다 1.14:IV:41&

N 합병/편입되다, 관련맺게 되다 4.103:45

| 히브 ערב (해가) 지다, 저녁이 되다, 아카 *erēbu* 들어가다, 아랍 √*ġrb* 멀리 가다, 참고: 히브 ערב, 아람/고남아랍 √^{c}*rb* 보증하다.

^{c}*rb*

원래 뜻은 **들어섬, 입장**

☞ √^{c}*rb*

– ^{c}*rb špš* 해넘이, 서쪽(죽은 자의 땅) 1.15:V:18; 1.19:IV:48&

| 히브 עֶרֶב 해넘이, 저녁

^{c}*rbn*

/^{c}*urub*(*b*)*ānu*/(?) **보증** 3.3:1.7; 4.699:3

= 음절문자 *ú-ru-ba-nu*

☞ √^{c}*rb*

| 참고: 히브 עֲרֻבָּה, עֵרָבוֹן 담보

√^{c}*rk*

Gp **세워지다,** (똑바로) **놓이다** 1.106:27

| 히브 ערך 가지런하게 하다, 정열하다, 배열하다, 시리 √^{c}*rk* 모양을 짓다

^{c}*rk**

/^{c}*āriku*/ (제물을) **준비하는 이**

☞ √^{c}*rk*

– ^{c}*rk b*^{c}*l* 4.728:1

^{c}rm

발가벗은 1.16:II:29; 1.169:13

☞ *√^{c}rw*

| 히브 עָרוֹם 발가벗은

^{c}rmlḥt

뜻과 어근이 분명하지 않다.

– RS 94.2284:6의 *t̲lt̲ ^{c}rmlḥt*에서 이 낱말은 어휘소 두 개가 연결된 것일 수도(?) 있다.

^{c}rpt

/*^{c}arpatu*/ **구름** 1.2:IV:8&

| 히브 *עֲרָבָה(*b/p* 변환), 아카 *erpetu*

^{c}rq

(바퀴 넷 달린 큰) **수레, 마차**

– *ḥrš ^{c}rq* 4.46:14

| 아카 *ereqqu*

√^{c}rs

즐겁다, 축하하다, 환영하다(?) 1.18:IV:15

| 아랍 *√^{c}rs*(*^{c}arisa*) G 즐겁다, 유쾌하다, 사역형 혼례를 준비하다, 신부를 맞이하다, *^{c}ur(u)s* 혼인식

^{c}rš

/*^{c}aršu*/ **침대** 여성명사 1.14:II:45&

< **^{c}arśu*

| 히브 עֶרֶשׂ(여성형, 자음 주의), 아카 *eršu*(여성형)

√^{c}rw

G (상태동사) **발가벗다, 비어 있다, 파괴되다** 1.14:I:7

D 비우다 2.38:25

| 히브 ערה, 셈(에티 제외) *√^{c}ry/w* 발가벗고 있다, 아카 *erû*

*√^{c}ss** ☞ *√^{c}ws*

^{c}s[t] ☞ *√^{c}ws* 1.4:IV:34

^{c}ṣ

/*^{c}iṣṣu*/ **나무, 목재** 1.3:III:23

= 음절문자 *iṣ-ṣú*(-[*ma*])

| 히브 עֵץ, 아카 *i/eṣ(ṣ)u*, 페니 *^{c}ṣ*, 고아람 *^{c}aqā*, 시리 *^{ʾ}a^{c}ā*, 에티 *^{c}əḍ*

^{c}ṣr

/*^{c}iṣṣūru*/ **새** 여성명사 1.3:IV:1&

< **^{c}iṣpūru*

| 히브 *צִפּוֹר, 아카 *iṣṣūru*, 아랍 *^{c}uṣfūr*, 시리 *ṣepprā*

√^{c}ṣṣ

재촉하다, 서두르다(?)

– 언제나 *^{c}bṣk*과 병행 1.1:III:10; 1.3:III:18; IV:11

| 시리 *√^{c}ṣṣ*, *√^{c}ṣ^{ʾ}* 재촉하다, 강제하다, 아랍 *√^{c}ṣṣ* 압력을 넣다, 재촉하다

√^{c}šr

D **식사에 초대하다, 마실 것을 주다, 대접하다** 1.3:I:9&

| 에티 *√^{c}śr* 초대하다

^{c}šr$_1$

/*^{c}aš(a)ru*/ **열 개의, 10의**

< **^{c}aśaru*

^{c}šr$_2$

/*^{c}ašūru*/ **열, 10** 1.17:II:45

< **^{c}aśūru*

| 히브 עָשׂוֹר(< **^{c}aśūr*), 에티 *^{c}aśur*

*^{c}šr$_3$**

직업의 일종, 뜻과 어근이 분명하지 않지만 **감시자, 감독**일 수 있다.

– 복수형 *^{c}šrm* = 음절문자 $^{\text{lú(.meš)}}$*a-ši-ru/ri-ma*

| 참고: 아카 *āširu* 보호자, 감시자; 십일조를 걷는 이, 세관, 아랍 *^{c}aššār*

^{c}šrid

열 배, 열 곱 2.42:12

^{c}šrh

11에서 19까지 10단위의 수를 만들 때 사용되어 '열, 10'을 뜻한다.

| 참고: 히브 עֶשְׂרֵה

^{c}šrm

/*^{c}ašrūma*/ **이십, 20** 1.41:43&

^{c}šrt$_1$

/*^{c}aš(a)ratu*/ **열 개의, 10의** 여성명사

– *^{c}šr$_1$*의 여성형

^{c}šrt$_2$

/*^{c}ašaratu*/ **십 단위, 십인조**

– *rb* ᶜ*šrt* 4.609:2
< *ᶜ*aśaratu*
| 히브 עֲשָׂרָה

ᶜ***šrt***$_3$
술자리, 향연, 주연 1.16:I:62
– √ᶜ*šr* D

ᶜ***št***
/ᶜ*ašti*/; /ᶜ*aštê*/ **하나**
< *ᶜ*ašti/ay-*
– 다음처럼 숫자 열하나(11)를 표현할 때만 사용된다. ᶜ*št* ᶜ*šr*/ᶜ*šrh*/ᶜ*šrt*
– 참고: ᶜ*šty*
| 히브 עַשְׁתֵּי(עַשְׁתֵּי עָשָׂר, עַשְׁתֵּי עֶשְׂרֵה 열 하나), 아카 *ištēn* < *ištiān* 하나, *ištēnšeret* 하나

ᶜ***šty***
/ᶜ*aštiyV*/; /ᶜ*aštayV*/ **첫날, 하루** 1.161:27
– 참고: ᶜ*št*

√ᶜ***šy***
G **누르다, 압박하다**
– *yn* ᶜ*šy* 눌러 짠 포도주(?) 1.17:VI:8
| 히브 עשׂה(√ᶜ*šy*) II, 아랍 √*ġšy* 누르다, 반죽하다
D/G 재촉하다, 압박하다; …에 나쁜 짓을 하다 1.17:I:29.47; 1.17:II:19
– 어원이 √ᶜ*šy* 누르다와 같지 않을 수도 있다.

√ᶜ***tk***
G/D **붙잡아 매다, 고정하다**(?) 1.3:II:11
| 참고: 아랍 √ᶜ*tk* 공격하다, 저항하다, 달라붙다

ᶜ***tk*** º
신명. 아나투가 죽인 괴물의 이름 1.3:III:44

√ᶜ***tq***$_1$
G **지나쳐 가다**, (하루가) **지나가다** 1.6:II:26&
| 히브 עתק, 아카 *etēqu*, 아람/아랍 √ᶜ*tq* 전진하다, 늙다

√ᶜ***tq***$_2$
크게 소리치다, 울부짖다, 탄원하다 1.16:I:2.16; II:38
– 참고: ᶜ*tq*

ᶜ***tq***
/ᶜ*ataqu*/(?) **외치는, 탄원하는** 형용사 또는 명사로서 **큰 외침, 함성**
– *l ntn* ᶜ*tq* 1.16:I:5.19; *l bky* ᶜ*tq* 1.16:II:41
– √ᶜ*tq*$_2$의 파생어
| 히브 עָתָק 외치는, 제멋대로, 뻔뻔스런, 큰 소리로 하는 말, 제멋대로 하는 말

ᶜ***ṭrṭrt***
복수형 **왕관/화관을 씌우기, 왕관, 화관**
– *smm* 향료, 양념, 훈제 향료와 병행 1.16:III:11
| 참고: 히브 עֲטָרָה 왕관, 화관, 서셈 √ᶜ*ṭr* 왕관/화관을 씌우다, 둘러싸다(의 복제형R)

ᶜ***ṯqb****
등, (낙타의) **혹** 1.13:14
| 아카 *a/is/šqubītu* 등, (낙타의) 혹

√ᶜ***wd***
D* **되갚다, 돌려주다**(?) 1.5:IV:25
tD* 응답하다
– *yt*ᶜ*dd* 1.4:III:11
| 아람 √ᶜ*wd* G 돌아가다, 되풀이하다, 반복하다, 사역형 (말을) 되풀이하다, 돌려주다
– 또는 어근을 √ᶜ*dd*로 볼 수 있다. 참고: 아람 √ᶜ*dd* 세다, 합산/합계하다

√ᶜ***wl***
G **공격하다; 나쁜 짓을 하다**(?) 1.127:30(?)
| 히브 עלל I tD* (히트폴렐) 악한 짓에 동참하다, 참고: 아랍 √*ġwl* 속이다

√ᶜ***wn**** ☞ ᶜ*nn*

√ᶜ***wp***
G **날다** 1.19:III:44&
| 히브 עוף, 아랍 √ᶜ*wf*

√ᶜ***wr***
D* **자극하다** 1.4:IV:39
Dp* 자극되다 1.24:30(?)
N 깨다, 깨워지다 1.114:28
| 히브 עור 깨어 있다, D* 깨우다, 움직이게 하다, N 깨워지다, 자극받다, 아람 √ᶜ*wr*도 유사하다.

ᶜ***wr***
/ᶜ*awwiru*/ **눈먼, 장님, 소경** 1.14:II:46; IV:24
| 히브 עִוֵּר, 서셈 √ᶜ*wr*

ᶜwrt

/*ᶜawwirtu*/ **눈이 멈, 맹목** 1.19:IV:5

| 히브 עִוֶּרֶת, 시리 *ᶜwirutā*

√ᶜws

G **밤에 헤매다/방랑하다** 1.4:IV:34

– 어근을 *√ᶜss*로 볼 수도 있다.

| 참고: 아랍 *√ᶜws*, *√ᶜss*, *√ᶜsᶜs*

√ᶜwy

G **다른 쪽으로 돌리다, 외면하다**(?)

– *tᶜw*[ ](?) 2.77:14(?)

| 히브 עוה(*√ᶜwy*) N 휘다, 굽혀지다, D 뒤틀다, H 뒤틀다, 벗어나다, 아랍 *√ᶜwy* 굽히다

*√ᶜyl** ☞ *tᶜlt*

√ᶜyn

G **보다** 1.3:I:15&

– *ᶜn* 눈目의 파생어

| 참고: 히브 עין G 흘겨보다, 앙심을 품고 보다, 아람 *√ᶜyn* D 관찰하다, 아랍 *√ᶜyn* III. 시찰하다, 점검/검사하다, 에티 *√ᶜyn* G 관찰하다

ᶜz₁

/*ᶜazzu*/ **강한, 강한 자** 1.119:26.35

| 히브 עַז(**ᶜazz*)

ᶜz₂

/*ᶜuzzu*/; /*ᶜizzu*/ **힘** 1.108:21.24

| 히브 עֹז(*ᶜozz*), 아랍 *ᶜizz*

ᶜz₃

/*ᶜizzu*/ **염소** 1.80:4; 1.127:26.31

< **ᶜinzu*

| 히브 עֵז(*ᶜezz* < *ᶜanz*), 아람 *ᶜi/ezzā*, 아랍 *ᶜanz*, 아카 *en/zzu*

√ᶜzz

G **힘세다, 강하다** 1.2:IV:17&

D* 힘을 주다, 권능을 주다 2.4:6; 5.9:I:4

| 히브 עזז, 서셈 *√ᶜzz* 힘세다, 강하다, 아카 *ezēzu* 화나게 하다

ᶜẓm₁

/*ᶜaẓmu*/ **뼈**

– *šmt*과 병행 1.19:III:5&

| 히브 עֶצֶם, 셈 *ᶜaẓm*

ᶜẓm₂

/*ᶜuẓmu*/ **힘, 권능** 1.12:I:24

| 히브 עֹצֶם, 아랍 *ᶜuẓm*

ᶜẓm₃

/*ᶜaẓūmu*/; /*ᶜaẓīmu*/ **엄청난, 대단한** 1.3:I:12

| 히브 עָצוּם, 아랍 *ᶜaẓīm*

ᶜẓmny

권력자, 권능자

– *ul*과 병행 1.2:IV:5

– 참고: *ᶜẓm₂*. 이 낱말을 *ᶜẓm₂*에 1인칭 통성 쌍수형 접미대명사 *-ny* 또는 1인칭 공통 단수 *-n-y*가 붙은 것으로 이해할 수 있다. 곧 내/우리의 힘

b 𐎁

b

/*bi*/; /*bī*/ **…안에, … 함께, … 통해** 전치사

= 음절문자 *bi-i*

– 편지에서는 흔히 의존불변화사 *-y*가 붙어 *by*가 된다. 2.2:7&

– 서사시에서는 흔히 의존불변화사 *-m*이나 *-n*이 붙어 *bm*나, *bn*가 된다

| 히브 בְּ(בְּמוֹ 등 참고), 서셈 *b*, 아랍 *bi*, 에티 *ba*

– *b*와 합성된 전치사(일부)

b qrb /*bi qarbi*/ …의 안/속에 1.4:V:62&

참고: *qrb*

b tk /*bi tôki*/ … 한가운데 1.3:III:29 참고: *tk*

b km 그다음에, 그래서, 그러고 나서 참고: *bkm*

b^cd

/ba^cda/ **…의 뒤에, …를 뒤따라** 1.16:VI:49&

| 히브 בַּ֫עַד …뒤에, … 주위에, …를 위해, …에게 유리하게, 제국아람 b^cd, 아랍 ba^cda …뒤에, … 후에, 또한 아랍 ba^cdu 그다음에, 그러고 나서

b^cdn

/$ba^cd\bar{a}nu$/(?) **뒤에서, 뒤로**

< b^cd + *-n*

– ^cln과 병행 1.3:III:33&

$\sqrt{b^cl}$

G **만들다, 생산하다** 1.17:VI:24&

< $*p^cl$(*b/p* 변환)

– 어두변화형 yb^cl, tb^cl-

– 분사 남성 복수형 b^clm 4.691:7

Š 만들다, 만들게 하다 2.70:27

| 히브 פעל, 중셈 $\sqrt{p^cl}$

b^cl_1

/ba^clu/ **주인, 지배자, 소유자** 1.1:IV:6&

= 음절문자 *ba-a-lu*(*-ma*) RS 20.123+:II:24'.27'&

| 히브 בַּ֫עַל, 셈 ba^cl, 또한 에티 $ba^c\bar{a}l$

b^cl_2

/$b\bar{a}^cilu$/ **노동자, 일하는 자** 4.15:2&

< $*p\bar{a}^cilu$(*b/p* 변환)

– 참고: *t̠t̠ ḥmrm* b^clm 일하는 나귀 여섯 마리 4.691:7

| 히브 *פָּעֵל, 중셈 $p\bar{a}^cil$

b^cl °

/ba^clu/ 신명 **바알루**Ba^clu, 바알

= 음절문자 *ba-a-lu*

= b^cl_1

| 히브 בַּעַל

b^clt

/ba^clatu/ **여주인** 1.41:37&

– b^cl_1의 여성형

| 히브 בַּעֲלָה

$\sqrt{b^cr_1}$

D **불붙이다, 태워버리다, 불사르다** 1.3:IV:26&

| $\sqrt{b^cr_{1\text{-}4}}$는 히브 בער 참고

$\sqrt{b^cr_2}$

D **파괴하다, 없애다, 근절하다** 1.103+:41.56.58&

– $\sqrt{b^cr_1}$ 그리고 $\sqrt{b^cr_4}$와 구분하기 어렵다.

$\sqrt{b^cr_3}$

D **치우다, 멀리 두다, 멀리 데려가다/오다** 1.14:II:48, 1.14:IV:27

– 참고: $\check{s}b^cr$

$\sqrt{b^cr_4}$

D **버리다, 버리고 떠나다** 2.41:22

bd_1

/*bâdi*/ **… 손 안에, … 손 안으로, … 손에서, …의** 2.4:22&

< *b* + yd_1

| 히브 בְּיַד …을 통해, 가나 *ba-di-ú* 그의 손으로, 그의 손 안에 EA 254:35 (아카 *ina qātīšu*의 번역어)

bd$_2$

/*biddu*/(?) **탄원의 외침, 탄원 노래**(?)
1.16:I:5.19, II:42
– √*bdd*의 부정사

√*bdd*

(또는 √*bdy*) G 대략 **낭송하다; 연주하다**
– √*šyr*과 병행 1.3:I:18; 1.17:VI:31
– 어원이 분명하지 않아서 √*bdy*로 볼 수도 있다.

bddy

홀로(?) 1.19:II:28
| 히브 בַּד, בָּדָד 홀로 있음, 참고: לְבָדָד 홀로, 따로

*bdl**

/*biddālu*/ 대략 **협상대리인, 대표** 4.69:III:6&
– 예비인력, 예비병력의 의미는 아닐 것이다.
– *bdlm* 복수형
= 음절문자 *bi-da-lu-na/ma*
| 참고: 히브 *בדל, 아람 √*bdl* 바꾸다, 교환하다

bdqt

틈, 금, 균열, 쌔진 틈, 틈새 1.4:VII:19.28
| 아카 *butuqtu* 제방의 틈, 운하의 굴착/파내기, 중세히브 בֶּדֶק, 유다아람 *bidqā* 틈, 균열; 참고: 아카 *bat/dāqu* 잘라버리다, 절단하다, 중세히브 בדק, 유다아람 √*bdq* 두 조각 내다, 부러뜨리다

√*bdy*

궁리하다, 꾸며내다, 고안하다
☞ √*bdd*
| 히브 ברא 고안하다, 지어내다, 꾸며내다, 시리 √*bdʾ/y* 꾸며내다, 속이다

√*bǧy*

G **드러내다, 계시하다**(?) 1.1:III:16; 1.3:III:29; IV:19 찾다, 연구하다, 관찰하다
– *ibǧyh* 1.7:33
| 어원이 분명하지 않다. 참고: 히브/아람 בעה(√*bʿy*) 찾다, 묻다, 의지하다, …하려고 하다, 아랍 √*bǧw* 살펴보다, 보다

√*bhl*

D(또는 G) **떠나보내다**, (자식에게 유산을 주지 않고) **빈손으로 떠나보내다**, (유산 없이) **키우게 하다; 포기하다**
– RS 94.2168:20-29에서 6번 나온다
| 아랍 √*bhl* 사역형 떠나보내다, 버리고 떠나다, 홀로 살게 하다, 시리 √*bhl* G 중지하다, 끝내다, 휴식을 취하다, D 포기하다

bhmt

/*bahim(a)tu*/; /*bahīmatu*/ **가축** 1.103+:2&
| 히브 בְּהֵמָה, 아랍 *bahīmat*

bhtm ☞ *bt*$_1$ 복수형

bhṯ

인사, 안녕; 축하 1.5:II:11.19
| 아랍 √*bhṯ* …를 친절하게 맞다, 환대하다
또는 치욕, 굴욕
| 히브 בושׁ, 아람 √*bht*
또는 동사 √*bhṯ*의 명령형 안녕!

bḫr, *bḫr***

/*baḫḫūru*/; /*baḫḫūru*/ **젊은이, 어린 남자**
= 음절문자 *ba-aḫ-ḫu-rù*

*bḫr***

/*biḫīrū*/(?) **정예군, 선발된 군인** 복수형
= 음절문자 *b[i]-ḫi-ru*
| 참고: 히브 בחר 뽑다, 시험하다, 선택하다

bk$_1$

단지, 항아리, 잔, 성작聖酌 1.3:I:12
| 히브 פַּךְ 작은 단지(*b/p* 변환), 그리스어 *bikos*

bk$_2$

울음, 눈물 흘림, 애도 1.6:I:9; 1.14:II:7
– √*bky*의 분사
– *bky*로 쓰이기도 한다. 이 경우 G 부정사가 될 수 있다.

bkm

그래서, 그다음에(?) 1.4:VII:42; 1.19:II:8-11
– 또는 *b km*로 쓰인다.
– 전치사 *b*와 부사 *km*$_3$가 합성된 것이다.
– 하지만 1.10:III:29의 *b km*는 다른 의미인 것 같다
| 참고: 히브/유다아람 בְּכֵן 그래서, 그다음에; 스바 *b-kn* …할 때에

bkr

/*bukru*/ **맏이, 맏이의, 장자, 첫째로 태어난** 1.14:III:40&

| 참고: 히브 בְּכֹר, בְּכוֹר, 아카/아람 *bukru*

√bkr

D **장자권을 부여하다** 1.15:III:16

– *bkr* 맏이, 맏이의의 파생어

bkt

/*bākîtu*/ **우는, 눈물 흘리는**

< **bākiytu*

– √*bky*의 G 분사 여성 단수형

| 히브 בְּכִית, 아람 *bākiya*ᵗ

√bky

G **울다, 눈물 흘리다** 1.14:I:26&

– 또한 자음이 변한 경우도 있다. *tpky* < **tbky* 1.107:11

N 슬퍼하다, 울게 되다, 눈물 흘리다 1.161:13(?)

– 명령형 *ibky*

| 히브 בכה(√*bky*), 셈 √*bky*

bky

울음, 눈물 흘림, 비탄, 한탄

– √*bky*의 부정사

– *bkyh* 1.14:I:31; *l bky* ᶜ*tq* 1.16:II:41

bkyt*

/*bakkīyatu*/(?); /*bikkīyatu*/(?) **한탄하는 여인, 우는 여자**

– 또는 *bkt*의 복수형으로 봐서 /*bākiyātu*/

– 복수형 *bkyt* 1.19:IV:9-10.21

| 참고: 아카 *bakkītu*

bl₁

/*bal*(*î*)/ 질문하는 문맥에서 단어나 문장을 부정하는데 쓰인다.

– UG §87.3

| 히브 בְּלִי, בַּל, 페니 *bl*, ᵓ(*y*)*bl*

bl₂

/*balû*/ **없음**無

< **balayu*

– *l bl* …없이 1.96:4.5

– 비교: 부정하는 데 쓰이는 *bl₁*

√blᶜ

G **삼키다, 게걸스럽게 먹다** 1.161:16

| 히브 בלע, 서셈, 유다아람, 아랍, 에티 √*bl*ᶜ

blbl*

나르는 사람, 운반인, 인부; 조공을 바치는 자(?)

– 복수형 *blblm* 4.288:1

| 아카 *babbilu* 곡식 운반인

bldn

장소, 도시(?) 1.91:6

– *il bldn* 그곳의 신(들?) 1.162:1

| 아람 *balad* 땅, 장소; 참고: 아람 *balda*ᵗ 도시, 장소, 마을

blmlk

보통 사람 1.4:VII:43

< *bl* + *mlk* '임금이 아니다'

☞ *bl₁*

blmt

불사, 영생

< *bl* + *mt* '죽음이 없다'

– *ḥym*과 병행 1.16:I:15; 1.16:II:37

☞ *bl₁*

blt

/*bal*(*V*)*ti*/ 뜻이 분명하지 않다. 부정의 불변화사 **…이 아니다; 단지, 오직, … 밖에는 아무도** 1.6:I:54

– UG §87.4; *bl₁*

| 히브 בִּלְתִּי …이 아니다, …하지 않는 한, …없이, …하지 않도록(접속사, 부정의 불변화사), 아무 *balti* …를 제외하고, …없이, 페니 *blt* …하지 않는 한, 오직(접속사), 참고: 고남아랍 *blty*, *bltn* …없이

√blw, √bly

D **다 먹다, 써버리다, 낡다, 닳다** 1.5:I:18

| 히브/아람 בלה(√*bly*) 낡아 헤지다, 닳다, 아카 *belû* 끄다, 지우다, 아랍 *baliya*, 에티 *balya* 낡은, 닳아 헤진

bm ☞ *b*

bmt

/*bâmatu*/

< **bahmatu*(?)
㉮ (살진 소의) **갈비, 뱃살; 등심**
– *ṣlᶜt* 갈비와 *nšb* 사이 4.247:17
㉯ 갈비의 앞쪽과 옆쪽; **늑골**
– *ap lb*와 병행 1.5:VI:22; 1.6:I:5
㉰ 갈비의 뒷쪽; (아래쪽) **등** 1.3:II:12; 1.4:IV:14.15
㉱ 또는 *bmt*$_2$로 분류하여 **산등성이, 산**
– 복수형 *bmt arṣ* 1.4:VII:34
| 히브 *בָּמֶת 가슴, 몸통, 등(이사 14,14); Kogan/Tishchenko, UF 34 (2002) 특히 321-323.346을 보라. 참고: 히브 בָּמָה와 아카 *bām/ntu* 산, 산등성이; (앞쪽) 흉부, 흉곽, (뒷쪽) 등, 아카 *bāntu*와 관련 있는 EA 232:10의 *baṭnu* 배, 뱃살. 참고: 아랍 *buhma*ᵗ 바위 덩어리

bn$_1$
/*binu*/ **아들**
| 히브 בֵּן, 셈(에티 제외) **bin*, 아카 *binu*, 아람 *brā*, 아랍 *ibn*

bn$_2$
/*bêna*/ **… 사이에, … 끼리**
< **bayna*
– 참고: √*byn*
| 히브 בֵּין, 서셈, 페니 *bn*, 아랍/시리 *bayn*(*ay*), *baynaṯ*, 아랍/에티 *bayna*

bn ☞ √*byn*

bn ☞ *b*

bnm
분해가 쉽지 않지만 아래와 UG §82.52c를 보라.
– *b* 전치사 + *-n* + *-m*
– 또는 *bn* 아들 + *-m*
– 또는 *b* 전치사 + **hn*$_3$ 관사의 고대 형태
– 1.4:VII:16에서 *bnm ᶜdt* **바로 이 시각에**가 *bn ym* 바로 오늘과 병행

bnš
/*bu*(*n*)*nōšu*/(?) **사람, 인간; 공무원, 노예** 1.86:12&; 4.40:5&
= 음절문자 *bu-nu-šu*
< *bn* 아들 + *ʾ*nš* 사람, 인류 ('사람의 아들')
– 복수형 *bnšm* 1.86:30&
| 참고: 히브 בֶּן־אֱנוֹשׁ, 아람 *bar*-(ʾ)*nāšā* 사람, 사람의 아들. 둘째 음절의 모음이 /*u*/나 /*o*/가 되는 점으로 미루어 가나안어의 파생어일 것이다.

bnt$_1$
생산품, 산출물 1.17:VI:13
☞ √*bnw/y*

bnt$_2$
위성류渭城柳 지중해변과 중앙아시아에 분포하는 식물 1.124:8
| 아카 *bīnu*, 시리 *binā*

bnt ☞ *bt*

√*bnw*, √*bny*
G **짓다, 만들다** 1.1:III:27&
Gp **지어지다** 1.4:IV:62
| 히브 בנה(√*bny*), 셈(에티 제외) √*bnw*

bnwn
/*bunwānu*/ **건물** 1.16:IV:13
| 히브 בִּנְיָן, 제국아람 *bnwy*ʾ(**bnw*의 복수 강조형), 아랍 *bunyān*, 아람 *bi/enyānā*

bnwt
/*bunwatu*/; /*binwatu*/ **창조, 만듦** 1.4:II:11&
| 아랍 *bunya*ᵗ 건축물, 아카 *binûtu* 생산물, 제품

√*bny* ☞ √*bnw/y*

bny
/*bāniyu*/ **짓는 자, 세우는 자, 창조자**
– *bny bnwt* 피조물의 창조자 1.4:II:11&
– √*bnw/y*의 분사
| 참고: 히브 בּוֹנֶה, בֹּנֶה와 아카 *bānû* (집)짓는 자, 담쌓는 자

√*bq*ᶜ
G **자르다, 동강내다** 1.19:III:3&
– *bq*ᶜ의 수동 분사, 곧 반 토막 난 4.247:21.23
| 히브 בקע, 유다아람 √*bq*ᶜ, 시리 √*pq*ᶜ(자음 주의); 참고: 아랍 √*fq*ᶜ 터지다, 부서지다

√*bqr*
Dp (간肝이) **세밀히 관찰/검사되다** 1.78:5
| 히브 בקר D, 유다아람 √*bqr* D 세밀히 조사/

검사하다

bqr

/*baqaru*/ **큰 가축**(떼) 4.691:1

| 히브 בָּקָר, 페니 *bqr*, 아람/시리 *baqrā*, 아랍 *baqar*, 아카(마리) *buqāru*

bqr ☞ *mqr* 1.14:III:9

√bqṯ

D **찾다, 추구하다, 요구하다** 1.6:IV:20&

| 히브 בקשׁ D 찾다, 연구하다, 요구하다, 요청하다, 페니 *√bqš* 찾다

br

대리석; 주석; 은

– *bẓr*와 병행 1.4:I:35

– *brr* 주석의 어근이다.

√brd

G/D (고기를) **잘게 자르다** 1.3:I:6

| 히브 *פרד, 서셈 *√prd*(*b/p* 변환) 자르다, 격리하다 (기본의미)

brḏl

쇠, 철 4.91:6

| 외래어. 히브 בַּרְזֶל, 참고: 아카 *p/barzillu*, 성아람 *parzæl*, 스바 *przn*

√brḥ

G **도망치다, 피하다** 1.19:III:48.55

| 히브 ברח, 페니/유다아람 *√brḥ* 도망치다, 아랍 *bariḥa* 떠나가다

brḥ

/*barīḥu*/(?) **피신하는, 바삐 지나가는**

– *bṯn brḥ* 1.5:I:1.28

| 히브 בָּרִיחַ, 특히 이사 27,1의 לִוְיָתָן נָחָשׁ בָּרִחַ 도망치는 뱀 레비아탄

√brk₁

D(또는 G) **축복하다** 1.12:I:26&

| 히브 ברך D; 북서셈어에서 *√brk*는 대개 D형으로 쓰이지만, 페니키아어에서는 G형이다. 아랍/에티 *√brk* III(*bāraka*), 아카 *barāku*

√brk₂

G/tD **무릎을 꿇다** 1.12:I:26

– *tbrkk* G 어두변화형 2인칭 여성 단수형 또는 tD 명령형 여성 단수

| 히브 ברך, 서셈 *√brk*, *brk* 무릎 꿇다, 무릎의 파생어

brk₁*

/*barī/ūku*/ **복 받은, 축복된**

– *√brk₁*의 수동 분사형

– 여성형 *brkt-m*의 모음은 확실하지 않지만 *nmrrt*과 병행 1.19:IV:32

brk₂

/*birku*/ **무릎** 1.2:I:23& 여성명사

– 쌍수형 *brkm*

– 복수형 *brkt*

– 참고: *√brk₂*

| 히브 בֶּרֶךְ, 성아람 בִּרְכָּא*(쌍수형 대명사결합상태 *birk-*), אַרְכֻבָּא*(복수형 *ʾarkubbāt-*), 셈 **bi/urk*, 아랍 *rukbaᵗ*

brkn

/*bi/urkānu*/ **복, 축복** 1.22:I:7

☞ *√brk₁*

brkt

/*birkatu*/ **못, 연못**

– 1.133:6. 병행하는 1.5:I:15에서는 *brky*

| 히브 בְּרֵכָה, 아랍 *birkaᵗ*

brky

못, 연못

– 1.5:I:15. 병행하는 1.133:6에서는 *brkt*

– 참고: *brkt*

brlt

영혼, 생명; 욕심, 탐욕

– *npš*와 병행 1.5:I:15&

| 어원은 확실하지 않으나 셈어에서 기원한 단어는 아닐 것이다.

brq

/*bar(a)qu*/ **번개, 벼락** 1.3:III:26&

| 히브 בָּרָק, 아랍 *barq*, 아카 *be/irqu*

√*brr*

G **깨끗하다, 맑다, 순결하다, 자유롭다** 2.19:3.4

| 히브 ברר H 깨끗하게 하다, 정화하다, 유다아람 √*brr* 정화하다, 선택하다, 아랍 √*brr* D 정화하다, 죄에서 벗어났다고 선언하다, 에티 √*brr* G 정화하다

brr$_1$

/*barī/ūru*/ **자유로운,** (제의적 의무에서) **벗어난** 1.41:3&

– √*brr*의 분사 수동형

| 히브 בָּרוּר 깨끗한, 정결한, 유다아람 *barīrā* 순수한

brr$_2$

주석朱錫 4.91:12&

| 히브 בַּר 밝은, 깨끗한, 순수한, 아카 *barru* 깨끗한, 밝은 (금속), 에티 √*brr* 정화하다, *bərur* 은銀

brt

깨끗함, 순수함

– 2.8:4이 *brt lbk*의 의미는 히브 בַּר לֵבָב 깨끗한 마음을 참고해서 이해할 수 있다. 또는 형용사 *br*의 여성 단수형이나 √*brr*의 어미변화 2인칭 단수형으로 볼 수도 있다.

– 참고: √*brr*

√*bṣ*ᶜ

G **잘라내다, 베어내다** 1.147:13

| 히브 בצע

bṣql

(곡식의) **새싹, 새순; 이삭** 1.19:II:13&

| 참고: 히브 *בִּצְקְלוֹן 이삭(2열왕 4,42)

√*bṣr*

G **찬찬히 검사하다, 시험하다, 매복하다** 1.13:5; 1.18:IV:20.31&

| 히브 בצר IV D 시험/검사하다, 아랍 √*bṣr* 보다, 지각하다

√*bšl*

G (열매나 음식) **익다, 끓이다, 익히다** 1.147:7

| 히브 בשׁל, 셈 √*bšl* 익히다, 끓이다 (자동사와 타동사); (열매/음식이) 익다, 성숙하다

√*bšr*

G **기쁜 소식을 듣고 기뻐하다**(?) 1.10:III:33f.

D 기쁜 소식을 전하다

– 1.19:II:37은 *nbšrkm* 또는 *abšrkm*로 읽는다.

| 히브 בשׂר D (기쁜) 소식을 전하다, 아랍 √*bšr* G (*bašira*) 기뻐하다, 에티 √*bsr* D/사역형, 아카 √*bšr* D

bšr

/*bašaru*/ **고기** 1.4:II:5&

< **bśr*

| 히브 בָּשָׂר

bšrt

기쁜 소식 1.4:V:27&

☞ √*bšr*

bt$_1$

/*bêtu*/ **집**

< **baytu*

– 복수형 *bhtm* /*bahatūma*/

| 히브 בַּיִת

bt$_2$

/*bittu*/ **딸**

< **bintu*

– 복수형 *bnt*

| 히브 בַּת(*batt* < **bant* < **bint*), 아랍 *bint*

bt ḫbr ☞ *ḫbr*

btlt

/*batūl(a)tu*/ **젊은 여인, 처녀**

– *btlt* ᶜ*nt* 젊은 여인 아나투ᶜ*Anatu* 1.3:III:11&

| 히브 בְּתוּלָה, 아카 *batultu*, 아랍 *batūl*

bṯn

/*baṯ(a)nu*/ **뱀** 1.3:III:41&

– RS 92.2014:5.6에서는 여성형으로 쓰였다

| 히브 *פֶּתֶן, 아랍 *baṯan*, 아람 **patnā*, 아카 *bašmu*

√*bṯṯ* ☞ √*bwṯ*

bṯṯ

부끄러움, 치욕

– *dnt*, *tdmm*<*t*>와 병행 1.4:III:19

| 히브 בושׁ, 셈 √*bwṯ*, √*bhṯ* 못 쓰게 되다

√*bwʾ*

G **들어가다, 입장하다, 오다** 1.3:V:7.9&

| 히브 בוא, 셈(아람 제외), 페니 √*bwʾ* 들어오다, 들어가다, 에티 *boʾa* 들어오다, 아카 *bâʾu* …을 따라 걷다/가다, 아랍 *bāʾa* 돌아오다

√*bwš*

G **머뭇거리다, 망설이다, 주저하다** 1.1:III:18; 1.3:IV:33

| 히브 בושׁ(폴렐polel형) 지체하다, 지각하다

√*bwṯ*

G 의미가 뚜렷하지 않다. ㉮ **갈기갈기 찢다, 파괴하다** 1.2:IV:28.29.31

– 형태는 √*bṯṯ*의 G로 볼 수도 있다

| 아랍 √*bṯṯ* 흩다, 분산시키다, 펴다, 퍼뜨리다, 펴다

또는 ㉯ **부끄러워하다**

| 히브 בושׁ, 셈 √*bwṯ*, √*bhṯ* 못 쓰게 되다

√*byn*

G **인지하다, 주의하다, 이해하다, 알다** 1.3:III:27&

tD* 주의하다, 조심하다, 인지하다

– *itbnnk* 1.169:17

| 히브 בִין, 서셈 √*byn* 이해하다, 아람 √*byn* D 이해시키다, 뚜렷이 하다, 관찰하다, 아랍 √*byn* 뚜렷하다, 분명하다, 에티 *bayana* 구분하다

√*byt*

G **묶다, 숙박하다** 2.33:14; RS 94.2406:7

– bt_1 집의 파생어

| 아카/아람/아랍/에티 √*byt* G 묶다, 집에 머무르다

bz

/*ba*/*izzu*/ **강탈, 빼앗음, 약탈**

– √*bzz* G의 부정사일 것이다. 1.80:4

| 히브 בזז, 히브 בַּז(*bazz*) 약탈물, 빼앗음, 강탈, 중셈/페니/아람/아랍 √*bzz* 빼앗다, 약탈하다

bẓr

금, 순금 1.4:I:34

| 히브 בֶּצֶר 금, 금광

√*bzz** ☞ *bz* /*ba*/*izzu*/

d 

d

/*dû*/; /*dî*/; /*dâ*/ 한정대명사; 관계대명사 남성 단수형

= 음절문자 *du-ú* RS 20.123+:II:23'[29']

– 여성 단수형 *dt*, 복수형 *dt*

| 히브 זֶה, זוּ, 페니(비블로스) *z*, 아람 *zy*, *d*(*y*), 아랍 *ḏû*, *ʾallaḏī*, 에티 *za*

√*dʾw*

G **날다**

– 분사 능동형 *dit* /*dāʾītu*/ 날개 달린 1.108:8

| 히브 דאה(√*dʾy*) 날다

diy_1

/*daʾyu*/(?) 맹금의 일종 1.18:IV:18&

| 참고: 히브 דָּאָה, דַּיָּה

diy_2

날개 1.19:III:2& 복수형/쌍수형 연계상태

☞ √*dʾw*

√$d^{c}ṣ$

D/G (높이 뛰려고) **다리를 들다**

– 어두변화형 $td^{c}ṣ$ 1.3:V:4; 1.4:V:20; 1.17:VI:46

| 아랍 √$d^{c}ṣ$ D

$d^{c}t_1$

/*di*/*a*^{c}(*a*)*tu*/ **앎, 지식** 1.2:I:16.32

☞ √yd^{c}_1

| 히브 דֵּעָה, דַּעַת

$d^{c}t_2$

안면, 면식, 관계; 아는 사람, 지인 1.6:VI:50

☞ √yd^{c}_1

– $d^{c}t_1$와 같은 뜻일 수도 있다

*d*ᶜt_3
/*di/a*ᶜ*atu*/ 땀 1.16:VI:10
< **ḏi/a*ᶜ*atu*
☞ √*yd*ᶜ$_2$
| 히브 *זֵעָה, 시리 *du*ᶜ*tā*, 아카 *zūtu*

db
/*dub*(*b*)/곰
– 1.101:2를 ***km db*** 곰처럼으로 읽을 수도 있지만 ***k mdb*** 밀물처럼으로 볼 수도 있다. ☞ *mdb*
| 히브 דֹּב, 복수형 דֻּבִּים, 아랍 *dubb*, 에티 *dəb*, 시리 *debbā*

dbat
/*dub*ʾ*atu*/(?) **힘**(?) 1.10:II:21.22
| 히브 דֹּבֶא

dbb$_1$
짐승, 동물 1.4:I:39
| 아랍 *dabbāb* 파충류, *dābba*ᵗ 동물, 짐승

dbb$_2$*
복수형 *dbbm* **주문**呪文(?); **마법사, 주술자**(?) 1.169:1.9
– *kšpm*과 병행 RS 92.2014:9.13
| 참고: 아카 *dabābu* 탄원하다

√*dbḥ*
G **잡다, 죽이다, 희생 제물로 바치다**
N 희생 제물로 바쳐지다
| 히브 זבח, 페니/에티 √*zbḥ*, 셈 √*ḏbḥ* 잡다, 죽이다, 제물로 바치다, 아랍 √*dbḥ*, 아카 *zebû*

dbḥ
/*dabḥu*/ **희생 제물, 식사** 1.4:III:17&
= 음절문자 *da-ab-ḫu*
| 히브 זֶבַח, 아랍 *ḏabḥ*

dblt
/*dabil*(*a*)*tu*/ **무화과, 무화과 과자** 4.14:18&
| 히브 דְּבֵלָה

√*dbr*$_1$
D **등을 돌리다, 물러나다, 도망치다** 1.16:VI:31.43
| 히브 דבר I D 외면하다, 멀리 쫓아내다, 아랍 √*dbr* 지치다, 등을 돌리다, 아카 √*dp/br* D 떨어지다

√*dbr*$_2$
D **말하다, 대화하다**
– 2.71:14; 2.72:18은 분명하지 않아서 √*dbr*$_1$로 볼 수도 있다.
| 히브 דבר II D

dbr
초원; 죽음, 재앙, 전염병
– *arṣ dbr*는 자주 *šd šḥlmmt*와 병행 1.5:V:18; 1.5:VI:6.29&
– 참고: *mdbr*
| 히브 דֶּבֶר, 아랍 *dabr*, *dabrat*

dd$_1$
/*dôdu*/ **사랑**
< **dawdu*
– 자주 *ahbt*와 병행 1.3:III:5&
| 히브 דֹּדִים(복수형)

dd$_2$
/*dūdu*/ (깊은) **솥**, (곡식을 재는) **단위**, (그런 단위를 재는 데 쓰는) **바가지나 그릇**
| 참고: 히브 דוּד, 아카/아람 *dūd*, 이집 *dd.t* 그릇, 솥

ddym
복수형 (제물로 바치는) **합환채** 일종의 임신촉진제 1.3:III:15; IV:4.9.29
– 참고: *dd*$_1$
| 히브 דּוּדָאִים 합환채(창세 30,14–16; 아가 7,14)

dg
/*dagu*/ **물고기** 집합명사
– ᶜ*ṣr*과 병행 1.23:63
| 히브 דָּג

dgn °
/*dagānu*/ 신명 **다가누***Dagānu* 바알루의 아버지
| 히브 דָּגוֹן

dgy
/*dagīyu*/ **어부**(?) 1.3:VI:10&
| *dg* 물고기에 니스바 어미가 붙은 것

dǵṯ
살라 바치는 제물
– 복수형 *dǵṯt* 1.19:IV:23.24.30.31

| 외래어. 히타 *tuḫḫueššar*, *tuḫḫuwāi-/tuḫḫui-*

√dḥl

G **두려워하다**

< *ḏḥl*

– 2.30:21의 *tdḥṣ*는 *tdḥl*'로 읽어야 할 것이다.

– 2.16:12에는 *twḥln*로 쓰여 있지만, *td'ḥln*일 수 있다. 하지만 *twḥln*로 본다면 *√yḥl*의 뜻일 것이다.

| 히브 זחל II, 고/제국아람 *√z/dḥl* 두려워하다, 무서워하다; 참고: 시리 *dḥel*, 아랍 *ḏaḥl* 원한

*√dḥṣ** ☞ *√dḥl*

dk(k) ☞ *√dwk*

dkr

/dakaru/ **남자의, 수컷의**

< **ḏakaru*

= 음절문자 *da-ka-rù*

| 히브 זָכָר, 셈(에티 제외) **ḏak(a)r*, 아람 *dakrā*, 아랍 *ḏakar*, 아카 *zakru*, *zikaru*

dkrt

포도주를 담는 용기

– *rḥb*₂의 복수형인 *rḥbt*과 병행하는 점과 이 낱말의 형태를 미루어 보아 복수형일 것이다. 1.4:VI:54

| 참고: 아람 *zukrat* (포도주를 담는) 가죽부대, 아카 *diqāru* 솥, 아랍 *dāqira*ᵗ 질그릇

dkym

복수형. 1.6:V:3에서 *rbm*, *ṣǧrm*과 병행 이 단어를 어떻게 분해해서 이해할지 의견이 분분한데, 아래와 같이 세가지 견해가 맞선다.

㉮ *dkym* 치는 자, 때리는 자, 때리는 힘 등

| 참고: 히브 *דֳּכִי(דָּכְיָם) 철썩 때리는 파도(시편 93,3), דכה(*√dky*) D 때려부수다, 깨뜨리다

㉯ *d k ym* 얌무와 같은 자

㉰ *dk ym* 얌무(편에서) 때려 부수는 자; 바다의 치는 자(전사?)

dl

/dallu/ **작은, 약한, 가난한**

= 음절문자 *da-al*?*-lu*

– 여성형 *dlt*는 1.16:IV:48에서 *qṣr npš*와 병행 1.82:22.24

| 히브 דַּל, 푸니 *dl* 가난한, 모자란, 아람 *dallīl* 얇은, 가는, 빠듯한, 아카 *dallu* 비참한, 아랍 *ḏalīl* 천한, 무시하는

√dll

D* **억제하다, 굴복시키다,** (품위나 도덕을) **떨어뜨리다** 1.103+:6.46

– 분사 복수 대명사결합상태인 *mdll-*이 *ḫbt-*와 병행 1.40:21&

| 히브 דלל I 작다, 적다, 시리 *√dll* 사역형 작게 하다, 줄이다, 아카 *dalālu* G 비참하다, D 억제하다, 아랍 *√ḏll* D 굴욕을 주다

dll

/dallālu/ **전달자, 중개자, 사자**

– *ʿdd*과 병행 1.4:VII:45

– 카틸*qatīl*형으로 이해할 수도 있다.

| 아랍 *dallāl*

√dlp

G ㉮ **소란스럽게 되다,** (형체가) **비틀거리다**

– *√nǧṣ*와 병행 1.2:IV:17.26

| 히브 דלף I 잠 못 들다, 아카 *√dlp* 잠 못 들다, 성가시다, D 소란스럽게 하다, N 소란스럽게 되다

또는 ㉯ 녹다, 없어지다

| 히브 דלף와 아람 *√dlp* 방울져 떨어지다, 아랍 *√dlf* 무거워지다, 힘들어지다, 방울져 떨어지다

dlt

/daltu/ (쌍여닫이 문의) **문짝** 4.351:3.4&

– 문맥이 분명하지 않지만 1.23:25에도 등장하는 것 같다.

| 히브 דֶּלֶת 문짝, 페니 *dlt*, 아카 *daltu*

√dlw

G **자청하다, 자기 몫을 다하다**(?)

– 1.14:IV:26은 *w ydl trḫ ḥdṯ*로 읽는다.

| 참고: 아랍 *√dlw*, 같은 의미의 사역형

*dm*₁

진실로! 정말로!; 그래서, 그리고, 왜냐하면, 대부분 문장 맨 앞에 사용된다. 1.1:III:12&

| 어원이 분명하지 않다. UG §85.6

dm_2

/*damu*/ **피, 붉은 즙** 1.3:II:31&

| 히브 דָּם, 셈 *dam*

√*dm^c*

G **눈물 쏟다, 울다** 1.14:I:27&

| 히브 דמע, 중셈 √*dm^c*

*dm^ct**

/*dim^catu*/ **눈물**(단수형은 나오지 않는다)

– 복수형 *dm^ct* /*$dima^c\bar{a}tu$*/ 1.19:II:33

– 복수형 *udm^ct* /*$^{\supset}udma^c\bar{a}tu$*/ 1.6:I:10; 1.14:I:28; 1.16:I:28; 1.161:16

– UG §33.423a. 한편 DUL 273은 *dm^ct*를 단수형으로 보았는데, 문맥을 거스른다.

| 히브 דִּמְעָה, 시리 *$dem^{ce}t\bar{a}$*, 아랍 *dam^ca^t*, 아카 *dimtu*

√*dmm_1*

G **조용히 처신하다, 꼼짝하지 않다, 가만히 있다** 1.14:III:10; 1.14:V:3

| 히브 דמם I

√*dmm_2*

G **탄원하다, 울부짖다** 1.16:I:26.30

| 히브 דמם II, 아카 √*dmm*

dmrn °

보호자; 용사, 용자勇者 바알루의 별칭 1.4:VII:39

< **ḏmrn*

☞ √*$\underline{d}mr_1$*

| 참고: 그리스 신화에서 우라노스의 아들 데마루스*Dēmarous*

dn_1

/*dînu*/ **올바름, 정의**

– *ṯpṭ*와 병행 1.16:VI:33&

☞ √*dyn*

| 히브 דִּין, 아카/아랍 *dīn*

dn_2

/*dannu*/ **그릇, 잔** 2.38:18

– 1.3:I:12를 *ridn* 리톤 잔(동물이나 사람의 머리 모양으로 만든 술잔)(?)으로 읽을 수도 있다

| 아카 *dannu* 용기, 그릇, 아랍 *dann* (배가 나온) 큰 포도주 항아리

dnt

뜻이 분명하지 않다. ㉮ **음탕, 매춘**

– *bṯt*, *tdmm*<*t*>과 병행 1.4:III:20

| 참고(자음 주의): 히브 זנה I, 서셈 √*zny* 매춘/매음/음탕하다

또는 ㉯ **천함, 질 낮음**

| 아랍 *dūn* 질이 낮은, 천한

dprn

/*diprānu*/ **노간주나무** 1.72:28&

= 음절문자 *dì-ip-ra-ni-ma* 사격 복수형

| 참고: 히브 זִפְרוֹן(지명), 아카 *da/uprānu*, 시리 *daprānā*

dq

/*daqqu*/ **얇은, 작은, 가는, 약한**

– *dq anm* 약골 1.6:I:50

| 히브 דַּק(*daqq*), 푸니 *dq*, 아카 *daqqu*, 아랍 *diqq*

dqn

/*daqanu*/ **수염**(구렛나루와 턱수염), **턱** 1.5:VI:19

< **ḏaqanu*

– *šbt dqn-* 회색빛의 수염 1.3:V:2.4

– *$l\underline{h}_1$*과 병행 1.6:I:3

| 히브 זָקָן, 페니 *zqn*, 아람 *daqnā*, 아랍 *ḏaqn*, 아카 *ziqnu*

dqt

/*daqqatu*/ (제물로 바치는) **얇고 납작한 빵**

– 제의문헌에만 나온다. 1.39:1&

– 신명으로 쓰인 1.39:15; 1.102:8 두 번 모두 신명 *trṯ* (과즙, 포도즙)과 함께 나온다.

– Tropper, UF 33 (2001), 545-565.

| 참고: *dq* 얇은

dr

/*dôru*/(또는 /*dāru*/) **가족, 식구, 공동체**

< **dawru*

| 참고: 히브 דּוֹר, 아랍 *dawr*, 또한 아카 *dāru*, 아람 *dārā* 세대, 나이

dr(.)dr

/*dôr-dôr-*/; /*dār-dār-*/; /*dār-dôr-*/ **영원, 무궁**

– *^clm*과 병행 1.2:IV:10&

– UG §51.5a

ㅣ 히브 דֹּר דֹּר, דֹּר וָדֹר, 시리 l^e*dārdārīn*, 아카 (*ana*) *dāri dūri*(두 어휘소는 상이하다), 참고: 아랍 *dahr* 시간

√*dr*^{c}

G **씨 뿌리다** 1.6:II:35; 1.6:V:19

< **ḏr*^{c}

ㅣ 히브 זרע, 아람/아랍 √*zr*^{c}, 아카 *zarû*

dr^c

씨앗, 종자, 곡식 1.72:29; 4.243:1&

– *ḏr*^{c} 형태가 더 많이 쓰인다.

☞ √*dr*^{c}

ㅣ 히브 זֶרַע, 시리 *zar*^{c}*ā*, 아랍 *zur*^{c}*a*^{t}, 아카 *zēru*

√*drk*

G ㉮ **밟다** 1.82:38; ㉯ (활을) **당기다** 1.17:V:35-36

ㅣ 히브 דרך, 아람 √*drk* 밟다

*drk**

직업 또는 사회적 계급의 일종 4.688:5

– 복수형 *drkm*

ㅣ 어원이 분명하지 않다.

drkt

지배, 권력

– 이따금 *mlk*$_2$(왕국)와 병행 1.1:IV:25&

ㅣ 참고: 히브 דֶּרֶךְ 권력, 힘(?)(HAL의 7번 의미), 시리 *dargā*, 아랍 *daraǧa*^{t} 계단, 서열, 품위

√*drq*

G **걷다**

– 어두변화형 *tdrq*가 *hlkt*와 병행 1.45:5

– *tdrq*는 √*drk*의 파생어로서, 부정사형이다.

ㅣ 히브 דרך 밟다, 아람/아랍 √*drg* 가다, 걷다

drt

곡식의 종류로서, 동물의 먹이로도 쓰인다. 아마도 **겨, 밀기울** 4.243

ㅣ 아랍 *ḏurāwa*^{t} (곡물의) 겉껍질, √*ḏrw* 흩뿌리다, 씨 뿌리다, 까부리다

√*dry*, √*drw*

G/D **흩뿌리다**, (곡식을) **까부리다** 1.6:II:32; 1.6:V:13

< **ḏry/w*

– 1.6:V:16은 이 단어로 보충할 수도 있고, [*np*]*y* 또는 [*sp*]*y*가 될 수도 있다

ㅣ 히브 זרה(√*zry*), 아람 √*dry*, 아랍 √*ḏry/w*, 에티 √*zrw*

dt$_1$

/*dātu*/ 관계대명사 여성 단수/복수형

– *d*의 여성형

dt$_2$

/*dūtu*/ 관계대명사 남성 단수형

– *d*의 복수형

*dw***

/*dawû*/ **아픈, 병든**

< **dawVyu*

– 오직 4.767:3에서 나오는데, 우가릿어가 아닌 단형 알파벳 문헌이다.

☞ √*dwy*

ㅣ 히브 דָּוֶה

√*dwk*

Gp **밟아 으깨지다** 1.71:10&

ㅣ 히브 דוך, 유다아람 √*dkk*, 아랍 √*dkk*, √*dwk*, 티그레 √*dkk*, 아카 *dakāku*, 뜻은 모두 으깨다, 바스러뜨리다

√*dwṯ*

G **마구 짓밟다, 유린하다**

< **dwš*$^!$

– 부정사 *dṯ* 1.18:I:19

Gp 마구 짓밟히다 1.18:I:19

ㅣ 히브 דוש, 아람 √*dwš*, 아랍 √*dws*, 아카 *diāšum*, *dâšu*

√*dwy*

G **약하다, 힘들다, 불쌍하다** 1.16:II:20.23

ㅣ 참고: 히브 דוה(√*dwy*) 달거리하다, 월경하다, 서셈 √*dwy* 약하다, 아프다, 불쌍하다, *dāwæh* 불쌍하다, 아카 *dawû* 비틀거리다

√*dyn*

G **정의를 펴다, 판결하다, 재판하다**

– √*ṯpṭ*과 병행 1.16:VI:33.45&

ㅣ 히브 דין, 셈 √*dyn*, 아람 √*dyn*, √*dwn*, 아랍/에티 √*dyn* D 형을 선고하다, 벌을 주다, 유죄판결을 내리다

ḍ 

ḍ
/ḍī/ 관계대명사 남성 단수형 소유격
– 오직 1.24:45
| d와 어원이 같다.

ḍbb °
신명 1.3:III:46
| 참고: 히브 זְבוּב 파리, 아랍 ḍubāb 파리

ḍd$_1$
대략 **거주지, 사는 곳; 천막**
– qrš, ahl과 병행
| 어원이 분명하지 않다.

ḍd$_2$ ☞ ṯd 1.23:59.61

ḍhrt
(꿈에서 보는) **환영**
– ḥlm(꿈)과 병행 1.14:I:36; 1.14:III:47; 1.14:VI:32; 1.15:VI:8
– ḍrt 형태로도 나온다.
– 참고: hdrt
| 아랍 √ẓhr 드러나다, (자신을) 보여 주다, ẓuhūr 드러남, 현현顯現

√ḍmr$_1$
G **지키다, 보호하다**
– G 분사 ḍmr /ḍāmiru/ **지킴이, 보호자** 1.17:I:28&
| 히브 זִמְרָה 보호, 아무 √ḍmr, 스바 √ḍmr 보호하다, 방어하다, 아랍 ḍami/īr 용기 있는

√ḍmr$_2$
G **노래하다, 읊다; 연주하다** 1.108:3
< *zmr
| 히브 זמר I, 셈, 아람, 에티, 아카 √zmr

ḍmr$_1$
군인(들) 1.3:II:14.31
☞ √ḍmr$_1$

ḍmr$_2$
/ḍimru/ **힘; 보호**
– ^{c}z, lan과 병행 1.108:22.24
☞ √ḍmr$_1$
| 참고: 히브 זִמְרָה, 아무 *ḍimru

ḍnb
/ḍanabu/ **꼬리** 1.114:20
| 히브 זָנָב, 아랍 ḍanab, 에티 zanab, 시리 dunbā, 아카 zibbatu

ḍnbt*
/ḍanab(a)tu/ **꼬리**
– 쌍수형 ḍnbtm 1.83:7
| 시리 dunb^{e}tā, d^{e}nub^{e}tā

ḍr^c
/ḍirā^{c}u/ (아래)**팔, 하박**下膊 1.5:VI:20&
| 히브 זְרוֹעַ, 가나 zu-ru-uḫ, 아랍 ḍirā^c, 시리 drā^{c}ā

ḍr^c
씨앗, 곡식 2.38:17.19&; 4.721:16
– 드물지만 dr^{c}도 보인다
| 히브 זֶרַע, 시리 zar^{c}ā, 아랍 zur^{c}a^t, 아카 zēru

ḍrq*
내부, 내장(?) 1.5:I:6; 1.18:IV:3
– 복수형/쌍수형 ḍrqm
| 어원이 분명하지 않다. 참고: sarq/katu, zarq/katu 반추동물의 십이지장과 위

ḍrt ☞ ḍhrt

g ▽

g

/*gû*/ **목소리**

– *gm* = 위치격/목적격 + -*m* 큰 목소리로; 크게 1.4:VII:52&

| 어원이 분명하지 않다.

gan

/*ga*ʾ*ânu*/ **자존심, 자부심** 1.17:VI:44

< **ga*ʾ*ayănu*

| 히브 גָּאוֹן

√*g*ᶜ*r*

G **호통치다, 투덜대다, 비난하다** 1.2:IV:24.28; 1.114:11.14. (말이) 울다, 크게 힝힝대며 울다 1.72:27; 1.85:2; 1.97:11

| 히브 גער, 아람 √*g*ᶜ*r* 호통치다, 투덜대다, 참고: 에티 √*g*ᶜ*r* 울부짖다, 탄원하다, 불평하다, 아랍 √*ğ*ʾ*r*(또한 √*ğ*ᶜ*r*) 울부짖다, 애쓰다

*g*ᶜ*t*

/*ga*ᶜ*âtu*/ (소들의) **울부짖음** 1.14:III:18

< **ga*ᶜ*ayatu*

– √*g*ᶜ*y*의 부정사

| 히브 געה(√*g*ᶜ*y*), 북서셈 √*g*ᶜ*y* 울부짖다, 소리치다, 아랍 *ğa*ᶜ*ğa*ᶜ*a* 떠들다, 소음을 내다

gb

/*gabbu*/ **몸통, 신체** 1.114:5; 1.169:5; 1.175:13.17; RS 92.2014:14

– 1.1:V:28는 매우 불확실하다.

| 히브 גַּב(*gabb*), 아람 *gabbā*, 원뜻은 대략 배가 불룩 나온 형체

*gb*ᶜ

/*gib*ᶜ*u*/ **언덕** 1.5:VI:27&

– 복수형 *gb*ᶜ*m*가 *ğrm*(*ğr*₁)와 병행 1.4:V:16.32.39

| 히브 גֶּבַע, גִּבְעָה, 아카 *gab*ʾ*u* 봉우리, 정상

√*gbb*

N (군대가) **모이다** 1.14:II:32; 1.14:IV:16

| 중세히브 גבב, 유다아람 √*gbb* 모으다

또는 √*ngb* Gp

gbl

구릉, 정상 1.16:VI:57; 1.2:I:9(?); **비블로스** 4.338:15&; 산, 산맥

– *q*ᶜ*l*와 병행 1.3:VI:7

| 히브 גְּבוּל 경계, 영역, 언덕, 산, 아랍 *ğabal* 산

gbṯt

(낙타의) **혹, 돌기; 비만, 비대**

– 단수형/복수형 1.12:I:31

| 외래어(?). 중세히브/유다아람 √*gbš* 쌓다, 아카 √*gpš* 육중하다, 유다아람 *g*ᵉ*buštā*, 복수형 *gubšātā* 더미, 언덕, 아카 *gapšūtu* 덩어리, 많은 양

*gd*₁*

/*gîdu*/ **힘줄**

< **giydu*

– 복수형 *gdm* 1.17:VI:21

| 히브 גִּיד, 아카 *gīdu*

*gd*₂*

/*gid*(*d*)*u*/ **고수**(풀), **호유**胡荽

– 복수형 *gdm* 1.3:II:2

| 히브 גַּד

gd ☞ *gdy* 1.23:14

*gdl*₁

/*gadulu*/ **두꺼운, 큰, 힘센** 4.152:6

| 히브 גָּדוֹל, גָּדֹל 큰, 거대한

*gdl*₂

곡식의 종류 4.14:1.7.13; 4.226:4; 4.786:2; 4.788:3; RS 94.2479:14; RS 94.2600

– 참고: *gdl*₁

| 에블 *gadalum*

*gdlt*₁

/*gadul*(*a*)*tu*/ (제물로 바치는) **두툼한 빵, 큰 빵** 1.39:3&

– 형용사 *gdl*$_1$의 여성형, 전통적으로 큰 가축, 암소의 뜻으로 본다.
– Tropper, UF 33 (2001), 545-565.

gdlt$_2$
/*gadul(a)tu*/ **두꺼운 것, 큰 것; 센 것, 강한 것**
– *b gdlt arkty* 나의 강하고 긴 것으로, 곧 내 강하고 긴 팔로 1.3:V:23; 1.18:I:10
| 히브 גְּדֻלָּה, גְּדוּלָּה, גְּדֻלָּה 큰 것, 훌륭함, 장엄

gdm ☞ *gdt* 1.111:7

gdrt
벽, 담 1.19:I:13
| 히브 גְּדֵרָה, 아랍 *ǧadīra*[t], 벽, 담, 돌담, 돌울타리

gdt
잘라진 것, 절단된 것(?)
– √*gdd*의 명사/형용사로서 오직 한 번 나온다.
– KTU는 1.111:7에서 *gdt klhn*로 읽었다. 하지만 *gdm*, 곧 *gdy* 숫염소의 복수형으로 읽을 수도 있다.
| 참고: 히브 גדד I 잘라내다, 절단하다

gdy
/*gadyu*/ **숫염소, 새끼 염소**
– 1.23:14의 *gd*는 *gd*$_2$로 봐야 할 것이다.
| 히브 גְּדִי, 아람 *gadyā*, 아랍 *ǧady*

gg
/*gaggu*/ **지붕, 옥상**
– 복수형 *ggt*
| 히브 גָּג, 복수형 *gaggôt*, 가나 *gaggu*

ggn
속, 내장 1.16:VI:26; 1.92:16
– *gngn*의 변형

*ghr**
의미가 뚜렷하지 않다. ㉮ (소리가) **크다**
– RS 92.2014:11의 문자열(*ghrt phm w špthm*)에 나오는 *ghrt*는 형용사 여성 단수형, 또는 어미변화 3인칭 여성 단수형일 것이다.
| 아랍 √*ǧhr* 선포하다, 크게 말하다, *ǧahīr* 큰
또는 ㉯ **약하다, 어리석다**
| 시리 √*ghr* 무디다, 약하다, 답답하다, 어리석다, *ghīrā* 눈먼, 장님의

gl
/*gullu*/ **그릇, 잔** 1.14:II:18f.&
| 히브 גֻּלָּה 그릇, 아카 *gullu*

*glb**
곡식의 종류 4.269:29&
– 복수형 *glbm*
| 참고: 아카 *gul(lu)bū/ātu*

√*glgl*
G **구르다, 말다**(?) 또는 명사/형용사
– *glgl* 1.13:33
| 히브 גלל I, 셈 √*gll* 둥글다, 구르다

√*glṯ*
G (흐르는 물이) **소용돌이치다**(?)
– *tglṯ* 1.92:5
| 히브 גלשׁ 뛰다, 뛰어들다, 중세히브 גלשׁ, 유다아람 √*glš* 끓이다, 거품을 내다, 물결치다

glṯ
/*galṯu*/ **눈**雪(?) 1.4:V:7; 1.8:II:13; 1.101:7
< **ṯalgu*(자위치환)
| 히브 שֶׁלֶג

√*gly*, √*glw*
G **떠나다, 멀리 가다, 움직이다** 1.1:III:23&
| 히브 גלה, 중셈 √*gly/w* 멀리 떠나다, 멀리 끌고 가다

gm ☞ *g*

√*gmḍ*
G (웃기 위해) **몸을 젖히다**(?)
– 어두변화형 *ygmḍ*가 *yẓḥq*와 병행 1.12:I:13
| 어원이 분명하지 않다. 참고: 중세히브 גמד, 유다아람 √*gmd* 오그라들다, 수축하다, 유다아람 √*gmš* 몸을 구부려 낮추다, 꺾어 내리다, 아카 *kamās/ṣu* 숙이다, 아랍 √*kmš* V 주름을 내다, 구기다, 오그라들다

gml
낫, 초승달(?) 1.24:42
| 참고: 히브 מַגָּל, 아람 *magg*[e]*lā*, *maggaltā*, 아랍 *minǧal*, 낫, 아카 *gamlu* 굽은 목재

gmn

죽여 바치는 제물의 일종 1.6:I:19-29

| 어원이 분명하지 않다. 드물게 아카 **kamānu**(구운 과자의 일종)와 연관된다.

√*gmr** ☞ *gmr*₁, *gmr*₂, *tgmr*

*gmr*₁

완성자, 집행자; 파괴자. 바알루의 별칭 1.2:I:46

| 히브 גמר, 셈 √*gmr* 완성하다, 끝내다. 참고: 아카 ***gāmiru*** 용기 있는, 강한

*gmr*₂*

동물의 종류

– 쌍수형 ***gmrm***

– ***rumm***, ***bṯnm***, ***lsmm***과 병행 1.6:VI:16

| 어원이 분명하지 않다. 아래처럼 추측할 수 있다.

㉮ √***gmr*** 완성하다(?)

㉯ 아랍 ***ğarīm***(자위치환) 두꺼운, 뚱뚱한, (몸집이) 큰, 히브 גֶּרֶם, 중셈 ***girm*** (육중한) 몸, 뼈, 기운, 히브 חֲמֹר גָּרֶם(= 아랍 *ḥimār ğirmin*) 힘이 센 나귀, 아랍 ***fars ğirmin*** 힘이 센 말

㉰ 에티 ***gomāri*** 하마

gn

/*gannu*/ **동산, 정원, 밭** 1.5:VI:21; 1.6:I:4; 1.106:22f.

| 히브 גַּן(*gann*), 복수형 גַּנִּים, 북서셈 ****gann***

gngn

/*gVngVnu*/ **속, 내장**

☞ ***ggn*** 1.4:VII:49

| 히브 *גַּרְגְּרוֹת 목, 목구멍(*r*/*n* 변환), 아랍 ***ğanğan***, ***ğinğin*** 가슴뼈, 흉골, 아랍 ***ğanān*** 내장, 속, 심장

*gp*₁

물가, 강가, 바닷가, 해안 1.23:30

☞ ***gpt***

| 중세히브 גֵּיף, 유다아람 ***gêpā***, 물가, 바닷가. 참고: 히브 גפות(복수형 연계상태, 집회 40,16)

*gp*₂*

뜻과 어근이 분명하지 않다.

– 쌍수형/복수형 ***gpm***이 RS 94.2406:27에서 ***sp***(그릇)과 ***išpr***와 함께 쓰였다.

| 참고: 아랍 ***ğuff*** 굴, 구덩이, 주머니, 가죽부대

*gpn*₁

/*gapnu*/ **포도덩굴, 포도나무** 1.23:9.10.11

| 중셈 גֶּפֶן, גופן, 시리 ***gpettā***, 복수형 ***gupnē***

*gpn*₂*

(말이나 소 등을 수레에 매는) **가죽끈, 마구**馬具

– 복수형 ***gpnm*** 1.4:IV:7&

| 참고: 아랍 √***ğff*** D 말에 전투용 갑옷을 매어 묶다

gpn º

신명, 복합명 ***gpn w ugr*** 포도덩굴과 밭의 앞이름, 바알루의 종 1.3:III:36&

gpr

뜻과 어근이 분명하지 않다.

– ***ṯn gprm mn gprh*** 1.19:I:11

– DLU 149f.의 견해처럼 ***gprm***와 ***gprh***를 동사로 볼 수 없다.

gpt

㉮ (깊은) **산속**

– 단수형/복수형

– ***gpt ğr***가 ***yʿrm***와 병행 1.4:VII:36

| 참고: 아랍 ***ğawf*** 배, 움푹 패인 곳, 동굴, 내부

또는 ㉯ **산비탈, 언덕**

– ***gp***의 여성 복수형

| 참고: 히브 גפות(복수형 연계상태, 집회 40,16)

gr

/*gêru*/ **나그네, 이방인** 1.19:III:47&; 1.40:18

< ****gawiru***

☞ √***gwr***(1)

| 히브 גֵּר, 아랍 ***ğār***

√*grdš*

G **파괴하다** 1.14:I:11.23

| 시리 ***ʾetgardaš*** 파괴되다, 찢기다, 부서지다

√*grgr*

G **이방인으로 살다** 1.23:66

☞ √***gwr***(1), ***gr***

grgr

던지는 무기, 아마도 **창**槍

– *[g]rgrh bm ymn*이 *mrḫh*와 병행 1.16:I:48
| 유다아람 *gîrā* 총알, 화살, 시리 *gērā* 화살, 창

grn
/gurnu/ **타작마당, 다진 바닥** 1.14:III:8&
– 복수형 *grnt*
| 히브 גֹּרֶן, 아랍 *ǧu/irn*, 스바 *grn*, 에티 g^{w}*ərn*, *go/urn*

√grš
G **나가버리다, 멀리 떠나다**
– *w grš* … \ *w yqḥ tʿnk* RS 94.2284:22
D/G **내쫓다** 1.1:IV:24; 1.2:IV:12&
– *ygrš* RS 20.398A.11:3'
| 히브 גרשׁ G/D 내쫓다, 시리/아람 *√grš* G 끌다, D 내쫓다, 모압 *√grš*. 참고: 아카드어 문헌에 나온 외래어(아무르어) *garāšu* 내쫓다

grš
구마사驅魔士, **퇴마사**退魔士
– *grš-m zbln* 1.16:V:12-21
– *√grš*의 명사/형용사(G 분사 능동 남성 단수형?)

gršt
여성 구마사驅魔士, **여성 퇴마사**退魔士
– *gršt zbln* 1.16:V:27
– *√grš*의 명사/형용사(G 분사 능동 여성 단수형)

√gry
㉮ D(또는 G) **싸움을 걸다, 전쟁을 일으키다, 자극하다, 반목하다**
– *√šry*과 병행 1.14:III:6; 1.14:IV:49; 1.119:26
| 히브 גרה(*√gry*) D 싸움을 걸다, 아랍 *√gry* D 자극하다, 도전하다, 아카 *gerû* 반목하다
또는 ㉯ *√gwr*
| 히브 גור II 공격하다, 도전하다. 아랍 *√gwr*와 아카 *√gyr*도 비슷한 뜻이다.

gšm
/ga/išmu/ **비**雨 2.38:14
| 히브 גֶּשֶׁם

gt
/gittu/ **임금에게 속한 밭** 흔히 포도밭
< **gintu*
| 히브 גַּת(*gatt*), 복수형 גִּתּוֹת (포도주를 짜는) 압착기, 아카(아마르나) *gittu*, *gintu*

gṯr °
/gaṯaru/ 신명 **강한** 1.43:11&
= 음절문자 *ga-ša-ru*
| 참고: 아카 *gašaru* 강한, 힘센, 아랍 *√ǧsr* 용맹하다, 대담하다

√gwl, *√gyl*
G **환호하다, 외치다**
– *ygl*, *ngln* 1.16:I:15&
– *tgwln* G/D 1.82:4
| 히브 גִּיל 기뻐 날뛰다

√gwr(1)
G **나그네살이하다, 이방인으로 살다** 2.34:12
☞ *√grgr*
| 히브 גור

√gwr(2)* ☞ *√gry*

gzr
(잘린) **조각, 한입, 소량**
gzr l <*g*>*zr* 한입씩만 [그들은 먹이다] 1.23:63
| 히브 גֶּזֶר (쪼갠) 조각, 시리 *gezrā* 잘린 것, 찢긴 것, (육식동물의) 먹이

√gzz
G (머리카락을) **자르다**, (양털을) **깎다**
– *ygz* 1.80:5
| 히브 גזז, 셈 *√gzz*

*gzz**
/gāzizu/ (양털) **깎는 이**
– 복수형 *gzzm* 4.213:30&
– *√gzz*의 G 분사
| 아카 *gāzizu*

ğ 

ğb

/ğabbu/ (희생제를 바치는) **구덩이** 1.91:15&
= 아카(우가릿) *ḫa-ab-bi* 소유격
| 외래어로 보이는데, 어원이 분명하지 않다. 참고: 히타/후리 *abi*, *api* (희생제를 바치는) 구덩이, 신아시 *apu* 동굴, 땅에 움푹 파인 곳, 아카 *ḫuptu* 구멍, 동굴, *huppu* 움푹 파인 곳, 구덩이

ğbn* ☞ *rğbn* 2.46:11

√ğdd

G/D* **부풀다**
– *tğdd kbdh b ṣḥq* 1.3.II:25&
| 아랍 *√ğdd* 혹/부스럼으로 뒤덮이다, 갑상선종을 앓다

ğdyn

/ğu/idyānu/ **식사, 음식, 급식**(?) 1.65:18
– *√ğdy* < **ğḏw*
| 아랍 *√ğḏw* 식량/먹이를 주다

√ğḏḏ

G **서두르다, 솟다, 쏘다** 자동사
– 창槍을 던지다 1.4:VII:41
– 1.17:VI:12는 분명하지 않다.
– *√ğḏy*로 볼 수도 있다.
| 아랍 *√ğḏḏ* 사역형 더 빨리 달리게 하다, 가속하다, 서두르다

ğl

/ğîlu/ **덤불, 관목숲** 1.17:VI:23
| 아랍 *ğīl*

√ğll

G **들어가다, 침투하다, 스며들다, 담그다**
D* 찔러 넣다 1.3:II:13.27&
– 한편 지명의 일부로도 나온다. *mrrt tğll b nr* 1.19:III:50.52
| 히브 עלל II(폴렐*polel*형) 찔러 넣다, 아람 *√ᶜll* 침투하다, 들어서다, 아랍 *√ğll* 찔러 넣다

√ğlm

G **어둡다, 컴컴하다**
– *w ğlm* 어미변화 3인칭 남성 단수형 또는 형용사 1.16:I:50
| 히브 עלם I G 숨겨져 있다, H 어두워졌다, 컴컴하다

ğlm

/ğalmu/ **젊은 남자, 종**
– 서사시에서 흔히 쌍수형 *ğlmm*로 사용된다. 1.2:I:13&
| 히브 עֶלֶם, 푸니 *alam* < **ᶜalm*, 시리 *ᶜlaymā*, 아랍 *ğulām*, 스바 *ğlm*

ğlmt$_1$

/ğalmatu/ **소녀, 젊은 여성** 1.14:IV:41&
– *ğlm*의 여성형
| 히브 עַלְמָה, 푸니 *alma*

ğlmt$_2$

/ğulmatu/ **어둠, 컴컴함**
– *ẓlmt*과 병행 1.4:VII:54; 1.8:II:7
= 음절문자 *ḫu-ul-ma-tu*$_4$
– *√ğlm*의 (추상명사를 만드는) 쿠틀*qutl*형

ğlp

㉮ **함**函, **통, 집,** (과일의) **껍질**
– *šblt b ğlph* 1.19:I:19
㉯ **조개** (바다의 껍데기)
– *ğlp ym* 1.19:IV:42
| 히브 עלף Dp 덮이다, tD 가장하다, 몸을 감싸다, 아랍 *ğilāf* 칼집, 껍데기, (과일의) 껍질, 덮개

ğlt

/ğalîtu/(?) 1.16:VI:32.45 뜻이 분명하지 않다.
㉮ **나쁜 짓, 불의**
| 에티 *√ᶜlw* D 옳지 못하게 행하다, (법을) 어기다, 시리 *ᶜelyā* 악, 배신
또는 ㉯ **무력함**

☞ √*ğlw/y*

√*ğlw*, √*ğly*

G **몸을 숙이다/기울이다, 엎드리다** 1.19:III:54(?)

< **ṣlw*(?)

D 굽히다, 내리다 1.2:I:23.24

| 히브 צלל II(오직 탈출 15,10), 셈 √*ṣlw*, 아람 √*ṣly*, 에티 *ṣalawa* (귀를) 기울이다, 아랍 √*ṣlw* (몸을) 숙이다

√*ğly*

G (곡식이) **마르다, 부패하다**

< **ṣly*(?)

– √*ḫrb*과 병행 1.19:I:31

| 히브 צלה(√*ṣly*)와 아랍 √*ṣly* 굽다, 불에 쬐다, 태우다, 아카 *ṣelû* 태우다

√*ğmʾ*

G **목마르다**

< **ẓmʾ*

– *ğmu ğmit* 1.4:IV:34

☞ √*ẓmʾ*

| 히브 צמא, 에티 √*ṣmʾ*, 아랍/스바 √*ẓmʾ*, 아카 *ṣamû*

ğmr

/*ğamaru*/ **무식한 자, 학생, 초년생, 초년병** 4.63:I:11.33&

= 음절문자 *ḫa-ma-ru-ú*

그 밖에 *ḫ[a-a]m-ru-ú*로도 나온다

| 아랍 *ğamura*(√*ğmr*) 경험이 부족하다, 무식하다, 아랍 *ğa/umr* 경험이 부족한, 무식한

ğnb*

/*ğinabu*/ **포도송이, 포도** 1.19:I:42

– 복수형 *ğnbm*

| 히브 עֵנָב, 시리 *ʿenbtā*, 아랍 *ʿinab*, 아카 *inbu* 과일, 스바 *ʾʿnb* 포도밭. 이 낱말들에서 *ʿ/ğ* 변환을 눈여겨보라.

ğr₁

/*ğûru*/ **산**山 1.1:III:12&; RS 94.2965:1.5

< **ğuwru* < **ẓuwru*

– 복수형 *ğrm*이 *thmt*(지하수)와 함께 나온다. 1.148:6.41. 이 6행을 KTU[2]는 *ʿm[q]t*로 읽었지만, *th[m]t*로 읽어야 한다

| 참고: 히브 צוּר 바위, 아람 *ṭūrā* 산, 아랍 *ẓirr* 뾰족한 돌, 날카로운 돌

ğr₂

/*ğôru*/ **피부, 가죽**

= 음절문자 [*ú*]-*ru*

< **ğawru*

– 복수형 *ú-ra-tu*

| 히브 עוֹר

ğr₃* (또는 *ğyr**)

/*ğêru*/(?) **골짜기, 구덩이**

– 복수형 *ğyrm* /*ğayarūma*/(?)

– 언제나 *ʿnt arṣ*과 병행. 1.1:III:21; 1.2:III:[3]; 1.3:IV:36

| 아랍 *ğaur* 땅, 땅의 구덩이

ğr₄*

복수형 *ğrm* **공격자, 약탈자**

– *ğzm*과 병행 1.16:VI:31.44

| 아랍 √*ğwr* 사역형 약탈하다, …를 공격하다/폭행하다

ğrm

무더기, 산더미, 많은 양 1.4:V:15.31.38

| 히브 עֲרֵמָה, 아랍 *ʿurmaᵗ*, *ʿaramaᵗ*

ğrmn

(곡식의) **더미** 1.3:II:11

< *ğrm* + 명사를 만드는 어미 *-ān*

ğrpl

구름 1.107:34.37.44

– 참고: *ʿrpt* 구름

| 히브 עֲרָפֶל, 아람/시리 *ʿarpelā* 먹구름, 짙은 안개, 암운暗雲

ğṣb

종양, 혹 1.109:26; 1.167:3

| 아랍 *ğaḏf*

√*ğṣr*

G **경계를 짓다** 1.4:VIII:4

| 히브 עצר 붙잡다, 막다, 아랍 √*ğḏr* 말리다, 만류하다, 막다, 잘라내다

√*ğtr₁*

청하다, 부탁하다, 구걸하다 1.24:28

| 히브 עתר 간구하다, 기도하다

√*ǧtr*₂
뜻이 분명하지 않다. **죽이다**(?) 1.103+:39(?)
| 참고: 아랍 √ᶜ*tr* (짐승을) 잡다, 죽이다
또는 √*ǧwr*₂나 √*ǧyr* Gt

√*ǧwr*₁
G **가라앉다, 침몰하다**
– *yǧr* 1.2:IV:6
– 참고: RS 20.398A.7:1 ᶜ*z d iḫd p yǧr*[ ]
| 아랍 √*ǧwr*

√*ǧwr*₂, √*ǧyr*
Gt ㉮ **공격하다**(?)
– *yǧtr* 1.103+:39; RS 20.398A.1a:3
| 히브 עור H 깨우다, 선동하다, 자극하다, 아랍 √*ǧwr* 들이 닥치다, 매우 무섭게 공격/폭행하다
또는 ㉯ 질투하다, 불신/의혹을 경험하다(?)
| 아랍 √*ǧyr*
또는 ㉰ √*ǧtr*₂

√*ǧwy*
G (규칙, 법을) **어기다, 죄를 짓다**(?) 1.82:42
| 히브 עוה(√ᶜ*wy*) 못되게 굴다, (법이나 규정을) 어기다, 아랍 √*ǧwy* 잘못을 저지르다, 실수하다

√*ǧyr** ☞ √*ǧtr*₂, √*ǧwr*₂

ǧyrm ☞ *ǧr*₃

*ǧz**
도둑, 약탈자
– 복수형 *ǧzm* /*ǧāzûma*/(?) < **ǧāziyūma* 1.16:VI:[30].43
– √*ǧzw*의 분사 능동형이다.

*ǧzl**
/*ǧāzilu*/ **실 잣는 사람**
= 음절문자 인명 *ḫa-zi-lu*
– 복수형 *ǧzlm* 4.358:9
| 아랍 *ǧazzal*.

ǧzr
/*ǧāziru*/(?) **영웅, 힘센 자, 강한 자** 1.3:I:20&
| 히브 עֵזֶר 영웅, 전사(?), *עֵזֶר I 힘, 도움, 강함(?), 아랍 √*ǧzr* 풍족히 준비해 두다

√*ǧzw*
G **침략전쟁을 하다, 무섭게 공격하다**
– ***k ǧz ǧzm*** 도적들이 무섭게 침략해 올 때 1.16:VI:[30].43
| 아랍 √*ǧzw*

√*ǧẓy*, √*ǧẓw*
D(?) **제물을 바치다, 올리다, 봉사하다**(?) 1.4:II:11; 1.4:III:26-35
| 참고: 아랍 √ᶜ*ṭy* 사역형 주다

h

-h$_1$

/*-hu*/ 접미대명사 3인칭 남성 단수형

= 음절문자 *-Ku-ú*

– UG §41.221.5

-h$_2$

/*-ha*/ 접미대명사 3인칭 여성 단수

– UG §41.221.6

-h$_3$

/*-ah*(*V*)/ 종착격 어미로서 방향을 가리킨다.

– 예: *arṣh* /*ʾarṣah*(*V*)/ 땅으로 1.14:I:29

– UG §54.3

| 참고: 히브리어의 '방향의 헤ה'*He locale*. 예: אַרְצָה, אָ֫רְצָה

hbn

흑단黑檀**나무** 탈렌트 무게를 재는 단위를 만드는 데 쓰였다 4.402:6; RS 94.2392+:1.5

| 외래어. 참고: 히브 הָבְנִים, 아랍 *ʾabnūs*

√*hbr*

G **몸을 굽히다**

– √*qyl*과 병행 1.1:III:3&

| 어원이 분명하지 않다. 참고: 아랍 √*hrb* 도망치다, (말뚝을) 박다(자위치환)

√*hbṭ*

G/D **쳐서 쓰러뜨리다** 2.4:20&

| 어원이 분명하지 않다. 아랍 √*hbṭ* 내려가다, 떨어지다, 추락하다. 서셈 √*ẖbṭ* 치다, 아랍 √*hbt* 쳐서 쓰러뜨리다, 땅으로 내던지다(자음 주의)

*hbṭn**

(임금의 시중을 드는) 하인 계급 4.137:6&

– 복수형 *hbṭnm*

| 어원이 분명하지 않다.

hd °

신명 **핫두***Haddu*, 바알루의 별칭

– *bʿl* ° 과 병행. 1.4:VII:38은 *hd-n*[?]로 읽는다.

hdm

발판 1.3:II:22&

| 어근이 분명하지 않다. 참고: 히브 הֲדֹם 발판

hdrt

(꿈에서 보는) **환영**

– *ḥlm* 꿈과 병행 1.14:III:51

– 참고: *ḏhrt*

– 어근을 √*hdr* 화려하다로 볼 수 있다.

| 참고: 히브 הֲדָרָה 장신구, 장식

– 또는 *ḏhrt* 환영의 파생어(? *ḏ*/*d* 치환, 자위치환)

√*hdy*

G(또는 D) (슬픔의 표시로 몸을) **베어 상처를 내다**

– √*ydy*$_2$ 긁어 찢다와 병행 1.5:VI:19; 1.6:I:3

| 아랍 √*hdd*, √*hdʾ*, 자르다, 절단하다

hg

/*higû*/ **말하기, 이름**(부름), **명명, 언급, 발성**

< **higyu*

– *d bl hg* 이름(부름) 없이, 말하기 없이, 곧 말할 수 없이, 무수히 많은. *d bl spr*와 병행 1.14:II:38

– √*hgw*/*y* 말하다의 부정사

| 히브 הגה(√*hgy*) I(짐승이) 울다, (사람이) 말하다, 중얼거리다, 서셈 √*hgw*/*y* 말하다, 이야기하다, 깊이 생각하다

√*hgb*

1.176:11에서 *yhgb*[?]로 읽을 때 나오는데, 이 단어는 다음처럼 여러 가지로 읽을 수 있다. *yhgb*, *yhgṣ*, *yhgy*, *yhmb*, *yhmṣ*, *yhmy*.

√*hgg** ☞ √*ʾgg* 1.82:43

hkl

/*hêkalu*/ **신전, 궁전**

– *bt* 집의 복수형인 *bhtm*와 *ḥẓr*와 병행 1.2:III:7&

| 히브 הֵיכָל, 수메 *é.gal* 큰 집, 신전, 궁전, 아카 *ekallu* 신전, 궁전, 아람 *hayklā*, 아랍 *haykal*, 궁전, 신전

√hkr

Š **…를 놀라게 하다**(?)

– *ašhkr* RS 94.2284:32a

| 아랍 *√hkr* G 크게 놀라다, 아주 깊이 잠들다, 아랍 *hakr* 경악, 잠, 참고: 욥 19,3(תֶּהְכְּרוּ)

hl

/hallV/ **보라! 자!** 1.17:V:12&

< *hn* + *l*(?)

– 1.17:V:12& 등에서 *hlk*와 *hl*이 병행할 때, 보라! 그자는 … (한편) 보라! 저자는 … 으로 새길 수 있다.

– *hlh* … *hlh* 보라, 하나는…, (한편) 보라, 다른 하나는 = *hl* + 접미대명사 *-h* 1.23:32f.

– UG §81.4b

| 가나 *allû*, 제국아람 *hlw*

√hlk

G **가다**, (시냇물이) **흐르다** 1.1:IV:7&

– 어두변화형 *ylk*, *tlk* 등

– 명령형 *lk* 1.3:IV:32&

– 지나가다, 사라지다를 뜻할 수도 있다. *l d hlkt npšk* RS 94.2284:32b

Gt 이리저리 걷다, 방랑하다

– *ytlk*, *itlk* 1.12:I:34&

Š 넘치게 하다 1.3:V:2.24; 1.18:I:11

| 히브 הלך, 셈(에티 제외), 아카 *alāku*, 아랍 *√hlk* 멸망하다

hlk_1

㉮ **걸음, 걷기**

– *tdrq*과 병행 1.3:IV:39

㉯ (별들의) 운행, 흐름 1.19:II:3

– *√hlk*의 부정사

| 참고: 히브 הֵלֶךְ (벌꿀이) 흘러 넘침

hlk_2

보라! 저자를 보라!

< *hl* + *-k* 1.17:V:12

– UG §81.4c

hll °

신명 **힐랄루***Hilālu* 1.17:II:27&

| 아랍 *hilāl* 초승달

√hlm

G **치다** 1.2:IV:14.16&

– 어두변화형 *ylm* < **yhlm*

| 히브 הלם, 페니 *√hlm* 치다, 티그리 *√hlm* 따귀를 때리다

hlm

/hallu(m)ma/(?) **…하자마자; 보라!**

hln(-y)

보라!

< *hl* + *-n* 1.3:II:5&

– UG §81.4d-e

$-hm_1$

/-humu/ 접미대명사 3인칭 남성 단수형

| 히브 הֶם–, 아랍어 *-hum(u)*, 아카 *-šunu*

$-hm_2$

/-humā/ 접미대명사 3인칭 통성 쌍수형

| 아랍 *-humā*

hm_1

/him(ma)/ ㉮ (만일) **…한다면, …할 때**

– *im*의 형태도 있다.

㉯ **또는**

– 최소한 의문문에서 1.5:I:16&

– *hm* … *hm* … 이거나 … 이거나/이다

| 히브 אִם, 아랍 *hen*, *ʾen*, 아랍 *ʾin*, 아카 *šumma*

hm_2

/humâ/ **그들 두 명/개/마리**

인칭대명사 3인칭 통성 쌍수형

| 아랍 *humā*

hmlt

집회, 군중, 무리

| 참고: 히브 הֲמֻלָּה, 또한 아카 *aw/mīlu* 사람, *aw/mīlūtu* 인류

hmry °

지명 1.4:VIII:12; 1.5:II:15

– 복수형 *mhmrt*

– 참고: *mhmr**

hmt

/humūti/ 인칭대명사 3인칭 남성 단수형 사격

| 참고: 히브 הֵמָּה, 에티 *ʾəmuntu*, 아카 *šunūti*

hmt

/*humāti*/ 인칭대명사 3인칭 통성 쌍수형 사격
1.17:V:20.30
| 참고: 아카 *šunīti*

-hn

/*-hunna*/ 접미대명사 3인칭 여성 복수형
1.15:III:16&
| 아랍 *-hunna*

hn_1

/*ha/inna*/ **보라!**
- UG §81.4a
| 히브 הִנֵּה, הֵן, 아랍 *ʾinna*

hn_2

/*ha/innV*/ **여기**
- 서사시에서는 나오지 않는다.
- UG §81.11a
| 히브 הֵנָּה, 아랍 *hunā*

hn_3

이것의, 여기 있는 것의
- 한정 관사의 고대 형태
- 1.40.34 (*hn ʿr*) 등에서 이따금 나온다.
- UG §42.7

hnd

/*hannadī/ā*/(?) **이, 이것**
< hn_3(?) + 지시대명사 *d*
- UG §42.1
| 히브 הַזֶּה, 아랍 *hāḏa*, 시리 *hānā* < **hā-dnā*

hndh

여기로(?) 또는 *hnd* 이것의 확장형태
- *hnd* + 종착격어미 *-h*
- *w štn hndh ʿmy* 그리고 이리로 내게 가져오라!
RS 94.2592:9'

hndt

㉮ **여기, 여기로** 1.19:IV:62; 2.38:12
- *hnd*의 여성형
- 참고: *hn* 여기
㉯ **이것**

hnhmt

㉮ **저, 그**
< hn_3(?) + *hmt*
- 복수형 *hnmt*의 형태도 나온다.
RS 94.2965:12.20
㉯ 다음의; (앞서) 언급했던 3.3:8&
- UG §42.4

hnk_1

저, 저것(?) 2.33:11.23(?)
< hn_3(?) + *k*
- UG §42.5
| 참고: 아랍 *hāḏāka* 저, 저것

hnk_2

저기, 저곳 2.33:11&
- 참고: *hn* 여기

hnkt

㉮ **저기에, 저곳에** 부사 2.21:10; 2.46:12
< hnk_2 + 의존불변화사 *-t*
㉯ **저, 저기, 다음의** 지시대명사
< hnk_1 + 의존불변화사 *-t*

hnmt ☞ *hnhmt*

hnn(y)

여기
< *hn* + *n(y)*
- UG §81.11b-c

√hpk

G ㉮ **돌리다, 뒤집다** RS 92.2016:36''
㉯ **돌다, 쓰러지다** 1.2:III:17&(?)
Gt 쓰러지다
| 아카 *abāku* G/D 돌리다, 뒤집다, 넘어뜨리다
N 돌리다, 외면하다 1.86:7(?)
- 1.103:52는 G로 다른 쪽으로 돌리다로 새길 수 있다.
| 히브 הפך, 아람 *√hpk* 돌다, 뒤집다, 쓰러뜨리다, 페니 *√hpk*

hr_1*

/*harru*/ **산**山
- 복수형 *hrm* 1.107:7&
| 히브 הַר, 가나 *ḫa-ar-ri*

hr$_2$

/*hirû*/ **임신, 수태**

– *hr-h* 1.13:31

– √*hry*의 부정사

hr$_3$*

㉮ **고통**

– *ḥmḥmt*과 병행 1.23:51.56

| 참고: 중세히브 הֲרוּרִים (복수형) 고통, 성아람 **harhor* 환상, 시리 *harhar* 자극하다(?), 생각하다, 심사숙고하다

또는 ㉯ *hr*$_2$

– 1.17:I:40도 이 단어로 보충해야 할 듯하다.

√*hrg*

죽이다 1.13:5

| 중셈(스바 포함) √*hrg* 죽이다, 아랍 √*hrǧ* 어지럽다, 헝클어졌다, 죽이다

hrgb °

새의 이름 1.19:III:15-27

hrnmy °

민족명

– *mt hrnmy* 다니일루*Daniʾilu*의 별칭 1.17:I:18&

√*hrr*

D* **심하게 떨다, 벌벌 떨다** 1.12:I:39; II:9

| 아랍 *harhara* 움직이다, 떨다, 시리 *harhar* (놀라게 하여) 쫓아내다, 몰아내다, 방해하다, 아카 (*ḫ*)*arāru* G/N 떨다, D 방해하다, (놀라게 하여) 쫓아내다

*hrt**

기구나 도구의 일종

– 쌍수형 *hrtm* 4.390:5

| 참고: 아카 *arītu* 방패

– 1.17:II:41의 문자열을 KTU[2]처럼 *ʿrš hrt*로 읽어 *hrt* 임신으로 새기는 것은 오류다. 이 낱말은 *yld*으로 읽어야 하기에 *ʿrš yld* 해산하는 침대, 아기 침대의 뜻이 된다.

√*hry*

G **받아들이다, 임신하다** 1.11:5

– 1.5:V:22의 빈칸은 두 글자 이상을 채울 수 있어서 *w t[h]rn*으로 읽을 수 없다

| 히브 הרה(√*hry*), 유다아람 √*hry*, 아카 *a*/*erû*

ht

/*hitta*/ **지금, 이제** 1.2:IV:8.9&

< **hinta*(?)

– *ht-m*

– UG §81.21a

hw

/*huwa*/ **그, 그것; 저, 저것**

= 음절문자 *ú-wa* RS 20.123+:II:22'(28')

– *hw-m* 그 스스로, 그 혼자 RS 92.2016:41''

| 히브 הוּא, 중셈 *hūʾ*(*a*), *huwa*, 아카 *šū*

hwt$_1$

말씀, 표현 1.2:IV:6&

= 음절문자 **hawayat*

– 또는 카틀*qatl*형

| 아카 *awātu*

hwt$_2$

/*huwati*/ **그를, 그의** 사격

| 페니 *hʾt*, 에티 *wəʾətu*, 아카 *šuāti*

hy

/*hiya*/ **그녀, 이 여자** 3인칭 여성 단수형; 저 여자

| 히브 הִיא, 중셈 *hīʾ*(*a*), *hiya*, 아카 *šī*

hyn °

/*hayyānu*/(?) 신명, 코싸루와하시수의 별칭

| 참고: 시리 *hawnā* **이해, 이성, 지혜**

hyt

/*hiyati*/ **그녀를, 그녀의** 사격

| 참고: 에티 *yəʾəti*, 아카 *šiāti*

ḥ 

ḥ ☞ *ḥy* RS 94.2284:12

ḥbl$_1$
/*ḥablu*/ ㉮ **줄, 밧줄**
㉯ **모임, 무리**; (새) **떼** 1.18:IV:[20].31&
– 또한 참고: *ḫbl*(자음 주의) **삭구**索具, **배의 밧줄** 4.689:5
ㅣ 히브 חֶבֶל 줄, 밧줄, 무리, 떼, 아람 *ḥablā*, 아랍 *ḥabl*, 에티 *ḥabl*, 아카 ***eblu*** 무리, 줄, 밧줄

ḥbl$_2$
이자
– … *ksp ḥbl rišym* 은銀은 라슈*Raʾšu* 사람들의 이자 … 4.779:3
– 어근의 첫글자가 /*ḥ*/가 아닌 /*ḫ*/로 될 수 있을 것이다. 외래어인지 논란이 있다.
ㅣ 참고: 아카 *ḫubullu* 이자가 붙는 죄, 이자, (중세)히브 חֲבֹל 저당, 담보, 아랍 *ḫabl* 빌린 금, 빌려줌, 시리 *ḥublā* 보상, 되갚음

√*ḥbq*
G/D **…를 팔로 감싸다, 안다** 1.4:IV:13
D (품에) 안다, 또한 함께 자다를 에둘러 표현하는 말 1.17:I:40&
ㅣ 히브 חבק, 아람 √*ḥbq* 껴안다, 얼싸안다, 소코 √*ḥbq* Gt 서로 얼싸안다. (다음은 자음 주의) 지발 √*ḥfq* 껴안다, 에티 √*ḥqf*(하지만 하라 √*ḥfq*) 껴안다, 아카 ***epēqu*** 포함하다(?), 시리 √*ʿpq* 껴안다

ḥbr$_1$
/*ḥab(i)ru*/ **벗, 동료, 친구** 1.6:VI:49
ㅣ 히브 חָבֵר, חֶבֶר, 푸니 *ḥbr*, 아람 *ḥabrā*, 아카 ***e/ibru***

ḥbr$_2$*
/*ḥābiru*/ **주술사, 마술사**
– *ḥbrm* 1.169:10
ㅣ 히브 חוֹבֵר(신명 18,11)

ḥbš
끈, 띠; (허리춤에 차는) **주머니, 지갑**
– 1.3:II:13과 병행하는 1.7:2; 1.13:6을 보라.
– 다음은 확실하지 않다. 1.5:IV:22; 1.17:VI:8
– 그 밖에 1.18:IV:17.28에서 아나투는 매사냥하는 것처럼 종(사냥매)을 *b ḥbšh*에서 놓는다(*b tʿrth*와 병행). 따라서 이 단어를 매사냥할 때 쓰는 장갑으로 생각해 볼 수 있다. 하지만 어근은 제시할 수 없다
ㅣ 참고: 히브 חֵשֶׁב(< *ḥibš* ?) 묶음, 끈, 띠(자위치환), 아카 ***abšu*** 끈의 종류, 서셈 √*ḥbs* 포함하다, 묶어 매다

ḥdg
여성용 안장(?); **들것, 멜대**(?) 1.12:I:19
ㅣ 아람 *ḥidǧ* 나타의 진, 나타의 여성용 안장

ḥdr
/*ḥidru*/ **방, 실**室 1.3:V:11.26; 1.14:I:26
ㅣ 히브 חֶדֶר, 페니 *ḥdr*, (다음은 모두 첫자음이 /*ḫ*/이나) 아랍 *ḫidr*, 스나 *ḫdr*, 에디 *ḫədrat*

√*ḥdṯ*
G **새롭다, 새것이다** 1.18:IV:9
Šp 새롭게 되다(?) 1.104:17
ㅣ 히브 חדשׁ, 셈 √*ḥdṯ*, 에티 √*ḥds*, 아카 ***edēšu***

ḥdṯ$_1$
/*ḥadaṯu*/ **새로운, 새것의** 1.14:II:48; 1.14:IV:26&
– *ṯn ḫpnm ḥd<ṯ>m* RS 94.2284:28
ㅣ 히브 חָדָשׁ, 아랍 *ḥadīṯ*, 에티 *ḥadīs*, 아카 ***eššu***

ḥdṯ$_2$
/*ḥudṯu*/ **초승달**
– *ym ḥdṯ* 초승달의 날 1.41:48&
ㅣ 히브 חֹדֶשׁ

√*ḥdw*, √*ḥdy*
G/D (동물을) **몰다, 내몰다** 1.127:31
ㅣ 아람 √*ḥdw* 몰다

√ḥdy$_1$
엿보다, 관찰하다, 점검하다
< **ḥdy*(?)
– 이따금 *√phy*와 함께 사용된다. 1.19:III:4.15&
| 히브 חזה(*√ḥzy*), 중셈 *√ḥzy* 보다(자음 주의)

√ḥdy$_2$
기뻐하다, 즐거워하다
– 언제나 *√ᶜny*$_2$과 병행 1.3:II:24; 1.7:[7]
| 히브 חדה(*√ḥdy*) I, 아람 *√ḥdy*, 아카 *ḫadû*

*ḥḏ**
화살(촉)
| ☞ *ḥẓ*

√ḥgr
G **동여매다, 띠로 감다, 현혹/미혹하다** 1.14:III:44
N/G 묶이다 1.23:17
| 히브 חגר, 유다아람 *√ḥgr* 묶다, 시리/아랍 *√ḥgr* 고정하다, 저지하다

√ḥkm
G **슬기롭다, 지혜롭다**
– 어미변화 3인칭 남성 단수형 *ḥkm*
– 형용사 *ḥkm* /*ḥakamu*/ 슬기로운, 지혜로운 1.3:V:30; 1.4:IV:41
| 히브 חכם, 셈 *√ḥkm* 슬기롭다, 지혜롭다, 아카 *ḫakāmu* 이해하다

ḥkm
/*ḥukmu*/ (슬기로운) **결정**, (지혜로운) **판결**; **지혜**
– *tḥm*과 병행 1.3:V:30
– 1.4:IV:41에서는 병행하는 단어가 *ḥkmt*로 되어 있다. 서기관의 실수일 수 있다.
| 참고: 아랍 *ḥukm* 판단, 판결, 중셈 **ḥu/ikmatu* 지혜

ḥkpt °
지명 **멤피스**
– *ḥqkpt* 형태도 나온다. 1.3:VI:13
– *kptr*와 병행 1.3:VI:15&

ḥl$_1$
/*ḥêlu*/; /*ḥîlu*/ **성, 성채**
– *ḥl*로 나오기도 하지만, 의존불변화사 *-m*이 붙은 *ḥl-m* 형태도 있다. 1.16:I:7.8; 1.16:II:45-47
| 히브 חֵיל 바깥벽, 외곽, 성벽

ḥl$_2$
/*ḥêlu*/ **힘, 세력**(?) 1.13:27(?)
< **ḥaylu*
| 히브 חַיִל

ḥl$_3$
/*ḥullu*/ **세속적인, 제의적 의무에서 자유로운** 1.41:47&
| 히브 חֹל, חלל

ḥlb
/*ḥalabu*/ **우유**
– *ḫmat*과 병행 1.15:II:26; 1.23:14
– 4.272:2.5(?)
| 히브 חָלָב, 페니 *ḥlb*, 아람/시리 *ḥalbā*, 아랍 *ḥalab*, *ḥalīb*, 에티 *ḥalīb*

√ḥll
G **세속적이다, 거룩하지 않게 하다, 신성모독하다**
D* (제의적으로) 씻다, 정결하게 하다 1.115:6; 1.119:23
– 분사 *mḥllm*
| 히브 חלל I D 거룩하지 않게 하다, 신성모독하다, 셈 *√ḥll* (기본적인 의미는) 풀다, 시리 *√ḥll* D 씻다, 정결하게 하다, 아카 *elēlu* 깨끗하다, 정결하다

ḥlm
/*ḥilmu*/; /*ḥulmu*/ **꿈** 1.86:28
– *ḏ(h)rt*, *hdrt*과 병행 1.6:III:4.10; 1.14:I:35&
– *spr ḥlmm* 1.86:1
| 히브 חֲלוֹם, 아람 *ḥi/elmā*, 아랍 *ḥulm*, 에티 *ḥəlm*

ḥln
/*ḥallānu*/ (벽의) **구멍, 창문**
– *urbt*과 병행 1.4:V:62.65&
| 히브 חַלּוֹן

*ḥlq**
/*ḥilqu*/ 쌍수형으로 사용된다.
– 쌍수형 *ḥlqm* ㉮ **엉덩이, 궁둥이; 허리** 1.3:II:14.28
| 아카 *ilku* 엉덩이, 궁둥이

㉯ 드물게 목, 목구멍
| 참고: 아랍 *ḥalq* 목구멍

ḥm
/*ḥummu*/ **열, 열기, 더위** 1.19:I:40
| 히브 חֹם, חַמָּה 열기, 더위, 시리 *ḥummā* 열기, 더위, 아랍 *ḥumm* 한낮의 열기, 아랍 *ḥummā* 열병, 아카 *emmūtu* 열기, 더위

√ḥmd
D/G **열망하다, 요구하다, 갈망하다** 1.12:II:8
– *bˁl ḥmd-m yḥmd-m*, 모두 의존불변화사 *-m*과 함께 쓰인다. 1.12:I:38
| 히브 חמד, 페니/유다아람 *√ḥmd* 열망하다

ḥmdrt
황폐한 땅 1.19:II:21.23
| 참고: 아카 *ḫamadī/āru* 황폐화된, *ḫamadīrūtu* 황폐화, 아카 *ḫamāru* 메마르다

ḥmḥ
☞ *ḥmḥmt*
– 1.16:I:29를 *bt . ṣ'ḥ mḥh \ dnn*로 읽어 어근을 *mḥ*로 볼 수도 있다.
| 참고: 히브 מִחְיָה 생명력 (< חיה, *√ḥyy*)

ḥmḥmt
열기, 더위, 고난 1.17:I:40.41; 1.23:51.56
– 참고: *ḥmḥh*(= *ḥmḥ<mt>h* ?) 1.16:I:29
| 히브 חמם, 셈 *√ḥmm* 덥다, 무덥다

√ḥmm
Šp **데워지다, 덥여지다** 1.175:7
| 히브 חמם, 셈 *√ḥmm* 덥다, 무덥다

ḥmr$_1$
/*ḥimāru*/ **당나귀, 수탕나귀** 1.14:III:17&
– *ḥmr ḥṭb* 나무꾼의 당나귀 4.269:24
| 히브 חֲמוֹר, 아랍 *ḥimār*, 시리 *ḥmārā*, 아카 *imēru*

ḥmr$_2$
/*ḥumru*/ ㉮ **부피의 단위**(당나귀 한 마리에 싣는 짐만큼) 4.14:6.12.18&
㉯ **더미**(?) 1.5:I:19
| 히브 חֹמֶר

√ḥmṣ
G(?) (곡식이) **썩다**(?) 1.19:I:17(?)
| 아랍 *√ḥmṣ* D 굽다

ḥmṣ
초, 식초 4.269:27.28.35; RS 94.2479:18
| 히브 חֹמֶץ 초, 식초, 아랍 *ḥamḍ* 심, 신맛, 아카 *emṣu* 신, 신맛의

ḥmt$_1$
/*ḥāmîtu*/ **벽, 담**
= 음절문자 *ḫa-me-ti* / *ḥāmētu*/ 1.14:II:22&
– 복수형 *ḥmyt* /*ḥāmiyātu*/
| 히브 חוֹמָה, 가나 *ḫu-mi-tu*(EA 141:44)

ḥmt$_2$
/*ḥimtu*/ (포도주) **부대**
– 복수형 *ḥmt-hm* 1.16:III:15
| 히브 חֵמֶת (염소가죽으로 만든) 부대, 아카 *ḫim/ntu*, *ḫimdu* 가죽부대

ḥmt$_3$
(뱀의) **독** 1.100:6&
| 히브 חֵמָה, 시리 *ḥemtā*, 아카 *imtu*, 모두 독, 분노

ḥmyt ☞ *ḥmt*$_1$

√ḥnn
G **자비롭다, 마음이 넉넉하다** 1.10:I:12(?); 2.15:3
| 히브 חנן I, 셈(에티 제외)/페니/아람 *√ḥnn*, 아랍 *√ḥnn* 자비롭다, 아카 *enēnu* 이익을 주다

*ḫnṣ***
/*ḫennīṣu*/ **새끼 돼지**
= 음절문자 *ḫe-en-ni-ṣu*
| 시리 *ḥᵉnayṣā*

ḥnt
/*ḥinnatu*/(?) **선, 착함, 친절, 자비** 1.17:I:16
– 1.14:II:7도 *d* [*ḥn*]*t* 선한 자, 자비로운 자로 읽어야 할 것이다.
– 참고: *√ḥnn*
| 히브 חֵן(< **ḥinn*), 고아카 *ennanātum*

ḥpn$_1$
의미는 분명하지 않다. 대략 ㉮ **많은 양, 대량**
– *b gbl šntk* 네 해年들의 경계/산山/꼭대기에서와

병행 1.16:VI:58
| 아랍 *ḥafl*(자음 주의) 많은 양
㉯ **가장자리, 경계**
| 아랍 *ḥāffa*^{t}
㉰ **극악무도, 사악함, 신을 부정함**
| 참고: 히브 חָנֵף I, 셈 √*ḥnp* 극악무도하다, 사악하다(자위치환)

ḥpn$_2$*
/*ḥupnu*/ (양의 단위로서) 한 줌, 한 주먹
– *ḥpnm* 쌍수형의 예: *mla ḥpnm* 두 줌만큼 RS 94.2600:12
| 히브 חֹפֶן (단수형), חָפְנַיִם (쌍수형), 시리 *ḥupnā* (여성형), 에티 *ḥəfn*, 참고: 아카 *upnu* 손, 쥠, 쥔 손, 주먹, 아랍 *ḥafna*^{t} 쥠

ḥpr
/*ḥipru*/ **곡식 할당량, 하루치 곡식, 부양, 급식** 4.243:2&
| 아카 *ipru* 보리 할당량

ḥpšt
/*ḥāpiš(a)tu*/ **갈대를 거두는/수확하는 여인**
– 언제나 *ḥṭb*와 병행하고, *b grnt* 타작마당에서로 확장된다. 1.14:III:8; IV:52
| 참고: 히브 חפשׂ, 서셈 √*ḥps*^{2}, 아랍 √*ḥfš* 모으다, 따다, 연구하다, 탐구하다, 조사하다

*ḥq***
/*ḥêqu*/ **품, 가슴**
= 음절문자 *ḫé-qu*
< **ḥayqu*
| 히브 חֵיק

ḥqkpt ° ☞ *ḥkpt*

ḥrb
/*ḥarbu*/ **칼, 단도, 장검**
– *b ḥrb mlḥt* 빼어든 단도로 1.3:I:7&
| 참고: 히브 חֶרֶב, 아람 *ḥarbā*, 아카 *ḫarbu* 보습

ḥrḥrtm
의미가 분명하지 않다. 1.2:III:13
– 여성 쌍수형일 것이다.

√*ḥrk*
G **굽다, 지지다, 그슬리다**
– *ḥmm* Š과 병행 1.175:7
| 히브 חרך I, 아람 √*ḥrq*(자음 주의)

√*ḥrm** ☞ *ḥrm***

*ḥrm***
= *ḫa-ri-mu* /*ḥarīmu*/ **신성모독하다**(?)
☞ √*ḥrm*

*ḥrnq**
ḥrnqm **과수원**(?) 복수형
– *ḥrnqm*이 *krmm*와 병행 1.24:23
| 어근이 분명하지 않다. 전통적으로 아카 *urnuqqu*(식물의 일종)와 관련짓는다.

√*ḥrr*
G **태우다, 굽다, 바싹 마르다** 1.5:II:5; 1.23:41&
| 히브 חרר I, 셈 √*ḥrr* 따뜻하다, 빛나다, 타다

ḥrṣ$_1$
(따로 하나 더 있는) **비축품, 예비품**(?) 4.145:8&
| 참고: 아랍 √*ḥrs/z* 보호하다, 보존하다, 아랍 (*ʾi*)*ḥtirās/z* 조심, 비축

ḥrṣ$_2$
뜻과 어근이 분명하지 않다.
– *spsg*과 병행 1.17:VI:37

ḥrṣ$_3$
뜻과 어근이 분명하지 않다. 1.19:I:8.10
| 참고: 셈 √*ḥrṣ* 새겨 파다, 움푹하게 파다

√*ḥrš*
Gt **육체노동을 하다**
– *iḥtrš*가 *aškn*, 곧 √*kwn* Š과 병행 1.16:V:26
– 참고: *ḥrš*$_1$ 육체노동자 파생어인 듯

ḥrš$_1$
/*ḥarrāšu*/ **육체노동자,** (배, 집 등을)**짓는/만드는 이**
= 음절문자 *ḫa-ra-šu* RS 20.189:7; RS 20.123+:III:18'
– *ḥrš bhtm* 집짓는 이 4.38:6
– *ḥrš mrkbt* 전차 만드는 이 4.98:6.8&
– *ḥrš anyt* 배 짓는 이 4.125:1
| 히브 חָרָשׁ

ḫrš₂

능숙한, 재주 있는, 솜씨 있는

– *ḫrš yd[m]* 재주 있는 손길로 1.1:III:5; 1.3:VI:23; 1.17:V:19.24

| 아카 *eršu* 슬기로운

*ḫrš₃**

(요술의) **주문, 서약문**(?)

– 복수형 *ḫršm* 1.19:IV:60(?)

| 참고: 히브 חֲרָשִׁים 복수형 요술쟁이, 마술사, 시리 *ḥa/eršā* 마법, 마술, 요술

√ḫrṯ

G **쟁기질하다, 밭을 갈다** 1.14:III:18&

경작하다, 개간하다, 재배하다 1.22:I:20

G/D (피부에) 주름을 내다, 긁어 찢다 1.5:VI:20; 1.6:I:4

| 히브 חרשׁ I, 셈 √ḫrṯ, 아랍 √ḥrt, 에티 √ḥrs, 아카 *erēšu*

ḫrṯ₁

/*ḫarṯu*/ **밭 갈기, 쟁기질, 경작**

alp ḫrṯ 쟁기질하는 소, 수레 끄는 소 1.14:III:18&

– √ḫrṯ의 부정사

| 아랍 *ḥarṯ*

ḫrṯ₂

/*ḫarrāṯu*/; /*ḫāriṯu*/ **농부, 경작인**

– 복수형 *ḫrṯm* 1.16:III:12&

| 아랍 *ḥarrāṯ*, *ḥāriṯ*, 아카 *errēšu*

√ḫsl

D **파괴하다, 근절하다** 1.103+:36.38

N/Dp/Gp 파괴되다 1.103+:55

| 참고: 가나 *ḫasīlu* 파괴된 (도시), 중세히브 חסל, 유다아람/시리 √ḥsl 그만두다, 근절하다, 또한 히브 חסל H (메뚜기 떼가) 먹어치우다, 아랍 √lḥs (나방이) 쏠다, 망가뜨리다

ḫsn

메뚜기(떼) 1.14:III:1; IV:30

| 히브 חָסִיל (*l*/*n* 변환)

√ḫsp

G (물/샘물을) **뜨다, 긷다** 1.3:II:38; IV:42; 1.19:II:2.6; IV:37

| 참고: 히브 חשׂף I 껍질을 깎다, 뜨다, 긷다 (잇마찰소리는 불규칙하게 대응한다), 아랍 √š/sḥf 껍질을 깎다, 가죽을 벗기다(자위치환)

ḫsp

잔에 따른 (포도주)

– (*yn*) *ḫsp* 잔포도주 1.91:29.36; 4.213:24&

– 4.230:1는 *ḫsp*[!]로 읽는다.

– √ḫsp의 분사 수동형

√ḫṣṣ

G (몫을) **받다, 취하다**; (몫을) 나누다

– *b lḥmy yḫṣ*에서 어두변화형 *yḫṣ* RS 92.2016:13'

| 히브 חצץ D (물을) 나누다, 아랍 √ḥṣṣ G 몫을 정하다

√ḫtk

D **정하다, 결정하다; …를 지배하다**

– *rpim tḫtk*의 *tḫtk*는 동사로서 어두변화 2인칭 여성 단수형이거나 전치사 *tḥt* …밑에(곧 네 밑에 라피우마가 있다)일 것이나. 1.6:VI:46.47

| 히브/중세히브 חתך, 유다아람 √ḥtk D 정하다, 결정하다, 아카 *ḫatāku* 결정하다

ḫtk₁

㉮ /*ḫātiku*/ 분사형

㉯ /*ḫattāku*/ **주인, 지배자** 1.1:II:18; 1.6:IV:11; 1.10:III:34

☞ √ḫtk

ḫtk₂

/*ḫitku*/(?) **지배** 1.108:23

– *ṯbt₂*와 병행 1.14:I:21.22

– *ḫtk-n*가 *mknt*와 병행 1.14:I:10

☞ √ḫtk

ḫtl

(젖먹이를 싸는) **포대기, 강보** 단수형/복수형

– *ḫtl-k* 1.12:I:19

| 히브 חִתּוּל 강보, 싸개, *חֲתֻלָּה 포대기, חתל 싸다

ḫtṯ

/*ḫattuṯu*/ **은**銀

– *ḫrṣ*과 병행 1.14:II:18; IV:1
| 외래어. 핫트 **ḫattuš-* 은銀. 다음의 지명과 비교하라. *Ḫattuša* 핫투샤(지명)

ḥṭb
/*ḥāṭibu*/; /*ḥaṭṭābu*/ **나무꾼, 나무 패는 사람** 3.10:12
– 3인칭 여성 단수 접미어가 붙은 *ḥṭb-h*가 *ḥpšt*와 병행 1.14:III:8
– 1.14:IV:51에서 *ḥpšt*와 병행하는 *ḥṭb*를 KTU²처럼 *ḥṭbt*로 보충할 필요는 없다.
| 아랍 *ḥaṭṭāb* 나무꾼, 땔감 파는 사람, 에티 *ḥaṭābi*, *ḥaṭṭāb* 같은 의미. 참고: 히브 חטב I, 아랍, 에티, 소코 √*ḥṭb* 나무하다

ḥṭt
/*ḥiṭṭatu*/ **밀** 1.14:II:29&
< **ḥinṭatu*
– 복수형 *ḥṭm*가 *akl*과 병행 4.225:9&
| 히브 חִטָּה, 셈 **ḥinṭatu*, 시리 *ḥeṭṭṯā*, 아랍 *ḥinṭa*ᵗ, 아카 *uṭṭatu*

ḥṯb
셈, 계산, 회계 4.779:12
| 히브 חשׁב, 시리 *ḥušābā*, 아랍 *ḥisāb*, 그 밖의 서셈 어근은 √*ḥs¹b*, 아람 √*ḥšb*, 아랍/에티 √*ḥsb*. 셈어 가운데 이집 √*ḥśb*(나누다, 계산하다, 세다, 더하다)의 파생어일 듯

ḥṯbn
/*ḥi/uṯbānu*/ **셈, 계산, 회계** 4.158:2; 4.337:1
| 히브 חֶשְׁבּוֹן I, 아람 *ḥušbānā*, 아랍 *ḥusbān*

*ḫw***
/*ḫuwwû*/ **구원, 도움**
< **ḫuwwayu*
= 음절문자 *ḫu-wu-ú*
☞ √*ḥwy* D

√*ḥwš*
G **서두르다** 1.1:III:27&
– *ḥš-k* 너의 서두름! 곧 서둘러라! 1.1:II:21&
| 히브 חושׁ I, 아카 *ḫiāšu*, *ḫâšu* 서두르다, 에티 *ḫōsa* 움직이다

ḥwt
[ḥowwatu] **땅** 1.4:I:42; 1.103+:1&
< **ḥawwatu*
= 음절문자 *ḫu-wa-tu*$_4$
| 어원이 분명하지 않다. 참고: 아카 *ammatu*/*abbatu* 땅

√*ḥwy*$_1$
㉮ G **살다** ☞ √*ḥyy*
㉯ D **살아 있다, 생명을 유지하다, 살게 하다** 1.17:VI:30
– √*ḥyy*의 어근 변화형
| 히브 חיה(√*ḥyy*), 서셈 √*ḥwy*/√*ḥyw*/√*ḥyy*, 아랍 *ḥayiya*, *ḥayya*, 스바 √*ḥyw*, 에티 *ḥaywa*

√*ḥwy*$_2$
Št **경의/충성을 표시하다** 1.2:I:15.31&
– 아마도 √*ḥwy*$_1$ 원래는 생명을 애걸하다
| 히브 הִשְׁתַּחֲוָה 절하다

√*ḥwy*$_3$
G/D **치다, 때리다**
– *l* 진실로 + √*ḥwy* 구문이 √*mḫṣ*와 병행 1.18:IV:13; 1.19:I:16
– 1.18:IV:27에서는 아래 이집트어와 관련 있거나 √*ḥwy*$_1$ D가 부정의 불변화사 *l*과 함께 쓰였을 것이다.
| 이집 *ḥwj* 치다, 때리다. 하지만 이 낱말이 원래 이 이집트어와 관련 있는지는 확실하지 않다.

ḥwy$_1$
생생하게 살아 있는 자, 삶의 기운이 넘치는 자 (√*ḥwy*); **복받은 자**
– 1.17:VI:30의 예는 확실하지 않다. √*ḥẓy*, √*ḥẓw* 또는 √*ḥẓẓ*, *ḥẓt*도 고려할 수 있다.

ḥwy$_2$
천막, 야영지 4.145:10
| 참고: 히브 חַוָּה I, 복수형 חַוֹּת

ḥy
/*ḥayyu*/ **생명, 삶**
= 음절문자 *ḫé/ḫe-yu-ma* /*ḥayyūma*/ 복수형
– 거의 복수형 *ḥy*(*m*)으로 쓰인다 1.16:I:14&
– 단수형 *ḥ* /*ḥê*/ < **ḥay*(*y*). 맹세양식: *ḥ npšk w ḥ n*[*pš*(*y*)] 네 영혼의 생명(을 두고) … 곧 너와

내가 살아 있는 한 … 또는 어근 *ḥy*를 형용사로 보아서 네 영혼이 살아 있는 한 …
RS 94.2284:12
| 히브 חַיִּים, 아람 *ḥayyīn*, 페니 *ḥym*, 시리 *ḥayyūtā*, 에티 *ḥəywat*, 아랍 *ḥayāt*; Wehr, *Arabisches Wörterbuch für die Schriftsprache der Gegenwart - Arabich-Deutsch* (Wiesbaden 1985), 198.

ḥy ☞ √*ḥyy* 1.6:III:2.8

ḥyly °
칭호 강한 자, 힘센 자 1.22:I:9; 1.22:II:12
| 히브 חַיִל, 고아람 *ḥyl*, 시리 *ḥaylā*, 아랍 *ḥayl*, 에티 *ḫayl* 모두 힘, 권력을 뜻한다.

√*ḥyṣ*
G **땀 흘리다**(?)
| 아랍 √*ḥyḏ* 생리하다, (배에서) 핏기가 배어나오다

ḥyt
㉮ **선포, 알림**(?) 1.3:V:31; 1.4:IV:42
| 참고: 아랍 √*ḥwy* D 보여 주다, 선포하다
또는 ㉯ **생명, 삶**(?)
| 히브 חַיּוּת, 푸니 *ḥyt*, 시리 *ḥayyūtā*

√*ḥyy*
G **살다**
- 어미변화 3인칭 남성 단수형 *ḥy* /*ḥayya*/가 *iṯ*와 병행한다. 1.6:III:2.8 또는 이 낱말을 형용사로 이해하여 /*ḥayyu*/ 살아 있는, 생생한
- 어두변화단형 3인칭 남성 단수형 *yḥ* /*yaḥî*/의 어근을 √*ḥwy*1로 볼 수도 있다.

ḥẓ
/*ḥiẓẓu*/ **화살, 살**
- *abn*과 병행 1.14:III:12
- 복수형 *ḥẓm*, *ḥḏm* 4.609:25
| 히브 חֵץ(*ḥeṣṣ*), 셈 *ḥiẓẓu*, 에티 *ḥaṣṣ*, 아랍 *ḥa*/*uẓwa*ᵗ, 아카 *uṣṣu*, *ūṣu*

ḥẓr
/*ḥaẓiru*/ ㉮ **사는 곳, 집**
- *bt*, *hkl*과 병행 1.3:V:4.39&
| 히브 חָצֵר A.2 농가, 마을, 아랍 *ḥaḏr* 사람이 사는 곳, 집
또는 ㉯ 울안, 마당, 안뜰
| 히브 חָצֵר A.1 울안, 마당, 아랍 *ḥaẓīra*ᵗ, *ḥaṣr*, *ḥiṣār*, 울안, 에티 *ḥaṣūr* 생울타리, 아카 *ḫaṣāru* 장애물

ḥẓt
/*ḥi*/*uẓûtu*/ ㉮ (좋은) **운명, 행운** 1.3:V:31; 1.4:IV:42
또는 ㉯ *ḥẓ* 즐거운, 행복한의 형용사 여성형
| 참고: 아랍 *ḥaẓẓ*, *ḥuẓwa*ᵗ 운, 행운

ḥẓy ☞ *ḥwy*1

ḫ 𐎃

ḫbl$_1$
뜻이 분명하지 않다. 부식, 파손, 파괴 1.1:IV:8
| 참고: 히브 חֶבֶל III 부식, 파손, 파괴, 아카 *ḫabālu* 폭력, 아랍 *ḫabl* 혼란, 혼동

ḫbl$_{(2)}$
삭구索具, 배의 밧줄 4.689:5
☞ *ḫbl*$_1$
| 참고: 히브 חֶבֶל II 밧줄, 끈

ḫbr °
지명 1.15:IV:8&
– *bt ḫbr* 1.14:II:29; IV:10(케레투 임금이 살던 곳)

ḫbrṯ
/*ḫubruṯu*/ **솥, 냄비**
– *ḫptr*와 병행 1.4:II:9
| < 후리 *ḫub/prušḫi* 질항아리, 주발

√*ḫbt*
G **빼앗다, 약탈하다**(?); **억압하다, 못되게 굴다**(?)
– 분사 복수형 대명사접미상태 *ḫbt*-가 √*dll* D 분사인 *mdll*과 병행 1.40:21.30.38&
– *w lb aḫtk mrṣ \ ky ḫbt* ··· RS 94.2284:8
| 어원이 분명하지 않다. 전통적으로 다음을 참고: 아카 *ḫabātu* 빼앗다, 약탈하다

√*ḫbṯ*
㉮ G **풀려나다, 뛰어가 버리다, 도망치다**(?) 3.3:4 (부정사); 4.430:3; RS 94.2592:4'.7'; RS 96.2039:9
또는 ㉯ D *ḫupṯu*-**의무를 수행하다**
– 파생어 *ḫb/pṯ*$_1$, *ḫbṯ*$_2$, *ḫpṯt*
| 히브 חפשׁ(< √*ḥpš* ?) Dp 풀려나게 되다

ḫbṯ, *ḫpṯ*
㉮ **후프쑤***Ḫupṯu* 사회적으로 낮은 계급 1.14:II:37; 1.103+:57(?); 1.144:3
㉯ 추상명사 놓아줌, 해방 2.72:10; 4.382:25; RS 94.2592:12'
– 단수형 *ḫpṯ* /*ḫupṯu*/
– 복수형 *ḫbṯm* /*ḫubaṯūma*/ 2.17:1
– *bn ḫpṯ* 1.15:I:6
– *aḥd ḫbṯ*가 *bˁl*$_2$ 노동자와 함께 쓰였다. 4.360:8 이 명사형은 분명하지 않다. √*ḫbṯ*의 능동/수동 분사형이거나, 쿠틀*qutl*형, 곧 /*ḫubṯu*/
– √*ḫbṯ*의 파생어
| 히브 חָפְשִׁי, 아카 *ḫupšu*

√*ḫdy*, √*ḫdw*
G **기뻐하다** 2.15:7.10
| 히브 חדה(√*ḥdy*) I, 셈 √*ḫdy/w*

ḫḍ
폭풍우, 뇌우(?) 1.13:34
☞ *ḫdḍ*

ḫdḍ
폭풍우, 뇌우, 먹구름
– *yr*와 병행 1.14:II:39; IV:17
– 참고: *ḫḍ*
| 히브 חֲזִיז 먹구름, 비구름, 폭풍우, 아랍 *ḫindīḍ* 폭풍우

ḫdǧl
화살 만드는 사람 4.188:1&
– 후리어에서 온 외래어. 히브 חֵץ(*ḥeṣṣ*) 등 북서셈 *ḥẓ*(화살)의 어원

ḫḫ$_1$
구멍, 땅이 갈라진 곳
– *mk*$_2$과 병행 1.4:VIII:13; 1.5:II:16
| 히브 *חֹחַ חוֹחַ II, 복수형 חֲוָחִים

ḫḫ$_2$*
의미가 분명하지 않다. ㉮ **침, 가래; 진흙**
– 복수형(?) *ḫḫm* 1.17:VI:35
| 아카 *ḫaḫḫu* 침, 진흙
또는 ㉯ **가시, 가시덤불**
| 히브 חוֹחַ I, *ḥāḥ*, 아카 *ḫāḫu*, *ḫaḫīn*(*n*)*u*

ḫl

병, 질병
- *ḫlh* 1.124:10
  | 히브 חֳלִי 질병(√*ḥly*), 참고: 히브 חִיל 산고, 두려움, 아픔

ḫllt

산고, 해산
- 1.17:II:42에서 *hrt*와 병행하지만 불확실하다. *ḫlln* 또는 *ḫlḫlt*로도 읽을 수 있다.
- √*ḫyl*의 파생어
  | 참고: 히브 חַלְחָלָה 떨기, 흔들기

ḫlpn

천, 옷감, 덮개; 외투의 종류 **망토, 외투**
- 단수형 *ḫlpn* 4.782:2; 5:10:5(*w ḫlpn pṯtm*)
- 쌍수형 *ḫlpnm* 4.117:1(*ṯn ḫlpnm pgam*); 4.385:6
- 복수형 *ḫlpnt* 4.192:2; 4.630:5.
- 1.19:IV:44는 KTU^{2}처럼 *ḫ[lpn]*로 읽지 않는다. 글자 {ḫ}는 분명하지만, 그다음에 수평으로 그은 쐐기의 흔적을 볼 수 있다. 단검, 칼(*ḥrb*과 병행)의 의미를 지닌 어휘로 보충할 수 있을 것이다.
  | 아카 *ḫulāpu* 덮개, *naḫlaptu* 외투

√*ḫlq*

G **멸망하다** 1.5:VI:10&; 없다, 빠지다, 부족하다 4.611; 4.613; 잃어버리다
- *w rišk ḫlq* RS 94.2406:30

D 멸망시키다, 파괴하다 1.103+:15.16; 2.61:11
  | 히브 חלק III D 근절하다, 아카 *ḫalāqu* 사라지다, 멸망하다, 에티 √*ḫlq* G 탕진되다, 파괴되다, 사역형 파괴하다, 아랍 √*ḫlq* (옷이) 낡다, 헤지다

ḫlq

상한, 부패한
- *yn ḫlq* 상한 포도주 4.213:3
- √*ḫlq*의 분사 수동형

ḫmat

/*ḫimʾatu*/ **엉긴 젖, 버터**
- *ḫlb*과 병행 1.23:14
  | 히브 חֶמְאָה, 아카 *ḫimētu* 버터

ḫmn

의례실, 전례실 1.112:8
- *ḫmn-h* 의례를 올리는 방으로 1.106:13.14; 1.112:8
  | 히브 *חַמָּן 향을 피우는 제단, 나바/팔미 *ḥmnʾ* 향을 피우는 제단 또는 그런 제단이 있는 방(DNSI 382), 참고: 페니/푸니 신명 *bʿl ḥmn*(KAI 24:16 등).

ḫmr

/*ḫamru*/ (거품이 이는, 곧 발효중인) **포도주** 1.23:6
- *msk*와 병행 1.3:I:16
  | 히브 חֶמֶר, 시리 *ḥamrā*, 아랍 *ḫamr*

√*ḫmš*

D **다섯 번째로 하다** 1.16:V:17
- 기수 *ḫmš* 다섯의 파생어

ḫmš$_1$

/*ḫamišu*/ **다섯**
- 여성형 *ḫmšt*
  | 히브 חָמֵשׁ, 아랍 *ḫams*

ḫmš$_2$

/*ḫāmišu*/ **다섯 번째** 1.4:VI:29&

ḫmšm

/*ḫam(i)šūma*/ **쉰, 오십** 1.148:20&

ḫmšt

오분의 일 세켈
- 1.14:I:29은 *km ḫmšt*로 읽는다. *k mḫmšt*로 읽지 않는다.

ḫmt

/*ḫêmatu*/ **천막** 1.14:II:[12]; III:55

< **ḫaymatu*
  | 아랍 *ḫaymaᵗ*

√*ḫnp*

뜻이 분명하지 않다.
- 1.18:I:17의 *ḫnp lb[k]*는 동사(명령형?), 명사나 형용사일 것이다.
- *yḫnp* 1.82:15
- *ḫnpm* 1.9:15
  | 아마도 아랍 √*ḫnf* 화가 나다, 분노하다, 아랍 *ḫunūf* 화, 분노; 중셈 √*ḥnp*(자음 주의) 신성모독하다, 극악무도하다

ḫnpt

난간, 흉벽(?)

– *ṯkm bnwn* 성벽의 어깨. 병행하는 1.16:IV:14는 *ln ḫnpt mšpy*로 읽는다. 하지만 KTU²는 *l n{.}ḫ npt*로 읽는다.

| 어원이 분명하지 않다.

ḫnzr

종, 조수, 조력자

– *ḫnzr-k*가 *ğlm-k*와 병행 1.5:V:9

| 아카(< 후리) *ḫanizarrum* 일종의 조수, 임원

ḫp

/*ḫuppu*/ **물가, 해안** 1.3:II:7; 1.7:38

= 음절문자 *ḫu-up-pa-ti* 복수형

| 히브 חוֹף

ḫpn

(말에 걸치는) **천, 걸치는 옷, 깔개** 1.148:19&

– 복수형 *ḫpnt* 4.152:10&

| 어원이 분명하지 않지만 *ḫlpn*와는 거리가 있다.

ḫprt

/*ḫupār(a)tu*/; /*ḫapūr(a)tu*/ (암컷 새끼) **양**

< **ḫVrVp(a)tu*(자위치환)

– 복수형 *ḫprt*가 *krm*와 병행 1.4:VI:48

– *ḫrpt*(!)를 잘못 표기한 것일 수도 있다.

| 아카 *ḫurāpu*, 여성형 *ḫurāptu*, 유다아람/시리 *ḫurpā*, 아랍 *ḫarūf* 양, 새끼 염소

ḫptr

솥, 냄비

– *ḫbrṯ*와 병행 1.4:II:8

| 아카(후리) *ḫuppat(a)ru*, 그릇, 잔

ḫpṯ ☞ *ḫbṯ*$_1$

ḫpṯt

매여 있지 않음, 자유, 도망친/풀려난 상태

– *bt ḫpṯt arṣ* 땅에 매여 있지 않은 집, 곧 자유의 집의 뜻으로, 저승을 에둘러 이르는 말이다. 1.4:VIII:7; 1.5:V:15

– √*ḫbṯ*의 파생어

| 히브 חָפְשִׁית, *בֵּית חָפְשִׁית 별궁 2열왕 15,5; 2역대 26,21(크레/크팁을 보라. חָפְשׁוּת), חֻפְשָׁה (노예 상태에서) 해방, 자유

ḫr

/*ḫurru*/ **구멍, 굴**

– *ḫr apm* 콧구멍 1.103+:30

| 히브 חֹר II, 시리 *ḥurrā*/*ḥūrā*, 아카 *ḫurru*, 구멍, 참고: 아랍 *ḫurr* 맷돌구멍

ḫr ☞ *mṭḫr* 1.2:I:41

ḫr°

후리인, 후리인의 땅

– *ʿṯtrt ḫr* 후리인의 (여신) 아쓰타르투 1.43:1&

√*ḫrʾ*

G 장을 비우다, 배설하다

– √*ṯyn* Gt (말이) 오줌누다와 함께 쓰임 1.71:8; 1.72:12; 1.85:9

| 시리 √*ḥrʾ*, 아랍 *ḫariʾa*

*ḫru**

/*ḫurʾu*/ **똥, 배설물**

– 소유격 단수형/복수형 *ḫri*는 *ṯnt* 오줌, 소변과 함께 쓰인다. 1.114:21

| 히브 *חֲרָאִים, 아카(에마르) *ḫu-ú-ru*, 아랍 *ḫurʾ*, 시리 *ḥaryā*(대부분 복수형 *ḥrayyā*) 똥, 배설물

√*ḫrb*

G 메마르다

– √*ğly*와 √*ḫsp*과 병행 1.19:I:30

| 히브 חרב I 메마르다, 바싹 마르다; 폐허가 되다, 황폐해지다, 셈 √*ḫrb* 황폐하다, 황량하다, 폐허가 되다

ḫrb

메마른

– *ḫswn ḫrb* 바싹 마른/절은 백리향 기름(?) RS 94.2600

| 히브 *חָרֵב 메마른, 파괴된, 황폐한

ḫrd

시골에서 차출되어 임금을 지키는, 일종의 근위대 1.103+:39.52&

| 후리 *ḫuradi* 전사, 군인, 군대, 아카 *ḫurādu* 지킴이, 경비대

ḫrk

격자창, 창살 있는 창

– *mṣpt ḫrk* (배/함선의) 장루墻樓 4.689:4
| 히브 חָרָךְ 격자창

√ḫrm

G **자르다, 도살하다**(?)
– 1.13:3에서 읽을 수 있다.
– 참고: 1.13:5의 √*ḫrg*
| 아랍 √*ḫrm* 자르다, 떼다, 뚫다

ḫrmṯt

/*ḫarmiṯatu*/ (초승달 모양의) **낫** 4.625:1&
= 음절문자 *ḫa-ar-me-ša-tu*
| 히브 חֶרְמֵשׁ

ḫrn

/*ḫarrānu*/ **대상**隊商
– 자주 *ᶜdbt*과 병행 1.4:V:13&
| 아카 *ḫarrānu*

ḫrpn[!]

/*ḫarpānu*/ **가을의, 가을다운**
– *zt ḫrpn* 가을 올리브, 신선한 (초록) 올리브
– 1.114:31에는 *ḫrpat*로 쓰여 있다. 이를 *ḫrpnt*로 읽지 않고, *ḫrpn*[!]로 읽는다.
| 히브 חֹרֶף 겨울, 아카 *ḫarpū* 복수형 가을

ḫrpt* ☞ *ḫprt*

√ḫrr* ☞ √*ḫwr*

ḫrṣ

/*ḫurāṣu*/ **금, 황금**
= 음절문자 *ḫu-r[a-ṣu]*
– *ksp*과 병행 1.4:I:26.27&
| 히브 חָרוּץ I, 아카 *ḫurāṣu*, 페니 *ḥrṣ*, 시리 √*ḥrᶜ* 누렇다, 금색이다

ḫrṣp

의미가 불확실하다 **발바닥**, 발뼈, 앞발, 발가락들
– 1.103+:27에 *ḫrẓp*[!] 형태도 있고, 1.12:I:41은 *ḫrẓᶜ*로 읽을 수도 있다.
| 아랍 *ḫaṣf* (신발의) 이중 바닥, √*ḫṣf* 깔창을 꿰매다, 신발을 수선하다, 우가 /*ḫVrṣVp*-/ < **ḫVṣṣVp*-(중첩음의 이화異化)
– 1.12:I:41는 *ḫrẓᶜ* 또는 *ḫrẓl*로 읽는데, 그 어근은 다음처럼 다양하게 생각해 볼 여지가 있다.
| 히브 קַרְסֹל, 중세히브 קַרְצֹל, 아랍 *kursūᶜ*, 아카 *kursinnu*, 유다아람 *qarṣullā*, 시리 *qurṣᵉlā*, 모두 (손이나 발의) 뼈, 발목뼈; 한편 히브 חַרְצֹב 노끈, 수갑

ḫrt

구멍, 구덩이, 움푹 파인 곳 1.5:V:5; 1.6:I:17; 1.19:III:6.20.35
| 아카 *ḫirītu* 무덤, 아카(우가릿) É (*bīt*): *ḫe-re-ti*; 참고: 이집 *ḫr.t* 돌무덤, 무덤

√ḫrṭ

G (깃털을) **뜯다** 1.23:38
| 아랍 √*ḫrṭ* 벗다, 벗어버리다

ḫry °

/*ḫurrīyu*/ 후리인의, 후리인 민족명 1.40:29&

ḫrẓᶜ ☞ *ḫrẓp* 1.12:I:41

ḫrẓp

b ḫrẓp[!]*h* **발바닥으로, 발가락 끝으로**(?)
– 1.12:I:41에서 *b pᶜnh*와 병행하는 이 문자열을 전통적으로 *b ḫrẓᶜh*로 읽지만, 오류인 듯하다.
☞ *ḫrṣp*

ḫsn

직업의 일종, 정확한 뜻은 불분명 4.137:1.10&
– 복수형 *ḫsnm*
| 어원이 분명하지 않다.

√ḫsp

G **가라앉다, 시들다**
– *ḫrb*와 √*ġly*과 병행 1.19:I:31
| 아랍 √*ḫsf* 가라앉다, 줄다

√ḫsr

G **빠지다, 결핍되다, 부족하다** 1.6:II:17&
| 히브 חָסֵר, 서셈 √*ḥsr*, 제거하다, 결핍되다, 시리 *ḥsar* 부족하다, 결핍되다, 아랍 *ḫasira* 손해를 보다, 잃다, 에티 *ḫasra* 품위를 잃다, 명예가 실추되다

ḫsr

빼서, 덜어내서 4.361:3&
☞ √*ḫsr*
– *kbd*$_3$ 더하여, 보태어와 함께 UG §69.233
| 히브 חֶסֶר, חֹסֶר 부족

√ḫss

G/D* **기억하다, 생각하다** 1.15:III:25

– 참고: *√ḫws*

| 아카 *ḫasāsu* 생각하다, 기억하다, 아랍 *ḥassa* 느끼다, 감각하다, 경험하다(자음 주의)

ḫss ° ☞ *kṯr w ḫss* 신명

ḫswn, ḫšwn

백리향 기름(?) 4.4:9&

| 참고: 고아시 *ḫazuannum* 양파의 일종

√ḫṣb

Gt **싸우다** 1.3:II:6&

| 히브 חצב I 치다, 쪼개다

ḫšt

죽은 이를 위한 신전 1.16:I:3.4.17.18; II:39.41

– 1.123:30은 *ḫšt* 또는 *ḫšm*으로 읽는다.

| 외래어. 참고: 히타 *ḫi/eštā*– 죽은 이를 위한 신전(죽은 왕족을 위한 의례가 거행되던 곳). 아카 *ḫaštu* (무덤, 구덩이)의 파생어같지는 않다.

ḫt

핫트(*Ḫatt[i]* 헷트) 땅

√ḫtʾ

Gp **부서지다, 으스러지다** 1.4:VIII:20

– 1.6:II:23은 *b ṯbr nqy ḫtu hw*로 읽어야 할 듯

N (군대가) 패하다, 격퇴되다 2.10:8.10

– 2.10:7의 *ḫti*는 G 부정사로서 **때림, 침,** 부서뜨림이거나 (다른 동사줄기에서 파생된) 명사 (복수형 연계상태) **때림, 격퇴**

| 히브 חתא(< *√ḫtʾ* ?) N (추론) 부서지다, 아랍 *√ḫtʾ* VIII. 부서지다, 아카 *ḫatû* 쳐서 넘어뜨리다

ḫtn₁

/*ḫatanu*/ **사돈**(집), **사위** 1.24:25

| 히브 חָתָן

ḫtn₂

혼인, 사돈 맺기

– *ḫtny* 1.24:32

– *√ḫtn* D/G 사돈이 되다, 혼인하다의 부정사로서 *ḫtn₁*의 파생어

√ḫtt

G **파괴하다**(자동사), **깨지다** 1.16:VI:1&

| 히브 חתת 파괴하다 (자동사), (바닥이) 산산조각 나다

ḫty °

/*ḫattīyu*/ 핫트의, 핫트인 (히타이트의, 히타이트인?) 민족명 1.40:29&

ḫṭ

㉮ **막대기, 지팡이** 1.2:III:18&

– *ḫṭm* 막대기를 들어 1.114:8

㉯ 남성의 성기 1.23:37&

– *ḫṭ ṯkl* 아이를 낳지 못하는 '지팡이'(남성) 1.95:4

| 아카 *ḫaṭṭu* 막대기, 홀笏

√ḫṭʾ

G **잘못을 저지르다, 죄짓다** 1.40:22&; 1.169:5; 2.72:33

– 1.19:III:45는 *tšḫṭa.nn*로 읽지 않고 *tšḫṭn.nn* (*√ḫyṭ* Š)로 읽는다.

| 히브 חטא(< *√ḫṭʾ* ?), 셈, 아랍 *ḫaṭiʾa*

ḫṭr

㉮ **키, 키질** 1.6:II:32; 4.385:2; 6.39:2

| 참고: 아랍 *√ḫšr* 나쁜 부분을 씻어내다

또는 ㉯ **체**

| 참고: 히브 *חַשְׁרָה, *חֲשָׁרָה 체, 수채, 유다아람/중세히브 חשר 체로 치다, 흩뿌리다

√ḫwr, √ḫrr

G (말馬이) **지치다, 뻗다** 1.85:5.7

| 아랍 *√ḫwr* 약하다, 지치다; (소가) 울다, 에티 *ḫəwwər* 약한, 아픈, 아랍 *√ḫrr* 땅에 곤두박질치다

√ḫws

D* **자극하다, 화를 돋우다** 1.4:IV:39

– 어근이 *√ḫss*가 아니다.

| 히브 חוס, 에티 *√ḫws*(자음 주의) 움직이다, 자극하다, 아랍 *√ḥws* 불쌍히 여기다, 자비롭다

√ḫwš

☞ *√nḫš*

| 히브 חושׁ I 서두르다, 바꾸다

√ḫyl

G **고통을 겪다, 괴로워하다** 1.10:II:29; III:17; 1.12:I:25

| 히브 חִיל(< √ḫyl ?) I, 페니 √ḥyl, 아카 *ḫiālu*

ḫym

뜻이 분명하지 않다. **천개**天蓋, **차양; 사는 곳, 거주지, 천막** 1.4:I:29
- 참고: *ḫmt*

| 참고: 아랍 *ḫayma*^{t}

ḫyr °

히야루*Ḫiyaru* 달月의 이름 1.105:1&

√*ḫyṭ*, √*ḫwṭ*, √*yḫṭ*, √*ḫṭy*

G **깨어나다, 눈을 뜨다**
- *yḫṭ* 1.14:III:50

Š 깨우다
- 1.19:III:45를 *tšḫṭn.nn*로 읽는다.

| 어원이 분명하지 않다. 참고: 아카 *ḫiāṭu* 감시하다, 검사하다, 숙고하다

ḫzr$_1$

(임금의) **종, 시중**(?) 4.141:III:4&

| 외래어일 듯. 참고: 아카 *ḫāzirum* 도움, 소력자

ḫzr$_2$

/*ḫuzīru*/ **돼지**

= 음절문자 *ḫu-zi-rù*

| 참고: 아랍 *ḫinzīr*

k 𐎋

-*k*$_1$

/-*kā*/ 접미대명사 2인칭 남성 단수형

-*k*$_2$

/-*kī*/ 접미대명사 2인칭 여성 단수형

k$_1$

/*kā*/ **그래서** 부사
- 확실하지 않다. 1.15:I:5; 2.23:1
- UG §81.3a

| 히브 כֹּה, 아람 *k*ʾ, *kh* = /*kā*/

k$_2$

/*ka*/ **…처럼, …에 따라** 전치사
- *k* … *k* … *km* … …처럼, …처럼, …하다 1.6:II:6-8

k$_3$

/*kī*/ **그래서, 왜냐하면; …할 때, …하자마자; …한 경우에, …한다면; …처럼** 접속사
- 편지에서는 흔히 의존불변화사 -*y*와 함께 쓰여 *ky*가 된다.
- UG §83.24

| 히브 כִּי II B, 북서셈 *kī*, 아카 *kī*, *kīma*

k$_4$

/*kī*/ **물론! 진실로! 정말로!** 1.4:II:14&
- UG §85.7

| 히브 כִּי II A, 북서셈 *kī*

√*kbd*

D **존경을 표현하다, 숭배하다**
- √*ḥwy* Št, √*s*ʾ*d*와 함께 쓰인다 1.1:II:17&

| 히브 כבד, 셈 √*kbd* G 무겁다, D 존경을 표현하다

*kbd*₁

/*kabidu*/ **무거운**

– 확실하지 않다. 1.123:16.12; 4.127:7

| 히브 כָּבֵד I

*kbd*₂

/*kabidu*/ **간, 내장, 중심** 여성명사 1.3:II:25.26&

| 히브 כָּבֵד II, 아람 *kabdā*, 아랍 *kabid*, 에티 *kabd*, 아카 *kabīdu*, *kabattu*

*kbd*₃

더하여, 보태어, 그리고

– 경제문서에서만 나오고, 다양한 단위의 도량형이나 숫자를 연결할 때 사용한다. 셈할 것 다음에 위치한다. 예: *mitm ṯlṯm kbd aḥd kbd* 200에 30을 더하고 하나를 더하여 = 231 4.690:13f.

| 참고: 셈 √*kpt/d* 합치다, 더하다, 추가하다, 아카 *kupputu*, 아카(마리) *kubbutu*, 아람 √*kpt*, 아랍/에티 √*kft*

kbkb

/*kabkabu*/ **별** 1.3:II:41&

☞ *kkb*

| 히브 כּוֹכָב(*kawkab* < *kabkab*), 셈 *kabkab-*/ *kakkab-*/, *kawkab-* 별

kbl

/*ka/iblu*/ **끈**, (옷에 달린) **띠**; **각반** 4.182:6.23

– *kblm iqnum* RS 94.2284:18

| 히브 כֶּבֶל 족쇄, 시리 *keblā* 족쇄, 중셈/아카 √*kbl* 묶다, 꼬다, 매다

kbrt

체, 수채 1.6:V:16

| 히브 כְּבָרָה I 체

kbs, *kbś*

/*kābisu*/ **무두장이**, (두드려) **빨래하는 사람** 4.71:III:5; 4.99:7&

| 히브 כֹּבֵס, 푸니 *kbs*, 히브/아카 √*kbs* 무두질하다, 밟다, (두드려) 빨다

*kd*₁

그래서, 왜냐하면; …한다면, …할 때 1.1:IV:23; 1.3:V:3

– UG §83.25

*kd*₂

/*kaddu*/ **양쪽에 손잡이가 달린 단지**, (큰) **잔, 동이**; 액체를 재는 단위(대략 11리터의 액체를 담는 양) 1.3:I:16; 1.91:26&

= 음절문자 *ka-du(-ma)*

– 아카(우가릿) *karpatu*에 해당

| 히브 כַּד, 아랍 *kadd*, 후바빌 *kandu*

kdd

/*ku/idādu*/(?) **아기, 아들**

– *l kdd dnil* 1.19:IV:12.16

| 참고: 신/후바빌 *k/qudādu* 매우 작은, 미세한, 제국아람(음절문자, 우룩 문헌 11행) [*k*]*i-da-di-e*(복수형 한정됨), 이집 *ktt* 젊은이, 어린이

*kdr**

/*kaddūru*/ **공**球

– 복수형 *kdrt* 1.3:II:9; 1.7:8

| 히브 כַּדּוּר, 유다아람 *kaddūrā* (실 등의) 뭉치, 공, 아랍 *kadaraᵗ* 흙덩어리

kdwṯ

kndwṯ 옷의 일종 4.152:6.11&

– 4.4.3은 *kndwṯ*로 읽는다.

| 외래어. 참고: 후리 *kindabašše*

kgmn ☞ *gmn* 1.6:I:19ff.

khn

/*kāhinu*/ **사제**

– 복수형 *khnm*

– *rb khnm* 대사제, 우두머리 사제 1.6:VI:55; 2.4:1; 4.29:1&

| 히브 כֹּהֵן, 중셈 *kāhin*

√*khp*

뜻이 매우 불확실하다. (말이) **쇠약해지다**(?); **기침하다, 재채기하다**(?)

– √*rʾš*와 함께 쓰인다 1.71:26; 1.85:30

| 어원이 분명하지 않다.

√*kḥd*

D **부인하다, 부정하다**(?); 꾸짖다(?) 2.70:13

| 참고: 히브 כחד N 감추어져 있다, D 감추다, 덮다, 시리 √*kḥd* G 쫓다, 에티 √*kḥd*

반박하다, 부인하다, 꾸짖다, 또한 아랍 √*ǧḥd* (자음 주의) G 부인하다, 부정하다, 거부하다(현대 남부아랍어도 유사하다).

kḥṯ

/*kaḥṯu*/ **권좌, 좌석** 1.1:IV:24; 1.2:I:23&
- 복수형 *kḥṯm*가 *ksu*와 *ksat*과 병행 1.4:VI:51
  | 참고: 후리 *kešḫi*에서 온 외래어, 가나 *kaḫšu*

kkb*

/*kakkabu*/; /*kôkabu*/ **별**
< **kabkabu* 또는 < **kawkabu* < **kabkabu*
- 복수형 *kkbm* 1.10:I:4, 또한 인명도 된다.
☞ *kbkb*
  |셈 *kabkab-/kakkab-/kawkab-* 별

kknt

/*kukkunatu*/ (작은) **잔, 그릇, 병**
< **kunkunatu*(?)
= 음절문자 *ku-ku-na-tu*
- 이 낱말의 복수형이 *rḥb*$_2$의 복수형 *rḥbt*와 병행 1.6:I:67
- 참고: *knkny*(지명) 1.5:V:13
  | 참고: 중세히브 קִנְקַן, 유다아람 *qanqannā* 잔, 목이 긴 병/그릇, 에티 *ko/akam* 조롱박, 호리병, 아랍 *qumqum* 긴 병, 아카 *kukkānītu* 채소의 일종, 박(?)

kkr

/*kakkaru*/ **탈렌트** 약 28.2킬로그램의 무게 단위 = (1세켈이 약 9.4그램이므로) 약 3000세켈 = (1미나가 약 470그램이므로) 약 60미나 2.32:5.6&
= 음절문자 *ka*$_4$*-ka*$_4$*-ra* 쌍수형 연계상태
  | 히브 כִּכָּר, 아카 *kakkaru*, 푸니 *kkr*, 제국아람 *kkrʾ*, 시리 *kak*(*k*^{e})*rā*, 스바 *krkr*

kkrdn*

직업의 일종, (빵을) **굽는 사람** 4.126:27
- 복수형 *kkrdnm*
  | 아카(후리) *kakardinnu*

kl

/*kullu*/ **전부, 모두; 저마다, 각자**
- 접미대명사 1인칭 통성 복수 *-ny*와 함께 *klny-n* 우리 모두 1.4:IV:45.46
- 접미대명사 1인칭 통성 복수 *-ny*와 함께 *klny-y* 우리 모두 1.3:V:33.34
- UG §45.2, UG 225.228
  | 히브 כֹּל(*kull*), 셈 *kull*

√klʾ

G (문을) **닫다**(?) 1.3:II:3; 1.7:36
  | 셈 כלא I 잡아두다, 만류하다, 시리 √*klʾ* 닫다, 하지만 이와 다른 뜻의 아랍 √*klʾ* 보호하다, 지키다, 보존하다

klat

/*kilʾatā*/ **둘, 두 개의** 여성 쌍수형 연계상태
- *klat* 두 (여인들) 1.23:57
- *b klat ydh* 그의 두 손으로 1.1:IV:10; 1.3:I:11; 1.5:I:19 손은 여성명사로서, 남성형으로 쓰인 예는 없다. UG §67.11
  | 히브 כִּלְאַיִם, 아랍 *kilā*, 여성형 *kiltā*, 에티 *kəlʾe*, 여성형 *kəlʾettu*, 아카 *kilallān*, 여성형 *kilattān*

klatn-m

두 (손)**으로** (받다/잡다) 1.14:II:15; III:57
- **kla*의 쌍수 여성형 장소격. 중첩음의 이화異化 현상으로 말미암아 **klatm-m* 형태가 아니다.
☞ *klat*

klb

/*kalbu*/ **개, 수개** 1.14:III:19&
= 음절문자 *ka-a*[*l*$^?$*-bu*$^?$]
  | 히브 כֶּלֶב, 셈 *kalb*

klbt

/*kalbatu*/ **암캐** 여신 * išt*의 별칭 1.3:III:45
  | 셈 *kalbat*

klkl

/*kulkullu*/ 무엇이든, 어느 것이나 3.5:10&; RS 94.2965:18
☞ *kl*

kll

/*kalīlu*/ **전체, 총체, 전부; 완전한, 완성된; 누구나**(?) 1.115:10&
- 다음과 같은 형식이 편지에서 자주 쓰인다. *kll* (*mid/midm*) *šlm* (내게/우리에게) … 평화가 완전히 이루어졌다 2.11:11&

– √*ytn* Š과 함께 쓰여 *kll-m štnt* RS 94.2479:21
| 히브 כָּלִיל

√kll

D* **완전하게 하다, 완성하다**
– √*ʿms* 포개어 쌓다와 병행 1.4:V:10
☞ *kl*
| 히브 כלל 완전하게 하다, 아카 √*kll* Š(*šuklulu*), 아람 √*kll* Š 완성하다, 끝내다

klny- ☞ *kl*

klt_1

/*kullatu*/ **전체, 모두** 1.14:II:16; III:58
| 아카 *kullatu*

klt_2

/*kallatu*/ **신부, 약혼녀, 며느리** 1.4:I:15; IV:54; 4.80:4.13.19
| 히브 כַּלָּה, 아카 *kallātu*, 시리 *kallṯā*

√kly

G **끝나다, 마치다** 1.16:III:13-15&
Gp 다 써버리다 4.361:1(?); 4.362:1
D ㉮ 끝장내다, 파괴하다
– 이따금 √*mḫṣ* 때려 죽이다와 병행. 1.2:IV:27&
또는 ㉯ 다 먹다, 먹어 치우다
– *kl ykly \ dbḥ* 누구나 제물을 먹어도 된다 1.127:8f.
N 사용되다, 써버려지다 4.213:24&
| 히브 כלה(√*kly*) I, 북서셈 √*kly* G 그만두다, 마치다, D 끝내다

klyt-

/*ki/ulyāt-*/ **내장, 창자, 콩팥** 복수형 대명사접미상태
– *klyth* 1.82:3
| 히브 *כִּלְיָה, 복수형 כְּלָיוֹת (연계상태/대명사접미상태 כִּלְיוֹת), 아랍 *kulya*[t](단수형)

$-km_1$

/*-kumu*/ 접미대명사 2인칭 남성 복수형
| 히브 כֶם-, 아랍 *-kum(u)*, 아카 *-kunu*

$-km_2$

/*-kumā*/ 접미대명사 2인칭 통성 쌍수형
| 아랍 *-kumā*

km_1

…처럼, …에 상응하게 전치사
< 전치사 *k* + 의존불변화사 *-m*
| 히브 כְּמוֹ, 아카 *kīma*, 아랍 *kamā*, 에티 *kama*

km_2

/*kīma*/ **…할 때** 접속사
– UG §83.24
| 아카 *kimā*

km_3

그래서, 이렇게 부사 1.6:II:8.29
☞ *bkm*

kmm

같은 식으로, 똑같이, 동등하게, 위와 같이 1.27:3; 1.41:33&
< km_3 + *-m*
– UG §81.3e

kmn

/*kumānu*/ 넓이나 길이의 단위
– *šd*과 병행 1.2:III:11; 1.3:IV:38&
| 아카 *kumānu*, 넓이의 단위

kmn

애기회향(미나리과의 약용, 향료용 식물) 4.14:9
| 외래어. 참고: 아랍 *kammūn* 애기회향

kmr

뜻이 분명하지 않다. 아마도 mr_2와 관련 있다.
– *kmr . kmrm* 1.19:I:12

√kms

tD **무릎을 꿇다**
– *w tkms /wa-tkammVsa/* 어미변화형. √*npl*와 관련되고 √*rṣṣ*(?)와 병행 1.12:II:54
| 아카 *kamāsu* Gt 무릎을 꿇다, Dt형 몸을 숙이다, 무릎을 꿇다

kmsk

(단위) **삼분의 이, 2/3**(?) 4.282:2.4&
| 어원이 분명하지 않다.

kmt

그래서, 이렇게 2.19:3
< *km* 그래서 + 의존불변화사 *-t*

-kn

/*-kun(n)a*/ 접미대명사 2인칭 여성 복수형

kn

부사로서 **그래서**, **이렇게**로 볼 수도 있지만, 아래처럼 발생했을 것이다.

< 확언하는 불변화사 k_4 진실로 + 의존불변화사 *-n* 1.12:II:53

kn*

굳건한, **단단히 고정된**

– √*kwn*의 분사

– *kbkbm knm*(?) 항성, 붙박이별 1.23:54

| 히브 כֵּן I 바른, 올바른, 아카 *kē/īnu* 지속적인, 옳은, 참된, 진실의

kndwṯ ☞ *kdwṯ*

knp

/*kanapu*/ **날개**

| 히브 כָּנָף, 아랍 *kanaf* 날개, 보호, 아람 *kenpā*, *kanpā* 날개, 옆, 가장자리

☞ *mknpt*

knr

/*kinnāru*/ **비파**, **현악기**, **칠현금** 1.19:I:8(?)

= 음절문자 *ki-na-rù*

– *rimt*과 병행 1.101:16; 1.108:4&

| 히브 כִּנּוֹר, 셈(에티 제외), 아카 *kinnāru*

knyt

숭배하는, (마음에) **모신**, **신뢰하는** 1.3:I:27; IV:53

– √*kny* 수동형 분사 여성 복수형

– *klt knyt* 숭배하올 신부들, 바알루 딸들의 별칭 1.4:I:15; IV:54

| 참고: 아카 *kunnû* 돌보는, 아끼는, *kanūtu* 숭배하는, 모시는 여성/여신. 또한 히브 כנה(*kny*) …의 이름을 명예롭게 부르다

kp

/*kappu*/ **손바닥**, **손** 1.3:II:10.11& 여성명사

– 복수형 *kpt* 1.3:II:13

| 히브 כַּף(*kapp*), 셈 *kapp*

kpr

/*kupru*/ **헨나**Henna **꽃** 1.7:15.35

– *rḥ gdm*와 *anhbm*와 병행 1.3:II:2

| 히브 כֹּפֶר, 시리 *kuprā* 헨나꽃

kptr °

/*kaptur-*/ 지명 **크레타**

– *ḥ(q)kpt* 멤피스와 병행

| 히브 כַּפְתּוֹר 크레타

kpṯ

잔교棧橋(부두에 내리는 작은 다리 같은 것으로 배에 싣고 다닌다) 4.689:6

< **kbṯ*

| 외래어. 참고: 아카 *kibsu* 사다리(의 일종) 중세히브 כֶּבֶשׁ 잔교, 비탈(*b/p* 변환).

kr_1*

/*karru*/ (새끼) **숫양**

– 복수형 *krm*가 *ḫprt*과 병행 1.4:VI:47

| 히브 כַּר I, 아카(마리) *karru*, *kerru*

kr_2

잔치, **진수성찬**, **축제**(?) 아마도 1.114:14

| 히브 כרה(√*kry*) III 성찬을 베풀다

kr^c

/*ku/irā*^{c}*u*/ **종아리**, **팔**(하박)

– *kr*^{c} *ydh* 1.103+:15.27.28

| 히브 כְּרָעַ(쌍수형 כְּרָעַיִם) 종아리, 종아리뼈, 시리/아람 *k*^{e}*rā*^{c}*ā* 종아리, 발, 다리, 아랍 *kurā*^{c} 종아리, 에티 *k*^{w}*ərnā*^{c} 팔꿈치, 팔, 아카 *kurītu* 장딴지

√*kr*^{c}

G **무릎을 꿇다**

– √*qyl*와 관련된다. 1.10:II:18

☞ *kr*^{c}

| 히브 כרע 무릎을 꿇다, 떨어지다, 중세히브 כרע, 유다아람 √*kr*^{c} 굽히다, 무릎꿇다, 아랍 √*rk*^{c} 무릎꿇다(자위치환)

krk

/*kurêku*/ 도구의 일종, 아마도 **곡괭이**, **괭이** 여성명사 4.625:2&

= 음절문자 *ku-re-ku*

– 쌍수형 *krkm* 4.184:3

– *krk aḥt*에서 여성명사임을 알 수 있다. 4.625:6

| 이집 *grg* 괭이, 곡괭이

√krkr

(손가락을) **돌리다, 손춤을 추다** 1.4:IV:29

– 어근이 네 글자로서 *√kr(r)*의 복제형(R)

– 참고: *√krr*

| 히브 כרר II 필펠*pilpel*형 춤추다, 에티 *ankʷarkʷara* 구르다, 아랍 *karkara* 으깨다, 잘게 갈다

krm

/karmu/ 포도밭 1.92:23.24&

– 복수형 *krmm* 1.24:22

| 히브 כֶּרֶם I

krpn

/karpānu/(?) **잔, 컵, 성배**聖杯

– 복수형 *krpnm* 1.4:III:43&

– *ks*과 병행 1.1:IV:10&

– 1.3:I:11은 *krpnm*로 읽지 않고 단수형 *krpn*!으로 읽는다.

| 참고: 아카 *karp(at)u* 질그릇, 솥, 아카(누지) *kapparnu* 구리병

√krr

G **물러나다**(?) 1.100:62

– 또는 *√nkr*로 볼 수 있다.

| 아랍 *√krr* 물러나다, 돌아오다

krs

배腹, **내장, 창자**

– 1.5:I:4에서 나오지만 본문을 수정하여 *k r<k>s*로 읽을 수도 있다.

| 히브 *כָּרֵשׂ, 아랍 *kariš*, *kirš*, *kuruš*, 에티 *karś*, 아카 *karšu*

krsu, *krs̀u*

액체(특히 기름)를 재는 단위로서 *ṯʿt*보다는 크다. 4.225:16.17&

– UG 46

| 어원이 분명하지 않다.

*krsn**

(액체를 담는 가죽)**부대**

– 쌍수형 *krsnm* 4.123:13; 4.279:3

| 고아카 *gursā/ēnum* 가죽가방

√kry, *√krw*

G (땅을 파서) **묻다**, (파서) **구멍을 내다** 1.12:I:23

| 히브 כרה(*√kry*) I, 서셈 *√krw/y* 파묻다

ks

/kāsu/ **잔, 컵** 여성명사

– 쌍수형 *ksm* 4.385:2

– 복수형 *kst* 또는 *ks̀t* 1.86:24

– 자주 *krpn*과 병행 1.1:IV:9&

| 히브 כּוֹס I, 아카 *kāsu*, 아람/시리 *kāsā*, 아랍 *kaʾs*

ks °

1.1:III:12에서 *ǵr ks*이 지명으로 나와 바알루가 사는 산꼭대기를 뜻한다.

= 음절문자 ḪUR.SAG *Ḫa-zi*

– 라틴 이름은 Mons Casius 카시우스 산

ksan

/kussiʾānu/(?) **걸상, 발판, 의자, 좌석** 1.12:I:18

☞ *ksu*

ksu

/kussiʾu/ **왕위**

– *ks̀u* 주격, *ksi* 소유격, *ksa* 목적격, *ksat* 복수형

| 외래어. 히브 כִּסֵּא, 수메 GU.ZA, 아시 *kussī(ʾ)u*

ksd

직물을 다루는 직업 4.125:8&

– 복수형 *ksdm*

| 어원이 분명하지 않다. 아카 *kaṣṣ/zzidakku* 방앗간 주인과는 관련이 없다.

ksl

/ki/aslu/ ㉮ **허리** 1.3:III:33&

㉯ (활)**시위** 여성명사

– 1.3:II:16 *ksl qšth* 활시위

– *pnt ksl* 허리의 구석/끝(등뼈?)이 *anš dt ẓr*과 병행 1.3:III:34f.&

| 히브 כֶּסֶל I, 아카 *kislu* 허리

*ksm*₁

몫, 할당, 일부

– 복수형/단수형 대명사접미상태 *ksmh*, *ksmk*, *ksmy*가 *mnt*-와 병행 1.17:I:31; II:4.21

| 참고: 히브 כסם (머리털을) 깎다, 아카 *kasāmu* 잘라내다

***ksm*₂**

경계, 끝

– *ksm mhyt* 물의 끝(?)이 *qṣm arṣ* 땅의 끝과 병행 1.5:VI:5; 1.16:III:4

– *ksm*₁과 관련 있다.

ksm*₃, *kšm

/*kus(s)umu*/ **밀**Emmer 곡식의 일종 1.16:III:4&

= 음절문자 *ku-sú-m[u(-ma)]*

– 복수형 *ksmm*, *kšmn* 4.269:20.30

| 히브 כֻּסֶּמֶת 복수형 כֻּסְּמִים

ksp

/*kaspu*/ **은**銀 1.3:III:46&

= 음절문자 *kàs-pu* 또는 *ka-as-pu*

– 이따금 *ḫrṣ* 금과 병행

– 비슷한 말 *ḥtṯ*

– (*tql*) *ksp* 은銀 (한 세켈)은 경제문서에서 흔하게 등장하는 화폐단위다.

– *ṯnh k*[!]*sp-m atn* 나는 은으로 그들에게 곱절을 (곧 무게가 두 배) 주었다 1.14:IV:42

– *nsk ksp* 은銀대장장이(들) 4.47:6&

| 히브 כֶּסֶף, 아람 *kaspā*, 아카 *kaspu*

kst

/*ki/usûtu*/ **덮개, 옷, 윗도리** 1.19:I:36.47&

| 참고: 히브 כְּסוּת, 푸니/제국아람 *kst*, 아랍 *kiswa*[t], *kisā*ʾ, 스바 ʾ*ks*[1]*t* 옷, *ks*[3]*wy* 군복, 무장, 아카 *kusītu*, √*ksy/w*, 또한 *mks* 덮개

√*ksy*, √*ksw*

G **…으로 몸을 덮다**, (옷을) **입다** 1.5:VI:16.31

D 덮다 1.10:III:24

| 히브 כסה(√*ksy*), 아람 √*ksy* 덮다, 아카 *kasû* 가리다

kš

오이(?)

– *zt*과 병행 1.22:I:15

| 히브 *קִשֻּׁאָה (이집트의) 오이, 아카 *qiššû* 오이, 아랍 *qiṯṯā*ʾ 오이, 아랍 *kūsā* 외호박

√*kšd*

G **꾀다, 유혹하다, 끌다**(?); **추구하다**(?) 1.5:I:16

| 아카 *kašādu* 달성하다, 명중하다, 정복하다

kšp*

/*kišpu*/ **마술, 요술**; /*kaššāpu*/ 요술쟁이

– 복수형 *kšpm*이 *dbbm*(*dbb*₂)와 병행 1.169:9; RS 92.2014:9.13

| 히브 כְּשָׁפִים 마술, 요술, 아카 *kišpū* 마술, 또는 아카 *kaššāpu* 요술사

***kt*₁**

1.4:I:30.31에서 등장하는데, 뜻이 분명하지 않다.

대臺, **토대**, (권좌의)**받침대**

– 또는 *kt*₂

| 참고: 히브 כֵּן III 위치, 받침대, 아카 *kannu* 받침대

***kt*₂**

/*kûtu*/(?) (큰) **병, 주전자**, 액체를 재는 단위 4.663:13.14; 4.786:13.14; 7.142:1.2.8(?); 1.147:8

– *ṯt kwt yn*에서 *kwt*는 쌍수형(?) 연계상태 4.691:6

| 아카 *kūtu* 큰 병, 주전자, 아카(에마르) *ku-a-ta* 목적격, 그 밖에 남성 어휘소 *ku-*ʾ*u-u*, 모두 용기와 도량형을 의미한다. E. Pentiuc, *West Semitic Vocabulary in the Akkadian Texts from Emar* (HSS 49; Winona Lake 2001), 105f.

√*ktb*

G **쓰다, 적다** 2.19:9

| 히브 כתב, 중셈 √*ktb* 쓰다

ktmsm

1.6:I:52에서 나오는 문자열인데, 어떻게 분해해서 이해해야 할지 분명하지 않다. 다음이 가능하다. ㉮ *ktm sm*, ㉯ *kt msm*, ㉰ *k tmsm*(√*mss* ?)

ktn

/*kut(t)ānu*/(?) **아마**亞麻, **아마포로 만든 옷감이나 옷** 1.43:4&

– 쌍수형 *ktnm*, 복수형 *ktnt*

| 참고: 히브 כְּתֹנֶת, 제국아람 *kt(w)n* 옷, 투니카 다음은 모두 아마옷을 뜻한다. *kitû*, *kitītu*/*kitittu*/*kitintu*, *kitinnû*

ktp

/*katipu*/ **어깨, 어깨뼈** 1.2:IV:14&

| 히브 כָּתֵף, 아랍 *katif*

ktt

/*katītu*/(?) **잘게 쪼개진, 잘게 부수어진**(?), 비싸고 질 좋은 구리를 표현 4.203:14; 4.288:8; 4.721:4

– √*ktt*의 분사 수동형

| 히브 כָּתִית 부서진, 깨진, 으깨진; 순수한, כתת G 때려부수다, 분쇄하다, D 잘게 부수다; 시리/만다 *kettā* 덩어리, 경단

kṯ

작은 그릇, 동시에 부피의 단위도 된다.

– 쌍수형 *kṯm* 4.60:6; 4.707:8

– 복수형 *kṯt* 4.60:4&

– *nbt* 꿀이나 *ẓrw* (향내를 피우는) 송진, *kmn*, *sbbyn* 애기회향 등과 함께 쓰인다. 1.148:22&

– *kṯ kmn*, *kṯ sbbyn* RS 94.2600:10.11

| 어원이 분명하지 않다. (후기)이집 *kṯ* 쇠로 만든 잔. DUL 470은 신중하게 아카 *kīsu* (서셈은 히브 כִּיס 등에 해당) 돈주머니, 돈과 연결시켰지만, 설득력이 약하다.

kṯr

좋은 상태, 건강함; 성공 1.14:I:16; 1.2:III:20(?)

– *kṯr-m* 건강하게가 *zblnm* 병들어와 병행

| 히브 כִּשְׁרוֹן 성공, 이익, 시리 *kušārā* 번성, 성공, 아카 *kušīru* 성공, 또한 아랍 *kuṯr*, *kaṯraᵗ* 많음, 꽉참

kṯr w ḫss °

신명, **코싸루와하시수***Kôṯaru-wa-Ḫasīsu*, 장인신匠人神

kṯrt °

/*kôṯarātu*/ 여성형 신명, **코싸라투**, 출산의 여신 1.17:II:26&

– 언제나 복수형이다.

kty

카슈*Kaššu***의** 1.39:19; 1.102:14; 1.123:7

신명 또는 인명

| 아카 *kaššû*(신명 또는 인명)

√*kwn*

G **있다, 준비되어 있다, 굳건하다** 1.5:III:6&

D* 만들다 1.4:V:48&

Š 하다, 준비하다, 규정하다

– √*škn* G와 구분하는 것에 대해 논란의 여지가 있다. 1.16:V:26f.&

– *km lbh yškn lhm* 그 자신의 마음에 따라 그는 그들을 위한 규정을 내릴 수 있다 RS 94.2168:18

Šp 준비되다 4.280:14

Št 스스로 규정하다, 요구하다, 따지다

– *yštkn* 1.4:VII:44

| 셈 כון G 있다, 되다, 굳건하다, D/사역형 규정하다, 굳히다; 부분적으로 만들다, 아카 *šakānu* 놓다, 세우다, 굳히다, 작용하다, 만들다

√*kwr*

G **화나다, 분노하다, 격노하다**(?)

– 1.6:V:9를 KTU²는 *w rk*로 읽었지만, *w kr*일 것이다.

| 시리 √*kwr* tD 뜨겁다, 화나다

kwt ☞ kt_2 4.691:6

ky ☞ *k*

*kzy**

직업의 일종, **말을 끄는 종; 마부** 4.68:62&

= 음절문자 ˡᵘ*ka-zi-i-e*

– 복수형 *kzym*

– *rb kzym* 4.222:3

| 아카 *kizû* 종, 아카(아마르나) *ku*(8)*-sí* (*ša*) *anše.kur.ra*

l 𐎍

l_1

/li/; */lê/* **…향해서, …로, …위해, …의, …로부터** 전치사

= 음절문자 *le-e*

– 편지에서는 흔히 의존불변화사 *-y*와 함께 쓰여 *ly*가 된다. 2.30:5&

– 서사시에서는 흔히 의존불변화사 *-m*이나 *-n*과 쓰여 *lm*나 *ln*가 된다

| 히브 לְ I(또한 לְמוֹ), 아랍 *li*, *la*– (접미대명사 앞에서)

– l_1와 합성된 전치사(일부)

l bl /li balî/ …없이

l p /li pî/ …에 따라서, …에 상응하게, …처럼

l pʿn /li paʿnê/ … 발치로, … 앞에 엎드려

l pn /li panî/ … 앞으로, … 앞에, … 앞에서 나와

l pnm /li panîma/ … 앞으로 1.4:IV:17

– 반대말

aṯr … 뒤로

l ẓr /li ẓâri/ … 뒤에, …로, … 향해서, …로부터

l_2

/lā/ **…이 아니다, …하지 않는다** 부정의 불변화사

– UG §87.1

| 히브 לֹא, 셈(에티 제외)

l_3

/lV/ **오! 아!** 호격 불변화사

– UG 318f., 804

| (제국)아람 *lʾ*

l_4

/la/; */lū/* **정말로! 진실로!**

– UG §85.8

| 히브 לְ II(강조의 라메드), 아랍 *la*, *li*,

참고: 셈어에서 (의지법 앞에서) 자주 쓰이는 단원의 불변화사 *lV*

√*lʾk*

G **보내다, 던지다** 1.4:V:43&

– 어두변화형 *ylak /yilʾak-/*

– 어미변화형 *lik /laʾik-/*

D 사자/전령을 (많이/반복해서) 보내다

– 어두변화형 *ylik /yulaʾʾik-/* 2.26:4&

| 히브 מַלְאָךְ 등 북서셈 *mlak* 전령, 아랍 √*lʾk* 사역형 전령을 보내다, 에티 √*lʾk* 보내다

√*lʾ*w_1

G **압도하다, 덮치다, 승리하다**

– 명령형 여성 단수형 *li* 1.16:VI:2

– 어두변화 3인칭 여성 단수형 *tlunʾn /talʾû-nVnnū/* (잠이) 그를 덮쳤다 1.14:I:33

– 참고: *lan*, *aliy*, *aliyn*

| 아카 *leʾû*

√*lʾ*w_2, √*lʾy*

G **힘을 잃다, 지치다, 약하다**

– 어두변화 3인칭 여성 단수형 *tlu /talʾû/* 1.100:68

| 중셈 √*lʾy* 약하다, 애쓰다, 수고하다

√*lʾy*

G **더럽다, 더러워지다**

– 어미변화 3인칭 남성 단수형 *la /laʾâ/*이 언제나 √*ṣḥrr*과 병행(주어는 *šmm* 하늘) 1.3:V:18; 1.4:VIII:22; 1.6:II:25

| 아카 *luʾʾu* D 더럽히다. 참고: *mulaʾʾitum ša šamê* 하늘을 더럽힌 여인 또는 √*lʾ*w_2로 봐서 하늘이 힘을 잃었다 Maqlû III 48

lan

/laʾânu/ ㉮ **힘, 권력** 1.107:37(?); 1.108:21f.; 23f.

< **laʾawānu*

㉯ **강한, 승리하는**

– *ʿz*와 *ḏmr*와 병행 1.16:VI:14

– √*lʾ*w_1에 어미 –*ān*이 붙은 형태(*QTLān*형)

lim

/liʾmu/ **백성** 1.3:II:7; 1.5:VI:23; 1.6:I:6; 1.7:38

– 또한 *lumm* 1.113:2

| 참고: 히브 לְאֹם, 가나 *li-me-ma* 복수형 EA

195:13, 아카 *liʾmu*, *līmu*

limm

ybmt limm; *ymmt limm*이 여신 아나투의 별칭으로 나오는데, 뜻이 분명하지 않다. 1.3:II:33; 1.3:IV:22; 1.4:II:16; 1.7:20; 1.101:16; 1.17:VI:19.25

– *ymmt* 1.3:III:12

– *limm*을 *lim*의 복수형으로 이해하여 백성들/민족들의 배우자/며느리/처제로 볼 수 있다.

– 또는 *lim-m*을 신명으로 보아 리무*Liʾmu*신神의 배우자로 볼 수 있다.

– 참고: 1.6:VI:6의 *limm*

lb

/libbu/ ㉮ (감정과 이성이 있는 곳인) **심장; 마음; 의미, 목적** 1.3:II:26&

– *ap lb* 심장의 얼굴, 곧 마음이 *bmt*와 함께 쓰인다 1.5:VI:21; 1.6:I:5

– ㉯ 애정, 애착, 열망, 갈망 1.6:II:6-8.28f.

– ㉰ 의도, 의지 RS 94.2168:19.22

| 히브 לֵב(*libb*), 셈 *libb*

lbu

/labʾu/ **사자, 수사자**

– 소유격 *lbi-m* 1.5:I:14; 1.133:3; 1.169:4

– 1.24:30의 글자 *lbu*는 확실하지 않다. *lbb*으로 읽을 수도 있다.

| 히브 *לָבִא, 고아카 *labʾ*, 아랍 *labʾat* 암사자

lbdm

/li-baddi/u(m)ma/(?) **홀로** 1.2:III:20(?)

| 히브 בַּד(*badd*) 홀로, *lᵉbādād* 혼자

√lbn

D (흙)**벽돌을 빚다/찍다** 1.4:IV:61

– *lbnt* (흙)벽돌의 파생어

| 히브 לבן II, 아카 *√lbn* G, 아랍 *√lbn* D

*lbn*₁

/labanu/ **흰, 하얀** 형용사 1.5:III:6(?); 4.182:4

= 음절문자 *la-ba-nu*

| 히브 לָבָן

*lbn*₂

명사(?) **흰색**

– 아마도 *dt lbn-k* 1.5:III:7

– 참고: *lbn*₁

*lbn*₃**

/labbānu/ **벽돌공, 흙벽돌을 빚는 이**

= 음절문자 *la-ba-nu*

| 아랍 *labbān*

lbnn °

레바논, 레바논 산맥

– *šryn*과 병행 1.4:VI:18.20

lbnt

/labinātu/ (흙)**벽돌** 복수형 1.4:IV:62&

– 다음의 단수형은 발견되지 않았다. **lbt* */labittu/* < **labintu* 또는 **lbnt* */labin(a)tu/*

| 히브 לְבֵנָה, 가나 *labittu*, 시리 *lᵉben/ttā*, 아카 *libittu*

√lbš

G **옷을 입다** 1.12:II:46; 1.19:IV:44.46&

Š 옷을 입히다 1.5:V:23

– 참고: *lbš*, *lpš*, *mlbš*

| 히브 לבשׁ, 셈 *√lbš*

lbš

/labūšu/ **옷, 의류** 1.43:4; 4.146:1&

– 쌍수형 *lbšm* 4.146:6, 복수형 *lbšm*

– 경제문서에 자주 나온다.

☞ *lpš*

| 히브 לְבוּשׁ, 아람 *lᵉbūšā*, 아카 *lubūšu*, 아랍 *labūs*

ldt ☞ *√yld* 2.34:33

lg

/luggu/ 액체를 재는 작은 단위 **록** 1.23:75; 1.148:21&

| 히브 לֹג(*logg*), 복수형 *lôggîm*, 제국아람 *lg*, 시리 *laggᵉtā*, 레위 14,10.12

*lḥ*₁*

볼, 턱, 뺨

– 쌍수형 *lḥm*이 *dqn* 턱수염과 병행 1.5:VI:19; 1.6:I:3

| 히브 לְחִי I 뺨, 턱, 아래턱, 아랍 *laḥy* 아래턱, 아카 *laḫû* 턱, 아래턱

lḥ$_2$*

/*lûḥu*/; /*lôḥu*/ **석판, 편지 석판**

– 단수형은 나오지 않고 복수형(?)인 *lḥt*이 다음과 같은 단수의 의미로 쓰인다. **편지, 전령, 사자, 소식** 1.2:I:26(전령); 2.39:17&; RS 94.2284:18

– *lḥt spr* 쓰여진 석판, 곧 편지 석판 2.14:6

| 참고: 히브 לוּחַ(복수형 לוּחֹת, 쌍수형 לוּחֹתַיִם), 아랍 *lūḥā*(여성), 또한 아랍 *lawḥ*, 에티 *lawḥ*

√*lḥḥ*

Š **흐르게 하다**

– *yšlḥ*가 √*yṣq*와 병행 1.4:I:25f.

| 히브 לַח 물기 있는, 신선한, 중세히브/유다아람 √*lḥlḥ* 축이다, 젖게 하다, 흐르게 하다, 에티 *laḥləḥa* 부드럽다

√*lḥk*

G **핥다, 다 핥아먹다**

– 어두변화형 *tlḥk* 1.83:5

| 히브 לחך, 아랍 √*lḥk* 핥아먹다, 먹어 치우다, 남김없이 먹다

√*lḥm*$_1$

G **먹다, 다 먹다, 처먹다**

– *šty*과 병행 1.4:III:40&

– 부정사 *lḥm*(*l* <*l*>*ḥm*으로 교정해야 할 듯 1.2:I:21)

G/D 먹을 것을 주다, 먹이다

– *šqy*과 병행 1.17:I:2-21

– 참고: *mlḥm-y*(D 분사?) 1.5:II:23

Š 먹을 것을 주다, 대접하다, 먹이를 주다

– *šqy* Š과 병행 1.17:II:30&

– *lḥm* 음식의 파생어

| 히브 לחם II 먹다, 아카 *laḫāmu*, *leḫēmu*, *lêmu* 먹다, 또한 아랍 √*lhm* 삼키다, 다 먹다

√*lḥm*$_2$

G 싸우다(?) 2.82:9(?)

Gt **싸우다, 다투다**

– *ilṯḥm* 2.49:10

N (…와) 싸우다 2.82:20

| 히브 לחם I, 모압 √*lḥm* Gt, 페니 √*lḥm* N, 아랍 √*lḥm* VI

lḥm

/*laḥmu*/ **빵, 음식**

– 이따금 *yn*과 병행 1.4:IV:36&

– *yip lḥm* **빵을 굽다**(√ʾ*py*) 1.14:II:30; IV:11

– 또한 1.114:7에서는 고기보다는 음식, 빵일 듯. 곧 고기라는 의미는 우가릿어에서 나오지 않는다.

– ʿ*šr lḥm* 빵 열 덩이 4.34:3(1사무 17,17)

| 히브 לֶחֶם 빵, 푸니 *lḥm*, 아람 *laḥmā* 빵, 아랍 *laḥm* 고기

lḥmd ☞ *mḥmd* 1.4:V:39

√*lḫn*

뜻이 매우 불확실하다 ㉮ **똑똑하다**(?)

| 아랍 *laḫina* 똑똑하다, 이해가 빠르다

또는 ㉯ **밀접하다, 가까운 친척이다**

| 아랍 √*lḥḥ*, 아랍 *laḥḥ* 가까운 친척

– 1.6:I:48에서 *ylḫn* 형태가 나오는데, 셋째 글자인 {ḫ}는 불확실하다. *ylṭn*로 읽을 수도 있다.

lḥt

/*la/iḥîtu*/ **아래턱** 1.17:I:28.[47]; II:3

☞ *lḥ*$_1$*

| 히브 לְחִי I 아래턱, 아카 *lētu* 턱, 뺨, 볼

lḥt ☞ *lḥ*$_2$*

√*lḫš* ☞ *mlḫš*

lk ☞ √*hlk*

lkt

/*liktu*/ **가기, 걷기**

– √*hlk*의 부정사

| 참고: 히브 לֶכֶת

ll

/*lêlu*/ **밤, 야간** 1.39:12&

< **laylu*

| 히브 לַיְלָה, לַיִל, 셈, 시리 *lēlyā*, 아랍 *layl*, *laylat*, 에티 *lēlit*, 아카 *līliātum*, *līlâtu* 저녁

llu

/*laliʾu*/ **새끼 염소** 주격

– *lli* 소유격, *lla* 목적격

| 아카 *lali*(ʾ)*u*

lm$_1$

/*li/amā*/ **왜?** 1.2:I:24&

< 전치사 *l* /*li*/ + 의문대명사 *m*(*h*) 무엇?

– UG §81.64a
| 히브 לָמָּה, לָמָה, 시리 *lmā*, 아랍 *li-mā*

*lm*₂ ☞ *l*₁

√lmd
D 가르치다, 교육하다
– *almd-k* 1.18:I:29
– *w in d ylmd-nn* RS 92.2016:42''
| 히브 למד, 아카 *√lmd* D 가르치다, 훈련시키다, 시리 *talmed* 가르치다, 에티 *√lmd* G 익숙하다, 능숙하다, 배우다

lmd
/*lu/immūdu*/(?) **학생, 제자; 숙련된 사람** 1.6:VI:55&
– 복수형 *lmdm* 4.125:8&; RS 94.2592:2'
| 히브 *לִמֻּד, לִמּוּד; לָמוּד(למד G 분사 수동형), 아카 *lummudu* 숙련된, 교육된

lmdt
/*lu/immūdatu*/(?) **여학생** 4.175:12
– *lmd*의 여성형

ln ☞ *l*₁

lp
…에 따라서, …에 상응하게, …처럼
☞ *l*₁, *p*

lpn
… 앞으로, … 앞에, … 앞에서 나와
☞ *l*₁, *pn*

lpš
옷, 의류
– 이따금 *all*과 병행 1.5:VI:16.31; 1.6:II:10&
– 단수형 *lpš* /*lu/ipšu*/ < **lu/ibšu*
– 복수형은 *lbšm* /*lu/ibašūma*/인데, 이 말이 명사 *lbš* /*labūšu*/의 복수형과 어떻게 구분되는지는 불확실하다.
☞ *lbš*, *√lbš*
| 참고: 아랍 *libs*, *labūs*, 에티 *ləbs*, 아카 *lubšu*

√lqḥ
G **취하다, 앗아가다, 잡다** 1.2:IV:10&
– 어두변화형 *iqḥ*, *tqḥ*
– 명령형 *qḥ*
N 빼앗기다 4.659:1
– 어미변화형 *nlqḥt*
| 히브 לקח I, 북서셈 *√lḥq*, 아카 *leqû*, *laqû*, 하지만 아랍, 고남아랍, 에티에서는 다른 뜻이다.

lqẓ
문헌자료와 의미가 불확실하다. 1.19:III:40
| 전통적으로 히브 לקט, 셈 *√lqṭ*(모으다, 수확하다)와 관련하여 이해한다.

*lrmn**
/*lurmānu*/ **석류** 1.23:50; 4.751:11
– 복수형 *lrmnm*
| 히브 רִמּוֹן I, 아카 *lurmû*, *nurmû*, *nurmānu*, 아람/시리 *rummānā*, 아랍 *rummān*, 에티 *romān* 석류, 석류나무

√lsm
G **걷다** 1.3:III:19&
| 아카 *lasāmu*

*lsm**
짐승의 일종 1.6:VI:21
– 쌍수형 *lsmm*
– 참고: *√lsm*

lsmt
서두름, 빨리, 민첩함 1.22:I:6
| 아카 *lismu*

lṣb
대략 **관자놀이; 이마**, 하지만 입ㅁ은 아니다.
– *yprq lṣb w yṣḥq* 1.4:IV:28; 1.6:III:16; 1.17:II:10
– *b lṣbh* 1.103+:49.57
– *l lṣbh* 1.114:29
| 어원이 분명하지 않다. 참고: 아카 *balāṣu* 걸어나오다, 솟아오르다(자위치환).

lšn
/*lašānu*/ **혀, 혓바닥** 여성명사 1.2:I:33; 1.5:II:3&
= 음절문자 *la-ša-nu*
| 히브 לָשׁוֹן, 셈, 시리 *leššānā*, 아랍 *lisān*, 에티 *ləsān*, 아카 *lišānu*

√lšn

D 독설을 퍼붓다, 분노의 말을 하다, 비방하다 1.17:VI:51

– 1.114:20은 *√lwš* 반죽하다로 볼 수도 있다.

☞ *lšn*

| 히브 לשׁן H 비방하다, 아랍 *√lsn* 말로 상처를 입히다

lṯḥ

/*liṯḥu*/ 부피의 단위 4.14:4&

< **litku*

| 외래어. 참고: 히브 לֶתֶךְ('코르'의 절반), 아카 *litiktu*(모두 중간에 /k/가 있다)

ltn °

/*lôtānu*/ 바다괴물의 이름 **레비아탄, 해룡**海龍 1.5:I:1

| 히브 לִוְיָתָן, 시리 *lewyātān*

lṭpn

/*laṭ(a)pānu*/ **명석한, 사려 깊은**, 일루의 별칭, 명석한 자, 사려 깊은 자

– 전통적으로 친절한, 좋은으로 이해되었다.

– 다음과 같은 형태도 있다. *lẓpn* 1.24:44&

– *lṭpn il d pid* 명석하신 분, 일루, 이해하시는 분 또는 명석하고 이해하시는 신 1.1:IV:13&

– *tr lṭpn* 1.16:IV:2

| 아랍 *laṭīf* 명석한, 참고: 아무르어 인명의 요소 *la-ṭà-pa-an* Tropper/Hayajneh, *Orientalia* 72 (2003), 159-182.

lṭš

/*laṭī/ūšu*/ **벼린, 날카로운** (칼)

– G 분사 수동형 *ḥrb lṭšt* 벼린 칼 1.2:I:32

| 히브 לטשׁ, 북서셈 *√lṭš* 벼리다, 갈다, 아랍 *√lṭs/š* 치다, 망치질하다

√lwy

Š 씌우다, 감싸다(?)

– 1.14:III:45는 *ašlw*가 아니라 *tˈšlw*로 읽는다.

| 히브 לוה(*√lwy*) I, 아랍 *√lwy* 씌우다, 동행하다, 아랍/에티 *√lwy* 감다, 돌리다, 아카 *lawû* 씌우다, 포위하다

√lyn

G 밤을 보내다, 하룻밤 묵다

– *yln*이 언제나 *√škb*과 병행 1.17:I:15

– 1.17:I:5의 *ynl*는 *yln*의 오기誤記다.

| 히브 לין, 아카 *niālu* 눕다

lyt

/*lâyāti*/(?) **화관, 화환** 1.6:IV:19; 종, 수행원

< **lawayāti* 복수형 사격

☞ *√lwy*

| 히브 *לִוְיָה 화환, 중세히브 לִוְיָה, 시리 *lwītā* 동행, 종, 수행원

lẓpn ☞ *lṭpn*

lẓr ☞ *ẓr*

m 𐎎

-m

/*-ma*/ 강조의 의존불변화사
– UG §89.2

mab ☞ *mid*$_2$

√mˀd

D **수를 늘리다, 많게 하다**
– *amid* 1.14:II:5
– *ymid* 6.43:1
| 히브 *מאד, 아카 *maˀādu* 많다, 많게 되다

mad

/*maˀadu*/(?) 많은, 수많은
= 음절문자 *ma-a-du-ma* 복수형
– *ul mad* 큰 (군대의) 힘 1.14:II:35
| 아카 *maˀdu*, *mādu*

madt

/*mVˀadātu*/ 복수형 (인간의) **무리/다수/대중**
– *madt-n* 1.103+:1
| 참고: 히브 מְאֹד 힘, (부사) 매우, 아카 *maˀdû* 많음, 꽉참, *mādūtu* 많음

mašmn ☞ *mišmn*

mat

/*maˀati*/ **무엇?** 1.14:I:38
< **mahati*(?)
< **mh* 무엇? + 의존불변화사 *-t*
– UG §44.23

mid$_1$

/*muˀdu*/; /*maˀdu*/ **많음** 1.4:V:15.32.38&
– *mud* 형태도 있다(?) 1.5:III:16-24
| 아카 *maˀdû*, *mādû*, *muˀ(ud)dû*

mid$_2$

/*maˀdu*/ **많이, 크게**
– *mid-y rǵbn-y* 배고픔이 크다 2.46:11
– /*maˀda*/ 목적격 **심하게, 매우** 1.3:II:23&
– 2.16:11의 *mab*는 *mad*[!]이거나, 인명일 것이다.
| 히브 מְאֹד, 아카 *maˀdu*/*mādu* 많이, 수많이, 아카 *maˀda* (또한 *mādiš*) 매우

miḫd

/*maˀḫadu*/ **항구, 포구** 4.81:1&
< **maˀḫadu*
= 음절문자 *ma-aḫ-ḫa-[du]*
– 참고: *maḫd**(지명)
| 아카 *māḫāzu*

minš

땅, 토지, 지역, 부근(?)
– *minš šdm* 1.19:IV:48 대강의 뜻은 (그녀는 사는 곳 근처) 그 밭의 부근/지역에 (들어섰다)
| 어원이 분명하지 않다. 전통적으로 아랍 *maˀnūs* (신뢰하는, 익숙한, 신뢰받는 자, 신뢰하는 지역) 등과 연결시키지만 의미가 잘 맞지 않는다.

mispt*

/*ma/iˀsap(a)tu*/ (아마포) **두루마리, 뭉치; 용기** 4.166:4
– 복수형 *mispt*
| 푸니 *mˀspt*, 아카 *nēseptu*

mišmn

인장 6.66:1; 6.69:1-2
– *√ˀšm* < **wšm*
– *mašmn* 2.19:6&
– *mšmn* 6.17:1
| 참고: 아랍 *√wsm* 표시하다, 표식을 붙이다, 아카 *šimtu* 표식, 색깔, 표지

mit

/*miˀtu*/ **백**百, **100** 1.49:10&
= 음절문자 *me-te* 쌍수형 연계상태 사격
– 쌍수형 *mitm* /*miˀtâmV*/
– 복수형 *mat* /*miˀātu*/
| 히브 מֵאָה I(쌍수형 מָאתַיִם), 셈 **miˀ(a)t*, 에티 *məˀət*

miyt

/*mā*^{ɔ}*īyatu*/(?) **심연, 태초의 바다**
- *mhyt* /*māhīyatu*/(?) 형태도 있는데, 오기誤記일 수도 있다.
- 단수형/복수형으로 나온다.
- *mhyt*가 *arṣ*와 병행 1.5:VI:5
- 1.16:III:4는 분명하지 않지만 *miyt* 또는 *mhyt*로 읽는다. 역시 *arṣ*와 병행
- *b miyt* 심연에서 또는 물이 풍부한 계곡에서가 *b mrmt* 꼭대기에서와 병행 1.169:8

| *my*, *mh* 물에 니스바어미가 붙은 것이다. 참고: 아랍 *mā*^{ɔ}*ī*(물, 흐르는). 관개된 밭을 뜻하는 아카(에마르) *ma*^{ɔ}*ītu*(*ma-i-tu*$_4$: *ma-ak-ri-it-tu*$_4$)와 같은 낱말일 수도 있다.

mizrt*

허리끈의 일종; (두 조각으로 된) **짧은 바지**(각반?)
- 절대상태 *mizrtm* 1.5:VI:17.31
- 대명사접미상태 *mizrth* 1.17:I:[5].15
- 쌍수형 *mizrtm* /*ma/i*^{ɔ}*zartāmi*/(?)

☞ √^{ɔ}*zr*

| 참고: 아랍 *mi*^{ɔ}*zar* 끈, 덮개

mud ☞ mid_1

muid

1.5:III:24는 *mu<d .> i[lm* ?]로 읽어 숫[양들이] **많음**의 의미일 것이다.

☞ mid_1

$m^{c}{}_1$

강한, 큰(?) 형용사; 명사로서 **강함, 큼**(?) 1.14:II:34; 1.14:IV:14
- 어근을 √m^{cc}로 볼 수 있다.
- UG §85.9

| 참고: 에티 *ma*^{c}*a*/*āt* 분노, 많음, 양

$m^{c}{}_2$

/*ma*^{cc}*a*/(?) **그럼! 제발! 오!** 1.4:VI:4&

☞ $m^{c}{}_1$

√m^{cc}* ☞ $m^{c}{}_1$

$m^{c}br$

/*ma*^{c}*baru*/ **개울, 샛길**

= 음절문자 *ma-ba-ri* 소유격

| 히브 *מַעֲבָר, 아랍 *ma*^{c}*bar*, 지명 *gt m*^{c}*br*

$m^{c}lt$**

/*ma*^{cc}*altu*/ **끈, 줄, 문의 자물쇠**(?)

< **man*^{c}*altu*

= 음절문자 *ma-a-al-tu*$_4$

$m^{c}n$

/*ma*^{c}*nû*/ **대답, 응답** 2.10:15&

< **ma*^{c}*nayu*
- √$^{c}ny_1$의 명사형인 막탈*maqtal*형.
- 1.3:IV:5를 KTU[2]는 *y*^{c}*n*으로 읽었지만 *m*^{c}*n ğlmm y*^{c}*nyn*로 읽어야 할 것이다.

| 히브 מַעֲנֶה I 대답, 시리 *ma*^{c}*nītā* 주고받는 노래, 교창交唱

$m^{c}qb$ ☞ √^{c}qb D

$m^{c}rb$

/*ma*^{c}*rabu*/ **해넘이, 일몰** 1.19:IV:48

| 히브 מַעֲרָב II

$m^{c}ṣd$

/*ma*^{c}*ṣadu*/ **낫, 도끼, 손도끼** 4.625:3&

= 음절문자 *ma-ṣa-du* 단수형, *ma-ṣa-du-ma* 복수형

| (중세)히브 מַעֲצָד 주머니칼, 작은 도끼, 아랍 *mi*^{c}*ḍad* (나무를 자르는) 절단기, 에티 *mā*^{c}*dad* (초승달 모양의) 낫

$m^{c}šr$**

/*ma*^{c}*šaru*/ **십분의 일, 1/10**

= 음절문자 *ma-*^{ɔ}*-ša-ri-ša* 소유격, *ma-ša-ra* 목적격

| 히브 מַעֲשֵׂר

$m^{c}t$

씨앗, 종자 4.14:10; RS 94:2276:10'.22'

| 히브 מְעָה 모래알, 작은 알갱이

mbk

/*mabbaku*/ **샘, 원천, 우물** 1.4:IV:21&

< **manbaku*

☞ *npk*

| 히브 *מַבָּךְ

md_1

/*maddu*/ **옷, 윗도리**

– *mdh*가 *npynh*와 병행 1.4:II:6&
– 복수형 *mdt*(?)
– *mdt-h* 4.182:55
| 히브 *מַד, *מָדוּ, *מַדְוֶה, 푸니/고아람 *md*, 아카 *mudûm* 모두 옷, 덮개

*md_2**
/*mudû*/(?) 일종의 사회적 계급(?)
– 문자열을 보면, 오직 복수형 *mdm*나 쌍수형 *mdm*로 나온다. 4.38:4&
– √*yd*ᶜ의 분사
= 음절문자 *mu-du-ú* 단수형, *mu-du-ma* 복수형
| 아카드어에서 온 외래어일 것이다. 아카 *mūdû* 현명한, 똑똑한

md_3
/*ma/uddu*/(?) **기간, 시기, 길이**
– *l md \ t̲l̲t̲ ymm* 사흘의 기간에 대해 1.111:1(?)
| 참고: 히브 מִדָּה I 넓이, 범위, 아랍 *madd* 연장, 펼침, 아랍 *mudda*ᵗ 기간, 시기

*md*ᶜ
왜?(?) 1.107:10(?)
| 히브 מַדּוּעַ

mdb
강, 개울, 밀물
– *k mdb*가 *k ym* 바다처럼과 병행 1.23:34.35
– *k mdb*가 *km db* 곰처럼과 병행 1.101:2
| 참고: 히브 זוב, 셈(에티 제외) √*d̲wb* 흐르다

mdbḥ
/*madbiḥu*/ **제단** 1.39:20&
< **mad̲biḥu*
– 복수형 *mdbḥt* 1.13:16&
☞ √*dbḥ*
| 참고: 히브 מִזְבֵּחַ, 페니 *mzbḥ*, 아람 *madbḥā*, 모두 제단, 아랍 *mad̲baḥ* 도살장, 백정집

mdbr
/*ma/idbaru*/ **사막, 초원** 1.12:I:35; 1.14:III:1&
| 히브 מִדְבָּר I, 북서셈 *ma/idbar*

mdd
/*môdādu*/ **사랑받는 이, 총애받는 이**
< **mawdādu*
– *mdd il-m* 일루의 사랑받는 이 1.1:IV:20&
☞ √*ydd*
| 히브 인명 מֵידָד, 고아람 *mwdd* 친구, 아카 *mūdādu* 사랑받는 이, 애인

mddt
/*môdādatu*/ **사랑하는 이, 애인** 1.14:II:50
< **mawdādatu*
– *at̲t̲*과 병행 1.14:IV:28
– 복수형 *mddt* 1.17:II:41
– *mdd*의 여성형

mdgl ☞ *mgdl* 1.119:12

√*mdl*
G **재갈을 물리다**
– 언제나 √*ṣmd*과 병행 1.4:IV:[4].9; 1.19:II:3.8
– *mdl_1*의 파생어
| 참고: 아랍 √*mdl*의 tD인 *tamaddala* 자신을 너울로 가리다

mdl_1
㉮ **재갈, 속박, 마구**馬具 1.86:12.13
또는 ㉯ √*mdl*의 분사 수동형
| 어근이 분명하지 않다. 참고: 아카 *nattullu* 마구의 일종

mdl_2
석기, 뇌석, 전석, 화석 등
– 복수형 대명사접미상태 *mdl-h* 1.3:IV:26; *mdl-k* 1.5:V:7
| 어원이 분명하지 않다.

mdll ☞ √*dll*

mdnt
/*madnîtu*/; /*madnûtu*/ **복종, 지배, 제압**; 항복한 (자들)
– *šbm* 포로, 죄수와 병행 1.3:II:16
| 아람 √*dny* G 항복하다, 굽히다, 시리 √*dny* 사역형 + *nap̄šeh* 항복하다, 아랍/에티 √*dnn* 굽히다, 굶다

*mdr*ᶜ
/*midar*ᶜ*u*/ 씨 뿌리는 밭, 파종지播種地 1.23:69.73&
< **midra*ᶜ*u* < **mad̲ra*ᶜ*u*
= 음절문자 *mi-dá-ar-ú*!

| 히브 *מִזְרָע, 아랍 *mazra/uᶜa*^{t}, 티그레 *mäzräᵓat*

mdw

/madwû/ **병, 질병**
< **madwayu*
– *ᶜrš mdw* 병상
– *ᶜrš zbln*와 병행 1.16:VI:35.51
| 히브 *מַדְוֶה

mḏrǵl

군인의 일종, 대략 **초병, 경비병** 4.33:1&
| 후리 또는 아카(후리)의 외래어. 아카 *maṣṣāru* (경비원, 경비병)에 직업을 나타내는 후리어 어미 *-uḫ(u)li*가 붙은 것일 듯

mgdl

/ma/igdalu/ **높고 거대한 건물, 탑** 1.14:II:20&
– 1.119:12의 *mdgl*은 *mgdl*로 교정하여 읽는다. *ḫmt*과 병행
| 히브 מִגְדָּל I, 중셈 *ma/igdal*

√mgn

D **선물하다** 1.4:III:30
| 참고: 히브 מגן I D 선물하다, 주다, 전달하다, 아카 *magannu* 선물

mgṯ

노살할 심승
– *imr*와 병행 1.16:VI:18.21
| 참고: 아랍 √*gtt* 잘라내다, 베어 넘어뜨리다, 아카 *gašāšu* 잘라내다

mǵd

/ma/iǵdû/ **음식, 양식**
– 언제나 *lḥm*과 병행 1.14:II:31; IV:12
– √*ǵdy* < *√*ǵḏy*
| 참고: 아랍 √*ǵḏy* 식량/먹이를 주다

√mǵy

G ㉮ **도착하다, 가다, 들어서다** 1.1:V:16&
– 1.4:IV:33은 *tǵt* 또는 *m!ǵt*로 읽어야 할 것이다.
– ㉯ …까지 이르다 1.6:I:59.60
| 참고: 지발 *míẓi* …까지 이르다, 아랍 √*mdy* 지나치다, 사라지다, 아람 √*mṭᵓ* < **mẓy*(?) 도달하다, 도착하다

mǵẓ

/ma/iǵẓû/ **선물, 제물** 1.5:V:24
< **maǵẓayu*
– *mgn*과 병행 1.4:I:22; 1.8:II:2
– 참고: √*ǵẓy*

mh

/mah(a)/ **무엇?** 의문대명사 1.3:V:28&
☞ *mhy, mhk, mat*
| 히브 מָה, 중셈 *mā(h)*

mh ☞ my_1

mhk

/mahaka-/ **무엇이든, 어떤 것이든**
< *mh* 무엇? + 의존불변화사 *-k*(의존불변화사 *-m*)
– *mhk-m* 2.30:22; 2.38:26; 2.71:14; RS 94.2406:40
☞ mnk_2

mhmr(t)*

깊은 곳, 낭떠러지, 웅덩이, 굴
– 복수형 *mhmrt* 1.5:I:7
☞ *hmry*
| 히브 *מַהֲמֹרוֹת 끝이 보이지 않는 깊은 구멍, 낭떠러지 또는 (비온 뒤 물이 고인) 웅덩이, 중세히브 מַהֲמֹר 깊은 곳, 땅, 무덤, 웅덩이

mhr_1

전사, 용사, 전쟁 영웅, 군인 1.3:II:11.15.21.35&
– 복수형 *mhrm*
| 참고: 히브 מָהִיר, 시리 *mhīr*, 아랍 *māhir* 영리한, 경험 있는, 아무(인명), 페니/푸니(인명 예: *Maharbal*), 우가(인명) *mhrn*(4.727:8) 등에 들어 있는 *mhr*을 참고

mhr_2

뜻이 분명하지 않다. 참고: mhr_1 또는 *mpr*
– 1.18:IV:26은 *mh!rh* 또는 *mprh*로 읽는다.
– *mhrh* 1.18:IV:38

mhr_3

혼인 지참금, 혼인 선물 1.24:19
– *itnn*과 병행 1.100:74.75
| 히브 מֹהַר, 시리 *mahrā*, 아랍 *mahr*

mhy
무엇? 2.14:9
< *mh* + 의존불변화사 *-y*

mhyt ☞ *miyt*

mḥmd
/maḥmadu/ **가치 있는 것/일, 귀중한 것, 보배** 1.4:V:16.32; 1.4:V:39
– *lḥmd*는 이화異化된 형태(?)일 것이다. 1.4:VI:19.21
| 히브 *מַחְמָד, *מַחְמֹד 귀중한 것, 보배, 또한 가나 *ḫa-mu-du*, 제국아람 *ḥmd* 보배, 아랍 *ḥamīd*, *ḥamūd* 칭송할 만한

mḥrṯt$_1$
/maḥraṯ(a)tu/ **땅, 밭, 경작지**
– 1.6:IV:3.14 단수형/복수형
| 아랍 *maḥraṯ* 밭, 아카 *mēreštu* 경작, 심기, 가꾸기, *mērešu* 경작지

mḥrṯt$_2$
/maḥriṯ(a)tu/ **쟁기, 가래**
– [a]*lp b mḥrṯt* 일소, 밭 가는 소 또는 밭(*mḥrṯt*$_1$) 6.14:3
| 히브 *מַחֲרֵשָׁה, *מַחֲרֶשֶׁת 보습, 아랍 *miḥrāṯ* 쟁기

√mḥt
RS 94.2284:30의 *w ks pa amḥt akydnt*에 나오는 어근인데, 의미와 문맥이 분명하지 않다.
| 참고: 아랍 *√mḥt* G 무덥다, 화나다, 어렵다, 사역형 …를 크게 노하게 하다

√mḥy
G **지우다, 문질러 없애다, 제거하다** 1.124:14; 1.41:7&
Gp 문질러 없어지다, 제거되다 1.3:II:30
| 히브 מחה(*√mḥy*) I, 페니, 유다아람 *√mḥy*, 아랍 *√mḥw* 문질러 없애다, 훔쳐 깨끗하게 하다, 지워버리다

mḫ$_1$
/muḫḫu/ **골수, 뇌**
– 1.16:I:27을 *my*[!] 물로 수정할 필요는 없다.
| 히브 מֹחַ 해골, 골수, 아랍 *muḫḫ* 뇌, 골수

mḫ$_2$
뜻이 분명하지 않고 문맥이 끊겼다. 1.17:I:38; 1.19:IV:39

mḫlpt
/maḫlap(a)tu/ **땋은 머리**
– 단수형/복수형 1.19:II:33&
| 히브 *מַחְלָפָה, 복수형 מַחְלְפוֹת

mḫmšt
/muḫammaš(a)tu/ **다섯째 부인/여인** 1.14:I:18
– *√ḫmš* Dp 분사

mḫmšt ☞ *ḫmšt* 1.14:I:29

mḫr$_1$
/maḫīru/ **값, 가격** 2.32:9; 4.338:18; 4.625:2
| 히브 מְחִיר I, 아카 *maḫīru*; 아카드어에서 온 외래어일 듯

mḫr$_2$
직업의 일종. **점원; 손님, 고객; 세관, 세리** 1.96:7.10.11
| 참고: 신이집 *mḫr* 손님, 고객; 아카 *māḫiru* 적, 경쟁자, 수취인

mḫsrn
/maḫsirānu/(?) **부족, 모자란 분량, 빠진 물질**(예: 구리) 4.300:1; 4.310:1.3
☞ *√ḫsr*
| 참고: 히브 מַחְסוֹר, 푸니 *mḥsr*, 가나 *maḫsir-*

√mḫṣ
G **치다, 때리다; 짜다, 엮다**
– 어두변화 1인칭 공통 단수형 *imḫṣ* 1.2:II:8&
– 어미변화 1인칭 공통 단수형 *mḫšt* < **mḫṣt* 1.3:III:38& (/*ṣ*/가 /*t*/ 앞에서 역파찰음화)
Gp 맞아 죽다 1.19:III:52; IV:4
Gt 서로 치다, 싸우다 1.3:II:5-6.23; III:46
☞ *tmtḫṣ* Gt 부정사
D (반복해서) 치다, 마구 세게 때리다
– 어두변화 1인칭 공통 단수형 *amḫṣ* 1.3:V:23
| 히브 מחץ, 셈 *√mḫḏ* 치다, 떨다, 에티 *√mḫṣ*, 아랍 *√mḫḍ*, 아카 *√mḫṣ*, 아람 *√mḥʾ* < **mḥʿ*

mḫṣ$_1$
/māḫiṣu/ **베짜는 사람, 직공**

– 복수형 *mḫṣm* 4.99:15&
  | 아카 *māḫiṣu*

*mḫṣ*₂
/*miḫīṣu*/ **곤봉**; 그와 비슷한 치는 무기
= 음절문자 *me-ḫi-[ṣ]ú-ma* 복수형
– *mšḫṭ*과 병행 1.2:I:39
☞ √*mḫṣ*

mḫšt ☞ √*mḫṣ* 1.3:III:38.41.43.45

*mk*₁
그래서, 결국; 보라! 자! 1.4:VI:31&
– UG 745f.
  | 아카 *ammaka(m)*, *ma(k)ka* 저기, 저곳에, *amma* 저기 (…이 있다)

*mk*₂
구덩이, 분지
– 언제나 *ḫḫ*₁과 병행 1.4:VIII:12; 1.5:II:15
– 참고: √*mkk*

√*mkk*, √*mwk*
G **가라앉다, 바닥으로 내려앉다**
– 어두변화형 *ymk* 1.2:IV:17
  | 히브 מכך 내려앉다, 아랍 √*mkk* 떨어지다

mknt
/*makânatu*/ **자리, 지위**
– *ḥtk-n*, 곧 *ḥtk*₂와 병행 1.14:I:11
  | 참고: 히브 מְכוֹנָה, 스바 *mknt* (소유하는) 땅, 법적 지위, 아랍 *makān(a*[t]*)* 장소, 자리

mknpt
날개; 펼침; **방어시설, 요새; 방어벽, 성벽** 단수형/복수형
– *rḥb mknpt* 펼친 방어시설이 있는 (성채)가 *adr* 힘센과 병행 1.16:I:9; II:47
☞ *knp*
  | 참고: 시리 *kenpā* 날개, 옆, 가장자리, 만다 *kanpa*, 보호, 방어, 아랍 *kanaf* 마당, 안뜰, 집 앞에 울타리를 친 공간, 아랍 √*knf* 포위하다, 포함하다, 울타리치다

√*mkr*
N/Gp/Dp **팔리다** 3.8:16
  | 히브 מכר I G 팔다, N 팔리다, 아람 √*mkr* 사다, 아랍 √*mkr* D (곡식을) 사모으다, 아카 *makāru* G 거래하다, D 사다(?)

*mkr*₁
/*makkāru*/ **상인, 점원** 2.42:25; 4.36:4&
– *mkry* 2.21:8
– 경제문서에서 대부분 복수형 *mkrm*으로 나온다.
☞ √*mkr*
  | 히브 *מַכָּר, 아카 *makkāru*, *mākiru*, 스바 *mkr* 상인

*mkr*₂
/*ma/ikru*/(?) **매매, 거래; 거래되는 물품**
– *d mkr* 파는 것(으로), 매매 물품(으로) RS 94.2392+:1 같은 문헌 6행의 *d mnḥt* 선물/공물(로)에 대조
  | 히브 מֶכֶר 파는 물건, 상품, 중세히브 מֶכֶר 매매, 거래

mks
/*ma/iksû*/ **덮개, 포장** 1.4:II:5
< **maksawu*
  참고: √*ksy/w*, *kst*
  | 히브 מִכְסֶה

√*mlʾ*
G **꽉 차다, 충만하다, 채워지다** 1.3:II:25&
D 채우다, …로 채워 넣다, 해결하다
– 분사 여성 복수형 *mmlat* /*mumalliʾātu*/ 물을 채우는 여인들이 *šibt*와 병행 1.14:III:10; V:2
  | 히브 מלא, 셈 √*mlʾ*

mlak
/*malʾaku*/ **전령, 사자** 1.2:I:11&
☞ √*lʾk*
– 절대상태 *mlakm*
– 연계상태/대명사접미상태 *mlak-*
– *tʿdt*과 병행 1.2:I:22.26
– 서사시에서는 대부분 쌍수형, 곧 두 전령으로 나온다
  | 히브 מַלְאָךְ, 중셈 *malʾāk*

mlakt
/*malʾak(a)tu*/ **전령**, (호위대를 동반한) **사자** 2.17:[4].7&
  | 참고: 히브 מְלָאכָה 보냄, 가게, 점포, 일, 노동,

물건, 상품

mlat

/*maliʾatu*/ **꽉 참, 충만**

– *ym mlat* 보름날, 보름달이 뜨는 날 1.46:11; 1.109:3

| 히브 מְלֵאָה

mlit

형용사 여성 단수형 **꽉 찬**; 명사 **충만**

– 2.2:7에서 나오는데 문맥이 끊겼다.

| 참고: 히브 מָלֵא

mlu

/*milʾu*/; /*milāʾu*/ **꽉 참, 충만, 많은 양**

– *mlu*[ ] 1.87:20

– 1.39:10의 *mlun*는 형태가 불확실하다.

– 주의: *mla ḥpnm* 두 손 가득에서 *mla*는 쌍수형이 아니라 단수형 RS 94.2600:12

| 히브 מְלֹא, מְלוֹא(חָפְנַיִם מְלֹא 두 손 가득), 아랍 *milʾ*(*milʾ al-yad* 한 손 가득), 아카 *mīlu*

mlbš

/*malbašu*/ **옷, 외투, 겉옷** 4.168:5.7; 4.182:3.61.62.63; 4.257:5

☞ *lbš*

| 히브 מַלְבּוּשׁ, 가나 *ma-al-ba-ši*, 아카 *nalbašu* 겉옷

√*mlḥ* ☞ *mlḥ*$_2$, *mlḥ*(*t*)$_1$, *mlḥ*(*t*)$_2$

mlḥ$_1$*

뺀, 뽑은 (칼)

– *b ḥrb mlḥt*에서 여성 복수형 *mlḥt* 1.3:I:7&

| 아랍/에티 √*mlḫ* (칼을) 뽑다, 빼다, 찌르다(*ḫ*/*ḥ* 변환을 주의하라)

mlḥ$_2$

/*malīḥu*/ **소금에 절인**(오래 보관할 수 있는 고기), **염장한** 4.17:17(?)

– *uz mrat mlḥt* 4.247:20

– √*mlḥ* 절이다 G 분사 수동형

| 중세히브 מָלִיחַ 소금에 박다, 소금에 절인 (고기), 아랍 *malīḥ* 짠, 염장한

mlḥm

1.5:II:23의 *mlḥm-y*는 명사 또는 √*lḥm* D 분사에 1인칭 통성 단수형 어미가 붙은 형태

mlḥmt

복수형 **음식 제물, 빵 제물; 전쟁**

– 언제나 *ddym*과 병행 1.1:II:19; 1.3:III:15&

☞ √*lḥm*

| 참고: 히브 מִלְחָמָה 전쟁

mlḥ(*t*)$_1$

소금

– 다른 셈어에서 이 단어의 여성형 어미는 발견되지 않지만, 우가릿어에서는 언제나 **mlḥ* /*milḥ*/의 여성 복수형으로 쓰인다. 4.344:22; 4.720:1

| 참고: 히브 מֶלַח, 셈 *mi*/*alḥ*, 시리 *melḥā*, 아랍 *milḥ*, 에티 *malḥ* 소금. 아랍/신히브는 여성명사

mlḥt$_2$

염전, 소금밭

– *bʿl mlḥt* 6.48:5(?)

| 히브 מְלֵחָה 소금기가 많은 척박한 땅, 시리 *mālaḥtā* 소금기가 많은 땅, 염전, 아랍 *mallāḥa*ᵗ 염전, 아카 *mallaḫtu* 짠 맛이 나는 풀

mlḫš

주술자, 마법사, 주문을 외는 이 1.100:5&

– √*lḫš* D 분사

| 히브 מְלַחֲשִׁים(복수형) 마법사

√*mlk*

G **임금이 되다, 임금으로 다스리다** 1.2:III:22; 1.4:III:9&

D 임금으로 만들다, 등극하다 1.6:I:46.48.54.55

| 히브 מלך, 셈(에티 제외) √*mlk*

mlk$_1$

/*malku*/ **임금, 왕** 1.2:III:5&

< **maliku*(?)

= 음절문자 *ma-al-ku*

| 히브 מֶלֶךְ I, 중셈 *mal*(*i*)*k* 임금, 아랍 *malik*; 참고: ᵈ*ma-lik*.MEŠ

mlk$_2$

/*mulku*/ **왕국, 왕권, 지배** 1.2:IV:10&

– 이따금 *drkt*과 병행

| 아랍 *mulk*, 다른 셈어에서는 이 낱말 대신 **mal(i/a)kūt* 또는 **mamlakat*가 쓰인다.

mlkt

/malkatu/ **여왕, 왕비** 1.23:7; 1.119:25&

– *mlk*₁의 여성형

| 참고: 히브 מַלְכָּה, 아람 *malkᵉtā*, 아랍 *malikaᵗ*

√mll

G/D* (손가락으로) **문지르다, 주무르다, 반죽하다** 1.101:6

– *ymll*!로 읽는다. 1.16:V:28

| 참고: 중세히브 מלל, 유다아람 *√mll*

mltḥ

/ma/iltaḥu/ **절반, 반**(?); 작은 일부 4.282:14&

– *mltḥm* …의 절반 또는 *mltḥ*의 두 분량은 4.778:7와 병행하는 4.782:12에 등장한다.

– UG §64.21

| 참고: *√ltḥ* 가르다, 반 토막내다(?), 아카 *letû* 가르다, 잘게 부수다

mm

뜻이 불분명 ㉮ '흐르는' 올리브 곧 올리브 기름 또는 ㉯ 겨울 올리브 곧 잘 익은 올리브 또는 ㉰ *my*₁ 물의 복수형 또는 *mm* 겨울, 서리와 관련

– *zt mm*이라는 표현으로 나온다. 4.91:14; 4.786:13; RS 94.2479:19

| 참고: 아카 *māmū* 물, 아카 *mammû* 서리, 얼음

mmᶜ

내장, 창자; 체액

– 복수형/단수형 의존불변화사 *-m*이 붙기도 한다.

– *mmᶜ* 연계상태 1.3:II:14.28.35

– *dm* 피와 병행

– *mmᶜ-m* 장소격 피/체액에 (네 흰 머리가 떠내려가게 하겠다) 1.3:V:[3].25; 1.18:I:12

| 히브 מְעַיִם(*מֵעֶה의 쌍수형), 중세히브 복수형 מֵעִים, 쌍수형 מֵעַיִם, 아람 *maᶜyā*, 아랍 *miᶜan* 모두 내장, 창자

mmlat ☞ *√mlʾ* D

mmskn

/ma/imsakānu/ (술이나 약을) **섞는 잔, 섞인 술을 따르는 잔** 4.123:18

| 참고: 히브 מִמְסָךְ

*mmṣr***

/mamṣaru/ **칼, 검**

= 음절문자 *ma-am-ṣa-ar*

| 참고: 아카 *namṣaru*

*mn*₁

/mānu/(또는 */mīnu/*) ㉮ **무엇? 왜?** 1.5:IV:23& ㉯ **얼마나 많이?** 1.16:II:19f.

– UG §44.24

☞ *mnm*₁

| 히브 מָן II, 시리 *mānā*, 아카 *mīnu*, 에티 *mənt*

*mn*₂

/mannu/ **누구? 무엇?** 1.3:III:37&

– UG §44.12

☞ *mnm*₂

| 히브 מָן II, 셈(가나 세외) *man(nu)*

*mn*₃

/manû/ **미나**, 무게의 단위

– 약 470그램 = 50세켈(*ṯql* = 9.4그램) 또는 1/60탈렌트(*kkr*)

< **manayu*

– 오직 3.1:19.20에서 볼 수 있다.

| 외래어. 히브 מָנֶה, 아카 *manāʾum*, *manû(m)*

*mn*₄

/mînu/ (짐승의) **종류, 종**種

– 복수형 *mnm*이 *dbbm*과 병행 1.4:I:39

| 참고: 히브 מִין 종류, 아랍 *√myn* 가르다

mndᶜ

/mVn(nV)daᶜ/ **아마도, 경우에 따라** 1.16:II:24

– *mndᶜ* … *mndᶜ* 아마도 …이거나 …이다 2.34:10.11

– 2.45:31은 부분적으로 훼손되었다.

– *mndᶜ*는 **mī/ānu ʾidaᶜ* 내가 무엇을 아는가? 또는 **man(nu) yidaᶜ* 누가 알겠는가?에서 기원했을 수 있다.

| 아카 *minde/a*, *manda* 또는 *midde*, 고아람

m(n)d^cm, 고아람/시리 *meddem* 어떤 것

√*mnḥ* ☞ *mnḥ*, *mnḥt*

mnḥ

/*minḥu*/ **제물, 공물** 집합명사
- *mnḥ bd* ··· 4.91:1
- *sprn mnḥ* 3.10:1
- 1.2:I:38에서 *argmn-k*와 병행하는 *mnḥy-k*의 글자 {y}는 '읽기용 모음'mater lectionis일 수 있다(UG 53). 또는 DUL처럼 *mnḥy*를 *mnḥ*의 여성형 어휘로 볼 수도 있다.
- 어근을 √*mnḥ*로 볼 수 있다.

☞ *mnḥt*

| 참고: 아랍/티그레 √*mnḥ* 주다, 바치다, 선물하다

mnḥt

/*minḥatu*/ (개별) **제물, 선물, 공물** 4.709:6; 4.771:9; RS 94.2392+:6
- 위 세 문헌에서 모두 *d mnḥt* 선물/공물로서의 의미다. 반대되는 표현은 *d mkr* 파는 물건으로/매매물품으로서 RS 94.2392+:1 (*mkr*$_2$)
- 4.771:9을 {mnḥ [.]}으로 본 것(KTU^2)은 오류다

☞ *mnḥ*

| 히브 מִנְחָה 제물, 선물, 공물, 희생 제물, 페니 *mnḥt*, 제국아람 *mnḥh* 제물, 아랍 *minḥa*^{t} 선물, 제물

mnḫ

휴식처, 쉬는 곳(?) 1.2:IV:3

| 히브 מָנוֹחַ I, מְנוּחָה

mnk(-m)$_1$

누군가, 부정의 불변화사와 함께 아무도 2.19:12

< *mn*$_1$ + 의존불변화사 *-k* (+ 의존불변화사 *-m*)
- *mnk mnkm* 3.2:12f.

mnk$_2$

누구나, 무엇이나 RS 94.2406:22

< *mn*$_2$ + 의존불변화사 *-k*

☞ *mhk*

mnm$_1$

무엇이든, 무엇이나 2.10:16; 2.41:19; 2.70:29&
- UG §45.122

< *mn*$_1$ + 의존불변화사 *-m*

mnm$_2$

누구나, 아무나 RS 94.2592:13'
- UG §45.114

< *mn*$_2$ + 의존불변화사 *-m*

mnmn

/*manman(n)u*/ **누구나, 누군가** 1.123:22

| 아카 *mammana(ma)*에서 온 외래어

mnn

누구나, 아무나, 누군가

< *mn*$_1$ + 의존불변화사 *-n*(?)
- 5.9:I:2는 확실하지 않다.

√*mnn*

㉮ D 뜻은 분명하지 않지만 전통적으로 **아래로 향하다, 떨어지다**
- *ymnn* 1.23:37; *mmnn-m* (호격) 1.23:40.44.47
- 언제나 *mṭ yd*– 손의 막대기/지팡이 곧 남성의 성기와 함께 쓰이고, √*nḥt* D와 병행

| 아랍 √*mnn* G 줄이다, 약하게 하다, 사역형 피로하게 하다, 약하게 하다, 에티 √*mnn* 약하다, 미흡하다, 완전하지 못하다

또는 ㉯ √*ymnn* 또는 √*ymn* R 오른손으로 잡다

mnt$_1$

/*manâtu*/ ㉮ (제사음식의) **부분, 몫, 할당량** 1.17:I:32; II:[4].21

< **manayatu*

㉯ **신체의 일부**
- *šir*와 병행 1.6:II:36
- *mnth*, *mntk*, *mnty* 단수형/복수형 대명사접미상태(*ksm*-와 병행)

| 히브 מָנָה, 복수형 מָנוֹת, *מְנָת 일부, 부분, 몫, 아람 **ma/ənātā*, 히브 מנה(√*mny*) D 나누다 (< 세다)

mnt$_2$

㉮ **셈, 계산**

또는 ㉯ **낭독/암송, 주문**(?) 1.100:4&
- *mnthn*이 *sprhn*와 병행 1.24:46-47

| 아카 *minûtu* 셈, 계산, 맹세의 암송/낭독, 셈(아람/에티 제외) √*mny/w* 세다, 낭독/암송하다

*mpḫ**
/*mappūḫu*/ **풍구, 풀무**
– 쌍수형 *mpḫm* 1.4:I:23
– 어근을 √*npḫ* D 불다로 볼 수 있다.
| 참고: 히브 מַפֻּחַ(*mappuah*), 아랍 *minfa/āḫ*, 아카 *munappiḫ(t)um* 풍구,풀무(?)

mpḫrt
/*ma/ipḫar(a)tu*/ **모임, 집회** 1.40:8&
☞ *pḫr*
– 어근을 √*pḫr*로 볼 수 있다.
| 아카 *napḫar(t)u*

mpr ☞ mhr_2 1.18:IV:26

mqb, *mqp*
/*maqqabu*/ **망치**(?)
= 음절문자 *ma-qa-b/pu(-ma)*
< **manqabu*
– *mqb-* 4.625:5&
– *mqp-* 3.6:5; 4.127:2; 4.390:6
| 히브 מַקֶּבֶת, 참고: *ma-qí-bu*. EA 120:11(*b/p* 변화)

mqd$_1$
/*maqqadu*/ **양을 치는 삯, 양을 칠 권리**(?)
< **manqadu*
= 음절문자 *ma aq qa-du*
– 4.775:1을 *spr mqd b*[ ] 또는 *spr mtdb*[*m*]로 읽어야 할 것이다.
☞ √*nqd*, *nqd*

mqd$_2$
뜻이 분명하지 않다. 나무토막, 갈대, 양털 등과 함께 나열된다.
– *ḫmš mqdm* 4.158:19

mqdšt
/*ma/iqdaš(a)tu*/ **성소, 신전** 단수형/복수형
– *šib mqdšt* 4.609:15
– *šab mq*[*dšt*](?) 6.25:2.3
| 참고: 히브 מִקְדָּשׁ, 시리 *maqdᵉšā*, 아랍 *maqdis*

mqḥm
/*maqqaḥā(mi)*/ **집게, 족집게** 쌍수형 4.123:21; 4.127:4; 4.385:3
= 음절문자 *ma-qa-ḫa* 쌍수형
< **malqaḥ-*
| 히브 מֶלְקָחַיִם, 푸니 *mlqḥ* 집게(?)

mqm
/*maqâmu*/ **장소, 발견 장소, 광산**(?) 1.14:II:1; III:23.35; V:35; VI:19
– √*qwm*
| 히브 מָקוֹם, 페니 *mqm*, 아랍 *maqām*

mqp ☞ *mqb*

mqr
/*maqâru*/ **샘, 원천**
– *b mqr* 1.14:V:2
– 1.14:III:9의 *b bqr*에서 *bqr*는 오기誤記거나 *mqr*의 음성학적 변형일 것이다.
| 히브 מָקוֹר

mqrt
/*maqartu*/(?) 그릇의 일종
– 쌍수형 *ṯt mqrtm* 4.123:19
| 후바빌 *maqartu* 그릇의 일종

mr$_1$
/*murru*/ **몰약** 1.124:5.7
– *šmn mr* 몰약 기름 1.41:20&
| 히브 מֹר, 셈 *murr*, 가나 *mu-ur-ra*

mr$_2$
/*marru*/ **쓴, 쓴 맛, 고통** 1.124:16
– *kmr . kmrm* 1.19:I:12
| 참고: 히브 מַר I, 아카 *marru* 아랍 *murr* 몰약, 쓴, *marīr* 쓴

mr$_3$
의미를 두고 논란이 있다.
– 복수형 *mrm*의 단수형으로 봐서 1.12:I:11의 *ṯdn km mrm tqrṣn*를 우리 가슴이 마치 *mr*처럼 우리를 끊는구나(?)로 볼 수 있다. 이 구절은 *k iš* 또는 *k iš*<*t*> 불꽃처럼과 병행한다.
| 전통적으로 히브 רִמָּה, 셈 *rimmat-* 구더기, 벌레, 해충(자위치환)등과 같은 것이라 보았다.

mr$_4$
아들

– *mr mnmn* 1.123:22
  | 외래어. 아카 *māru*, 아카 *mār mammānāma* 누군가의 아들

√mrʾ

D/G **살찌우다, 비육하다**
– *ymru*가 *yšbᶜ*와 병행 1.4:VII:50
  | 히브 מרא III G 살찌우다, 방목하다, 기름지게 하다, 아카 *marû* G 비육하다, 아랍 *√mrʾ* (음식이) 잘 차려졌다

mria ☞ *mru*₁

*mru*₁*

/*marīʾu*/ **가축, 비육하는 짐승** 1.3:I:8&
– *mri* 소유격, *mra*, *mria* /*marīʾa*/ 목적격
– 특이한 정서법에 대해서 UG 38
– *alp mru* 비육우, 살진 소 RS 94.2284:10
  | 참고: 히브 מְרִיא, 아카 *mīru* 종우種牛

*mru*₂

/*marīʾu*/; /*marūʾu*/ **비육된, 살진**
– 형태는 *mru*₁과 같다.
– 남성형 *mri*, *mrim* 4.247:16.17&
– 여성 단수/복수형 *mrat* 4.128:2; 4.247:20.21
– *ṣin mrat* RS 86.2247:10'
– *√mrʾ* G 분사 수동형

*mru*₃

/*murʾu*/ 직업의 일종, 정확한 의미는 논쟁 중이다.
= 음절문자 *mur-ú*, *mur-u*
– 단수형 *mru*, *mri*
– 복수형 *mrum*, *mru*, *mri*

mrᶜ

/*marᶜû*/ **목초지, 방목지**
– *bht-h*와 *šd-h* 뒤에서 복수형 대명사접미상태 *mrᶜ-h* RS 94.2168:15
  | 히브 מִרְעֶה

mrbᶜ

사분의 일, 1/4
– 4.751에 여러 번 나온다.
– *mrbᶜ*[ ] 4.362:6
– 1.19:II:33-34는 *km rbᶜt*로 읽는다. 사역형 *mrbᶜt*로 보지 않는다.
– UG 374
– 숫자 *√rbᶜ*

mrbᶜt

/*murabbaᶜ(a)tu*/ **넷째 부인/여인**
– *mṯlṯt*와 *mḫmšt* 등과 병행 1.14:I:17
– *√rbᶜ* Dp 분사

mrbd

/*marbadu*/ **덮개**(?) 4.385:9
– 복수형 *mrbdt* 4.270:11
  | 가나 *ma-ar-ba-du*

*mrdmt***

/*mardimtu*/ **길**(?)
= 음절문자 *mar-de₄-em-tu*
– *Syria – revue d'art oriental et d'archéologie* 12 (1931), 231ff.:6

√mrg ☞ *√mrḫ*

mrǵt

뜻이 분명하지 않다.
– *bir*과 병행 1.13:24

mrǵṯ

/*muraǵǵiṯu*/ **젖을 빠는 짐승**
– *mri*과 병행 1.4:III:41; VI:56; 1.5:IV:13
– *√rǵṯ* D (젖을) 빨다의 분사형
  | 아랍 *√rǵṯ* G (젖을) 빨다

mrḥ

/*murḥu*/ **창**槍 1.6:I:51; 1.16:I:47.51&
< **rumḥu*
– *mrḥy mlk* 임금의 창 1.103+:6(7).47; 1.140:10
  | 북서셈어를 이집트어로 옮겨 적은 문헌에서 **murḥ*, 중셈 *rumḥ*, 에티 *ramḥ*(우가릿어의 자위치환)

*mrḥq**

/*marḥaqu*/ ㉮ **먼 곳**
– 복수형(?) *mrḥqm*
– *mrḥqm* 먼 곳에, 멀리 1.127:31
또는 ㉯ 미래
  | 히브 מֶרְחָק

mrḥqtm

먼 곳에서, 멀리서; 멀리 2.11:6&

– 2.33+:3는 *mrḥq<t>m*로 읽는데, 우가릿에서 출토된 아카드어 편지의 *ištu rūqiš* 멀리서와 어순이 일치한다.
– 이 낱말을 다음과 같이 이해할 수 있다.
< 명사 **mrḥqt* 먼 곳 + 의존불변화사 *-m*(UG 762f.)
< */min/ …에서 + 형용사 *rḥqt*(여성 복수형) + 의존불변화사 *-m*(멀리서). 이런 용법은 가나안어에서 유래했을 수 있다.

√mrḫ
Šp **칠해지다, 발라지다**
– 1.4:I:32의 *šmrḫt*는 바르다, 칠하다, 문지르다를 의미하는 히브 *√mrḥ*나 아랍 *√mrḫ*와 관련하여 이해할 수 있다. 또는 *šmrgt*로 읽어 *√mrg* 회반죽을 바르다로 이해한다.
| 참고: 에티 *√mrg* 양회로 붙이다, 발라 붙이다, 회반죽을 바르다

mrkbt
/markabtu/ **전차**戰車 1.14:II:3&
= 음절문자 *mar-kab-te* 쌍수형/단수형
| 히브 מֶרְכָּבָה, 시리 *markbā*, 아랍 *markaba*ᵗ, 아카 *narkabtu* 수레, 차, 전차

mrm
1.46:5의 문자열 *b ṯlṯ tmrm*에서 등장하는 이 단어는 *tmrm* 대추야자로 읽어야 할 것이다.

√mrmr
G(또는 *√mrr*₁ R) (거룩한 나무토막을) **옮기다, 흔들어 움직이다; 정화하다, 내쫓다**
– *amrmrn* RS 92.2014:2
| 참고: 아랍 *√mrmr* II. (*tamarmara*) (신체를) 떨다, 흔들다
☞ *√mrr*₁

mrmt
/marâmatu/ **꼭대기** 복수형(?) 1.169:7
☞ *√rwm*

*mrqd**
짝짜기, 캐스터네츠
– 복수형 *mrqdm*
– *mrqdm d šn* 상아로 만든 짝짜기 1.19:IV:27; 1.108:4-5
| 히브 רקד, 북서셈/아카 *√rqd* G/D 펄떡 뛰다, 껑충껑충 뛰다, 춤추다

*√mrr*₁
G **쫓아내다, 멀리 물리치다**
– 1.2:IV:19에 명령형 *mr*으로 두 번 등장한다.
– 또한 1.4:VII:12
– *šmrr* 쫓아냄, 추방 1.100:4&
– 신명 *aymr* ° < *ay* + *mr* 1.2:IV:19
☞ *√mrmr*
| 아카(아마르나, 우가릿) *marāru* 전진하다, 도망치다, Š 쫓다, 뒤쫓다(*yú-ša-am-ri-ir* EA 103:30), 아랍 *√mrr* I, VIII 건너가다, 지나가다, 멀리 떠나다, 티그레 *marra* 걷다, 가다, 티그리 *mārara* 전진하다, 스바 *√mrr* 들어서다, 입장하다, 일어나다

*√mrr*₂
G **힘을 주다, 축복하다** 1.13:26; 1.15:II:15.20&
N 축복받다
– 여성형 분사 *nmrt* */namarratu/*
– 1.19:IV:33의 *nmrt*를 *nmrrt*로 읽어야 할 것이다.
– UG §74.35
– 언제나 *√brk* D와 병행
| 히브 מרר I, 아랍 *marīr* 강한, 굳건한, *mirra*ᵗ 힘, 권세, *marīra*ᵗ 굳건함, 완강함, 힘, 센 *√mrr* 쓰다, 억세다, 맵다. 어근은 불확실하다. *√my/wr* 어근에서 파생했을 수 있다. 아랍 *√myr*, 시리 *√mwr* (여행 등을 위해 식량/비축품 따위를) 챙겨 주다, 보살피다

mrrt °
지명 *mrrt tǵll b nr*의 일부, 뜻은 분명하지 않다. 1.19:III:50.51

√mrṣ
G **병들다, 아프다** 1.16:II:19.22
– 1.16:I:56.59는 *mrṣ* **질병**으로 볼 수도 있다.
– *w lb aḫtk mrṣ* RS 94.2284:7.14.27.34
| 히브 מרץ N, 셈(에티 제외) 고통스럽다, 아프다, 아랍/시리 *√mrᶜ*, 아랍/스바 *√mrḍ*, 아카 *√mrṣ*

mrṣ
병, 질병
– *zbln*과 병행 1.16:V:15.18.21.27.49

| 아랍 *maraḍ*, 아카 *murṣu*

mrṯ

/*mêrāṯu*/ 대략 **포도즙, 포도액** 1.22:I:18.20; 2.34:32

< **mayrāṯu*(?)

– *trṯ* 과즙, 포도즙과 관련

*mrym**

/*marya/āmū*/ **꼭대기, 정상** 복수형 연계상태

– *mrym ṣpn* 1.3:IV:1; 1.100:9

– *mrym lbnt* 1.83:10

– 형태는 UG 191

| 히브 מָרוֹם, 푸니 *mrm* 꼭대기

mryn

사회적 계급/계층의 일종

< 후리 *mariyanni-*

– 복수형 *mrynm* 4.137:2&

| 아카 *mari(y)annu*

*mrz*ᶜ

/*marzi*ᶜ*u*/ ☞ *mrzḥ*

< **marziḥu*

mrzḥ

/*marziḥu*/ (어떤 의례의) **축제**; (그것을 행하는) **무리**

= 음절문자 *ma-ar-zi-ḫi*, *mar-zi-i* 소유격

– *mrzḥ* 1.114:15&

– *mrz*ᶜ 형태도 있다 1.21:II:1.5

| 히브 מַרְזֵחַ

msdt

복수형 /*môsadātu*/ **기초, 토대**

< **mawsadātu*

– *msdt* ʾ*rṣ* 1.4:I:40

– 어근을 √*ysd* < **wsd* 기초를 세우다로 볼 수 있다.

| 히브 מוּסָר 기초, 대개는 מוֹסְדֵי אָרֶץ처럼 복수형, מוּסָדָה 기초, 토대(역시 대개 복수형)

√*msk*

G (양념과 향료 등의 첨가물과 포도주를) **섞다** 1.3:I:17; 1.5:I:21; 1.133:9-10

| 히브 מסך (포도주를) 섞다

msk

/*misku*/; /*masku*/ (포도주에 섞는) **양념, 향료; 섞기, 혼합** 1.3:I:17; 1.19:IV:61(?); 1.16:II:16

☞ √*msk*

| 히브 מֶסֶךְ

mskt

혼합액, (약품을 조제하기 위한) **합성액** 1.85:3

☞ √*msk*, *msk*

mslmt

비탈길, 경사

– *yrk*과 병행 1.10:III:28

| 참고: 히브 סֻלָּם 층계진 비탈길, 경사, 아랍 *sullam* 사닥다리, 계단, *sullama*ᵗ 층, 또한 히브 סלל 쌓아 올리다, 북돋아 올리다

mspr

/*ma/isparu*/ **이야기, 설명, 낭독** 1.4:V:42; 1.19:IV:62; 1.40:35; 1.107:14; RS 92.2016:41''

| 히브 מִסְפָּר I 5

msrr

뜻이 분명하지 않다. ㉮ **날개 달린 짐승, 새, 조류**

| 에티 √*srr* 날다, 또한 아카 *sâru* 둥글게 짓다, 춤추다

㉯ 날개의 장소 곧 **새장**

| 에티 √*srr* 날다

㉰ **내장, 창자**(?)

| 아랍 *sirr* 비밀, 내장

– *msrr* ᶜ*ṣr dbḥ*이 *lḥm*– *d nzl*과 병행 1.14:II:17; III:59

√*mss*, √*msš*, √*mšš*

Gp **녹다, 녹아버리다, 용해되다** 1.71:3; 1.72:13; 1.85:3.10

| 히브 מסס N 녹아버리다, 용해되다, 아랍 *mšš* 물에 녹다, 서셈, 히브, 아람, 아랍, 에티 √*msy/w* 녹다, 녹아 없어지다

mswn

/*mVswānu*/(?) (밤을 보내는) **숙소, 묵을 곳**(?) 1.14:III:21&

| 참고: 아랍 √*msw* 밤이 되다, 밤이 오다, 한밤이다

*mswt***

/*mas(a)watu*/ **실측백나무**(?) RS 19.26:5&
= 음절문자 *ma-ás-wa-tu*, *ma-sa-wa-tu*
| 시리 *m^e sūtā*

mṣb$_1$

/*maṣṣabu*/ (저울의) **대, 받침대**
< **manṣabu*
– *kp*과 병행 1.24:34
| 히브 מַצָּב 장소, 지위, 아랍 *manṣib* 지위, 장소

mṣb$_2$

포도주의 종류 1.91:29&
– (*yn*) *mṣb*
☞ √*nṣb*

*mṣbṭ**

/*maṣbaṭu*/ **쥠, 파악; 연장, 손잡이**
– 쌍수형 *mṣbṭm*가 *mpḫm*와 병행 1.4:I:24
| 히브 צבט 잡다, 쥐다, 셈 √*ḏbṭ*, 아카 *ṣabātu*

mṣd$_1$

㉮ **음식, 식사, 비축식량**(의 준비) 1.114:1
1.14:II:26; IV:8는 *bm ṣd*-로 읽지 않고 *b mṣd*-로 읽는다.
☞ √*ṣyd*
또는 ㉯ **사냥감, 수렵물**
– √*ṣwd* 사냥하다
| 히브 מְצוּדָה I 사냥감, 수렵물

mṣd$_2$

성, 성채(?) 호라누*Hôrānu*신이 사는 곳
– *mṣdh* 성채로, 성채를 향해 1.112:19; 1.100:58
| 히브 מָצוֹד II, מְצוּדָה II 산성, 보루, 유다아람 *m^e ṣādtā* 성채

√*mṣḫ*

D **쳐서 넘어뜨리다** 1.3:V:1; 1.6:V:4
N 서로 잡아당기다 1.6:VI:20
| 아랍 √*msḥ* G 끌어내다, 가져가 버리다

mṣl

/*maṣillu*/ **심벌즈/자바라 연주가**
= 음절문자 *ma-ṣi-lu*
– 복수형 *mṣlm* 4.126:30
| 참고: 히브 *מְצִלָּה 방울

mṣlt

(끊임없이) **덜컹거리는 소음**
– *qr*과 병행 1.12:II:61
| 히브 צלל I 날카롭게 울리다, 소리나다, 아랍 *ṣalla*, *ṣalṣala* 쨍그랑/짤랑짤랑/덜컹 소리가 나다

*mṣlt**

/*maṣillatu*/ **심벌즈/자바라** 1.3:I:19; 1.19:IV:26-27; 1.108:4
– 쌍수형 *mṣltm*
– 어근을 √*ṣll*로 볼 수 있다.
| 히브 מְצִלְתַּיִם 자바라/심벌즈, *מְצִלָּה 방울

mṣmt

㉮ /*maṣVmmat*/(?) **계약, 합의** 3.1:17; 6.27:1
| 아랍 √*ṣmm* D 체결하다, 중세히브 צמם 묶다
또는 ㉯ /*maṣmattu*/ < **maṣmadtu*
– √*ṣmd* < **ḏmd* 묶다, 매다의 파생어

mṣpt

망대, 파수대
mṣpt ḫrk (배/함선의) **장루**檣樓 4.689:4
| 히브 מִצְפֶּה I 망대

mṣqt

/*maṣûqatu*/ (적들로 말미암은) **위기, 위험, 곤경** 1.103+:19; 2.72:21
| 히브 מְצוּקָה, 아랍 *muḍāyaqa^t*
– 어근을 √*ṣwq* 또는 √*ṣyq*로 볼 수 있다.

mṣr

1.3:V:8를 *ṣr*로 읽는다. {m}은 그 앞의 단어에 속한다.

mṣrm °

이집트 2.38:11& 쌍수형
– /*miṣrâmi*/ 주격, /*miṣrêma*/ 사격

mṣrrt

그릇의 일종(?). 4.270:9 복수형 연계상태
| 어원이 분명하지 않다. 참고: 아카 *muṣarrirtu* 납작한 접시(CAD M/2, 241f.).

mṣrt ☞ *mṣry*

mṣry

/*mi/uṣrīyu*/ **이집트의, 이집트인** 남성 단수형

4.642:2; 4.775:13
– 그 밖에 인명으로도 쓰인다.
– 여성 단수형 *mṣrt* /*mi/uṣrîtu*/ 4.721:14
– 남성 단수형 *mṣrym* 4.230:7 이 낱말을 KTU²는 *mṣrm*으로 읽었는데, 오류다.
| 히브 מִצְרִי, 여성 단수형 *miṣrît*

√mṣṣ
G (젖을) **빨다** 1.15:II:27
| 히브 מצץ, 중셈 *√mṣṣ*

*mšbᶜt**
/*mušabbaᶜ(a)tu*/ **일곱째 부인/여인** 1.14:I:20
– *√šbᶜ₂* Dp 분사

mšdpt ☞ *√ndp* Š

√mšḥ
G (기름을) **바르다** 1.10:II:22-23
| 히브 משׁח I, 셈 *√mšḥ*, 아카 *mašāḫu*

mšḫṭ
무기의 일종 (전쟁용) **도끼** 1.2:I:39; 4.167:12.15
☞ *šḫṭ*, *√šḫṭ*

mškb
/*ma/iškabu*/ **침대, 몸을 누이는 곳** 단수형 4.195:6
– 복수형 *mškbt* (또는 단수형으로 *mškbt*) 4.275:4; 4.385:10
| 히브 מִשְׁכָּב, 복수형 *מִשְׁכָּבוֹת, 아카(서셈 외래어) *maškabu*

mšknt
/*ma/iškan(ā)tu*/ **사는 곳, 거주지** 단수형 또는 **mškn*의 여성 복수형 1.15:III:19
– *ahl*과 병행 1.17:V:32-33
| 참고: 히브 מִשְׁכָּן, 복수형 מִשְׁכְּנוֹת 사는 곳, 거주지, 아랍 *maska/in* 집, 아카 *maškanu* 장소, 곳

mšmᶜt
/*ma/išmaᶜ(a)tu*/ **노예, 신하, 복종할 의무가 있는 자** 2.72:11.14
| 히브 *מִשְׁמַעַת 측근, 노예

mšmn ☞ *mišmn*

mšpy
뜻과 글자가 분명하지 않다.
– *ḫnpt mšpy*를 **테라스/옥상/공중 정원**의 난간으로 이해할 수 있다. 1.16:IV:14에서 *ṯkm bnwn* 성벽의 '어깨'와 병행
| 참고: 히브 שְׁפִי I 고원(?), 민둥산(?)

mšq
/*ma/išqû*/ (음료를 마시거나 제의에 사용하는) **잔/그릇** 4.265:1
< **mašqayu*
☞ *√šqy*
| 히브 מַשְׁקֶה 마실 것, 음료, 아카 *mašqû* (마시거나 제의에서 물 뿌릴 때 사용하는) 그릇

√mšr
Š (수레를) **끌게 하다**, (수레를) **타고 가다**
– *√mǵy*, *√ᶜbr*과 병행 1.3:VI:9
| 아카 *mašāru* (수레를 타고) 돌아다니다

*mšrr**
/*mušarrir*/ (저울의) **지침/안정기** 1.24:36
– 복수형 *mšrrm*
| 참고: 아람 *√šrr* D/사역형 안정화하다, 굳히다

mšspdt ☞ *√spd* Š

mšṣṣ ☞ *√nṣṣ* Š

mšt
/*ma/ištû*/ **잔치, 향연** 1.108:9(?)
< **maštayu*
| 히브 מִשְׁתֶּה, 시리 *maštyā* 마심, 음료, 잔치

mštᶜltm
/*muštaᶜlîtêma*/ Št 분사 여성 쌍수형(사격) **두 창녀**(?) 1.23:31.35.36
– 원래 의미는 '올라타게 하는', 곧 성행위를 허락하는 두 여성
– UG 609
– *√ᶜly* 또는 *√ᶜlw*의 Št

mštt
/*maštîtu*/ **음료 할당량** 4.216:3(?)
< **maštiytu*
– *mštt mlk/mlkt* 4.230:5.8
| 아카 *maštītu* 음료(할당량)

*mt*₁

/*môtu*/ **죽음** 1.17:VI:38&

< **mawtu*

– *bl-mt* 불사不死 1.16:I:15&

| 히브 מָוֶת, 연계상태 מוֹת, 아람 *mawtā*, 아랍 *mawt*, 아카 *mūtu*

*mt*₂

/*mêtu*/ **죽은, 죽은 이**

< **mawitu*

– 복수형 *mtm* /*mêtûma*/ 1.15:V:14&

| 히브 מֵת, 아카 *mītu*, 아랍 *mayyit* < **mayīt*

*mt*₃

/*mutu*/ **남자, 사람**

– 복수형 *mtm* 1.16:I:3.17; 1.16:II:40; 1.17:VI:35.36&

| 히브 מְתִים 복수형, 아카 *mutu*, 에티 *mət*

*mt*₄

/*mitta*/ **정말로! 진실로!** 1.133:9

< *ʾ*imitta*(?)

☞ *imt*

– 어근을 √ʾ*mn*로 볼 수 있다.

| 삼알 *mt* 진실로!

mt °

/*môtu*/ 신명 **모투***Môtu*; **죽음**의 신死神, 1.3:V:18; 1.4:VIII:17&

– 다음과 같은 별칭이 있다. *bn ilm* 일루의 아들, *ydd*/*mdd ilm* 일루의 사랑을 받는 이

☞ *mt w šr* 신명 1.23:8

| ☞ *mt*₁

*mtdb**

/*muttadibu*/ **기부자, 시여자**(?)

< **muntadibu*

– 복수형 *mtdbm*

– 4.775:1은 *spr mtdb[m]*로 읽거나 *mqd*₁과 관련시켜 *spr mqd b*[ ]로 읽어야 할 것이다.

– √*ndb* Gt 분사

mtḥ

/*mitḥu*/(?) 원래 뜻은 **길이, 거리**, 길이의 단위

– *mtpdm*과 병행 1.1:III:[20]; 1.2:III:[3]; 1.3:IV:36

| 히브 *מְתְחָה, 시리 *metḥā* 길이, 거리, 떨어짐, 아람 √*mtḥ* 뻗다, 펼치다, 길게 하다

mtk

/*mattaku*/ **술을 부어 바침, 헌작** 1.119:25

< **mantaku*

☞ √*ntk*

| 참고: 유다아람 *mattakā* 부어 만든 상

*mtn*₁*

mtnm /*matnāmi*/ **엉덩이, 허리, 엉덩이 위쪽을 받치는 두 근육** 쌍수형

– 단수형은 나오지 않고 1.12:II:38의 쌍수형은 허리를, 1.17:VI:22에서 *qrnt*와 병행하는 쌍수형(?) *mtnm*은 근육을 의미한다.

☞ *mtnt*

– UG §53.222

| 히브 מָתְנַיִם(쌍수형) 엉덩이, 허리, 아람 *matn* 엉덩이(남성/여성명사), 아카 *matnu* 근육, 에티 *matn* 근육

*mtn*₂

/*mâtanu*/ **선물**

– 1.1:V:12.14.25는 *mtn*₁로 볼 수도 있다.

☞ √*ytn*

| 히브 מַתָּן, 페니 *mtt*, *mtn*, 아카 *madattu* 제물

√*mtn*

G/D **기다리다**(?)

– *tmtn* 1.16:I:36

| 어원이 분명하지 않다.

mtnt

(제물로 바치는) **허리 고기/등심** 1.109:7

– 1.87:23과 병행하는 1.41:21을 보라.

– 1.39:2는 *mtntm w kbd*로 읽어 쌍수형 *mtntm* 허리고기/등심 두 개로 이해한다.

– 1.130:4(19)의 *mttm*는, *mt*<*n*>*tm*로 교정

– 참고: **mtn*₁

– UG §53.222

| 시리 *matantā*, 복수형 *matnātā* 허리, 옆구리

mtq

/*matuqu*/ **달다, 달콤하다**

– 여성 쌍수형 *mtqtm* 1.23:50.55

– *mtqt* 4.707:22(*ipdm mtqt*)
| 히브 מָתוֹק, 에티 *mətuq*, 아카 *matqu*

√*mtr* ☞ *šmtr* Š

mtrḫt
/*matrVḫ(a)tu*/; /*mutarraḫ(a)tu*/ **아내, 부인** 1.24:10
– *mtrḫt yšrh* 그의 마음에 쏙 드는 부인이 *att ṣdqh*와 병행 1.14:I:13
– √*trḫ* 혼인하다의 막틸*maqtVl*(?)형 명사 (아카 *marḫītu* 부인), 또는 √*trḫ*의 Dp 분사(신부값을 치른 여인, 혼인할 준비가 된 여인)

mtrn
/*môtrānu*/ **여분, 나머지** 1.162:22
< **mawtrānu*
| 참고: 히브 מוֹתָר 나머지, 이익

mtt
너는 죽었다
– √*mwt* G 어미변화형 1.5:V:17

mṭ
/*maṭṭû*/ **막대기, 지팡이** 1.2:I:9.41&
< **manṭawu*(?)
– *mṭ-m* 막대기로 1.3:II:25
– *uḫry mṭh* 그의 지팡이 끝으로 (그는 일어나서 떠났다) 1.19:III:56
| 히브 מַטֶּה, 아카 *miṭṭu* 신이 사용하는 무기의 일종

*mṭ*ᶜ*t*
/*maṭṭa*ᶜ*(a)tu*/ **경작, 재배, 식물 키우기** 단수형/복수형 1.20:II:7&
< **manṭa*ᶜ*atu*
– 어근 √*nṭ*ᶜ(?)
| 히브 מַטָּע, 중세히브 מַטָּעָה

mṭḫr
뜻과 어근이 분명하지 않다.
– 1.2:I:41을 *mṭḫr* 또는 *mṭ ḫr*로 읽을 수 있다.

mṭr
/*maṭaru*/ **비**雨 1.4:V:6; 1.16:III:5&
– 복수형 *mṭrt* 1.5:V:8(*mṭrtk*)
| 히브 מָטָר, 아랍 *maṭar*

√*mṭr*
G **비가 오다**
– √*hlk*과 병행 1.6:III:6.12
– √*ṭll*과 병행 1.19:I:41
Š 비를 내리게 하다, 비를 선사하다
– 분사 *mšmṭr* 1.174:9
| 히브 מטר, 중셈 √*mṭr*

mṭt
/*ma/iṭṭâtu*/ **침대, 잠자리**
< **manṭawatu*
– *mṭt-h* 침대로가 *arṣh*와 병행 1.14:I:30
| 히브 מִטָּה

mṯ
젊은이, 어린이 1.5:V:22
| 참고: 이집 *mś(w)* 어린이

mṯb
/*môṯabu*/ **사는 곳, 거주지, 집** 1.3:V:39&
< **mawṯabu*
= 음절문자 *mu-ša-bu*
– 복수형 *mṯbt* 자리들 1.16:V:24&
| 히브 מוֹשָׁב, 아람/시리 *mawṯā*, 스바 *mwṯb*, 아카 *mūšabu*

mṯdṯt
/*muṯaddaṯ(a)tu*/ **여섯째 부인/여인** 1.14:I:19
– √*ṯdṯ* Dp 분사

*mṯḫṭ**
/*maṯḫaṭūma*/ 어구漁具의 일종
= 음절문자 *ma-áš-ḫa-ṭu-ma*
– 복수형 *mṯḫṭm*
– 4.689:2의 *mṯ<ḫ>ṭm*는 *mṯṭ*와 관련시킬 수 있다.

√*mṯk*
G (단단히) **잡다, 움켜쥐다, 붙잡다** 1.15:I:1.2
| 히브 מֹשֵׁךְ, 유다아람 √*mšk* 쥐다, 끌다, 아랍 √*msk* 쥐다, 잡다

mṯlṯ
/*maṯli/aṯu*/ **삼분의 일, 1/3** RS 94.2472:14'.15'
– 쌍수형 *mṯlṯm* RS 94.2600:2.6
☞ √*ṯlṯ*

mṯlṯt

/*muṯallaṯ(a)tu*/ **세 번째 부인/여인**
- *mrbᶜt* 등과 병행 1.14:I:16
- √*ṯlṯ* Dp 분사

mṯn

/*maṯnû*/ **둘째 것, 그 밖의 것, 반복** 1.3:IV:31&
= 음절문자 *ma-aš-na* /*maṯnâ*/ 둘째 목적격 RS 16.207:4
< **maṯnayu*
| 히브 מִשְׁנֶה 둘째 가는 것, 둘째, 두 배, 두 곱, 사본, 중세히브 מִשְׁנָה 반복, 사본

mṯnn

'재생/반복'하는 자(편지를 들고 가서 전하는 말을 직접 읽는 사람?) 2.3:21
- √*ṯny*의 변형인 √*ṯnn*의 D 분사

mṯpd

원래 뜻은 대략 **한 발, 보폭**, 길이의 단위
- 쌍수형 (*ṯn*) *mṯpdm* 1.1:III:20; 1.2:III:[3]; 1.3:IV:35
- 이따금 *ṯlṯ mtḥ*와 변행
- 참고: √*ṯpd* (발을) 딛다, 얹다

mṯt

소녀, 처녀 1.14:III:39&
- *mṯ* 젊은이의 여성형

*mṯt**

노櫓
- 복수형 *mṯtm* 4.689:2 이 본문을 *ṯšᶜ mṯtm*으로 읽을 수도 있지만, 본문을 수정해서 *mṯhṯ*로 읽을 수도 있다.
| 히브 מָשׁוֹט 노櫓, 아랍 *miswaṭ* (휘젓는) 나무

mṯyn

너울, 목도리, 스카프 4.146:5
| 외래어. 히타 *maššiya-* + 후리 어미 *-nni*

√*mwt*

G **죽다, 사망하다** 1.5:VI:9&
- 어미변화 1/2 인칭 단수형은 *mtt* /*mâtātV*/
- UG §75.521c
| 히브 מוּת, 셈 √*mwt*

*my*₁

/*māyi*/ **물**水 단수형 소유격 1.19:II:1.6
- 단수형 목적격 *mh* /*māha*/ 1.3:II:38; 1.3:IV:42
- 복수형 사격 *mym* /*mayīma*/ 1.19:III:45.46; 1.19:IV 28.37
- 그 밖에 축약형으로 *mm* /*mêma*/ RS 92.2014:12 (*yšpk kmm arṣ*)
- UG §33.154a
| 히브 מַיִם(복수형 연계상태 מֵי, מֵימֵי), 시리/아람 *mayyā*(복수형), 아카 *māʾu*/*mû*, 아랍 *māʾ*

*my*₂

/*miya*/(?) **누구?** 의문대명사 1.16:V:10&
- *my lim* ··· *my hmlt* (이제) 백성에게 무엇이··· ? ··· 사람들에게서 무엇이 ··· ? 1.5:VI:23f.; 1.6:I:6f.
- 다양한 용법: UG §44.11
| 히브 מִי, 가나 *mī(ya)*

√*myᶜ*, √*mwᶜ*

Gt **물에 담그다, 씻다**
- *tmtᶜ* 1.4:II:6
| 참고: 아랍 *my/wᶜ* G 흐르다, D/사역형 흐르게 하다, 에티 *mᶜw* 젖다, 축축하다

√*mzᶜ*

tD **찢디; 찢기디** 자동사
- 어미변화형 *tmzᶜ* 1.19:I:36&
| 아랍 √*mzᶜ* II. 찢다(타동사)

√*mzl*

G **절뚝거리다, 뒤를 쫓다, 흔적을 쫓다** 1.14:II:46-47
< **zml*
- *mzl ymzl* 1.14:IV:25
| 아랍 √*zml* 절뚝거리다, ···의 뒤를 쫓다, 바짝 따르다

mzn

무게 단수형 1.43:5&
- 쌍수형 *mznm* 저울 1.24:34.35.37
| 히브 מֹאזְנַיִם, 아랍 *mīzān* 저울, 단위, 양, 에티 *mizān*

√*mẓʾ*

G **만나다, 찾다**

– *ymẓa*가 *ymǧy*와 병행 1.12:I:37
– *mẓa-h* 1.12:II:50.51
| 참고: 히브 מצא 도달하다, 찾다, 구하다, 에티 √*mṣ*ʾ 오다, 만나다, 스바 √*mẓ*ʾ 가다, 행진하다, 시리 √*mṣ*ʾ G 할 수 있다, 능력 있다, tG 튀어나오다, 따라잡다

mẓll
/*ma*/*iẓlālu*/ **천장, 지붕, 집**
– 언제나 *mṯb*과 병행 1.3:V:40&
– √*ẓll*
| 참고: 팔미 *mṭlh* 지붕이 있는 회랑廻廊, 아람/시리 *maṭall*^{e}*ṯā* 지붕이 있는 곳, 초막, 아랍 *miẓalla*^{t} (보호가 되는) 지붕

mẓma ☞ √*ẓm*ʾ D분사 1.15:I:2

n 𐎐

-n_1
/-*nā*/; /-*nāy*/ 목적접미대명사 1인칭 통성 단수형
– 참고: 『우가릿어 문법』, 각주 61.

-n_2
/-*nă*/; /-*nê*/ 접미대명사 1인칭 통성 복수형

-n_3
/-*an*(*na*)/ 강조어미
– UG §73.6

-n_4
/-*na*/(?) 강조하는 의존불변화사
– UG §89.1

√*n*ʾ*ṣ*
G **업신여기다, 무시하다** 1.17:I:29&
| 히브 נאץ 경멸하다, 무시하다, 아카 *na*ʾ*āṣu* 낮추어 보다

nad
(물을 담는 가죽) **부대**
– 1.124:5에서 *nad mr*로 나와 mr_1 몰약과 함께 쓰이는데, 문자열이 확실하지 않다.
| 히브 נאד(< **na*ʾ*d*), 아카 *nādu*

nat
사랑스러운(?) 형용사 여성 단수형
– 1.4:V:5은 *rḫ nat* 사랑스러운 혼(?)이지만, KTU^{2}는 *rḫnt*로 읽었다.
| 히브 נָאוֶה, 여성형 נָאוָה 예쁜, 사랑스러운, 잘맞는

nit
/*ni*ʾ*tu*/ 도구의 일종, 아마도 **곡괭이** 여성명사 1.65:13; 4.625; 4.632

= 음절문자 *ni-ʾ-tu*(?)
– 쌍수형 *nitm*
| 어원이 분명하지 않다. 참고: 아카 *nētu* 도구의 일종

nʿl

신발, 샌들(?); **가구의 일종**
– *nʿl il* 1.4:I:36
– 1.107:2.21(?)는 문맥이 끊겼다.
| 히브 נַ֫עַל, 중셈 *naʿl*

nʿm₁

/*naʿīmu*/ **좋은, 즐거운, 유쾌한, 사랑스러운** 1.16:III:7.9&
– 여성형 *nʿmt* 1.14:III:40&; 1.10:II:16; III:10
– 남성 단수형 *nʿmm*
– *nʿm rṯ* 가장 좋은 타액(?) 1.16:V:29
– 명사로 쓰인 *nʿmn* 사랑스러운 이 1.3:I:19
| 참고: 히브 נָעִים, 페니 *nʿm*, 아랍 *naʿīm* 부드러운, 친한, 아랍 *nāʿim* 약한, 섬세한, 가는

nʿm₂

/*nuʿmu*/ **사랑스러움, 아름다움, 우아함** 1.3:III:31
– *tsm*과 병행 1.14:III:41; VI:26.27&
– *tp₂*과 병행하고 3절에 *k ysmsm*가 따른다. 1.96:2
| 히브 נֹ֫עַם

nʿmn

/*naʿmānu*/ **사랑스러운, 사랑스러운 이** 1.14:I:40; 1.17:VI:32; 1.18:IV:14&
| 참고: 히브 인명 נַעֲמָן, 북서셈 인명 *naʿmānu, 아무 인명 *naʿmānu

nʿmt

/*niʿmatu*/(?) **사랑스러움, 호의** 1.23:27; 1.108:27
| 히브 인명 נַעֲמָה I, 비슷한 뜻의 아랍 *naʿmaᵗ*, 아랍 *niʿmaᵗ* 호의, 자애, 선함

nʿmy

/*nuʿmāyu*/ ㉮ (몹시) **아름다운 이**
– 절대최상급 */*ʾanʿamu*/(?)의 형용사의 여성형일 수 있다.
– UG §52.4
또는 ㉯ **사랑스러움** 명사
– *ysmsmt*과 병행 1.17:II:41
– *ysmt*과 병행 1.5:VI:6.28; 1.6:II:19
– UG §91.242a
| 참고: 아랍 *naʿmāʾ* 호의, 자애

√*nʿr*

D **흔들다, 털다** 1.100:65
Dp 털리다, 흔들어 떨어지다 1.132:25
| 히브 נער II G/D 흔들다, 털어내다

nʿr₁

/*naʿru*/ ㉮ **젊은이, 소년, 사내아이**
– *ǧzr* 영웅과 대조된다. 4.102:8&
㉯ **녀석, 종** 1.107:37&
– *bnm*와 병행하는 1.14:II:5는 [*w n*]*ʿrm*로 본다. [ ]*šrm*으로 읽지 않는다.
– *bʿl*과 관련된다. 4.360:5
| 히브 נַ֫עַר

nʿr₂

밀의 일종; 곡식의 일종 4.362:3&; RS 94.2479:15; RS 94.2600:6
| 어원이 분명하지 않다.

nʿrt

/*naʿratu*/ **소녀, 처녀, 계집아이**
– 복수형 *nʿrt*가 *pǧt* 처녀, *aṯt adrt* 노파, 늙은 여인과 대조 4.102:17
| 히브 נַעֲרָה I

nbk, *npk*

/*nab/pku*/ **샘, 원천, 우물**
= 음절문자 *nab/p-ku*
– *nbk* 1.87:35
– *npk* 1.14:V:1&
– *mbk* 샘, 원천
| 참고: 히브 *נֵבֶךְ

nblu

불꽃, 불길
– 여성 복수형 *nblat*이 *išt*과 병행 1.4:VI:23.25.28.30.33
– *nbluh* 1.45:4
– UG 50
| 아카 *nablu* 불꽃, 에티 *nabal*/*nabalbāl* 불꽃

nbt

/*nubtu*/ **꿀** 1.41:21&

– *nḫlm tlk nbtm* 골짜기에 꿀이 흐를 것이다

– *šmn*과 병행 1.6:III:7.13; 1.14:II:19; IV:2

| (중세)히브 נֹפֶת 꿀, 생꿀, 정제꿀(*b/p* 변환)

√*nbṭ*

G **분명하게 되다, 드러나다** 1.4:III:21

| 히브 נבט D/H 보다, 바라보다, 중세히브 נבט H 바라보다, 드러내다, 유다아람 √*nbṭ* 솟아 오르다, 아랍 √*nbṭ* 솟아 나오다, 아카 *nabāṭu* 밝게 빛나다

√*ndb*

G **너그럽다, 관대하다**(?) 1.102:17.21(?); 1.106:3.28

Gt 주다, 기부하다(?)

– 분사로만 나오는 것 같다. ☞ *mtdb*

| 히브 נדב tD 자진해서 기꺼이 하다, 자진해서 주다

√*ndd*$_1$

G **도망치다** 1.4:VI:10; 1.18:I:26

| 히브 נדד I, 중셈 √*ndd* G 도망치다, 피하다, 이리저리 방황하다, 사역형 사냥하다, 위협하여 쫓다

√*ndd*$_2$

G **…을 향해 가다, …에 서 있다** 1.20:II:2&

< **nḏd*

– 또는 √*dwd* N으로 볼 수 있다.

– 어두변화형 *ydd*, *tdd* 1.91:14; 3.9:12

N(또는 '강변화'의 G) 서 있다, (어떤 상황에) 처하다

– 어미변화형 *ndd* 1.3:I:8; 1.23:63

| 아카 *izuzzu* …에 서 있다, 아랍 √*ndd* III. 적대적으로 맞서다

√*ndp*

Š **던지다, 내던지다**

– *abn ydk mšdpt* 네 '내던지는 손'(네 새총/돌팔매질)의 돌들에서 분사형 *mšdpt* 1.14:III:14

| 히브 נדף 흩어 버리다, 에티 √*ndf* 던지다

√*ndr*

G **맹세하다, 서약하다, 약속하다** 1.14:IV:37

< **nḏr*

Gp 약속되다 1.15:III:23

| 참고: 히브 נדר(!), 페니 √*ndr*(!), 아람 √*ndr*, 아랍/스바 √*nḏr*

ndr

/*nidru*/ **맹세, 선서** 1.15:III:26.29

☞ √*ndr*

| 히브 נֶדֶר, 시리 *nedrā*

√*ndy** ☞ *ydy*$_4$

√*ngb*

㉮ Gp (군대가) **준비되다, 무장하다** 1.14:II:32.33; IV:13.14

| 아카(마리) *nagāp/bum* (식량을) 비축하다, 준비하다(?)

또는 ㉯ √*gbb* N

| 중세히브 *גבב, 유다아람 √*gbb* 모으다, 합치다, 줍다, (조세/가격 등) 올리다

√*ngh** ☞ *tgh*

√*ngḥ*

D **찔러 넘어뜨리다** 1.172:8

N 서로 밀치다, 서로 찌르다

– √*nw*^{c} Gt와 병행 1.6:VI:17

| 히브 נגח G/D 찌르다, 찔러 넘어뜨리다

ngr

/*nāgiru*/ **사자, 포고자** 1.16:IV:3.10.11

| 아카 *nāgiru*에서 온 외래어

ngrt

/*nāgir(a)tu*/ **여성 사자/포고자** 1.16:IV:4.8.12

– *ngr*의 여성형

√*ngš*

G **다가서다, 접근하다; 압박하다, 괴롭히다** 1.6:II:21; 1.23:68; 1.114:19

| 참고: 히브 נגשׁ, 아카 *nagāšu* 다가서다, 접근하다, 히브 נגשׂ 억누르다

√*ngṯ*

G/D **찾다, 추구하다** 1.1:V:4.27; 1.6:II:6.27

– 1.12:I:40의 *ngṯhm*은 <*ṯ*> 글자가 보이긴 하지만, √*ngš*로 볼 수 있을 것이다. 1.12는 일부 정서법과 어긋난 표기가 눈에 띄는 문헌이다.

| 아랍 √*nğṯ* 연구하다, 조사하다

√ngw*, *√ngy
G **멀어지다, 떨어뜨리다** 1.14:III:27&
| 아랍 *√nǧw* 달아나다, 벗겨내다, 벗다

√nǧr
G **보호하다, 지키다** 1.6:IV:23.24&
< **nẓr*
– G/N 명령형 남성 쌍수형 ***nǧr*** 주의하라!
1.4:VIII:14
Gt 조심하다, 주의하다
– *ttǧr* 1.92:33
– UG §94-96
| 히브 **נצר** I, 셈(에티 제외) *√nẓr*, 아카 *√nṣr*, 아랍 *√nṭr*, 아랍/고남아랍 *√nẓr*

nǧr$_1$**
/niǧru/ **감시, 지킴**
= 음절문자 *ni-iḫ-rù*
– *√nǧr*의 부정사

nǧr$_2$
/nāǧiru/ **감시자, 지킴이** 1.23:68&
= 음절문자 ^{lú}*na-ḫi-ru[-ma]*
– *√nǧr*의 G 분사

√nǧṣ
G **흔들리다, 비틀거리다, 떨다**
< **ngḏ*
– *tǧṣ* 1.3:III:34; 1.4:II:19
– G(또는 N/D) 어두변화 3인칭 여성 복수형 *tnǧṣn*에서 */n/*이 동화되지 않았다. UG 145
– *√dlp*과 병행 1.2:IV:17.26
| 아랍 *√nǧḏ* 흔들리다, 떨다

-nh
/-anna-hū/; */-anna-hā/*
< 강조 불변화사 *-n(n)-* + 목적접미대명사 3인칭 단수형 *-h*

nhmmt
/nahamâmatu/(?) **잠, 졸음**
– *šnt*과 병행 1.14:I:32.34
– *√nwm*의 카탈탈*qataltāl*형 변화다. UG 276
| 참고: 히브 **תְּנוּמָה** 졸음

nhqt
/nahaqatu/ **당나귀 울음소리** 1.14:III:16&
| 참고: 아랍 *√nhq*

nhr
/nah(a)ru/ **강, 개울, 흐름**
– 쌍수형/복수형 *nhrm*이 *thmtm*과 병행
1.2:III:4&
| 히브 **נָהָר**, 아랍 *nahr*, *nahar*, 아카 *nāru*

nhr °
/nah(a)ru/ 신명 **나하루***Naharu*, 얌무의 별칭

nḥ
*šmn nḥ*로 등장하는데, **돼지기름**, **비계**일 듯하다.
– *šmn rqḥ* 향수와 함께 4.91:4
– *ztm* 올리브와 함께 RS 92.2057:4
| 참고: 아카 *nāḫu* 기름, 돼지기름

nḥl
/naḫḫālu/; */nāḥilu/* **유산 상속인, 상속자**
4.12:2&
| 히브 **נחל**, 아카(마리) *naḫ(ḫ)ālum*, 셈 *√nḥl*

nḥlt
/ni/aḥlatu/ **유산** 1.3:III:27&
| 히브 **נַחֲלָה**, 아랍 *niḥla*ᵗ 제물, 선물

nḥš
/naḥašu/ **뱀** 1.100:4&
| 히브 **נָחָשׁ** I

√nḥt$_1$
D **돌이나 나무를 자르다, 깎다, 형태를 만들다**
1.2:IV:11.18
| 아랍 *√nḥt* D, 아카 *nuḫḫutu*

√nḥt$_2$
D **떨어뜨리다, 낮추다, 내려 보내다, 깊이 스미다**
– 또는 *√nḥt*$_1$
– *[y]nḥtn* 1.17:VI:13(?)
– 또한 1.23:40.43.47에서 *√mnn*와 병행하고 성적 의미를 지닌다
| 히브 **נחת** G 내려앉다, 내려 보내다, 깊이 스미다, D 낮추다, 가라앉히다, 활을 당기다, 아람 *√nḥt* G 내려가다, D, 사역형 내려 보내다, 아래로 던지다

√nḥw, *√nḥy*

G (몸을) **돌리다, …를 향하다**

– *√mǵy*과 병행 1.12:I:35

| 아랍 *naḥā* …를 향해서 몸을 돌려 움직이다, 나아가다

nḫl₁

/*naḫlu*/ **시내**

– 단수형 *nḫl* 1.100:68; RS 94.2965:4.8

– 복수형 *nḫlm*가 *šmm*과 병행 1.6:III:7.13

| 히브 נַ֫חַל I, 아랍 *naḫlā*, 아카 *naḫ(al)lu*

nḫl °

[naḫ^a^l-] 지명 4.243:24; 4.348:11

< **naḫli*

= 음절문자 *na-ḫa-li* 소유격

– 지명 *gt nḫl* 4.296:9

| 참고: 우가 *nḫl₁*

√nḫš

G **물러나다**

– 1.4:VII:32.38.39의 *tḫš*, *tḫšn*은 그 형태로 미루어 보아 *√ḫwš* 서두르다, 물러나다보다는 *√nḫš* 물러나다의 파생어 같다

| 참고: 아카 *naḫāšu* 물러나다

nḫt

/*nûḫatu*/ **휴식처, 의자** 1.1:IV:24; 1.4:I:33; 1.6:VI:24

< **nuwḫatu*

☞ *√nwḫ*

– *ksu*와 *kḫṯ*과 병행 1.6:VI:34

– 1.22:II:18도 *nḫ't*로 읽어야 할 것이다.

| 히브 מְנוּחָה 휴식, 휴식처, 안식처, 아카(마리) *nūḫtu* 휴식, 아카 *nēḫtu*

√nkǵ

G **붉게 칠하다**(?)

– RS 94.2284:20의 *akǵ*는 어두변화형일 듯

| 참고: 아랍 *√nkᶜ*(*nakiᶜa*) 불그레하다, 딸기코를 지녔다, 아랍 *nukaᶜ* 붉은 열매, 붉은색

nkl °

여신의 이름, **닉칼루***Nikkalu* 달의 신月神의 부인 1.24:1&

– 복합명 *nkl w ib*의 앞이름

| < 수메 NIN.GAL

√nkr

G **거리를 두다, 떼어 놓다**(?) 1.100:62

– 또는 *√krr*로 볼 수 있다.

| 참고: 히브 נכר, 셈 *√nkr* 다르다, 낯설다

nkr

/*nukrî*/(?) 소유격 단수형 또는 /*nakaru*/ **낯선 사람, 외국인, 이방인**

< **nukrīyi* 소유격 단수형

– 모두 소유격 단수형과 함께 쓰이고 *ṯn*와 병행 1.14:II:49; IV 28

| 참고: 히브 נָכְרִי, 에마르(서셈 어휘일 것이다) *nikaru* < **nakaru*(?) 낯선 사람, 시리 *nukrāyā*, 낯선 이, 아랍/에티 *nakir* 낯선, 모르는, 아카 *nak(a)ru* 낯선, 적

√nkt

G **때려 눕히다, 도살하다, 희생 제물을 바치다** 1.40:24.33.41&

| 아랍 *√nkt* 때려 눕히다

nkt

도살

– *ṯᶜ*과 병행 1.40:24.33&

☞ *√nkt*

nliym ☞ *aliy* 1.19:II:35

nmr

/*namurru*/(?) **광채, 눈부신 광휘**

– 2.42:9의 *nmr-y*는 *nmr* + 의존불변화사 *-y*, 또는 *nmry* 어근일 것이다.

– *nmrt*의 동의어일 듯

| 참고: 아카 형용사 *namurru* 경외롭게 빛나는

nmrt

/*namurratu*/ **광채, 눈부신 광휘** 1.108:23.25

| 외래어. 아카 *namurratu* 경외로운 광채

nmrt

☞ *√mrr₂* N

– 1.19:IV:33을 *nmrrt*로 읽을 수도 있다.

-nn

/*-ana/innu*/; /*-ana/innā*/

– UG §73.62

< -*n*(*n*)*n* < -*n*(*n*)-*h* 강조하는 불변화사 -*n*(*n*)- + 목적접미대명사 3인칭 단수형 -*h* 곧 -*h*가 앞의 *n*으로 동화되었다.

np
/*nôpu*/ **높은 곳, 언덕**
< **nawpu*
– *np šmm* 1.3:VI:9
| 히브 נוֹף, 아랍 *nawf*

√*npd*
뜻이 분명하지 않다.
– 1.5:I:5에 나오는 *ipdk*의 어근이라고 볼 수 있다.
| 참고: 아랍 √*nfḍ* 구멍내다, 뚫다, 아랍 √*nf/d* I. 다 써버렸다, 낡았다, 사라지다, IV., X. 사용하다, 써버리다. 또는 *ipd*를 명사/형용사로 볼 수도 있다.

√*npḫ*
D **불다**
☞ *mpḫ**

√*npl*
G **떨어지다** 1.2:I:9&
Gt 떨어지다, 죽다 1.14:I:21
Š 떨어지게 하다, 떨어뜨리다, 쳐서 넘어뜨리다 1.92:14
| 히브 נפל, 북서셈 √*npl* 떨어지다

√*npp*
Gt (향수 등을 자신에게) **뿌리다, 치장하다**
– 어두변화형 *ttpp* 1.3:III:1; 1.3:IV:45

√*npr*
G **도망치다,** (새들이) **날아가 버리다** 1.2:I:12(?); 1.19:III:14.28
| 시리 √*npr*, 아랍 √*nfr* 도망치다, 수줍다, 티그레 √*nfr* 뛰어오르다, 날다

npr
새, 조류
– 복수형 *npr*[*m*]이 ʿ*ṣrm*과 병행 1.6:II:37
☞ √*npr*

npṣ
채비, 무장, 갑옷, 옷 4.92:1; 4.107:1&
– *gg* 지붕과 병행 1.17:I:33; II:8.23
| 어원이 분명하지 않다. 의미론적으로 시리 *mā*(ʾ)*nā* 도구, 그릇, 무기, 옷, 탈 것, 상자에 가깝다.

*npš*₁
/*napšu*/ ㉮ **목구멍, 인후; 욕심, 식욕; 영혼, 생명** 여성명사 1.5:I:7&
㉯ **사람, 종, 하인** 단수형으로만 쓰인다 2.38:20; 4.228:1&
| 히브 נֶפֶשׁ, 서셈 *napš*(여성형), 아카 *napištu*

*npš*₂
/*napāšu*/ **붉은** (빛이 도는) **양털**
– ʿ*šrm npš* 20 (세켈의) 붉은 양털 4.91:13
| 외래어. 참고: 아카 *nab/pāsu* 붉은 양털

√*npw*, √*npy*
㉮ G **물러나다, 사라지다**
또는 ㉯ Gp 쫓겨나다, 추방되다
– *w tp mṣqt* 그리고 위기는 사라졌다/물리쳐졌다 1.103+:19 뒤따라 *rǧb* 배고픔이 나온다.
| 아랍 √*nfy/w* 쫓아내다

√*npy*
(곡식을 체로 쳐서) **거르다**
– 1.6:V:16은 일부 글자를 보충하여 다음과 같이 읽어야 할 것이다. ʿ[*lk*] *pht* [*np*]*y* 너 때문에 나는 체로 치는 일을 경험해야 할 것이다 그런데 마지막 단어를 [*dr*]*y*나(☞ √*dry*) [*ṣp*]*y*로 볼 수도 있다.
| 참고: 중세히브 נפה(√*npy*), 유다아람 √*npy*, 아카 *napû*, 에티 √*nfy*, 체로 치다, 아랍 *ṣaffā* D 거르다, 여과하다
– 또한 *npyn*도 고려하라.

npy
/*nôpāyu*/ **만족, 충족**(?) 1.40:2&; 1.84:2&
< **nawpāyu*
– √*ypy* N 부정사

npyn
옷, 의류, 옷감, 천 1.4:II:5.7
| 참고: 페니/푸니 *mph*, 라틴 *mappa*
– 어근을 √*npy* 짜다로 볼 수도 있다.

nq

틈, 균열(?)

- 1.6:II:23에 있는 *b ṯbr nqy*의 원래 뜻은 내 (몸의) 틈새를 열어젖혀로서 내 입의 이빨로와 같은 뜻이다. 하지만 내 (몸의) 틈새가 부수어, 곧 입으로 씹어서로 옮길 수도 있다.
- 1.4:VIII:19-20은 *qnh* 대신 *nqh*로 읽는다. 또는 *ṯbrn qn*-으로 보아 *qn* 갈대, 곧 목구멍으로 볼 수도 있다. Dietrich/Loretz, UF 34 (2002), 109-118

| 참고: 히브 נְקִיק, 에티 *nəqāq* 입구, 틈, 균열

*nqbn**

밧줄, 끈, 안장끈

- 복수형 *nqbnm*가 *gpn* 복수형과 병행 1.4:IV:[6].11; 1.19:II:5

| 참고: 히브 נְקֵבָה (몸을 둘러 맨) 노끈(*b/p* 변환!), 에티 *nəqbat* 짧은 옷, 아랍 *nuqbaᵗ* 옷, 바지

√*nqd* ☞ *nqd*, *mqd*₁

nqd

/*nāqidu*/ 원래 뜻은 **목자**, **목동**인데, 정치적이거나 종교적인 직위로 보인다. 1.6:VI:56; 4.68:71&

- 일반적으로 우가릿어에서 그저 양치기, 목동을 가리킬 때는 *rᶜy*를 사용한다

| 히브 נֹקֵד 양치기, 아카 *nāqidu* 양치기, 아랍 *naqqād*

√*nqh*

G **일어나다, 몸을 들다**(?); **주의하다, 깨어 있다**

- √*qrb*과 병행 1.169:5

| 에티 √*nqh* G 깨다, 일어나다, 낫다, 사역형 일깨우다, 일으키다

nqpnt

돌기, 회전, 선회 복수형

- *ṯmn nqpnt ᶜd*가 *šbᶜ šnt*와 병행 1.12:II:45

| 히브 נקף II(한 해의 절기가) 돌아오다, 회전하다, 히브 תְּקוּפָה 회전, 선회

nqpt

돌기, 회전, 선회 복수형

- 1.23:67에 *ṯmn nqpt ᶜd*로 나오고 *šbᶜ šnt*와 병행 *nqp<n>t*로 교정해야 할 것이다.

☞ *nqpnt*

nr

/*nûru*/; /*nêru*/(?) **빛, 밝음**, (기름)**등잔** 4.284:6; 5.22:4.18

< **nuwru* 또는 < **nawiru*(?)

- *šmn nr* 등잔 기름 4.786:8; RS 94.2479:17

| 참고: 히브 נֵר(< **nawir* ?) I, נִיר, 아카/아랍 *nūr*, 또한 시리 *nuhrā* (파생어근 √*nhr* < **nwr*)

*nrt*₁

/*nûratu*/(?) **등잔**, (하늘의) **빛** 1.2:III:15

☞ *nr*

*nrt*₂

/*nîratu*/ **신개척지, 개간지** **nr*₂의 복수형일 듯 1.16:III:10

| 히브 נִיר II

√*nsᶜ*₁

G **뽑아버리다** 1.2:III:17; 1.6:VI:27; 1.19:III:54

| 참고: 히브 נסע, 페니, 제국아람 √*nsᶜ*, 또한 아랍 *našaᶜa* 찢어버리다, 갈기갈기 찢다, 아카 *nasāḫu* 찢어버리다

√*nsᶜ*₂, √*nšᶜ*

G **지불하다, 값을 치르다** 3.8:12.14; 3.9:10.17

Š 지불하다; 값을 치르게 하다 2.81:24

- √*nsᶜ*₁과 같을 수 있다. 곧 원래 뜻은 뽑아버리다(?)일 수도 있다.

√*nsḫ*

G **뜯어내다, 치워버리다, 지워버리다**

- 1.100:66의 *ysynh*를 *ysḫ*ˡ*nh*로 교정하면, 이 어근으로 (또는 √*nsy/w*로) 볼 수 있다.

| 히브 נסח, 셈(에티 제외) √*nsḫ*

√*nsk*

G **붓다, 쏟아버리다** 1.1:II:20; 1.3:II:40.41&

- 명령형 여성 단수형 *sk* /*sakī*/ 1.3:III:16&

Gp 쏟아지다 1.17:VI:36

D (제물로 바치는 음료를) 붓다 1.82:1

| 히브 נסך, 중셈 √*nsk* 붓다, (제물로 바치는 음료를) 바치다, 아카 *nasāku* 옆으로 던지다

nsk

/*nāsiku*/ **대장장이, 쇳물을 붓는 사람** 4.35:II:8; 4.43:4&

= 음절문자 *na-sí-ku*
☞ √*nsk*

√*nsy*, √*nsw*
G **멀리하다, 제거하다**
– *ysynh* 1.100:66 또는 본문을 수정하여 *ysḫ*[l]*nh*, 곧 √*nsḫ*로 볼 수 있다.
– 참고: 1.9:14의 *ysy*
| 아카 *nesû* D 제거하다

nṣ
/*niṣṣu*/ **매, 솔개** 1.117:10
| 히브 נֵץ(*neṣṣ*) I, 시리 *neṣṣā*

√*nṣb*
G **놓다, 정렬하다, 세우다** 1.17:I:26; II:16
| 히브 נצב N, 중셈 √*nṣb*, 서다, 사역형 놓다, 세우다, 어근의 변화형으로 יצב

√*nṣḥ** ☞ √*ṣḥy*

nṣḥ(*y*)
뜻이 분명하지 않다.
– 1.19:II:36에서 *tliym*/*t*와 병행하는 이 낱말을 KTU[2]는 *nliym*으로 읽었다.
| 히브 נֵצַח I(신의) 광채, 영광, 영속, נֵצַח נְצָחִים 영원무궁, 유다아람 *niṣḥānā* 승리, 아람/시리 √*nṣḥ* 압도하다, 이기다, 빛나다

√*nṣl*
N **절교하다, 인연을 끊다, 물러나다** 1.90:22
| 히브 נצל N 탈출하다, 안전하다, H 구출하다, 해방하다, 중셈 √*nṣl* 제거하다, 해방하다, 구원하다, 아람 √*nṣl* 사역형 제거하다, 구원하다, 아랍 √*nṣl* I. 배반하다, 풀려나다, 해방되다, V. 절교하다

nṣp
/*niṣpu*/ **반半 세겔, 1/2세겔** 단위 4.34:4&
| 히브 금석문 נצף 무게의 단위, 아랍 *ni*/*uṣf* 절반

√*nṣr*
G **날카롭게 외치다, 소리 높여 탄원하다**
– *tṣr* 1.16:II:25.26.34
– 여성형 분사 *nṣrt*가 *bkt*와 병행 1.16:VI:5
| 시리 √*nṣr* (곤충이) 소리내어 울다, 윙윙거리다, 꽥꽥거리다, 날카롭게 외치다, 노래하다, (마술사가) 귀청이 찢어지게 소리지르다

√*nṣṣ*
G **날아가 버리다**(?) 1.117:10
Š **위협하여 쫓다**
– Š 분사 *mšṣṣ*가 √*ṭrd*와 √*grš*와 병행 1.3:IV:1
| 히브 נרץ 멀리하다

*nš**
사람
= 음절문자 [*na*]-[*š*]*u-ma* /*nāšūma*/ 복수형 < *ʾ*unāšūma*(?)
– 음절문자는 복수형태인 *nšm*으로만 나오고, *ilm*와 대조된다. 1.1:III:15; 1.3:III:27&
☞ *bnš*
| 외래어(?) 히브 אֱנוֹשׁ, 아랍 *nās*, *ʾunās*, 아카 *nišū*, 고아람 *ʾnš*, 스바 *ʾns*

√*nšʾ*
G (목소리를) **높이다**
< **nśʾ*
– 이두변화형 *yšu*, *tšu*, *tša*
– 명령형 *ša*, *šu*
– 이따금 √*nšʾ gh*(*m*) 그(녀)의 목소리를 높이다의 형식으로 사용된다. 예: *yšu gh w yṣḥ*
Gt, N **몸을 일으키다, 일어나다**
| 히브 נשא (자음 주의!), 페니/ 고아람/아랍/에티 √*nšʾ*, 아카 *našû*

nšb
맛이 좋은 특정한 짐승의 고기
– *ktp* 어깨와 병행 1.114:10.13
– *ṣlʿt* 갈비와 *bmt* 다음에 나온다. 4.247:18
– 1.1:V:6의 문맥은 끊겼다.
| 어원이 분명하지 않다.

nšg
뜻이 분명하지 않다. ㉮ **직물, 주머니**
– *b nšgh*가 *tʿrt*$_1$ 또는 *tʿr* 칼집과 병행 1.19:IV:45
| 아랍 *nasǧ* 직물, 편물
또는 ㉯ (단검의) **칼집**
| 참고: 아랍 *našaǧ* 운하, 물길

√*nšq*$_1$
G **입맞추다** 1.17:I:39; 1.23:49&

D 쓰다듬다, 친밀히 입맞추다 1.19:II:15.22; 1.22:I:4
| 히브 נשק I, 아람 √*nšq*(G, D), 아카 *našāqu*

√*nšq*₂
G/D 불을 붙이다, 태우다
< **nśq*
– *anšq [b]htm* 1.2:IV:4
| 히브 נשק(자음 주의!) N 불붙다, 타오르다, H 불붙이다, 태우다, 태워버리다, 제국아람/중세히브 נשק H 태우다

nšr
/*našru*/ **맹금, 독수리, 매**(?) 1.2:IV:21&
| 히브 נֶשֶׁר, 아랍 *nasr*, 아카 *našru*

√*nšy*
G **잊다, 망각하다** 1.5:I:26
Š 잊게 하다 1.82:5
| 서셈 √*ns*¹*y*, 아카 *mašû*

ntb
/*natību*/ **오솔길, 좁은 길, 길** 1.17:VI:43.44
| 히브 נָתִיב

ntbt
/*natībatu*/ **오솔길, 좁은 길, 길** 1.119:33&
– 복수형 *ntbt* 도로(의 임차권), 일종의 도로세(?) 4.336:7; 4.388:10
– 4.172; 4.266에도 *miḫd* 항구와 관련하여 비슷한 구문이 나온다. 곧 항구 임차권
| 히브 נְתִיבָה

√*ntk*
G **붓다, 쏟다, 엎지르다** 1.19:II:33; 1.107:17
Gp 부어지다 1.41:12; 1.87:13
N 흘러나가다, 범람하다, (눈물이) 뚝뚝 떨어지다 1.14:I:28
Š 붓다, 뿌리다(?)
– *yštk* 1.6:IV:2.13
| 히브 נתך G 흘러나가다, N 흘러나가다, H 끼얹다, 삼알 √*ntk* 사역형 부어버리다, 아카 *natāku* 똑똑 (방울져) 떨어지다

ntn
부정사로서, 의미는 분명하지 않다.
– *l ntn* ᶜ*tq* 1.16:I:4.18
– 참고: *l bky* ᶜ*tq* 1.16:II:41
– √*ytn* 주다의 파생어일 수 있다.

√*ntr*
G **솟아오르다, 뛰어 오르다** 1.4:V:21&; 1.10:II:11.28.29
Š 몰아내다, 쫓아내다 1.22:I:11
| 참고: 히브 נתר II H

√*nts*
허물다, 쳐서 부숴버리다(?)
– 어두변화형 *its* 1.2:IV:4
| 참고: 히브 נתץ 허물다, 쳐부수다, 히브 נתשׁ, נתס 파괴하다

√*nṭ*ᶜ* ☞ *mṭ*ᶜ*t*

√*nṭṭ*
G **떨다, 흔들리다** 1.3:III:33&
D* 공포스럽게 하다, 덜덜 떨게 만들다
– 1.82:9는 √*nwṭ* 어근에서 파생했을 수 있다.
| 참고: 히브 נוט, 아랍/소코 √*nṭṭ*

√*nṯk*
G **깨물다** 1.107:4
N 서로 물다 1.6:VI:19
| 히브 נשך I, 아카 √*nšk*, 아람 *nkš/t*, 아랍 √*nkṯ* (자위치환)

*nṯk*₁
깨무는 자/것 1.107:35.45
– √*nṯk*의 G 분사

*nṯk*₂
깨물기, 물림 1.100:4&
– √*nṯk*의 부정사

nṯq
던지는 무기의 일종, 히브 נֶשֶׁק I **무장, 무기**와 관련 있는지 확실하지 않다. 1.4:VII:39(?); 4.169:3
| 아카 *nasāku* 던지다, 쏘다 참고

√*nw*ᶜ
Gt **서로 잡고 흔들다**
– *yt*ᶜ*n* /*yittâ*ᶜ*āni*/ < **yintâ*ᶜ*āni*
– √*ngḥ* N과 병행 1.6:VI:16
| 히브 נוע, 서셈 √*nw*ᶜ 움직이다, 흔들거리다,

휘젓다, 또는 √*tᶜᶜ* N 밀다, 찌르다, 아랍 *taᶜtaᶜa* 꽂혀 있다, 흔들다, 밀다, 엉클어뜨리다

√nwb, *√nyb*

㉮ G/Gp **덮여 있다, 드리워 있다**(?)

– *nbt*가 *šmrḫ/gt*와 병행 1.4:I:31

| 아랍 √*nwb* …위로 오다, 닥치다, 엄습하다, 덮치다

또는 ㉯ √*nby* 빛나다, 밝다

| 참고: 아카 *nebû* 밝다, 빛나다

√nwḥ

G **탄원하다, 울다, 한숨 쉬다** 1.15:I:7

| 히브 נוח II 탄식하다, 아랍 √*nwḥ* 탄원하다

√nwḫ

G **편히 쉬다, 휴식하다** 1.6:III:18.19

| 히브 נוח I, 셈 √*nwḫ*

√nwp

Šp **'높이는 제물'로 바쳐지다**

– 참고: *šnpt*(제물의 일종) 1.50:6

| 히브 נוף H 이리저리 움직이다, 흔들거리다, 아랍 √*nwf* 우뚝 솟다, 올라타다

√nwq ☞ *tnqt*

√nwr

G **밝다, 빛나다** 2.13:18; 2.16:9

| 아카 *nawāru*, 아랍 √*nwr* D, 시리 √*nhr* < **nwr*

√nws

G **도망치다, 물러나다** 2.40:15; 1.4:III:5(?)

| 참고: 히브 נוס, 아랍 √*nws* 내몰다

*√nwṭ** ☞ √*nṭṭ*

*√nwm** ☞ *nhmmt*

*√nwq** ☞ *tnqt*

√nwy

㉮ **칭송하다**(?)

– 1.96:1에 나오는 *šnwt*을 Š 어미변화 3인칭 여성 단수형으로 볼 수 있지만, 확실하지 않다.

| 히브 נוה(√*nwy*) II G/H 칭송하다, 꾸미다

또는 ㉯ **가버리다**

| 아랍 √*nwy* 떨어지다, 멀리 가다

또는 ㉰ √*šny/w* G 가버리다(?)

-ny

/*-nāyā*/ 접미대명사 1인칭 통성 쌍수형

– 참고: 『우가릿어 문법』, 각주 64.

-ny-

/*-nay-*/ 의존불변화사 앞에서 사용되는 접미대명사 1인칭 통성 복수형

– *kl-ny-y*, *kl-ny-n* **우리 모두** 1.3:V:33.34; 1.4:IV:45.46

nyr

/*nayyāru*/; /*nay(y)īru*/ **빛, 하늘의 빛** (해, 달) 1.16:I:37; 1.24:16.31; 1.161:19

☞ √*nwr*

| 참고: 아랍 *nayyir* 빛나는, 환한, *an-nayyirān*[i] 빛나는 두 개; 해와 달, 아카 *nannāru* 하늘의 빛들

nzl

저장된 빵/양식, 비축식량(?)

– *klt lḥm-k/h d nzl* 너의/그의 저장된 빵 전부가 *msrr ᶜṣr dbḥ*와 병행 1.14:II:16; III:58

| 아랍 *nuzl* 저장된 식량, 비축식량 또는 알려지지 않은 제물의 일종

p

p$_1$

/*pa*/ **그래서, 그렇다면**

– 의문문에서 약간 다른 느낌으로 **하지만, 그러나, 그런데?** 1.4:IV:59.60&

| 삼알/제국아람 *p* 그리고, 아랍 *fa-*, 스바 *f-* 그래서

p$_2$

/*pû*/ **입, 부리, 주둥이** 1.4:VIII:18&

| 히브 פֶּה, 아랍 *fū*

– *lp* /*li pî*/ …에 따라서, …에 상응하게, …처럼 < 전치사 *l* + *p*

– *u lp* 형태로 여러번 등장한다. 1.40; 1.84

| 참고: 히브 לְפִי, 푸니 *lpy*, 아카 *ana pî*

p$_3$

여기, 이곳 2.10:12(?)

| 히브 פֹּה

palt ☞ *pilt**

pamt

번, 회 복수형 1.23:20&

– 거의 기수 앞에서 쓰인다. 예: *pamt t̲lt̲m* 서른 번, 삼십 회 1.39:20

– 참고: *p*^{c}*n* 발

| 히브 פַּעַם 발, 걸음, 복수형 פְּעָמִים, 페니 *p*^{c}*m* 발, 번, 회(여성 복수형 *p*^{c}*m*ʾ*t*)에서 온 외래어로서, /^{c}/이 소실된 것 같다.

pat

/*pi*ʾ*atu*/ **주변, 구석, 가장자리**

– 단수형 *pat* 4.136:4

– 단수형/복수형 *pat* 1.12:I:35; 1.14:III:1&

| 히브 פֵּאָה I, 아카 *pātu*, 시리 *pa*(ʾ)*tā* (복수형 *patātā*) 구석, 곁; 이마, 얼굴

pid

심장, 마음, 의미

– *d pid* 마음/의미에 있는 이, 곧 이해하는 이 일루의 별칭. 전통적으로 좋으신 분으로 옮겼다.

– *lṭpn il d pid* 1.1:III:21f.&

– *lẓpn il ḏ pid* 1.24:44-45

– *t̲r il d pid* 1.4:II:10&

| 참고: 아랍 *fu*ʾ*ād* 심장

*pilt**

/*pa*ʾ*latu*/ **나뭇가지들** 집합명사 **덤불숲**

– 복수형 *palt* 1.19:II:12&

| 참고: 히브 *פֹּארָה (*r*/*l* 변환)

pit

/*pu*ʾ*tu*/(?) **이마** 1.17:II:9&; 1.103+:11.54

| 아카 *pūtu*, 어원이 *pat* 가장자리(이마)와 같다는 주장이 있다.

p^c*l** ☞ √*b*^{c}*l*, *b*^{c}*l*$_2$

p^c*n*

/*pa*^{c}*nu*/ **발** 여성명사

< **pa*^{c}*mu*

– 단수형 *p*^{c}*n* 1.103+:39

– 쌍수형 *p*^{c}*nm* 1.1:II:1.22&

– 복수형 *p*^{c}*nt* 1.103+:52

– *p*^{c}*nm* 발로, 걸어서 또는 맨발로 1.43:24.25

| 참고: 히브 פַּעַם, 페니 *p*^{c}*m*, 아카 *pēmu*, *pēnu* 넓적다리

√*p*^{c}*r*

(크게) **외치다, 알리다, 선포하다** 1.2:IV:11&

| 히브 פָּעַר, 시리 √*p*^{c}*r*, 아랍 √*fg̃r* 입을 크게 벌리다

pd

/*pôdu*/ **고수머리, 곱슬거리는 털, 털 북데기** 1.19:II:32

< **pawdu*

| 아랍 *fawd*

√*pdd* ☞ √*pwd*

pdr

(성벽이) **강고한**

– ʿ*r*과 병행 1.4:VII:8.10; 1.14:III:7&
| 후리/우라 외래어. 참고: 우라 *pātari*

pdry °
여신의 이름, **피드라유***Pidrayu* 바알루의 딸 1.3:I:23; 1.3:III:6&
= 음절문자 ᵈ*pí-id-ra-i* RS 17.116:3'

√*pdy*
G **몸값을 치르다, 해방하다, 구원하다** 3.4:2.12
| 히브 פדה(√*pdy*), 셈(아람 제외), 아랍 √*fdy*, 스바 √*pdy* 사다, 에티 √*fdy* 되갚다, 아카 *padû* 해치지 않다, 내보내다

pḏ
뜻이 분명하지 않다. /*piḏḏu*/ **순금**(?) 1.2:I:19.35
| 히브 פָּז, 유다아람 *bizzā*, 외래어(?)

pglt
부정한 제물 여성명사 1.4:III:15
– *qlt*와 병행
| 참고: 히브 פִּגּוּל 부정한 제물, 깨끗하지 못한 예물

pǵt
소녀, 처녀 4.102:2&
– *pǵy*의 여성형
| 참고: 히브 פּוּעָה(탈출 1,15) 여성형 인명

pǵt °
여성형 인명, 아크하투의 누이 1.19:I:34&
☞ *pǵt* 소녀, 처녀

pǵy
젊은이, 청년 4.349:4
– *pǵt*의 남성형
– 참고: 음절문자 인명 *pu-ḫi-ya-nu* = *pǵyn* 4.63:III:29&
– DUL 666f

√*phy*, √*phw*
G **보다, 관찰하다, 경험하다** 1.2:I:22; 1.3:I:14&
N 보이다, 나타나다
– *ynphy* /*yinpahiyu*/에서 /n/이 동화되지 않는다. 1.163:12'(5)
| 어원이 분명하지 않다. 참고: 아랍 √*fhm* 경험하다, 인식하다, 이해하다

pḥl
/*paḥlu*/(?) **수말**馬 1.100:1
– ʿ*r*과 병행 1.4:IV:5&; 1.19:I:4&
| 아랍 *faḥl*, 아카 *puḫā*/*īlu* 수레 끄는 말/짐승

pḥlt
암말馬 1.100:1
– *pḥl*의 여성형

pḥm
/*paḥmu*/ ㉮ (밝은 빛을 내며 타는) **목탄** 1.4:II:9; 1.23:41&
㉯ **갈색의** (색깔) 1.163:12.16
㉰ 갈색(으로 염색한) 양털
– 이따금 *iqnu* 청금석, 푸른 염료와 함께 쓰인다. 3.1:22.27&
| 히브 פֶּחָם, 셈 **paḥm*, 에티 *fəḥm*, 아카 *pēmtu*

pḫd
/*puḫādu*/(?) **작은 짐승의 떼/무리, 양 떼, 양들** 집합명사
– *imr b pḫd* 1.17:V:17.23
| 아카 *puḫādu* 양

√*pḫr* ☞ *mpḫrt*, *pḫr*

pḫr
[puhᵘr] /*puḫru*/ **모임, 집회** 1.2:I:14&
= 음절문자 *pu-ḫur* 연계상태
| 아카 *puḫru*, 시리 *puḫrā*

√*pky*
☞ √*bky*
< **bky*
– *tpky* G 어두변화형

pld
옷의 일종 4.4:4; 4.152:7.8&
| 외래어. 참고: 히브 פְּלָדוֹת 복수형(나훔 2,4), 아카 *palādu*

√*plg*
N **갈라지다, 분기하다, 흩어지다** 1.100:69
| 히브 פלג D 나누다, 가르다, N 나뉘다, 아람 G/D √*plg* 나누다, 아랍 √*flǵ*, √*flq* 가르다

plg

/*palgu*/ **운하, 물길**

– *nḫl*과 병행 1.100:69

☞ √*plg*

| 히브 פֶּלֶג I, 셈 *pal(a)g*

plk

/*pilakku*/ **물레가락** 1.4:II:3.4

= 음절문자 *pí-lak-ku*

| 외래어일 듯. 참고: 히브 פֶּלֶךְ I 물레가락, 아카 *pilakku*

√*pll*

G **날이 빠진, 금이 간**; (땅이) **메마른** 1.16:IV:1

| 아랍 √*fll* (칼이) 날이 빠졌다, 금갔다

√*plṭ*

D **안전하게 하다, 해방하다, 구원하다**

– √*ᶜḏr*과 병행 1.18:I:13

N 안전하게 되다, 구원되다 2.82:4.12

| 히브 פלט, 아람 √*plṭ* D 안전하게 하다, 빠져나가다, 구원하다, 아랍 √*flṭ* 빠져나가다, 에티 √*flṭ* 멀리하다

*plṭ***

/*pullaṭu*/ **구원**

= 음절문자 *pu-la-ṭu*

– √*plṭ* D 부정사

√*ply*

뜻이 분명하지 않다. 아마도 **이가 끓다**, (머리카락 사이에서) **이를 찾다**

– *tply* 1.101:5

| 아랍 √*fly* 찾다, 머리에서 이를 찾다, 이가 끓다

pn_1*

/*panû*/ **이마, 얼굴**

< **panawu*

– 복수형으로만 나온다. 절대상태 *pnm*

| 히브 *פָּנֶה, 복수형 פָּנִים

– √*ytn* + *pnm* 얼굴을 '주다' 곧 특정한 방향을 향하다 (그리고 나아가다) 1.2:III:4&

– *l pn* /*li panî*/ … 앞에 = *l*(전치사) + *pn* 1.132:16&

– *l pnwh* 그 앞에서 1.3:I:6; UG 778

– *l pnnh* 그 앞에서 1.3:IV:40; 1.10:II:17; UG 778f.

– *l pnm* 앞으로 부사 1.4:IV:17

| 참고: 히브 לִפְנֵי, 페니/모압 *lpn*, 아카 *lapān*, *ana/ina pān*

pn_2

/*pan-*/ **…을 보고, … 앞에** 1.132:25; 1.82:38

☞ pn_1*

– 참고: *l pn* … … 앞에, *pnm* 얼굴

pn_3

절대 아니!; …않도록, …않게

– 원래는√*pny*의 명령형으로 등을 돌려!의 뜻

– 1.114:12는 절대 안돼! 너희들은 개를 *nšb*-고기로 배불릴 셈인가? 또는 … 그들이 개를 *nšb*-고기로 배불리지 않도록 … 으로 옮길 수 있다.

| 참고: 히브 פֶּן …않도록

pnm

/*panîmâ*/ **… 안으로** 1.16:VI:5

– 참고: *pnm* 얼굴(pn_2)

☞ *l pnm*

pnt

/*pinnatu*/ **귀퉁이, 구석, 끝**

– 단수형 *pnt kslh* 그녀의 허리 구석/끝에 1.3:III:34

– 복수형 *pnth* 등뼈, 척추가 *tmn*과 병행 1.2:IV:17.26

| 히브 פִּנָּה

√*pny*

G **돌아서다, 등을 돌리다, 뒤돌아가다** 1.12:I:33; 1.96:5.6

Dp 치워지다, 버려지다(?)

– *tpnn* 1.104:16

| 히브 פנה(√*pny*), 셈 √*pny/w*, 북부셈 √*pny* 돌아서다, 아랍 *faniya* 치우다, 사라지다, 아카 *panû* 앞으로 가다, 앞으로 나서다, 에티 √*fnw* D 보내다

√*pqd*

G **명령을 내리다** 1.16:VI:14

| 히브 פקד 꼼꼼히 뜯어보다, 시험하다, 명령하다, 아카 *paqādu* 넘겨 주다, 신뢰하다

pqq

개구리(?) 1.114:30

| 신아람 *piqqā* 개구리

pr$_1$

/*pirû*/ **과일, 과실** 1.5:II:5&

| 히브 פְּרִי(접미사 앞에서 -פִּרְי), 페니 *pr*, 시리 *pērā*, 에티 *fəre*

pr$_2$

/*parru*/ **짐승의 새끼, 수송아지** 1.49:9; 1.86:3; 1.105:13; 4.142:1

| 히브 פַּר(*parr*) 수송아지, 시리 *parrā*, *pārā* 짐승의 새끼, 아랍 *furār* 작은 가축의 새끼, 아카 *parru* 양, 새끼염소

√*pr*^{c}

G (병病이) **낫다** 1.124:9

Gt **스스로 물**(이 든 병)**을 끼얹다, 목욕하다**

– √*rḥṣ* Gt와 병행 1.13:19

| 북서셈 √*pr*^{c} G 해방하다, 치유하다, 구해주다, 아랍 √*frǧ* D/사역형 물을 끼얹다, Gt 스스로 물을 끼얹다

pr^c

첫째 가는 것, 최고 1.19:I:18; 1.22:I:23-24 또한 2.31:15&

| 참고: 히브 פֶּרַע 영노사, 시위자, 아랍 *fāri*^{c} 우뚝 솟은 (산)

pr^c*t*

정확한 의미는 논쟁 중이다. 1.4:VII:56; 1.8:II:9

– *pr*^{c}의 여성형이다.

prln

사제 직무의 일종 1.6:VI:55; 1.17:VI:56; 6.47:1

| 외래어. 후리 **f/pur*(*u*)*linni*, 기본이 되는 어휘는 후리 *pur*(*u*)*li* 신전일 듯

√*prq*

G **갈기갈기 찢다, 떼다, 해결하다, 해방하다**

– 언제나 *yprq lṣb w yṣḥq* 1.4:IV:28; 1.6:III:16; 1.17:II:10

| 히브 פרק 찢어버리다, 찢어내다, 해방하다, 셈 √*prq* 찢어버리다, 나누다, 떼다, 아람/시리 √*prq* 멀리하다, 격리하다, 아랍 *faraqa* 나누다, 끊다, 고남아랍/에티 √*frq* 구원하다, 해방하다, 아카 *parāqu* 끊어버리다

*prq**

/*parīqu*/(?) **찢긴**(?)

– √*prq*의 수동형 분사형으로, 형용사로 쓰임

– 여성형 *prqt* 4.205:3.4

– 참고: *prqt*

prqt

단위의 일종

– *t̲lt̲m prqt tyt* '*tyt*-나무/약초'의 30 *prqt* RS 94.2600:9

– 참고: *prq**

| 어원이 분명하지 않다.

√*prr*

G **깨다, 산산조각 내다** 1.15:III:28.30

| 참고: (중세)히브 פרר, 유다아람 √*prr* 사역형 깨다, 못쓰게 만들다, 아카 √*prr* D 녹이다, 흩어버리다

prs, *prš*

/*parīsu*/ 곡식을 담는 단위, 대략 반半 광주리 1.41:23; 1.87:25; 4.225:9&

– 또한 4.392:1도 **말**馬로 읽지 않고, 이 뜻으로 새긴다.

| 외래어. 참고: 아카 *parīsu*

√*prsḥ*

G **추락하다**

– √*qyl*과 병행 1.2:IV:22.25

| 아랍 √*fršḥ*/*ḫ* 다리를 벌리다, 아카 *napalsuḫu* 추락하다, 쪼그리고 앉다

√*prš*

Gp/N **흩어지다, 녹다; 펴다**

– *ḥwtn tprš* 1.103+:53

| 히브 פרשׂ G 펴다, N 흩어지다, 아랍 √*frš* 펴다, 덮다

√*prš*(?)

뜻이 분명하지 않다. **덮이다** = √*prš* 또는 **풍부히 준비되어 있다**

– 1.4:I:35에 *prša* 또는 *pršt*! 형태로 나온다.

| 참고: 아카 *šup*/*barzuḫu* 넘치게 준비하다,

충분히 갖추다

prt

/*parratu*/ **암송아지**

– *ˁglt* 1.5:V:18&

– *pr*₂의 여성형

| 히브 פָּרָה, 아카 ***parratu***

prt̠t

비밀(?) RS 92.2016:16'.20'.21'

| 아카 ***pirištu*** < ****piristu***(?)에서 온 외래어

√psl ☞ *psl*

psl

/*pāsilu*/ **목수, 목공** 4.68:65&

– 석공, 석수라는 뜻은 아직 증명되지 않았다.

– *psl qšt* 활 만드는 목수 4.141:III:18

– *psl ḥẓm* 화살/활촉 만드는 목수 4.141:III:19

– 어근을 *√psl*로 볼 수 있다.

| 참고: 히브 פסל, 아람 *√psl* (돌을) 다듬다, 자르다, 아카 ***pasālu*** 돌다, 회전하다

pslt

다듬은 돌; 목상木像

– *abn l abn w pslt l pslt* RS 92.2016:31''

| 히브 פֶּסֶל, *פְּסִיל (돌이나 나무로 만든) 신상, 우상

pšˁ

/*pa/išˁu*/ **범죄, 유혹, 불의** 1.17:VI:43

| 히브 פֶּשַׁע

√ptḥ

G **열다** 1.23:69-70; RS 94.2965:2

Gp 열리다 1.4:VII:17.19

| 히브 פתח I, 셈 *√ptḥ*, 아카 ***petû***

ptḥ

/*patḥu*/ **문, 입구**

– 복수형 *ptḥm* 4.195:5&

| 히브 פֶּתַח, 시리 ***ptāḥā***, 아랍 ***fatḥ***

√pty

G/D **요구하다, 원하다; 유혹하다**

– *k ypt* 1.23:39

| 히브 פתה(*√pty*) I, 중세히브 פתה(*√pty*) D 설득하다, 유혹하다, 매혹하다, 에티 ***fat(a)wa*** 원하다, 요구하다

*pṭr*₁

뜻이 분명하지 않다. **틈, 균열**(?); **삭제, 해소, 해결** 1.16:VI:8

| 참고: 아랍 ***faṭr*** 금, 틈, 아카 ***paṭāru*** (악, 죄, 병 등을) 해소하다

*pṭr*₂*

/*piṭru*/ **해결, 해소, 단절, 분열**

= 음절문자 ***pí-iṭ-r[ù]***

– *√pṭr*의 부정사

| 참고: 아카 ***piṭru***

pt̠t

/*pit̠tu*/ **아마**亞麻, **아마포로 지은 옷** 4.152:8.9&

| 히브 *פִּשְׁתָּה, 푸니 ***pšt***

√pwd, *√pyd*

Dp* **소진하다, 다 써버렸다,** (옷이) **낡아빠지다** 4.182:61.63

– 또는 *√pdd*

| 아랍 *√fwd* 죽다, 사라지다, 시리 *√pwd*, *√pdd* 사라지다, 가버리다

√pwq

G **찾다, 발견하다, 얻다, …을 가져가다** 1.4:III:[41]; VI:56; 1.5:IV:13; 1.103+:29; 1.107:6

Gt 가지다, 얻다

– *tptq* 1.1:V:27(?)

Š 바치다 1.4:VI:47&

| 히브 פוק II H 도달하다, 얻다, 바치다

pwt

/*puwwatu*/ (꼭두서니에서 추출한) **자주색 염료** 4.182:10

= 음절문자 ***pu-wa-tu***₄ RS 23.368:14' van Soldt, UF 22 (1990), 348.350.

= 음절문자 ***pu-wa-ti*** 소유격 RS 16.110:3'

| 아랍 ***fuwwaᵗ***

pẓǵ

생채기, 상처 *pẓǵm ǵr* 형태로 나온다 1.19:IV:11.22

– *√pẓǵ* 스스로 피부에 상처를 내다, 다치다 G 분사

| 참고: 히브 פצע 상처내다, 다치게 하다, 히브 פֶּצַע 상처, 유다아람 *√psˁ* 가르다, 끊다, 아랍

√*fṣ*ʿ 문지르다, 으깨다

√pẓl

N **물러나다**(?) 1.169:15

| 아랍 √*fṣl* 분리하다, 잘라내다, 멀리 가버리다

q 𐎖

qʿl

산, 산맥

– ***gbl***과 병행 1.3:VI:7

| 아랍 ***qāʿila***^{t} 높은 산맥

√qbʾ

Gp **부름을 받다**

– √***qrʾ*** Gp와 병행 1.161:3&

| 아카 ***qabû***

qbʿt

잔, 컵

– ***qb<ʿ>t*** 1.6:IV:18

– ***ks***과 병행 1.19:IV:54.56

| 히브 *קֻבַּעַת, 아랍 ***qubʿa***^{t}, 신아시 ***qabūtu***, 페니 ***qbʿ***, 제국아람 ***qbʿʾ***, 시리 ***qubʿā***

√qbb

G **구부리다, 굽히다,** (활을) **당기다** 1.17:V:35.36

| 아랍 √***qbb*** II. 반원/아치 모양으로 만들다, 궁륭형 건물을 짓다

qblbl

뜻이 분명하지 않다. ㉮ **묶여 있다, 끈/띠로** (칭칭) **매다** 1.4:I:36

| 참고: 아랍 ***qibāl*** (발가락 사이에 매는) 샌들끈/신발끈, 아랍 √***qbl*** I./III./IV. 샌들을 끈으로 매다

또는 ㉯ (아주) **기분 좋은, 쾌적한**

| 참고: 히브 קִבֵּל, 중셈 √***qbl*** D (기쁘게) 맞다, 받아들이다

√qbr

G (무덤에) **묻다**

– ***yqbr*** 형태가 RS 20.398A.1b:1에도 나온다.

qbṣ
모임, 회중; 씨족, 집안 1.161:3&
– *qbẓ* 형태도 있다. 1.133:13
| 히브 קָבַץ 모으다, 중세히브 קִבּוּץ 모임, 회중

qbẓ ☞ *qbṣ*

√qdm
G **등장하다, 앞으로 나아가다** 1.15:IV:23
D 보여 주다, (희생 제물을) 바치다
– *tqdmn-nn* RS 92.2016:37''
Dp (희생 제물로) 바쳐지다 1.161:30
| 히브 קָדַם, 서셈 √*qdm* 앞서 가다, 앞서 …을 하다

qdm$_1$
/*qadmu*/ **동쪽, 동방; 지난날, 태초** 1.12:I:8
| 히브 קֶדֶם, קָדִים

qdm$_2$
/*qudāma*/(?) ··· **앞에, 앞으로** 1.3:IV:41&
| 아람 *qudām*

qdqd
/*qudqudu*/; /*qadqadu*/ **정수리, 해골**
| 히브 קָדְקֹד, 아카 *qaqqadu*

√qdš
Š **봉헌하다,** (희생 제물을) **바치다** 1.119:30.31
| 히브 קָדַשׁ, 셈 √*qdš* 거룩하다, D/사역형 거룩하게 하다, 봉헌하다, 희생 제물을 바치다

qdš$_1$
거룩한, 신성한 1.3:I:13&
| 참고: 히브 קָדוֹשׁ, קָדֹשׁ, 페니 *qdš*, 또한 아랍 *qa/uddūs*, 에티 *qəddus*, 아카 *qaššu*, *qašdu*, *quddušu*

qdš$_2$
/*qidšu*/; /*qudšu*/ **성소, 거룩한 곳, 신전** 1.3:III:30&
= 음절문자 *qi-id-šu* 성소 RS 20.123+:III:29''
| 중셈 *qudš*

qdš$_3$
/*qadišu*/(?) **봉헌된 자, 바쳐진 사람**
– 제의에 참여하는 직분. 예언 등을 담당했을 듯
– 복수형 *qdšm* 4.38:2&
– *w qdš yšr* 그리고 '봉헌된 자'는 읊을 것이다 1.112:21
| 참고: 히브 קָדֵשׁ I 바쳐진 자, 신전 창녀, 에마르의 직함 *qí-da-šu*

qdš$_1$ °
신명 거룩하신 분 일루의 별칭
☞ *qdš*$_1$

qdš$_2$ °
/*qudšu*/ 신명. 대부분 복합명 *qdš w amrr* 쿠드슈와암루루*Qudšu-wa-Amruru*의 앞이름, 아씨라투의 종. 1.4:IV:16; 1.3:VI:11; 1.4:IV:8.13; 1.123:26

qdšt$_1$
/*qadiš(a)tu*/ **봉헌된 여성, 여사제** 1.81:17
– *qdš*$_4$*의 여성형
| 히브 קְדֵשָׁה, 아카 *qadištu*

qdšt$_2$**
/*qadšūtu*/ **사제직, 사제의 신분**
< **qadišūtu*
= 음절문자 *qa-ad-šu-ut-ti* 소유격
| 외래어(아카?)

√qġw, *√qġy*
G **기울이다, 구부리다;** (귀를) **기울이다, 주목하다**
– *tqġ* 1.16:VI:30.42
| 아랍 √*ṣġw* 사역형 귀를 기울이다, 주목하다, UG 95. 덜 확실하지만 √*yqġ* 깨어 있다와 관련될 수도 있다.

qḥ ☞ √*lqḥ* G 명령형

ql$_1$
/*qâlu*/(?); /*qôlu*/ **소리, 소음, 울림** 1.3:I:20&
< **qawalu* 또는 < **qawlu*
| 참고: 히브 קוֹל, 페니 *ql*, 아람 *qālā*, 에티 *qāl*, 아랍 *qawl* 말, 대화

ql$_2$
/*qallu*/ **노예, 전령** 4.213:27&
| 참고: 히브 קַל(*qall*) 빠른 것(HAL 1029a), 아카 *qallu* 가벼운, 적은, 작은; 노예, 아카 *qallatu* 여성 노예

*ql*ᶜ

/*qil*ᶜ*u*/(?) **방패** 1.162:2; 4.63:I:4&

| 히브 קֶלַע I 물매, 투석기와 관련 없다. 북서셈어를 이집트어로 옮겨 적은 문헌에서 /*qil*ᶜ*a*/

qlql

약초의 일종 1.71:9&

| 참고: 아카 *qulqullânu* 약초/약의 일종

√*qlṣ*

D/G **경멸하다, 비웃다** 1.4:VI:13

– √*wpṯ* D와 병행 1.4:III:12

| 참고: 히브 קלס(자음 주의) D/tD 비웃다; 아랍 √*qrṣ* 꼬집다, 입이 사납다, D (고약한) 우스갯거리로 상처주다

qlṣ

전통적으로 1.3:V:28; 1.18:I:17을 *in b ilht qlṣ-k*로 읽고, **비웃음, 업신여김**으로 새겼지만, 문자열과 보충된 글자들이 확실한 것은 아니다.

– 1.3:V:28은 *qṣ/l*[ ]x로, 1.18:I:17은 *qlṣ*x로 볼 수 있다. 곧 {ṣ} 다음의 글자들이 확실하지 않다.

☞ √*qlṣ*

| 참고: 히브 קֶלֶס 조롱

qlt

상한 것, 질이 낮은 것(?) 1.4:III:15, 굴욕, 치욕 1.6:V:12

| 참고: 히브 קְלָלָה 저주, 시리 *qulqālā* 치욕, 수치, 아랍 *qilla*ᵗ 소수, 적은 수, 부족, 중세히브 קִלְקוּל, 유다아람 *qilqûl* 부식, 상함, 아카 *qulālu* 무시당했음을 증언함

qmḥ

/*qamḥu*/ **밀**(가루) 4.328:1&, **가루, 분말** 1.71:25; 1.85:32

| 히브 קֶמַח ㉮ (밀)가루, ㉯ 아직 완전히 갈지 않은 거친 가루로서 빵의 재료, 셈 *qamḥ*, 아람 *qamḥā* 가루, 아카 *qēmu* 가루, 아랍 *qamḥ* 곡식, 밀. 참고: 에티 *qamḥ* 과일, 생산, *qamḥa* 곡식을 먹다

√*qmṣ*

G **가라앉다**, 뛰다, 달리다

– √*škb*과 병행 1.14:I:35

| 아카 *kamās/ṣu* 가라앉다, 아랍 *qamaṣa* 뛰다, 달리다

qn

/*qanû*/ **갈대, 갈대줄기** 1.17:VI:23; 4.91:10&

< **qanayu*

– 화살갈대 1.17:VI:9.13

– *qn ḏr*ᶜ*h* 그의/그녀의 팔의 '갈대' 1.5:VI:20; 1.6:I:4

– 1.4:VIII:20와 1.6:II:23은 *ṯbrn qn*-로 읽는다.

☞ *nq*

| 히브 קָנֶה, 셈 *qānæh*, 아람 *qanyā*, 아랍 *qanā*(*t*), 에티 *qanot*, 아카 *qanû*

qn ☞ √*qw/yn* RS 92.2014:7

qnim ☞ *iqnu*

qnuym

청금석장이, 푸른색으로 물들이는 사람(?) 2.36+:39

– (*i*)*qnu* 청금석, 푸른빛에 니스바 어미가 붙은 것

√*qnn*

☞ √*qw/yn* RS 92.2014:5.7

√*qnṣ*

Gt **산통을 겪다, 고통을 겪다** 1.23:51.58

| 어원이 분명하지 않다. 참고: √*qlṣ*에서 유래했을 수도 있다. 아카 *kalaṣu* 쭈그러들다, 아랍 √*qlṣ* 오그라뜨리다, 시리 √*glṣ* (이마에) 주름잡히다, (이빨을) 드러내다, 으르렁대다

√*qny*

G **얻다; 생산하다, 만들다, 낳다** 1.10:III:5; 1.14:II:4; 1.17:VI:41; 1.19:IV:58; 1.141:1; 3.9:2

| 히브 קנה(√*qny*), 셈 √*qny* 얻다, 요구하다, 사다, 아람 √*qnw/y* 만들다

qr

소음, 잡음, (짐승의) **우는 소리**

– *mṣlt*와 병행 1.12:II:60

| 히브 *קַר 소음, 중셈/중세히브 קרקר (닭이) 꼬끼오 울다, 울부짖다, 유다아람 (수탉이) 울다, 울부짖다, 아랍 √*qrqr* 으르렁거리다, 울부짖다, (비둘기가) 구구 울다

*√qr*ʾ

G **부르다** 1.4:VII:47

Gp 부름을 받다

– *√qb*ʾ Gp와 병행 1.161:2&

| 히브 קרע, 아랍 *√qr*ʾ, 아카 *qarāʾu*, *qerû*

qrat

/qarīʾatu/ **초대, 만찬** 1.116:2

| 히브 קְרִיאָה, 아카 *qerītu*

√qrb

G **가까이 있다, 가까이 오다, 접근하다** 1.14:I:37&

D 가까이 이끌다, 가까이 가져오다 1.24:27

Š (선물로/희생 제물로) 바치다 1.16:I:44; 1.40:[9].26; 1.87:56

| 히브 קרב, 셈 *√qrb*

qrb

/qarbu/ **내부, 내장**

– 목적격 *qrb /qarba/* … 내부에, … 한가운데에 1.3:V:6; 1.4:IV:22&

– *b qrb* … 내부에, …의 속/안에 1.4:V:14.30.37&

| 히브 קֶרֶב, 아카 *qerbu*

qrd

/qarrādu/(?) **전사, 영웅** 1.119:26.29

– *aliy qrdm* 가장 용맹한 전사, 바알루의 별칭 1.3:III:14&

| 외래어(?). 아카/에블 *qarrādu*, *qurādu*

qrht */qarahātu/* ☞ *qrt*

qrn

/qarnu/ **뿔** 1.3:IV:27&, (기름을 담는) 뿔잔 2.72:27

– 쌍수형 *qrnm*

– 복수형 *qrnt*

– 의미가 전이되어 고기에서 나온 '뿔' 1.103+:11

| 히브 קֶרֶן, 셈 *qarn*

√qrṣ

G (진흙을) **뚝 끊다, 자르다** 1.12:I:11; 1.i6:V:29

| 히브 קרץ, 서셈 *√qrṣ*, 아카 *√krṣ*

qrš

대략 **거주지, 사는 곳, 방; 방, 창고** 1.4:IV:24&

– *ḏd*과 병행

| 참고: 아카 *karāšu* 야영지

qrt, *qryt*

/qarîtu/; */qar(i)yatu/* **도시**

= 음절문자 *qa-ri-t[u₄]*

– 단수형 *qrt* 1.14:III:13&

– 쌍수형 *qrytm*, *qrtm* 1.3:II:7.20

– 복수형 *qrht* 4.95:1; 4.235:1

– 한편 단수형 *qryt*는 언제나 *bt ḫbr*와 병행하고(1.14:II:28; IV:9), 고유명사일 수도 있다.

– *qryt*와 *qrt*에 대해서는 UG §33.444를 보라. 두 단어가 다른 어휘일 수도 있다!

| 히브 קִרְיָה, 아람 *qryh /qiryā/*, *qrītā*, 아랍 *qarya*ᵗ; 참고: 히브 קֶרֶת, 페니 *qrt /qart/*

√qry

G **마주치다, 만나다** 1.3:II:4&

D 마주치게 하다, 데려다 주다, (희생 제물을) 바치다 1.19:IV:29

| 히브 קרה(*√qry*), 제국아람 *√qry*, 에티 *√qry* 사역형 …한 태도로 대하다

qryt ☞ *qrt*

*qṣ*₁

끝, 가장자리, 옷자락

– *sin*과 병행 1.6:II:11

– *qṣ-m arṣ* 땅의 끝(들)이 *ksm mhyt*과 병행 1.16:III:3

| 히브 קֵץ(*qeṣṣ*), קָצָה

*qṣ*₂

잘라진 것, (고기) **덩어리**

– *qṣ mri* 비육한 가축의 (고기) 덩어리 1.3:I:8&

– *√qṣṣ* 또는 *√qṣy* 잘라내다의 파생어

| 참고: 아랍 *qaṣṣ* 작은 살코기 덩어리, 조각

*qṣ*₃

㉮ (고기 덩어리를) **잘라냄, 절단** 부정사

– *ṣḥ l qṣ ilm* 1.114:2; 1.147:12

☞ *√qṣṣ*, *qṣ*₂

또는 ㉯ 소비, 식사

– *√qṣ*ʾ의 부정사

| 아랍 *√qḏ*ʾ 먹다, 소비하다

qṣᶜt

단수형/복수형. 뜻이 분명하지 않다. 무기의 일종
- *qšt* 활과 병행 1.10:II:7; 1.17:V:3&
- 이 낱말의 뜻에 대해 다양하게 제안한다.

㉮ 화살촉 복수형

| 참고: 히브 *קְצַע, 중세히브 קֶצַע, 아랍 √*qṭᶜ* 베다, 가지치다

㉯ 요리사

| 참고: 아랍 *qaṣᶜaᵗ* (나무)그릇/대접,함지

㉰ '굽은 나무', 활

| 참고: 아랍 √*qᶜḏ* (나무를) 휘다, 굽히다

㉱ 둥근 방패

| 참고: 아랍 *qaṣᶜaᵗ* (나무)그릇/대접, 함지
- ㉮는 1.17:VI:24에서 갈대줄기를 언급한 것이 근거다. ㉱의 근거는 4.63에서 활*qšt*과 방패*qlᶜ*가 언급된 것이다. 또한 참고: 4.624:9의 활, 요리사 … 방패들

*qṣḥ**

회향풀의 일종
- 복수형 *qṣḥm*
  mrbᶜ qṣḥm 4.751:8
- [ ]*šk qṣḥm ᶜpᶜpk* RS 92.2016:5
  | 히브 קֶצַח 흑회향

√*qṣr*

G 짧나 1.103+:33

| 히브 קצר II, 중셈 √*qṣr*

qṣr

/*qaṣīr*/(?) 짧은
- 여성형 *qṣrt* 1.103+:39
- *qṣr npš* 영혼이 '짧은'; 낙담한, 빈궁한, 불행한 1.16:VI:34.47
  | 히브 *קָצוּר, *קָצֵר, 아람 *qṣūrā*/*qṣīra*, 아랍 *qaṣīr*, 참고: קצר + נֶפֶשׁ/רוּחַ

qṣrl/*n*

복사뼈

< **qrṣl*/*n*(자위치환)
- 오직 1.103+:10에서 *qṣr*[*l*/*n*]로 나온다.
  | 참고: 히브 קַרְסֹל, 중세히브 קַרְצֹל, קַרְסֹל, 아람 *qars*/*ṣullā*, *qurṣᵉlā* (시리), 아카 *kursinnu* 뼈, 발목관절

qṣrt

/*quṣratu*/(?) 짧음, 조급함
- *qṣrt npškm*/*n* 너희들의 조급함, 너희들의 격분이 *apkm*/*n* 너희들의 분노와 관련된다. 1.40:22&
- 참고: √*qṣr*, *qṣr*
  | 히브 קְצַר רוּחַ 마음의 짧음. 반대말: אֶרֶךְ רוּחַ 마음이 긴, 곧 잘 참는, 침착한
- 다음의 뜻은 가능성이 적다. 응고, 완고함
  | 셈 √*qẓr* 매듭짓다, 묶다, 둥글게 빚다, 아카 *kiṣirtu* 응고

√*qṣṣ*

Š 베다, 자르다, 깎다; 꺾다, 찍다
- 1.23:10은 *yšql*보다는 *yšqṣ*로 읽어야 할 듯
  | 참고: 히브 קצץ I, קצה(√*qṣy*) II, 아랍 √*qṣṣ* 짧게 하다, 가위질하다, 아랍 √*qṣṣ*, 아카 *kaṣāṣu* 갈다, 닦다

√*qṣy*

또는 √*qṣṣ* G 먹어치우다, 소비하다(?)
- 부정사 *qṣ* 1.114:2

qš

/*qašû*/ 병, 잔, 사발, 접시 1.3:V:33; 1.4:IV:45

< **qaśwu*
- 목적격 *qašâ*
  | 히브 *קְשָׂוָה, 에티 *qaśut* (물)그릇

qšt

/*qaštu*/ 활弓 1.10:II:6; 1.17:V:12&

= 음절문자 *qa-aš-tu*₄
- *ksl qšt-* 활시위 1.3:II:16
- 이따금 *qṣᶜt*과 병행
  | 참고: 히브 קֶשֶׁת, 아카 *qaštu*, 에티 *qast*, 아랍 *qaws*

qṭ

/*qiṭû*/ 아마亞麻, 아마포(?) 1.71:14; 1.72:26; 1.85:18; 4.166:5

< **qiṭawu*

| 참고: 아카 *kitû*, 시리 *qe*(*ṭ*)*ṭaw* 아마

qṭn

/*qaṭūnu*/ 얇은, 가는; 작은
- *ḥrš qṭn*(4.47:9)와 *nsk qṭn*(4.44:20&)에서는 생산자

또는 대장장이 (원래는 '가는/작은 것을' 붙는 사람)의 뜻으로, 대략 작은 물건을 만드는 일꾼; 금金 세공업자

– *ḫrš qṭn*에 해당하는 음절문자 $^{\text{lú.meš}}$NAGAR.SIG RS 94.2519:6.19

| 히브 קָטָן, קָטֹן, 셈 √*qṭn* 가늘다, 얇다, 작다

qṭr

/*quṭru*/ **연기, 향, 냄새** 1.18:IV:26.37

– 1.17:I:27에서는 죽은 자의 영혼(?)을 뜻할 수 있다.

| 참고: 히브 קְטֹרֶת 향, 아카 *qutru* 연기, 또한 아랍 *quṭ(u)r* 향나무, 알로에, 에티 *qəttāre* 향, 향료

√*qṭṭ*

D* ㉮ **거짓말을 지어내다**(?) 1.40:31&

| 참고: 아랍 √*qtt*(자음 주의) 속이다, 중상하다, 암하 √*qtt* 사역형 바꾸다

또는 ㉯ **도덕적으로 비난받을 짓을 하다**

| 참고: 시리 √*qṭ*ʾ 사역형 비틀다, 왜곡하다

√*qṯqṯ*

G ㉮ **뼈를 바르다**

– *yqṯqṯ* 1.114:5

| 아랍 √*qsqs*, √*qss*, Tropper, *Aula Orientalis* 20 (2002), 225-229를 보라.

또는 ㉯ **잡아당기다, 끌어당기다**

| 참고: 아랍 √*qtqt*, 중세히브 קִשְׁקֵשׁ, 유다아람 *qšqš* 털다, (밭을) 매다

√*qṯṯ*

G ㉮ **추구하다, 좇다**

| 아랍 √*qss*

또는 ㉯ **잡아당기다, 끌어당기다** 1.2:IV:27

– 참고: √*qṯqṯ*

| 아랍 √*qṯṯ*

√*qwm*

G **일어나다** 1.2:I:21&

| 히브 קוּם, 서셈 √*qwm*

√*qwn*, √*qyn*

D* ㉮ (전갈이 꼬리를 들고) **일어나다**

–또는 √*qnn*

– *l tqnn* RS 92.2014.5

– *qn l tqnn* RS 92.2014.7 유음중첩법

| 참고로 아랍 √*qnn* VIII.(똑바로 서다)는 *qunna*^{t} (산꼭대기)의 파생어일 것이다.

또는 ㉯ (전갈이 몸을) **돌돌 말다**

| 아카 √*k*/*qnn*, 중세히브 כן(√*knn*) D 감다

√*qyl*

G **떨어지다, 넘어지다**

– √*hbr*와 관련되고, √*ḥwy* Št와 병행 1.1:III:3&

Š **쳐부수다, 학살하다** 1.4:VI:41; 1.17:VI:44; 1.22:I:12; 1.107:4

– 1.16:VI:32.44의 *šqlt*은 √*šql*의 파생어일 것이다.

– 1.23:10에서는 *yšql* 대신 *yšqṣ*로 읽어야 한다.

| 참고: 아카 *qiālu* 떨어지다

qym

/*qayyāmu*/ **보조자, 조력자** 1.22:I:5

| 아랍 *qayyām*

qẓ

/*qêẓu*/ **여름, 여름의 수확, 여름 과일** 1.19:I:41&

< **qayẓu*

| 히브 קַיִץ, 중셈 *qayẓ*, 고아랍 *kyṣ*ʾ, 아랍 *qayẓ*

r

√*rʾš*
뜻이 분명하지 않다. 말이 앓는 병을 묘사한다.
- 어두변화형 *yraš*
- √*khp*와 관련된다. 1.71:26; 1.72:36; 1.85:30; 1.97:6

rašm, *rašt* ☞ *riš*

ri ☞ *ru**

rib
/*riʾbu*/(?) **대용품, 대체물; 가격, 가치** 4.386:13(?); 7.217:4
| 아카 *rību* 대체물, 아카 *riābu* 대체하다, 되갚다; 참고: 아랍 √*rʾb* 깁다, 감수하다, 수선하다; 아랍 *rāb* 가치, 가격

ridn ☞ dn_2

rimt
현악기의 일종, 수금(?) 1.3:III:4; 1.7:22
- *knr*와 병행 1.101:17

riš
/*raʾšu*/ **머리, 정수리; 우두머리, 시작** 단수형 1.2:IV:38&
- 복수형 *rišt* 1.2:I:23&, *rašt* 1.2:I:27.29; *rašm* 1.3:III:42; 1.5:I:3
| 히브 רֹאשׁ, 셈 *raʾs*, 아랍 *raʾs*, 시리 *rēšā*, 에티 *rəʾəs*, 아카 *rēšu*, 가나 *ru-šu-nu* /*rōšu-*/ < **raʾšu-* 우리의 머리

riš yn °
달月의 이름으로 원래 뜻은 포도주의 시작 1.41:1&
< *riš* 머리, 시작 + *yn* 포도주

rišyt
/*rVʾšīyatu*/ ㉮ **시작** 1.119:25 낭독이나 암송의 시작을 의미한다.
| 히브 רֵאשִׁית
또는 ㉯ **가장 값진** (기름)
- *riš* 머리, 시작, 꼭대기에 니스바 어미가 붙었다.

*ru**
/*ruʾû*/ **나타남, 보임, 모습**
- 소유격 *ri* /*ruʾî*/ < **ruʾyi* 1.3:I:12
| 히브 רְאִי(< √*rʾy*) 모습

rum
/*ruʾumu*/; /*rûmu*/ **들소, 야생소** 1.5:I:17&
< **riʾmu*
| 참고: 우가 인명 *ru-ʾ?-mu*, 아카 *rīmu*

rʿ
/*riʿû*/(?) **동료, 동지, 친구**
- 언제나 … [인명]… *w rʿh* …와 그의 동료/친구로 쓰인다. 2.15:5&; 4.391:1&; RS 86.2248:2-5
| 히브 רֵעֶה I, 제국아람 *rʿ*, 아카 *rūʿu*

rʿt
우렛소리, 천둥
- *ṯmnt iṣr rʿt* 여덟 개의 천둥 묶음(?)이 *šbʿt brqm*과 병행 1.101:4
| 히브 רֵעַ I 천둥소리, רוע 시끄럽다, 소리지르다

rʿy
/*rāʿiyu*/ **양치기, 목동** 단수형 4.75:IV:9&
- *ṯn rʿy uzm* 거위를 치는 목동 두 명에서 쌍수형 연계상태 *rʿy-* 4.129:1
- 복수형 *rʿym* 4.125:4&
| 히브 רֹעֶה, 제국아람 *rʿyʾ* /*rāʿ(i)yā*/, 아카 *rēʾû*

rb
/*rabbu*/ ㉮ **큰, 커다란** 1.3:I:12&
㉯ **대표, 우두머리, 장** 1.6:VI:56&
= 음절문자 *ra-bu*, GAL-*bu*
- *rb khnm* 대사제 1.6:VI:55
- 참고: rbt_1
| 히브 רַב (*rbb*), 셈 *rabb*

rb °
여신의 이름(?), *Ṭly*의 칭호(*tly bt rb*)

1.3:I:25; 1.3:III:7&

| 어근이 *rbb* 이슬비와 같을 수 있다.

√rb^c_1

D **네 번째로 하다** 1.16:V:16

– 숫자 rb^c의 파생어

√rb^c_2

Š ㉮ **높이 들어 올리다/나르다**(?)

– √*ybl* 나르다와 병행 1.17:V:3.12-13

| 아랍 √$rb^ʾ$ (어근의 셋째 자음이 /ʾ/이다) G (망대에) 높이 올라 엿보다, 높이 오르다, 올리다, 높다

또는 ㉯ 선물로 주다/바치다

| 참고: 아랍 √br^c V. 너그럽게 주다, 선물하다

또는 ㉰ 네 배로 만들다 √rb^c_1

rb^c

/*rābi*

/$rābi^cu$/ **넷째** 서수 1.14:III:2.11&

– *b* rb^c 넷째 (날)에 1.14:IV:46; 1.119:20; 4.279:4

☞ √rb^c_1

rb^ct

사분의 일 세켈, 1/4세켈 4.707:3

– 1.19:II:33-34는 사역형 mrb^ct가 아니라, *km* rb^ct로 읽는다.

– *mlṯ* rb^ct 사분의 일 세켈의 절반 곧 팔분의 일 세켈(?) 4.707:3.12

☞ √rb^c_1

√*rbb* ☞ √*rby*

rbb

이슬비 1.3:II:39.41&

– *ṭl*과 병행

| 히브 רְבִיבִים, רְבִבִים 복수형 이슬비, 봄비

rbbt ☞ rbt_2

√*rbd*

Gp (침대가) **펼쳐지다, 잘 준비가 되다** 1.132:2

| 히브 רבד, 푸니 √*rbd*

√*rbṣ*

눕다, 누워 있다, 야영하다, 쉬다 1.13:9

| 히브 רבץ, 셈(에티 제외) √*rbḍ*

rbṣ

/*rābiṣu*/ **대리인** 4.382:4

| 아카 *rābiṣu* 대리인, 위원

rbt_1

/*rabbatu*/ **여주인, 여성 영도자** 등

= 음절문자 *ra-ba-ti* 소유격

– 원래 뜻은 크신 여인으로서, 흔히 여신 아씨라투의 칭호*rbt atrt ym*에 쓰인다 1.3:V:40&

– 또한 여신 샵슈*Šapšu*의 칭호이기도 하다. 1.16:I:36&

– *rb*의 여성형

| 히브 רַבָּה

rbt_2

/*rabbatu*/ **만**萬, **10,000, 무수**

< **rababatu*

– 복수형 *rbt* /*rabbātu*/ 1.14:II:36&, *rbbt* /*rababātu*/ 1.4:I:28&

– 1.4:I:30의 *rbtm*는 쌍수형이라기보다는 복수형일 것이다.

| 히브 רְבָבָה, 아카(시리아) *ribbatu*

√*rby*

크다 또는 √*rbb*

– 어미변화형 *rbt* 1.4:V:3 너는 크다

| 셈 רבה(√*rby*), רבב

rgbt

흙덩어리, 흙, 진흙(?) 1.92:31; 1.133:19

– $ṣ^c$ *rgbt* 흙이 가득 찬 그릇(?) 1.112:4

| 히브 רְגָבִים 복수형 흙덩어리(?), 유다아람 *rigbā* 흙덩어리, 시리 *rgābā* 진흙

*rgl***

/*riglu*/ **발, 다리**

= 음절문자 *ri-[i]g-lu*

| 아랍 *riǧl*

√*rgm*

G **말하다, 대화하다, 알리다**

– 이따금 √*ṯny*과 병행 1.2:I:33&

Gp 말해지다, 알려지다, 명명되다 1.4:V:12; 1.16:I:20; 1.23:12

| 아카 *ragāmu* 부르다, 법정에서 탄원하다, 아랍/에티 √*rgm* 저주하다, 증오하다

rgm
/rigimu/ **말, 말씀, 소식, 알림**
= 음절문자 *ri-gi-mu*
– 이따금 *hwt*과 병행 1.2:I:42&
– 또한 (동물의) 짖음 1.15:VI:7.13
– *rgm ʿṣ* 나무의 '말씀' 1.3:III:22
| 아카 *rigmu* 부름, 외침

√rğb
G **배고프다, 굶주리다** 1.4:IV:33
– 분사 *rğb*는 *mẓma*과 병행 1.15:I:1
| 참고: 히브 רעב, 에티 *rəḫəba*, 또한 아랍 *rağiba* 희망하다, 원하다. 아람/아카에는 대응어가 없다.

rğb
/rağabu/ **기근, 배고픔, 굶주림**
– *mṣqt*와 관련된다. 1.103+:19
– 1.103+:3(?).5.12에서 등장하는 *rğbn*의 어근을 *rğbn*로 볼 수는 없을 것 같다. 의존불변화사 *-n*, 곧 귀결절의 눈Nun apodoseos이 쓰였을 것이다.
☞ *rğbn*
| 히브 רָעָב, 에티 *raḫa/āb*

rğbn
/rağabānu/ **기근, 배고픔, 굶주림**
– 2.46:11은 *mid-y rğbn-y* 기근이 크다로 읽지, KTU^{2}처럼 *mid-y w ğbn-y*로 읽지 않는다.
☞ *rğb*
| 히브 רְעָבוֹן

√rğn
G **슬프다, 억눌리다, 기가 막히다**(?)
< *√rğm*
– *trğnw*은 어두변화형 3인칭 남성 단수의 장형일 듯 1.100:61
| 히브 רעם I 슬프다, 당황하다, 특히 에제 27,35 רָעֲמוּ פָּנִים '(무서움에) 얼굴이 질렸구나'

√rğṯ* ☞ *mrğṯ*

rḥ$_1$
/rūḥu/ **바람, 숨** 1.5:V:7; 1.18:IV:25.36; 1.19:II:38.43
| 참고: 히브 רוּחַ, 아람 *rūḥā*, 아랍 *rīḥ*

rḥ$_2$
/rīḥu/ **냄새, 연기, 향, 향기** 1.3:II:2
| 참고: 히브 רֵיחַ, 또한 아람 *rīḥat*, 에티 *rəḥe*

rḥ$_3$*
쌍수형 *rḥm /riḥêmi/* **맷돌** 1.6:II:34; 1.6:V:15-16
< **riḥayêmi*(?)
| 히브 רֵחַיִם(쌍수형), 아람 *ri/aḥyā*, 아랍 *raḥā*, 아카 *erû* < **ḫary*(자위치환)

rḥ$_4$ ☞ *rḫ*

rḥb$_1$
넓은, 먼 1.5:III:2(?)
– *rḥb mknpt* 1.16:I:9; II:47 ☞ *mknpt*
| 히브 רָחָב I, 아랍 *raḥb*, *raḥīb*, 에티 *rəḥub*

rḥb$_2$* 또는 ***rḥbt****
(양쪽에 손잡이가 달린 포도주) **잔**
– 복수형 *rḥbt*로만 나오고, 자주 *dkrt* 또는 *kknt*와 병행 1.4:VI:53&; 1.15:IV:5&
| 아카 *rību*, 그릇의 일종

rḥbn °
/raḥbān-/ 라흐바누*Raḥbānu* 강江
– 원래 뜻은 대략 먼 것/강江 RS 92.2016:18'
= 음절문자 *ra-aḫ-ba/bá-ni/na* 소유격
– *b gt mlkt b rhbn* 4.143:1
– 참고: *rḥb*$_1$

rḥbt ☞ *rḥb*$_2$

√rḥm
G **너그럽다, 다정다감하다** 1.16:I:33
| 히브 רחם, 셈/서셈 *√rḥm*, 아카 *rêmu*, 에티 *maḫara*(자위치환) 너그럽다, 자비롭다, 사랑하다

rḥm
/raḥ(i)mu/ ㉮ **모성애, 공감**
– *rḥm ʿnt tngṯh* 아나투*ʿAnatu*의 모성애는 그를 찾는다 1.6:II:5.27
| 히브 רֶחֶם 모태, 아람 *raḥim* 모태, *raḥma*^{t} 자비, 공감
또는 ㉯ **처녀** *rḥm ʿnt* 처녀 아나투
| 참고: רַחַם רַחֲמָתַיִם (판관 5,30)

rḥmy °
라흐마(야)*Raḥmā(ya)*, 여신의 이름, 아씨라투*Aṯiratu*의 별칭 1.23:13.16.24.28(?); 1.15:II:6
– 또한 *rḥm* ° 1.23:13
☞ √*rḥm*

√*rḥq*
G **멀다, 멀리 떨어져 있다** 1.14:III:28; 1.14:VI:14(?); 1.4:VII:5
D 격리하다, 멀리 떨어뜨리다 RS 92.2016:31''f.
Š 멀리 보내다, 떨어뜨리다 1.3:IV:40
| 히브 רחק, 셈 √*rḥq*, 아카 *rêqu*

rḥq
㉮ **먼, 멀리 있는** /*raḥuqu*/(?) 형용사 1.1:III:19; 1.2:III:2; 1.3:IV:34.35
– 복수형 *rḥqm* 1.1:IV:3, 또한 참고: *mrḥqtm*
– *l rḥq ilm* 뜻이 분명하지 않지만 대략 저 먼/멀리 있는 신들에게(?)가 *l rḥq ilnym*와 병행 1.3:IV:35
| 히브 רָחוֹק, 아람 *raḥ(ḥ)īq*, 아랍 *raḥīq*, 에티 *rəḥuq*, 아카 *rêqu*, *rûqu* 먼
또는 ㉯ 먼 곳 명사
| 참고: 시리 *ruḥqā* 먼 곳

√*rḥṣ*
G **씻다** 1.3:II:32&
Gt (자신을) 씻다 1.13:18; 1.14:II:9&; RS 92.2016:12'
D 씻다(?) RS 94.2406:20
– *mrḥṣm* 씻기는 자 D 분사 또는 *maqtal*-형 명사로서 씻는 방들
| 히브 רחץ, 아랍 √*rḥḍ* 헹구다, 씻다, 아카 *raḫāṣu* 물이 붇다; 헹구다

*rḥt**
/*raḥtu*/(?) **손바닥** 1.4:VIII:6&
– 쌍수형/복수형 *rḥtm*
| 히브 רַחַת, 아랍 *rāḥa*[t], 아카 *rittu*

rḫ
혼, 유령, 정신(?)
= *rḫ*(?)
– 1.4:V:5를 KTU[2]는 *rḫnt*로 읽었지만, *rḫ*를 여성명사로 봐서 *rḫ nat* 사랑스러운 혼(?)으로 읽을 수 있다.
| 히브 רוּחַ(여성명사)

rḫnat ☞ *rḫ*, *nat* 1.4:V:5

√*rḫp*
G **날다**
– 오직 여성형 분사형 *rḫpt* /*rāḫip(a)tu*/ 1.108:8
D (이리저리) 날아다니다, 떠돌다
– 이따금 √*bṣr*과 병행 1.18:IV:20.21&
| 히브 רחף D 날다, 떠돌다, 시리 √*rḥp* D 떠돌다, (손을) 흔들다, 악수하다

rk
☞ √*kwr*
– 1.6:V:9를 KTU[2]는 *w rk*로 읽었지만, *w kr*로 읽어야 할 것이다.

√*rkb*
G **올라타다,** (마차로) **가다,** (말을) **타다**
– √*ʿlw/y*과 병행 1.14:II:21; IV:3
| 히브 רכב, 셈 √*rkb*, 에티 √*rkb* 찾다, 도달하다(!)

*rkb*₁
/*rākibu*/ 바알루의 별칭 *rkb ʿrpt* 구름을 타시는 분에서 쓰인다. 1.2:IV:8&; 1.92:37.40
– √*rkb*의 G 분사 능동형
☞ √*rkb*
| 참고: רֹכֵב בָּעֲרָבוֹת(시편 68,5)

*rkb*₂
/*rakbu*/ **수레, 병거, 전차**(?) 1.148:20(?); 5.22:15
| 참고: 히브 רֶכֶב, 고아람 *rkb*, 또한 아랍 *rakb* 기마행렬, 대상隊商

√*rks*
G **묶다** 1.1:V:10&
| 히브 רכס, 아람/아카 √*rks*

rmm
/*rāmim*/ D* 명령형
☞ √*rym*

rmṣt
구워 바치는 제물
– *lb rmṣt* 구워 바치는 제물로 심장을 1.39:9
| 아람 √*rmḍ* 빛나다, 뜨겁다, 굽다, 에티 √*rmḍ*

굽다, 태우다, 중세히브 רֶמֶץ, 유다아람 *ramṣā* 빛이 남아 있는 재

√rnn

D* **크게 외치다, 환호하다** 1.82:6

| 히브 רנן

√rp'

G **치유하다**

– 어두변화형 *trpa* 1.114:28

| 중셈 רפא I 수선하다, 깁다, 치유하다

rpu

/rāpiʾu/ **치유자**; */rapīʾu/* **치유**

– 복수형 *rpum*, *rpim* 1.22:I:21, *rpim qdmym* 고대의 치유(자) 1.161:8

– 왕족의 죽은 조상을 가리킨다. 1.22:I:8&

– 또한 인명의 일부로 사용된다. 예: 암무-라피*ʿmrpi /ʿAmmu-rapiʾ/* 우가릿 임금의 이름

☞ *√rp'*

√rps

G **짓밟다, 유린하다** 1.103+:50(?); 1.176:7

| 히브 רפשׂ, רפס tD 짓밟다(?), 아람 *√rps* 짓밟다, 눌러 찍다, 아랍 *√rfs* 밟다, 아카 *√rps* 치다, 타작하다

*√rpy** ☞ *√trp*

rq_1

/raqqu/ **얇다, 가늘다** 4.205:2.5

| 히브 *רַק(raqq) I, 아카 *raqqu*

rq_2

(얇게 눌린) **판, 접시; 잉곳, 귀금속 덩어리, 괴**塊

– 1.4:VI:34에서 복수형 *rqm*이 *lbnt*과 병행하지만, *rqm*의 {q} 글자가 확실하지 않다.

– 참고: *rq_1*

| 아랍 *raqīqa*[t] 얇은 판, 박편薄片, 박, 아카 *raqqatu* 장식으로 쓰는 금속조각

$rqḥ_1$

/riqḥu/; */ruqḥu/* **향수**

– 언제나 *šmn rqḥ* 향유香油, 향내 나는 기름 1.41:21; 1.148:21; 4.91:5

– *$rqḥ_2$*와의 차이에 대해서는 다음을 참고: 히브 שֶׁמֶן רוֹקֵחַ (코헬 10,1), 5.10:8(?); 4.60:6, רֶקַח 섞은 양념, 히브 רֹקַח 섞은 기름, 혼합향유混合香油, 제국아람 *rqḥʾ*, 아카 *rīqu* 향료, 향유香油

$rqḥ_2$

/rāqiḥu/; */raqqāḥu/* **바르는 혼합향유**混合香油

– 참고: 하지만 *$rqḥ_1$*일 수도 있다.

| 히브 רֹקַח, *רַקָּח, 페니 *rqḥ*, *mrqḥ*(G/D 분사)

√rqṣ

Gt **날렵하게 움직이다, 춤추다** 1.2:IV:13.15.20.23

| 참고: 아랍 *√rqṣ* I. 껑충껑충 뛰며 춤추다, V. 재빠르게 움직이다, 떨다, VI. 껑충껑충 뛰며 춤추다

√ršʿ

G **악행을 저지르다, 불의를 행하다** 1.169:6

| 히브 רשׁע 사악하다, 탓이다, 시리 *√ršʿ* G/사역형 법을 어기다, 에티 *√rsʿ* 잊다, 오류를 저지르다

ršʿ

/rašaʿu/(?) **악인, 악한**惡漢 RS 92.2014:10

| 히브 רָשָׁע 사악한, 악인

ršp °

신명 **라샤푸***Rašapu* 1.14:I:18&; 1.39:4&

√rtq

뜻이 분명하지 않지만 대략 ㉮ **찌르다, 뚫다**

| 시리 *√rtq* 사역형

또는 ㉯ **묶다, 매다, 결박하다**

| 참고: 히브 רתק, 아랍 *√rtq* 꿰매다, 깁다, 수선하다.

– 어미변화 3인칭 여성 단수형 또는 G 분사 여성 단수형 *rtqt*가 *lbšt*와 병행 1.13:24

rṯ

더러움, 진흙

– 언제나 *ṭiṭ*와 병행 1.17:I:33; II:8.23

| 참고: 아카 *rūšu* 더러움, 또한 아카 *rušumtu* 진흙, 아랍 *√rṯṯ* (옷이) 낡다, 해어지다, *raṯīṯ* 오래되어 닳은, 낡아 빠진

√rṯm

치다(?)

– *arṯm pdh* 1.2:I:19.35(?)

| 참고: 아랍 *√rṯm* 입이나 코를 피가 나게

때리다, 아랍 √*rms* … 쪽으로 던지다, 쏘다(자위치환)
- 또는 *arṯ-m*로 분해하여, √*yrṯ*의 파생어라고 볼 수 있다.

rṯt
/*riṯtu*/(?) (어부의) **그물** 1.4:II:32
| 히브 רֶשֶׁת 그물

√*rṯy*
㉮ G **얻다, 취하다, 소유하다**(?) 1.92:29
| 참고: 아카 ***rašû*** 얻다, 획득하다, 시리 √***ršy*** D/사역형 주다
또는 ㉯ ***yrṯ***에서 파생한 명사

√*rwm** ☞ √*rym*

√*rwẓ*
G **걷다** 1.6:I:50
| 히브 רוּץ, 에티/아카 √*rwṣ*, 아람 √*rhṭ*(자음 주의)

√*rym*
G **높다, 높여지다, 탁월하다, 일으켜지다** 1.15:III:13&
D* 똑바로 일으키다, (건물을) 세우다 1.2:III:10&, 향내 나는 제물을 바치다
☞ 파생어 *trmmt*
| 서셈 רום, 북서셈 √*rwm*, 고남아랍/에티 √*rym* 높다, 아랍 √*rym* 가버리다(< 일어나다), 참고: 파생어 ***mrym***(어근의 둘째 자음이 /*y*/이다)

s / *ś* 

√*s*ˀ*d*
G **돕다, 봉사하다**
- 어미변화형 ***sid*** /***sa*ˀ*ida***/가 √^{c}***bd***와 병행 1.3:I:3
- 명령형 ***sad***와 어두변화형 ***tsad*** /***tis*ˀ*ad-***/가 √***kbd*** D와 병행 1.17:V:20.30
- √***s*ˀ*d***는 음성학적 조건(둘째 자음이 /ˀ/)과 의미를 볼 때, 가나안어에서 온 외래어일 수 있다.
  | 참고: 히브 סעד, 서셈 √*s*^{c}*d* 받치다, 강화하다, 돕다, 원조하다(가운데 자음이 /^{c}/임을 주의하라)

sin
/*su*ˀ*nu*/ **가장자리, 옷자락, 술**
= 음절문자 ^{túg}TÙN$^{?}$: ***su-nu***와 같은 의미일 것이다. RS 19.28:2
- ***qṣ***와 병행 1.6:II:10
- UG 155
  | 아카 ***sūnu*** 옷의 조각, 옷의 일부(CAD S, 388b), 참고: 후바빌 ***sunû*** 구리조각, 구리장식(AHw 1059b).

√*s*^{c}*y*
G **달려나가다, 공격하다**
- 모두 ***s***^{c}***t***로 나오는데, 부정사 또는 Gp 어미변화 3인칭 여성 단수형일 것이다. 1.14:III:7.9; IV:51; V:1
  | 히브 סעה(√*s*^{c}*y*) 급격하다, 내닫다, 아랍 √*s*^{c}*y* 걷다, 서두르다, 아카 ***ša*ˀ*û*** 걷다, 시리 √*s*^{c}*y* 갑자기 … 위로 떨어지다, …를 공격하다

√*sbb*
G **돌다, 방향을 바꾸다; 변하다** 1.4:VI:34; 1.16:III:3; 1.19:II:12.19
N 방황하다, …이 되다 1.4:VI:35
| 히브 סבב, 페니 √*sbb* 돌다, 방향을 바꾸다,

고아람 √*sbb* 둘러싸다

sbbyn

검은 애기회향(미나릿과의 약용, 향료용 식물) 4.14:4.9.16; 4.707:8

| 외래어. 참고: 아카 *zibibiānu*

√sbl

☞ zbl_1, zbl_2, zbl_3, *zbln*; *ᶜwr* (병행)

sbrdn

/sabardinnu/(?) **구리 대장장이, 쇠붙이를 만드는 일꾼** 4.337:1; 4.352:6

| 외래어. 아카 *zabardinnu* 또는 *sapardinnu*는 *siparru*(구리)에 + 직업을 가리키는 후리어 어미 *-tenn-*이 붙은 것이다.

sglt

/sugul(la)tu/(?) **소유, 소유물** 2.39:7.12

| 히브 סְגֻלָּה, 유다아람 *s*[e]*gull*[e]*tā*, 참고: 아카 *sikiltu* (몰래) 획득함(동사 *sakālu* [몰래] 얻다), 아카 *sug/kullu*, 아카드어에서 온 외래어일 듯

√sgr

G **닫다, 폐쇄하다** 1.14:II:43; 1.14:IV:21; 1.100:70

| 히브 סגר I, 아람 √*sgr* 잠가버리다, 가두다, 격리하다, 아카 *sekēru* 격리하다, 차단하다

sgr

㉮ **닫음, 자물쇠, 빗장**

– *sgrm* 복수형(?) 4.195:4

㉯ (선사 시대의) **금속바늘** 4.166:6; 4.205:2

| 참고: 히브 סָגוֹר 닫음, 중세히브 סגור, 자물쇠, 아카 *sikkūru* 빗장

sgrt

정확한 의미는 분명하지 않지만 대략 (닫힌) **실내, 방** 복수형/단수형

– *ap sgrt*가 *ḥdrm* 방들 복수형과 병행 1.3:V:12.27

– *sgrt*가 형용사가 아님은 분명하다.

☞ √*sgr*

sǧr*, *śǧr

종, 보조자, 조력자

– *sǧr* 4.129:2&

– *śǧr* 4.277:13&

| 외래어. 참고: 아카 *ṣuḫāru* 노예, 종, 조력자, 후리어를 거쳐 우가릿어에 들어왔을 듯

sk_1

옷의 일종 1.148:19&

| 참고: 히브 סכך G/H 가리다, (옷으로) 덮다

sk_2

덤불 1.169:4

| 참고: 히브 סֹךְ, סֻכָּה 덤불 (사자가 있는 곳)

$sk_{(3)}$ ☞ √*nsk* G 명령형

√skn

㉮ G …을 돌보다, 신경쓰다(?)

– *tskn* 1.73:9(?)

Š **…에게 …을 챙겨 주다, 돌보다, …을 위해 …을 신경 써 주다** 1.4:I:20

또는 ㉯ √*nsk* Š

| 히브 סכן I G 쓸모 있다, H 익숙해지다, 믿을 만하다, 아카(아마르나) 돌보다

skn_1*, *śkn

/sākinu/ (고위직) **관리, 지배인** 2.21:8; 3.1:38; 4.36:3; 4.102:17&

– *śkn* 4.36:3

| 히브 סֹכֵן, 가나 ZU-*ki-ni/a*, 페니 *skn*, 고아람 *skn*

skn_2

(비문이나 부조 등을 새긴 전례용) **돌기둥, 비석** 6.13:1

– *ztr*과 병행 1.17:I:25.44; II:16

| 아카(마리, 에마르) *sikkannu(m)*

skn_3

위험 1.78:6

– *b skn sknm* 위험들의 위험에, 곧 극도로 위태로운이 *b ᶜdn ᶜdnm*과 병행 1.12:II:52

| 히브 סכן I N 위험에 빠지다, 유다아람/중세히브 סכן(√*skn*) G 위험에 빠뜨리다, D 위태롭게 하다

sknt

뜻이 분명하지 않다. **형태, 형상; 잔, 컵** 1.4:I:42

sm*

복수형 *smm /sammūma/* **양념, 향료, 향**

– ᶜṭrṭrt 화환과 병행 1.16:III:10
| 히브 סַם(samm)

smd
뜻과 어근이 분명하지 않지만 **포도주**일 듯
– 1.22:I:19에서 *mrṯ*와 병행하는 *smd lbnn*를 *sm d lbnn*로 읽어 *sm*로 새길 수도 있다.

snnt
제비, 코싸라투*kṯrt* 여신들의 별칭 1.17:II:27&
– 복수형 *snnt*
| 시리 *snunīṯā*, 아랍 *sinūnū*, 아카 *sinuntu*

sp
/*si/appu*/ (반원형의) **그릇, 접시** 1.14:III:44; VI:30; 4.34:3&
– *w arb*ᶜ *spm* RS 94.2284:6
| 히브 סַף I(복수형 *sippîm*, *sippôt*) 그릇, 대야, 아카 *sappu* 쇠그릇의 일종

√*sp*ʾ
G **나누어 먹다, 먹을 것을 권하다,** (동물에게) **먹이를 주다** 1.20:II:10(?)
N(?) 먹다 1.5:I:5; 1.6:V:20; 1.96:3; 1.103+:51
– UG 538
| 중세히브 ספא, 유다아람 √*sp*ʾ 먹을 것을 권하다, 먹을 것을 제공하다, 참고: 시리 √*sp*ʾ (무더기를) 쌓다, 모으다

√*spd*
Š **탄원하다**
– 분사 여성 복수형 *mšspdt* 탄원하는 여인들이 *bkyt*과 병행 1.19:IV:10.21
| 히브 ספד 탄원하다, 아카 *sapādu* 슬퍼하다

spl
/*sa/iplu*/ (구리로 만든 큰) **그릇** 4.123:17&
| 히브 סֵפֶל, 아람 *siplā*, 아랍 *sifl*, 아카 *saplu*, 아카(우가릿)

√*spr*
G **세다, 헤아리다** 1.17:II:43, 암송/낭독하다 1.23:57, 쓰다(?) 2.26:18
Š 헤아리게 하다 1.17:VI:28
N 헤아려지다, 셈해지다 1.4:VIII:8; 1.5:V:15
| 히브 ספר I 세다, 헤아리다, 쓰다, 에티 √*sfr* 재다, 나누다

*spr*₁
셈, 헤아림, 수
– *sprhn*가 *mnthn*와 병행 1.24:45-46
– *d bl spr* 무수無數의가 *d bl hg*와 병행 1.14:II:37
– √*spr*의 부정사

*spr*₂
/*sipru*/ **글, 문헌, 서류, 목록** 1.85:1&
– *spr*₁과 같다고 볼 수 있다.
| 히브 סֵפֶר, 중셈 *sipr*

*spr*₃
/*sāpiru*/ **서기관** 1.6:VI:54&
| 히브 סֹפֵר, 시리 *sāprā*

*spr*₄
/*siparru*/(?) ㉮ **구리, 동**銅(?) 2.39:32
– *spr-n* 2.39:33
| 아카 *siparru*
또는 ㉯ *spr*₃

sprn
글, 목록, 서류(?)
– 3.10:1에서만 나오는데, 오기誤記라고 볼 수 있다(?). *sprn mnḥ*를 *spr d*! *mnḥ* 또는 *sprt*! *mnḥ*로 읽을 수 있다.
– 참고: *spr*₂

sprt
글, 규정, 명령 복수형/단수형
– *k sprt* 이 글에 따라 1.127:9
– 참고: √*spr*
| 히브 סִפְרָה, סֹפֶרֶת, 사마-히브 *sprwt* 글, 성경

spsg, *ṡpṡg*
유리의 일종
– *spsg* 1.17:VI:36; 4.459:4
– *ṡpṡg* 4.182:8
– *sbsg* 4.205:14
| 외래어. 참고: 히브 *סַפְסִיג 반질반질한 것, 히타 *zapzagai-*, *zapza/iki-*, 아카 *zabzabgû*

*sr***
/*sarru*/ **틀린, 그른**
= 음절문자 *sar-rù*

| 아카 *sarru*

√srr

Gt **맡기다, 신뢰하다**(?)

– *ystrn* 1.4:VII:48(?)

| 아랍 *√srr* III/IV …에게 비밀을 털어놓다, 믿고 말하다

srr

㉮ (해가) **짐, 떨어짐**(?)

– *b srr špš* 1.24:3

– *√sw/yr* 가버리다의 D* 부정사로 볼 수 있다.

| 히브 סור

또는 ㉯ 어근을 *√srr*로 볼 수도 있다.

ssn

/sissinnu/ 대추야자 (나무)의 일종

< **sinsinnu*

– 장소격 어미에 의존불변화사 *-m*이 붙은 *ssn-m* 대추야자나무에가 *ʿrʿr-m*와 *yblt-m*와 병행 1.100:66

| 히브 *סַנְסִנָּה(오직 복수형), 아카 *sissinnu*

ssw, šśw

/sus(s)uw-/(?) **말**馬 1.14:II:3; III:24.36&

– 복수형 *sswm*

– *šśw* 1.71:2&

| 참고: 비非셈 어원의 외래어. 히브 סוּס, 시리 *susyā*, 아카 *sisû*

sswt

말에 관한 것, 말 사육

– 6.63:3의 *rp sswt*은 *rb sswt*으로 읽어야 한다, 곧 말 사육 전문가

| 참고: *ssw* 말, 고아카 *rabi sisî* 말 사육 전문가

√swr, √syr

G **거리를 두다, 등을 돌리다; 열다, 시작하다**

– 분사(?) *syr* 2.40:14

D*은 *b srr špš*에서 볼 수 있다 1.24:3

| 히브 סור 비키다, 물러나다, 가버리다, 빗나가다, 아랍 *√syr* 시작하다, 열다, 가다, 여행하다

ṣ 

ṣat

/ṣiʾatu/ **나감, 솟음,** (해가) **떠오름** 1.3:II:8, 표현, 말하기 1.4:VII:30

– *√yṣʾ* G 부정사

– *ṣat špt* 1.16:I:35

– *ṣat špš* 해가 떠오름, 해뜸, 곧 동쪽, 반대편은 *ḫp ym* 바닷가

| 참고: 히브 צֵאת, 에티 *ḍaʾat*, 아카 *ṣītu*

ṣin

/ṣaʾnu/ **작은 가축** (떼) 곧 양 떼, 염소 떼 여성명사 1.4:VI:41&

< **šaʾnu*

| 히브 צֹאן, 가나 *ZU-ú-nu*, 시리/아람 *ʿānā*, 아랍 *ḍaʾn*, 아카 *ṣēnu*

ṣʿ

/ṣāʿu/(?) **그릇, 껍데기** 1.3:II:32; 1.4:I:41&

– *ṣʿ rgbt* 흙이 가득 찬 그릇/껍질(?) 1.112:4

| 유다아람 *ṣāʿā* 대접, 에티 *ṣəwwāʿ* 잔, 컵, 아랍 *ṣāʿ* (곡식 등을 재는) 단위의 일종

√ṣbʾ ☞ *ṣbia*, $ṣbu_1$

ṣbia

/ṣabīʾa/ 목적격. 특이한 정서법은 ☞ $ṣbu_1$

$ṣbu_1$

/ṣabīʾu/ ㉮ 언제나 *ṣbu špš*로 쓰여 **해돋이, 일출**

– 정서법에 주의: *ṣbu* 1.41:47&, *ṣbi* 1.19:IV:47, *ṣba* 1.16:I:36&

–또한 *ʿrb špš* 해떨어짐, 일몰과 관련된 *ṣbia* 1.15:V:19

– *√ṣbʾ*

| 참고: 아랍 *√ṣbʾ* (별이) 뜨다

또는 ㉯ 전통적 의미로 해넘이, 일몰
| 참고: 아랍 √ḍbʾ 두터워지다, 처박히다, 에티 √ṣbʾ 그만두다, 끝나다, 사라지다

ṣbu$_2$
/*ṣabaʾu*/ **군대, 큰 무리** 주격 4.40:1&
– *ṣbu ṣbi* 굉장히 큰 무리 1.14:II:33
– *ǵzr*와 병행 1.3:II:22
| 히브 צָבָא 군대, 아카 *ṣābu* 사람(들), 군인(들), 참고: 고남아랍 √ḍbʾ, 에티 √ṣ/ḍbʾ 싸우다

ṣbr
/*ṣibbīru*/ 경작지의 일종, 4.375:3&; 4.375:1
= 음절문자 *ṣí(-ib)-bi-ri* 소유격
– UG 169f.
| 아카 *ṣipp/bbiru*

ṣbrt
떼, 무리, 공동체 1.3:V:37; 1.4:I:8&
| 히브 צִבֻּרִים (복수형), 유다아람 *ṣibbûrāʾ*, 아랍 *ṣubra*ᵗ 더미, 참고: 고아카 *ṣubrum* (집안) 노예

√*ṣby*, √*ṣbw*
희망하다, 원하다, 동경하다
– *tṣb* 1.17:VI:13(?)
| 아람 √*ṣby*, 아카 *ṣabû* …하려 하다, 희망하다, 원하다, 아랍 √*ṣbw* 사랑받다

ṣd
/*ṣêdu*/ **사냥감, 수렵물,** (사냥감으로서) **야생짐승** 1.17:V:37-39; 1.22:I:11
< **ṣaydu*
– 1.14:II:26; IV:8은 *bm ṣd*-가 아니라 *b mṣd*로 읽는다.
| 히브 צַיִד I 사냥, 사냥감, 야생짐승, 아람 *ṣaydā* 사냥, 사냥감, 아랍 *ṣayd* 노획물

ṣdq$_1$
/*ṣidqu*/ **정의, 올바름**
– *yšr*과 병행 1.14:I:12
| 히브 צֶדֶק, 서셈 *ṣidq*, 아람 *zi/edqā*

ṣdq$_2$
㉮ /*ṣaddīqu*/; /*ṣadu/ūqu*/ **올바른, 정의로운** 2.8:5
– *mlk ṣdq* 2.81:2&
| 히브 צַדִּיק, 페니/푸니 *ṣd(y)q*, 아무 *ṣadu/ūq*
또는 ㉯ *ṣdq*$_1$

ṣdynm °
지명 **시돈**
– 쌍수형 /*ṣidiyānāmi*/, 곧 (두 구역으로 이루어진) 시돈 시市 두 구역 (곧, 전부)를 의미하거나, *ṣdynm*를 복수형의 민족명으로 이해해서 시돈 사람들, 시돈인들로 새길 수 있다.
– *ilt ṣdynm*가 *aṯrt ṣrm*와 병행 1.14:IV:36.39

√*ṣǵd*
G **걷다, 보행하다**(?) 1.10:III:7; 1.23:30
| 히브 צעד 걷다, 아랍 √*ṣʿd* 올라가다, 아랍 √*ḏǵd* 목조르다, 누르다

ṣǵr
/*ṣaǵīru*/(?) **작은** 1.9:18&
– 여성형 *ṣǵrt* 작은 여인, 제일 어린 계집 1.15:III:16; 1.24:50
– 남성 복수형 *ṣǵrm* 어린 계집 아이들 1.6:V:4
| 히브 צָעִיר, 푸니 *ṣʿr*, 아랍 *ṣaǵīr*, 아카 *ṣeḫru*

ṣǵrt
㉮ **어린 나이, 연소, 어린 시절** 1.10:III:26
☞ *ṣǵr*
| 히브 צְעִירָה
또는 ㉯ 여성형 형용사

√*ṣhl*
G **빛나다, 비추다, 환하다**
– √*šmḫ*과 병행 1.17:II:9
| 히브 צהל II, 중세히브 צהל, 유다아람 √*ṣhl*

√*ṣḥḥ** ☞ √*ṣḥy*

√*ṣḥq*
G **웃다, 재미있다** 1.4:V:25&
Š 웃기다, 농담하다, 비꼬다 2.25:5
| 히브 צחק, שׂחק, 아랍 √*ḍḥk*, 시리 √*gḥk*

√*ṣḥrr*
G **붉다, 검붉다; 메마르다, 무덥다** 1.3:V:17&; 1.23:41.45.48
| 중셈 √*ṣḥr* 붉다, 아랍 XI. *ʾiṣḥārra* 붉다(바싹 마른 풀의 빛), 형용사적 변형: 히브 צְחֹרוֹת, 아람, 아람*ʾaṣḥar*

√ṣḥy, √ṣḥḥ, √ṣwḥ, √nṣḥ
식사하다(?)
- *šir l šir yṣḥ* 고기가 한 조각씩 먹혔다(?) 1.6:II:37 물론 이 문맥에서 √ṣyḥ 부르다로 이해할 수 없다.
| 참고: 아랍 √ḍḥy/w D 희생 제물을 바치다

*ṣlᶜ**
/*ṣilaᶜu*/ **갈비**
- 복수형 연계상태 *ṣlᶜt* 4.247:16
| 히브 צֵלָע I, 아카 *ṣēlu*, 아랍 *ḍil(a)ᶜ*

√*ṣll* ☞ *mṣlt**

ṣlm
/*ṣalmu*/ (신의) **그림, 우상, 석상** 1.13:18&
- 복수형 *ṣlmm* 1.23:57
| (중세)히브 צֶלֶם I, 페니 *ṣlm*, 아람 *ṣalmā*, 스바 *ṣlm*, 아카 *ṣalmu*, 아랍 *ṣanam* 우상

ṣlt
/*ṣalâtu*/(?) **기도** 1.119:34
☞ √*ṣlw/y*
| 시리 *ṣlotā*, 아랍 *ṣalāh*, 스바 *ṣlt*, 에티 *ṣalot*

√*ṣlw*, √*ṣly*
D (맹세하며) **간청하다, 애원하다, 맹세하다**
- *yṣly* 1.19:I:39
| 아람 √*ṣly* D 기도하다, 아랍 √*ṣlw* D 기도하다, 에티 √*ṣly* D 기도하다, 아카 *sullû* 간청하다

ṣly
/*ṣilyu*/(?) **맹세, 기도** 1.27:6
= 음절문자 *ṣi-il-yu*ˀ
- 참고: *ṣi-il-ya-[tu₄]* 저주
| 아카 *sul(l)û* 간청, 기도

ṣm
/*ṣômu*/ **단식**
- *ẓm*과 같을 듯
- *lḥm ẓm* 1.169:7
- 1.111:2에 나오는데, 문자열이 확실하진 않다 *ṯlṯ ymm l ṣˀmˀ yᶜrb* … 또는 … *l lǧz yᶜrb*
| 히브 צוֹם, 시리 *ṣawmā*, 에티 *ṣom*

√*ṣmd*
G **묶다, 매다,** (가축에) **재갈을 물리다** 1.4:IV:5.9
- √*mdl*과 병행 1.19:II:4.9
- √ˀ*sr*과 병행 1.20:II:3
- √*zbr*과 병행 1.23:10
☞ 파생어 *ṣmd₁*
| 히브 צמד H, 셈 √*ḍmd*, 아람 √*ṣmd*(!) 매다, 재갈을 물리다

ṣmd₁
/*ṣimdu*/ (수레 등을) **끄는 가축 무리** 4.367:10&, (바퀴 등의) **쌍** 4.88:1&
| 히브 צֶמֶד(< **ṣimd*), 시리 *ṣemdā*, 에티 *ḍəmd*, 아카 *ṣimdu* (가축 등으로 만든) 띠; 무리, (수레 등을) 끄는 가축 무리

ṣmd₂
곤봉, 몽둥이 1.2:IV:15.23; 1.6:V:3&
- *ṣmd₁*와는 의미가 다르다.

*ṣmq**
/*ṣu/immūqu*/ **건포도**
| 복수형 *ṣmqm* 1.71:24&
| 히브 צִמּוּקִים 말린 포도알, 건포도

√*ṣmt*
D **침묵시키다; 파괴하다** 1.2:IV:9&
| 히브 צמת D/H 파괴하다, 침묵시키다, 아람/아랍 √*ṣmt* D 침묵시키다
- 또는 어근으로 분리하여 √*ṣmt₁* 침묵하다, √*ṣmt₂* 파괴하다, 멸하다

ṣnr
(돌로 지은) **수로**水路, **물길, 도랑**
pslm ṣnr 수로를 만드는 자(?) 또는 인명 4.370:45
| 히브 צִנּוֹר 운하, 물길, 아람 *ṣinnôrā* 도랑, 관

ṣp
/*ṣapû*/ **눈빛, 봄**; (눈의) **깨끗함, 맑음, 빛남**
< **ṣapw/yu*
- 1.14:III:45의 *b ṣp ᶜnh*에서는 소유격 /*ṣapî*/
| 히브 צפה(√*ṣpy*) 살피다, 보다; 아랍 *ṣafw* 깨끗함, 순수함, 아랍 √*ṣfw* 맑다, 깨끗하다, 밝다

ṣpn °
/*ṣapānu*/ **차파누**Ṣapānu **산**, 곧 차폰 산, 곧 카시우스 산山*Mons Casius* 바알루가 사는 곳

| 히브 צָפוֹן II

ṣpr

뜻이 분명하지 않다. *klb ṣpr*를 대략 **정찰견**(?)으로 이해한다 1.14:III:19; 1.14:V:12

- *klb ṣpr* 호각의 개, 곧 호각 소리에 복종하는 개; 짖는 개

| 아랍 √*ṣfr* 휘파람/호각을 불다, (사이렌이) 울리다, 짖다.

- *klb ṣpr* 묶인 개, 곧 집 개

| 아랍 √*ṣbr* 묶다, 잘 참다

√*ṣpy*

Gp(또는 상태동사의 G) (보석으로) **치장하다, 장식하다** 4.167:2.6

- 어미변화 3인칭 남성 단수형 *ṣpy*

| 히브 צפה(√*ṣpy*) II D 씌우다, 입히다

*ṣpy**

/*ṣapī/ūyu*/ **치장한, 장식한**

- 남성 복수형 *ṣpym* 4.167:4
- 여성 복수형 *ṣpyt* 4.167:2
- √*ṣpy*의 G 분사 수동형

ṣr

뜻이 분명하지 않다. ㉮ **눌림, 억압, 공포, 근심**

| 히브 צַר, צרר I

또는 ㉯ **적, 적대**

| 히브 צרר II

- 1.3:V:8에 나오는데, 전통적으로 이 단어를 *mṣr*로 읽었다. 하지만 {m}은 바로 앞 단어인 *šnm*에 속하는 것으로 보인다. 따라서 1.3:V:8f.는 *ṣr* [*t*]*bu*로 읽어 억압되어/근심에 싸여/맞서면서 그녀는 들어섰다로 새길 수 있다.

ṣr °

지명 **티로** /*ṣurru*/ 2.38:3&

☞ *ṣrm*

ṣrdt

자유인의 부인

- 복수형 대명사접미상태 *ṣrdth* RS 94.2168:9.26 (*bn ṣrdth, bn amhth*)

| 참고: 아랍 √*ṣrd* 미혼이다, 자유롭다

√*ṣrk*

G **부족하다, 없다; 약하다, 쇠약하다**(?)

- *šb*^{c} *šnt yṣrk b*^{c}*l* 1.19:I:43

| 히브 *צֹרֶךְ 필요, 중세히브 צרך, 유다아람 √*ṣrk* 부족하다, 필요하다, 시리 √*ṣrk* …이 없다, 아랍 √*ḍrk*, 또한 가난하다, 고바빌 *ṣarākum* 깨졌다

ṣrm °

지명 **티로**

- *aṯrt ṣrm*가 *ilt ṣdynm*와 병행 1.14:IV:35.38
- 쌍수형일 듯 /*ṣurrāmi*/ (두 구역으로 이루어진) 티로시市의 두 부분 또는 복수형으로 된 민족명 티로인, 티로 사람
- 참고: *ṣr* °

ṣrp

붉은 색

- *abn ṣrp* **명반**明攀, 붉은색 염료로 사용되는 유황복염硫黃復鹽 4.182:10&

| 아카 *ṣerpu* 붉은 색, 붉은 (빛이 도는) 양털

√*ṣrr*$_1$

G **좁다, 비좁다; 포함하다, 포위하다** 1.14:III:29&

| 히브 צרר I, 셈 √*ṣrr*

√*ṣrr*$_2$* ☞ *ṣr*, *ṣrt*

ṣrrt

복수형, (차파누 산) **꼭대기, 정상, 성채** 1.3:I:21&

- 참고: √*ṣrr*$_1$

| 히브 מְצוֹר, מְצוּרָה 성채, 요새

ṣrry

뜻이 분명하지 않지만, 아마도 **정상, 꼭대기**

- 언제나 *bd aṯt ab ṣrry* 1.16:I:5.19; 1.16:II:42
- 참고: *ṣrrt*

ṣrt

/*ṣarratu*/ **적, 적수, 원수** 1.2:IV:9; 1.3:III:37

- *ib*과 병행 1.3:IV:4.6
- 어근을 √*ṣrr*$_2$로 볼 수 있을 것이다.

| 히브 צָרָה, צרר II, 셈 √*ḍrr*, 아랍 √*ḍrr*

ṣṣ

/*ṣîṣu*/(?) **소금밭, 염전** 4.340:1&

= 음절문자 *ZI-ṣú-*(*ú-*)*ma* 복수형

| 히브 צִיִּן

ṣt

옷의 일종

– *yd ṣth* 그는 그의 옷을 벗었다가 *yd mizrth*와 병행 1.17:I:13.14

| 관련어가 분명하지 않다. 참고: 히브 סוּת, 페니 *swt* 옷

√*ṣwd*, √*ṣyd*

G **떠돌다, 사냥하다** 1.5:VI:26; 1.6:II:15

– 이따금 √*hlk* Gt와 병행 1.17:VI:40&

| 히브 צוּד, 아람/시리 *ṣwd*, 아랍 √*ṣyd*, 아카 *ṣâdu*

ṣwdt

/*ṣawwādatu*/(?) **여성 사냥꾼**

– *ˁṯtrt ṣwd[t]* 1.92:2

| 히브 צַיָּד, 아카/중셈 *ṣayyād* 사냥꾼

√*ṣwḥ** ☞ √*ṣḥy*

√*ṣwq*, √*ṣyq*

Š **궁지에 몰아넣다, 위협하다, 압박하다** 1.6:II:10

| 히브 צוּק, 아랍 √*ḍyq*, 아랍 √*ˁwq*, 아카 *ṣiāqu* 좁다

√*ṣyd*

G **먹을 것을 주다, 식량을 준비하다** 1.114:1

| 참고: 히브 צַיִד; 아랍/아랍 √*zwd* D, 아카 *ṣadû* D 식량을 준비하다

√*ṣyḥ*, √*ṣwḥ*

G **부르다, 외치다** 1.1:II:17; 1.4:IV:30&

– √*nšʾ g*- (그의) 소리를 높이다 뒤에서 *y/tšu gh w y/tṣḥ*의 구문으로 자주 사용된다.

– 그리고 자주 √*qrʾ*와 병행 1.5:I:22f.

| 히브 צוח(어두변화형 יִצְוָחוּ 이사 42,11) 아랍 √*ṣyḥ* 크게 외치다, 시리 √*ṣwḥ* G(어미변화형 *ṣwaḥ*) (찢어지게) 소리치다, D 크게 외치다

š 𐎌

š

/*šû*/ **양**羊

< **śuwu*(?)

– 쌍수형/복수형 *šm* 1.39:2&

| 히브 שֶׂה(자음 주의), 아카 *šû*(*šuʾu*), 아랍 *šāʾ*(집합명사로 단수취급 *šāʾ*, 복수형 *šiw/yāh*)

√*šʾb*

G (물을) **뜨다, 긷다, 푸다**

– 분사 *šib* /*šāʾibu*/ 물 긷는 사람

– *šib mqdšt* 신전/성소에서 물 긷는 사람 4.609:15

– 어싱형 *šibt* 1.12:II:60; 1.14:V:1; 1.14:III:9

– 6.25:2는 *šab*이 아니라 *šal*로 읽어야 할 것이다. ☞ *ša/il*$_2$

– 참고: *šab*, *šib*

| 히브 שׁאב, 바빌 *sâbu*(자음 주의)

√*šʾl*

G **묻다, 질문하다**

– 부정사 *šal* 1.14:I:38

– 어미변화형 *šil-n* RS 94.2284:9

Gp 질문을 받다

– 어두변화 1인칭 공통 단수형 *ušal* /*ʾušʾalu*/ RS 94.2284:8

Gt (꼬치꼬치) 캐묻다, 탐색하다

– *tštil* 2.17:17

– *yštal* 또는 tD 2.42:23; 2.70:10.12

Š 보증하다; 빌려 주다 2.18:5

| 히브 שׁאל, 셈 √*s*^{1}*ʾl*

√*šʾr*

Gt **남아 있다, 남겨져 있다,** (아직) **그대로 있다**

– 어미변화형 *ištir* 1.18:IV:15; 2.72:33; 4.290:3; RS 94.2284:19

– 참고: 『우가릿어 문법』, §74.5 Gt; UG 528-9
| 히브 שׁאר G 남다, 남아 있다, N 남겨져 있다, (제국)아람 √*šʾr* G 남아 있다, 그대로 있다, tG 남겨져 있다, 아랍 *saʾira* 남아 있다

√*šʾy** ☞ *šiy*

ša ☞ √*nšʾ* G 명령형

šal$_1$
/*šaʾālu*/ **질문** 1.14:I:38
– √*šʾl* G 부정사

šal$_2$*, *šil**
3.3:5에서 복수형 *šalm*으로 나오는데, 두 가지 가능성이 있다.
㉮ /*šiʾa*/*ālūma*/로 읽어 (법적) **요구, 요청**
– 단수형 *šil* /*šiʾlu*/ 또는 *šal* /*šiʾālu*/
| 참고: 아랍 *suʾāl* 질문, 요구
㉯ /*šaʾʾālūma*/로 읽어 **요청자**, 곧 법적 요청을 제출하는 사람
| 두 해석 모두 √*šʾl*의 명사형인데, 전자는 행위를, 후자는 행위자를 의미한다.
– 또한 다음을 보라. *spr šalʾ mqdšt* 신전을 조사하는(?) 문서 6.25:1-3, 또는 이 문자열을 *spr šab mqdšt*로 읽어 … 신전에서 물 긷는 자

šib(1)
/*šiʾbu*/ **물 긷기, 물 푸기, 물 뜨기** 1.16:I:51
– √*šʾb* G 부정사

šib(2)
√*šʾb*의 분사
– 여성형 *šibt*

*šil**
/*šiʾlu*/ **질문** 부정사 2.63:8
– 복수형 *šalm* 3.3:5
☞ *ša*/*il*$_2$
| 참고: (중세)히브 שְׁאֵלָה, 시리 *šelṯā*, 에티 *səʾlat*

*šin**
쌍수형 *šinm*으로 **신발, 샌들** (한 켤레) 1.86:27; 1.164:2
– 1.48:5의 *šaʾn*은 복수형 *šant*의 오류일 듯.
– 4.392:2의 *šant*는 다른 뜻이다.
| 히브 סְאוֹן 장화(자음 주의), 아카 *šēnu* (굽이 높고 끈을 매는) 신발, 장화, 시리 *sʾūnā* 샌들(역시 자음 주의).

šir$_1$
/*šiʾru*/ **고기, 식육** 1.96:3(?); 1.82:9; 1.103+:11
= 음절문자 *ši-i-ru*
– *mnt*과 병행 1.6:II:35.37
| 히브 שְׁאֵר, 푸니 *šʾr*, 아카 *šīru*

šir$_2$
들/밭/토지 등 땅을 재는 단위 4.282:5&
| 어원이 분명하지 않다.

šiy
살인자, 도살자(?)
– *špk km šiy dm*(*h*)가 *km šḥṭ l brkh*와 병행 1.18:IV:23.35
– √*šʾy**의 명사형이거나, √*šwʾ*에 니스바 어미가 붙었다.
| 참고: 아랍 √*swʾ* (*sāʾa*) 나쁘다, 악하다, *sayyiʾ* 악한, 나쁜 놈(자위치환?)

šu ☞ √*nšʾ* G 명령형 남성 단수형

šʿr
/*šaʿru*/ ㉮ **털, 양피, 양털** 눈 녹은 찬물에서 헹군 양피 1.19:II:2.6
< **śaʿru*
– 참고: *šʿrt*
| 히브 שֵׂעָר(자음 주의), 아랍 *šaʿr*
또는 ㉯ *šʿr* 보리
– 참고: *šʿrm*

šʿrm
/*šuʿāru*/(?) **보리** 복수형 4.14:1.7.13&
< **suʿāru*(?)
| 히브 שְׂעֹרָה(복수형 שְׂעֹרִים), 시리 *sʿārṯā*(복수형 *sʿārê*), 아랍 *šaʿīr*

šʿrt
[šaʿᵃrtu] **털, 생양털** 4.46:4&
< **śaʿratu*
= 음절문자 *šá-ḫar-tu*
– 참고: *šʿr*
| 히브 שַׂעֲרָה(자음 주의), 아랍 *šaʿraᵗ*

š^{c}tqt °

여성형 신명 1.16:VI:1.2.13

– √^{c}*tq* Š의 파생어라고 볼 수 있는데, 그 뜻으로 높이다(아카 *šūtuqu* 지위/격이 높다, 우가 *š^{c}tq* 2.82:5 참고), (질병을) 일시적으로 지나가게 하다, 예방하다

šb

/*ši/abû*/(?) **포로, 죄수**

< **ši/ab(ī)yu*

– 단수형 대명사접미상태 *šby*-, 곧 *šbyn* 우리 죄수들 1.2:IV:29.30

– 복수형 *šbm*가 *mdnt* 항복한 자들과 병행 1.3:II:16

| 히브 שְׁבִי, 아람 *še/ibyā*

√*šb^c$_1$*

G **배부르다, 만족하다, 넉넉히 가지고 있다** 1.3:II:19.29; 1.17:I:31&

< *śb^c**

D 만족시키다, 배불리다 1.4:VII:51-52

| 참고: 히브 שׂבע(자음 주의) D/H, 아카 *šebû* D, 아람 *šabi^{c}a* D

√*šb^c$_2$*

D **일곱 번째로 하다**

– √*t̠dt̠* D와 병행 1.16:V:20

– *šb^c$_2$* 일곱의의 파생어

šb^c$_1$

/*šub^{c}u*/ **배부름, 만족**

< **śub^{c}u*

– *škr*$_2$과 병행 1.114:3.16

☞ √*šb^c$_1$*

| 히브 שֹׂבַע(자음 주의)

šb^c$_2$

/*šab^{c}u*/ **일곱** (개)**의, 7의**

– 참고: √*šb^c$_2$*

šb^c$_3$

/*šābi^{c}u*/ **일곱째**(의 것/사람) 1.14:III:4

– 여성형 *šb^{c}t* 1.19:IV:15

šb^c$_4$

/*šabū^{c}u*/ **일곱, 7**

– *b šb^c ymm* 날日의 일곱에 그런데 *šb^c$_3$*으로 이해하여 날의 일곱째에로 새길 수도 있다. 뜻은 큰 차이 없을 것이다. 곧 일곱째 날에 1.4:VI:32&

– *b šb^c šnt* 해年의 일곱에, 곧 일곱째 해에 1.6:V:8; 1.19:IV:17

| 히브 שָׁבוּעַ, 아람 *usbū^c*

šb^{c}id

일곱 번, 일곱 배 2.12:9&

– *šb^{c}d* 형태도 있다 1.23:12.14&

šb^{c}d ☞ *šb^{c}id*

šb^{c}m

/*šab^{c}ūma*/ **칠십, 일흔 70** 1.4:VII:10&

šb^{c}r

㉮ (말 등 타는 짐승들을 몰거나 부릴 때 쓰는) **고삐**(?) 1.4:IV:16

– √*b^{c}r*$_3$ Š 부정사

또는 ㉯ 횃불

– 참고: √*b^{c}r*$_1$

šbḥ ☞ *špḥ*

šblt

/*šub(b)ul(a)tu*/ **이삭**

– *bṣql*과 병행 1.19:II:20&

| 참고: 히브 שִׁבֹּלֶת, 아카 *šubultu*, 아랍 *sunbulat* < **subbulat*(자음 주의)

√*šbm*

Gt **재갈을 물리다**(?)

– *ištbm* 1.3:III:40

| 아랍 √*šbm* 염소의 입에 재갈을 물리다

šbm

재갈(?) 1.82:8

☞ √*šbm*

šbt

/*šêbatu*/; /*šîbatu*/ **흰머리; 나이듦, 노령**

< **śaybatu*

– *šbt dqn*- 1.3:V:2&

| 참고: 히브 שֵׂיבָה, 아카 *šībtu*, 아람 *saybūtā*/*sêbūtā*(*qatlat*형), 에티 *śibat*(*qitlat*형). 모두 자음 주의.

*šby**
– *šbyn* 1.2:IV:29.30
☞ *šb*

$\check{s}d_1$
/*šadû*/ **땅, 들** 1.6:II:34&
= 음절문자 *ša-du-ú*
< **śadawu*
– 복수형 *šdm* 1.3:III:17&
| 히브 שָׂדֶה(대부분 복수형 שָׂדוֹת 자음 주의), 아카 *šadû* 산, 스바 s^2dw 산(?)

$\check{s}d_2$
/*šiddu*/ 길이의 단위
| 아카 *šiddu*

√*šdd*
D* **파괴하다, 괴멸시키다** 1.103+:37.35
N 가져가다, 꺼내가다(?) 4.272:1
| 히브 שׁדד, 에티 √*sdd*

šdmt
경작지, 계단식 밭, (계단식) **포도밭** 1.2:I:43; 1.23:10
| 히브 שְׁדֵמָה

√*šdy*, √*šdw*
G **쏟아버리다** 1.6:IV:18
Gt 쏟아졌다; 쏟아지다(?) 1.6:IV:25
| 아람 √*šdy*

šgr
(작은 가축들의) **한 배의 새끼, 새끼**(?) 1.5:III:16.17
| 히브 שֶׁגֶר

*šhr***
/*šiharu*/ (초승달 모양의) **낫**(?)
= 음절문자 *ši-a-ru*?

šḥlmmt
죽음의 가장자리/끝, 죽음의 강가(?)
< *šḥl* + *mmt* 또는 *šḥl-m* + *mt*(?)
– *šd šḥlmmt*이 (*arṣ*) *dbr*와 병행 1.5:V:19; 1.5:VI:7.30&
| 어원이 분명하지 않다. 참고: 아랍 *sāḥil* 바닷가, 강가, *mamāt* 죽음

šḥr °
신명, 복합명 *šḥr w šlm*의 앞이름 1.23:52.53; 1.100:52; 1.107:43; 1.123:11

šḥt
덤불, 관목
– *ʿṣ*과 병행 1.100:65
| 히브 שִׂיחַ I, 푸니 *šḥ*, 아랍 *šīḥ*

√*šḥy*
Št (몸을 깊이) **굽히다**(?) 1.82:11
| 히브 שׁחה(√*šḥy*) 굽히다, 꿇다

√*šḫn*
G **덥다, 뜨겁다**
N 데워지다
– 어두변화형 *yšḫn* 1.12:II:38
– 1.161:18에 G/N 명령형 *išḫn*으로 두 번
– UG 426f.
| 히브 *שׁחן(자음 주의), 셈 $s^1\underline{h}n$

√*šḫṭ** ☞ *šḫṭ*, *mšḫṭ*

šḫṭ
/*šāḫiṭu*/(?) ㉮ **도살자, 살인자**(?)
– *šiy*과 병행 1.18:IV:24.35
– √*šḫṭ**의 부사형
| 참고: 히브 שׁחט I 도살하다, 죽이다, 아카 *šaḫāṭu* 찢어버리다, 갈기갈기 찢다
또는 ㉯ **도살, 죽임**

√*škb*
G **눕다; …와 성적 교접을 하다** 1.5:V:19&
| 히브 שׁכב, 셈 $√s^1kb$

√*škḥ*
G **찾다**(?) 2.74:13
N 발견되다 2.38:15
| (제국)아람 √*škḥ* 찾다

škllt
완성, 끝(?) 1.16:II:28
| 참고: 아카 *šuklultu* 완성, 종결, 유다아람 *šaklûlā*, 중세히브 שְׁכְלוּל

√*škn*
G **거주하다, 살다** 1.14:II:51; 1.14:IV:29&
| 참고: 히브 שׁכן, 중셈 $√s^1kn$, 아카 *šakānu*

(멀리) 놓다, 앉히다

√*škr*

G **종/품팔이꾼을 고용하다, 부리다, 빌리다** 1.14:II:45; IV:23

< **śkr*

| (중세)히브 שׂכר(자음 주의), 페니 √*škr* 삯을 주고 고용하다, 빌리다

škr$_1$

/*šakīru*/ ㉮ **삯꾼, 하루품팔이꾼** 1.14:II:44; IV:22

< **śakīru*

| (중세)히브 שָׂכִיר(자음 주의)

또는 ㉯ √*škr* G 부정사 절대상태

škr$_2$

/*šukru*/ **만취, 대취, 취함**

– *šbʿ*$_1$과 병행 1.114:4.16

| 참고: 히브 שֵׁכָר, 아랍 *sukr*, 셈 √*s¹kr* 취하다, 만취하다

škrn

/*šakarānu*/ **만취, 대취, 취함**

– √*šbʿ*$_1$ + *yn*과 병행 1.17:I:30; II:19-20

– 참고: *škr*$_2$

| 히브 שִׁכָּרוֹן

√*šlḥ*

G **손을 뻗다, 던지다** 1.15:IV:24

D 넘겨 주다, 인도하다, 던지다 1.17:VI:28

| 참고: 히브 שׁלח, 가나 √*šlḥ*, 또한 아카 *šalû* 던지다, 내던지다

šlḥ

대략 ㉮ **던지는 무기, 창**(?) 1.14:I:20

– 참고: √*šlḥ*

| 히브 שֶׁלַח I 무기의 일종

또는 ㉯ **물길, 도랑, 운하**

| (중세)히브 שֶׁלַח III, 아카 *šiliḫtu* 운하, 측설운하側設運河

√*šll*

G **전리품을 챙기다, 빼앗다, 약탈하다**

– *šl hw* 2.61:6

| 히브 שׁלל II, 아카 √*šll*, 아랍/스바 √*ṯll*(자음 주의)

√*šlm*

G **완전하다, 거룩하다, 평안하다** 2.4:4&

D 완전하게 하다, 평안을 지키다, 배상하다, 메워 주다, 갚아 주다, 보답하다 4.398:6.7; 평화를 주다, 평화로운 상태를 지키다 1.111:23; 2.11:9&; …와 평화조약을 체결하다 1.103+:54; 되갚다

Š (강제노동의 형태로) 배상하다, 되갚다 4.95:1

N (지극히) 평화로운 상태에 머무르다 4.328:2&

| 히브 שׁלם, 셈 √*s¹lm*

šlm$_1$

/*šalāmu*/; /*šulmu*/ **평화, 거룩함, 치유** 1.23:7; 1.161:31-34&

– 편지의 *ʿm(n)* … *kll* (*mid/midm*) *šlm*의 형식에서 *šlm*은 명사, 곧 *šlm*$_1$, 또는 상태동사의 어미변화형이 될 수 있다. 2.11:11&

| 히브 שָׁלוֹם, 아랍/에티 *salām*, 아카 *šulmu*

šlm$_2$

제물의 일종

– *arbdd*과 병행 1.3:III:16&

– 복수형 *šlmm*가 제의문헌에 매우 자주 나온다. 1.39:4&

– *šmn šlm*은 *šlm*-제물의 기름 또는 *šlm*$_1$ 또는 *šlm*$_5$으로 볼 수 있을 듯 1.3:II:32; 1.7:21; 1.101:14; 1.119:24

| 히브 שֶׁלֶם 대부분 복수형 שְׁלָמִים

šlm$_3$*

공물, 선물 1.14:III:26-27&

– 복수형 *šlmm*

– 어근은 *šlm*$_2$와 같을 것이다.

| 참고: 아카 *šulmānu* 인사, 선물

šlm$_4$

/*šu/illūmu*/ **지불, 보답** 4.342:5(?)

– √*šlm* D 부정사

| 참고: 히브 שִׁלּוּם

šlm$_5$

/*šalimu*/(?) (완전히) **지불한, 보상한** 4.226:1-9

– 쌍수형 *šlmm* 4.226:10

| 히브 שָׁלֵם I

šlm °

/šalimu/ ㉮ 신명 **샬리무**

㉯ 복합명 *šḥr w šlm*의 뒷이름 1.23:52.53; 1.100:52; 1.107:43; 1.123:11

☞ *šḥr*

= 음절문자 ^{d}*Sa-li-mu* 1.39:8&

√šlw

평온하다, **근심 없다**, **쉬다**, **휴식하다**(?)

– 1.14:III:45(?)의 *ašlw*를 *√lwy* Š으로 이해할 수도 있을 것이다. 그렇다면 본문을 수정하여 *t'šlw*

| 참고: 히브 שׁלה(√šly) 휴식하다, 형용사 שָׁלֵו 방해받지 않는, 근심 없는, 시리 *√šly* 평온하다, 휴식하다, 아랍 *√slw* 잊다

šlyṭ °

신명, 머리 일곱 달린 괴물의 이름

– *bṯn*과 병행 1.3:III:42

– *ltn*과 병행 1.5:I:3.29

| 어원이 분명하지 않다.

šm

/šu/imu/ **이름** 1.1:IV:14&

– 복수형 *šmt* 1.2:IV:11&

| 히브 שֵׁם I, 셈 *šm*, 아랍 *šmā*, 아랍 *ʾism*, 에티 *səm*, 아카 *šumu*

šmal

/ša/imʾalu/ **왼쪽**, **왼쪽으로** 1.103+:11; 왼손

– *šmal-h*가 *ymn*와 병행 1.2:I:40

| 히브 שְׂמֹאל, שְׂמֹאול, 시리 *semālā*, 아랍 *šimāl*, 아카 *šumēlu*

√šm^{c}

G **듣다** 1.2:I:46&

Gt 귀 기울이다, 주의를 집중하다

– *ištm*^{c} 1.16:VI:29&

| 히브 שׁמע, 셈 *√s*^{1}*m*^{c}, 아랍 *sami*^{c}*a*, 에티 *sam*^{c}*a*(자음 주의)

šm^{c}*(.)rgm*

'말씀'을 '듣는 이' 관직명 4.128:3&

< **šāmi*^{c}*u* + **rigmu*

– *šm*^{c} *rgmk* \ *n*^{c}*m* 네 좋은 말씀을 듣는 이 RS 92.2010:18

– 4.609:11의 *šm*^{c}는 오기誤記이거나 *šm*^{c} *rgm*의 단축형

√šmd

Gt (완전히/무참하게) **파괴하다**(?)

– 1.3:III:40의 문자열 *ištmdh*는 분명하지 않다. *ištm ph*로 읽어 *√štm*로 이해할 수도 있다.

√šmḫ

G **기뻐하다** 1.3:V:20&

Š 기쁘게 하다, 즐겁게 하다, 행복하게 하다 2.36+:32

| 참고: 히브 שׂמח, 또한 아랍 *√šmḫ* 높다, 자랑스럽다, 아카 *šamāḫu* 위엄 있다, 번창하다

šmḫt

기쁨

– *tšyt*과 병행 1.3:II:26

| 히브 שִׂמְחָה

šmm

/šamûma/ **하늘** 복수형 1.1:III:14&

< **šamayūma*

= 음절문자 *ša-mu-ma* 복수형

| 히브 שָׁמַיִם, 아카 *šamû*, 아랍 *samāʾ*

šmn$_{1}$

/šamnu/ **기름**, (동물의) **지방**, **비계** 1.3:II:3&

– 다음과 같은 중요한 관용구가 있다.

šmn mr 몰약기름 1.41:21&; RS 94.2479:16

šmn nr 등잔기름 4.786:8; RS 94.2479:17

šmn rqḥ 향유, 향수 1.41:21&

| 히브 שֶׁמֶן, 셈(에티 제외) *s*^{1}*amn-*, 아랍 *samn*, 아카 *šamnu*

šmn$_{2}$

/šamnu/ 나무의 일종 4.158:3

| 히브 שֶׁמֶן

šmn$_{3}$

/šaminu/; */šam(m)īnu/* **기름진**, **살진**

– *šmn mrik* 네 살진 짐승들 1.15:IV:4&

| 히브 שָׁמֵן, 시리 *šammīn*, 아랍 *samīn*

šmrḫt

1.4:I:32에 나오는데, *šmrgt*로 읽을 수 있다.

☞ *√mrḫ* Šp

šmrr

쫓아냄, 추방, (마술적) **파문**(?) 1.100:4&
- UG 601
- √mrr_1의 Š 부정사(?)

šmt₁

붉은 빛, 붉은 돌, 붉은 (빛이 도는) **양털** 4.168:1&
| 아카 *sāmtu* 붉은색, 주홍색, 홍옥수紅玉髓, 붉은 돌, 붉은 양털

šmt₂

/šamittu/(?) **기름, 지방, 살진 것** 1.19:III:4&
< **šamintu*
☞ *šmn₃*
| 참고: 히브 שָׁמֵן 기름진

šmtr

잘라냄, 베어냄 1.41:2; 1.87:2
- 또는 *šm tr* 양 두 마리, 잉꼬비둘기 한 마리
- √*mtr* Š 부정사
| 참고: 아랍/에티 √*mtr* 잘라내다, 찢다

√šnʾ

G **싫어하다, 미워하다** 1.4:III:17
| 히브 שָׂנֵא(자음 주의), 아랍 √*šnʾ*

*šnu**

/šāniʾu/(?) **적, 저수**
- 복수형 연계상태 *šnu* 1.4:VII:36
- √*śnʾ* G 분사
| 참고: 히브 שׂוֹנֵא(자음 주의).

šn

/šinnu/ **이, 이빨, 치아**, 상아 여성명사 1.19:IV:27
- 복수형 *šnt* 이빨들 1.19:I:9; 1.82:4
| 히브 שֵׁן I, 셈 *s¹inn-* (대부분 여성명사), 아랍 *šinnā*, 아랍 *sinn*, 에티 *sənn*, 아카 *šinnu*

šnm ☞ *šnt₁*

√šnn

D* **이를 갈다**
- *šn* 이의 파생어
- √*bky*과 병행 1.16:I:13; II:35

šnpt

제물의 일종으로 올리는 제물 1.39:10&
- 원래 뜻은 올림, 높임
- 참고: √*nwp* Š
| 히브 תְּנוּפָה 분향 제물

√šns

D **허리를 묶다, 단단히 묶다**
- √*ʿtk*과 병행 1.3:II:12; 1.13:6
| 참고: 히브 שׁנס D 허리띠를 졸라 매다, 중세히브 שָׁנַץ, 유다아람 √*šnṣ* D 수축하다

šnt₁

/šan(a)tu/ **해, 년**年 1.4:VI:43&
= 분명하지 않지만 음절문자 *ša-an-tu₄*
- 복수형 *šnt* 1.6:V:8&
- *gbl šntk* 또는 *šnt₃* 1.16:VI:58
- 또한 *mlk ab šnm*에서 *šnm*을 신명으로 보기도 한다 1.1:III:24&
| 히브 שָׁנָה, 셈(에티 제외), 아람 *šattā*, 아랍 *sanaᵗ*, 아카 *šattu*

šnt₂

/šinatu/ **잠, 수면, 죽음의 잠** 1.19:III:45
- *nhmmt*과 병행 1.14:I:33
☞ √*yšn*
| 히브 שֵׁנָה, 성아람 *šintā*, 시리 *šentā*, 아랍 *sinaᵗ*, 스바 *s¹nt*, 아카 *šittu*

šnt₃

㉮ **숭고함, 고결함, 용기**(?)
- *gbl šntk* 1.16:VI:58(?)
| 참고: 히브 שׁנה(√*šny*) III G 높다, D 높이다, 아람 *sanāʾ*, 시리 *šanāʾ*, 숭고함, 위엄

또는 ㉯ *šnt₁*

√šny, *√šnw*

G **떠나가다**(?)
- *atm bštm w an šnt* 1.1:III:18; 1.3:IV:33
- 또는 1.96:1에 나오는 *šnwt*의 어근을 √*nwy*로 볼 수 있다. UG 597f.
| 참고: 히브 שׁנה(√*šny*) I D 바꾸다, 다르게 하다, 시리 √*šny* 바꾸다, (장소를) 바꾸다, 떠나가다, 멀리 가다, 아카 *šanû*(5) (동작을 나타내는 동사로서 대략) 빨리 걷다, 걷다

špḥ

/šapḥu/ (대)**가족, 씨족; 후손** 1.14:I:24; 1.14:III:40.48&

= 음절문자 *šap-ḫu*

– *šbḥ* 형태도 있다 1.14:VI:25

ǀ 참고: 히브 מִשְׁפָּחָה, 푸니 *špḥ*

√*špk*

G **쏟다, 붓다, 쏟아버리다, 부어버리다, 비우다** 1.18:IV:23

ǀ 히브 שׁפך, 셈 √*s*^{1}*pk*

√*špl*

G **낮다, 떨어지다, 내려가다** 1.23:32; 1.161:22

ǀ 히브 שׁפל, 아랍 √*sfl*

špq ☞ √*pwq* Š

špš

/*šapšu*/ **해, 태양** 1.3:II:8&

< **šampšu* < **šamšu*

= 음절문자 *ša-ap-šu*

– 1.14:III:3과 IV:32-33.46에 등장하는 문자열 (*aḫr*) *špšm*에서 *špšm*을 단수형 장소격 어미 + 의존불변화사 -*m*(또는 쌍수형)으로 이해하여 해 다음에/뒤에, 곧 해가 진 다음에/해가 질 때로 이해할 수 있다. 또는 이 낱말을 일출이나 한낮으로 볼 수도 있다.

– 히타이트의 대왕들과 파라오의 칭호다. 2.16:8.9&; 2.23:1&

ǀ 히브 שֶׁמֶשׁ, 셈(에티 제외), 아랍 *šams*, 스바 *s*^{2}*ms*^{1}, 아카 *šamšu*

špš °

샤프슈*Šapšu*, 여신의 이름, 태양의 여신 1.2:III:15&

☞ *špš*

špt

/*šap*(*a*)*tu*/ **입술**

< **śap*(*a*)*tu*

– 단수형 절대상태 *špt* 1.5:II:2; 1.23:61

– 쌍수형 대명사접미상태 *špt*- 1.2:IV:6&

– 1.23:49-55에서는 쌍수형이지 복수형이 아니다 (*špthm mtqtm*를 보라).

ǀ 히브 שָׂפָה, 아람 *š*/*si*/*eptā*, 아랍 *šafa*^{t}, 스바 *śft*, 아카 *šaptu*, 이집 *śp.t*

šq

/*šāqu*/ **넓적다리, 다리,** (짐승의) **뒷다리** 1.103+:9.26

ǀ 히브 שׁוֹק, 시리 *šāqā*, 아랍 *sāq*, 바빌 *sāqu*, 아시 *sīqu*

√*šql*

Gt **멀리 사라지다, …로 가다, 착수하다**

– √*mǵy*, √*hlk*, √*bw*ʾ와 병행 1.3:II:18&

ǀ 시리 √*šql* G, 사역형 시작하다, 행진하다, 여행하다(< 높이 올리다)

– √*qyl* Št로 보는 견해도 있다(DUL).

√*šqp*

G **슬프게 하다, 괴롭히다**(?) 2.82:7

ǀ 만다 √*šqp* 때리다, (남을) 창백하게 하다, 괴롭히다; (중세)히브 שקף 보다, 관찰하다, 무시하다

√*šqy*

G/D **마실 것을 주다** 1.1:IV:9&

Š 마실 것을 주다 1.17:II:31&

ǀ 히브 השׁקה(√*šqy*), 셈 √*šqy*

šqy$_1$*

(궁정의) **음료 담당관**

– 복수형 *šqym* 1.86:24(*kšt šqym*/*t*)

– 4.246:8의 문맥은 끊겼다.

ǀ 아랍 *sāq*^{in}, 아카 *šāqû*(모두 √*š*/*sqy*의 G 분사 능동형)

šqy$_2$*

㉮ **술을 부어 바침, 헌작**

– 복수형 *šqym* 1.115:11

– 4.246:8은 문맥이 끊겼지만 *šqy*$_2$로 볼 수 있다.

ǀ 참고: 히브 שִׁקּוּי 음료, 아랍 *saqy* 물대기, 관개

또는 ㉯ *šqy*$_1$

šr$_1$

/*šîru*/ **노래, 음악** 1.106:15(?); 1.151:10.12

= 음절문자 *ši-i-ru*

ǀ 히브 שִׁיר, 아카 *šēru*$_{(3)}$ **노래**

šr$_2$

/*šâru*/ **노랫꾼, 가수**(?) 1.19:I:7; 4.103:64&

– 쌍수형 *ṯn šrm* 1.23:22

– 복수형 *šrm* 4.35:I:10&

– √*šyr* G 분사

ǀ 참고: 히브 שָׁר(G 분사)

šr$_3$

/*šarru*/ **지도자, 우두머리, 대표** 1.12:II:50.51

| 히브 שַׂר(자음 주의), 페니 *šr* 우두머리, 제후, 아카 *šarru* 임금

šr$_4$

/*širru*/(?) **탯줄**(?)

– *šr-h* 1.114:30

| 히브 *שֹׁר(*šorr*), 시리 *šerrā*, *šurrā*, 아랍 *surr(at)*

šr$_5$

1.107:8.10에 √*npl* 떨어지다 + *b šr*로 나오는데, 뜻이 분명하지 않다.

| 가능한 어근은 다음과 같다. 아랍 *sawra*^{t} 격렬함, 치열함, 강함, 아랍 √*swr* III. 습격하다, 공격하다, 쳐들어오다, 아카 *šurru* 몸을 굽히다, 몸을 기울이다

šrm

1.14:II:5를 전통적으로 [ ]*šrm*으로 읽어, 아카 *šerru* 작은 아이, 어린이와 관련시켜 이해했다. 하지만 이렇게 읽을 수 없다.

☞ *n*^{c}*r*

√*šr*^{c}* ☞ *šr*^{c}

šr^c

솟다, 일어나다, (물이) **붇다**(?)

– *bl šr*^{c} *thmtm* 1.19:I:45

– √*šr*^{c}의 부정사

| 전통적으로 히브 *שְׂעִיר IV 비雨 또는 아랍 *šarī*^{c}*a*^{t} 우물가/물가(로 가는 길)과 관련시켜 이해했다. 참고: 히브 שׂרע G (신체의 일부가) 너무 크게 자란, tD 몸을 펴다, 쭉 뻗다, 아랍 √*šr*^{c} 올리다, 세우다, 게양하다, 높이 뻗다, 쭉 펴다, 시리 √*sr*^{c} 늘리다, 쭉 펴다

√*šrd*

D (제의를) **행하다** 1.14:II:24; IV:6

– √*yrd* Š이 아니다.

| 히브 שׁרת(자음 주의)

√*šrg*

G/D (좋지 않은 일에) **끌어들이다, 유혹하다, 속이다** 1.17:VI:34

| 히브 שׂרג, 중셈 √*s*^{2}*rg* 꼬다, 땋다, 뜨다, 묶다, 아랍 *šrǧ*; 거짓말하다, 에티 *sargawa* 꼬다, 땋다

*šrg**

꾐, 유혹, 속임

– 복수형 연계상태 *šrgk* 1.17:VI:35

– √*šrǧ*의 파생어

šrh ☞ √*šry*/*w*$_2$ 1.4:V:9

√*šrp*

G **태우다, 태워버리다** 1.6:II:33; 1.6:V:14

< **śrp*

| 히브 שׂרף, 제국아람 *šrp*, 유다아람 √*śrp*, 아카 *šarāpu*

šrp

/*šurpu*/(?) **태워 바치는 제물**

< **śurpu*

– 제의문헌에 자주 나오고, 이따금 *šlmm*-제물과 관련된다 1.39:4&

– 1.119:21를 KTU[2]는 *ššrt*로 읽었는데, *š šrp*로 읽어야 할 것이다.

| 참고: 히브 שְׂרֵפָה 태움, 연소, 화재, 아카 *šurpu* 태움, 연소

šrr

다음 문헌에 나오는 문자열이다. 뜻이 분명하지 않다. 1.2:IV:33.35.37; 1.16:VI:7; 1.19:II:36

šrš

/*šuršu*/ **뿌리, 후손** 1.17:I:25&

| 히브 שֹׁרֶשׁ, 셈, 기본형태는 *s*^{1}*u*/*irs*^{1}, 아랍 *širš*, 스바 *s*^{2}*rs*^{1}

šrt

살, 화살, 화살촉(?)

– 여성 가수가 아니다.

– 복수형 *šrt*은 오직 4.410에 나온다.

– 쌍수형 *šrtm*

– √*šry*/*w*$_2$의 파생어일 수 있다.

| 참고: 히브 שְׁרִיָה 화살, 화살촉, 아랍 *sirwa*^{t}

√*šry*(1), √*šrw*

G **놓아주다, 내던지다, 던지다**

– *yšrn* 2.46:14

– 1.4:V:9의 *šr-h*는 부정사 *šr-* + 3인칭 남성 단수형 접미사 *-h*로서 그의 내던짐의 뜻이다. 뒤에 *brqm*이 온다
| 히브 שׁרה(√šry) 놓아주다, 시리 √*šry* G 풀다, 놓아주다, D 시작하다, 아랍 √*srw* 멀리 던지다, 멀리하다, (옷을) 벗다, 에티 √*sry* 풀다, 공포하다, 아카 *šurrû* 시작하다

√*šry*(2)
G **싸우다** 1.14:III:6; 1.14:IV:50
< **śry*
– √*gry*와 병행
| 히브 שׂרה(√śry), 아랍 √*šry* I. 화가 난, 격앙된, III. 싸우다, 맞서다

šryn °
쉬리온*Širion* 산맥, 곧 안티레바논 지역
– *lbnn* 레바논과 병행 1.4:VI:19.21

ššlmt
직물의 일종 4.46:1-3&
– 이따금 *šʿrt* 생양털과 병행
| 외래어. 참고: 아카(누지) *sa(s)sullu* 직물의 일종

ššmn
참깨 4.14:4.10&
| 외래어. 참고: 아카 *šamaššammū*, 페니 *ššmn*, 중세히브 שֻׁמְשׁוֹם, 아람 *simsim*

ššrt
㉮ /*šaššar(a)tu*/ **사슬** 4.341:1(?); 1.5:V:3
또는 ㉯ 동사
– 1.119:21은 *ššrt*로 읽지 않고, *š šrp*로 읽어 태워 바치는 제물인 양羊으로 이해한다
| 참고: 히브 *שַׁרְשֶׁרֶת, 아카 *šaršarratu*, 또한 (*r*/*l* 변환) 유다아람 *šilšæltā*, 아랍 *silsila*[t], 에티 *sansal*

št$_1$
산기슭
– *št ǵr* 1.3:II:5
| 히브 שֵׁת 궁둥이, 기초, 토대, 시리 *ʾeštā* 궁둥이, 바닥, 아랍 *ʾist* 궁둥이

št$_2$
부인, 숙녀 1.18:IV:6.27&; 1.23:61
| 참고: 아랍 *sitt* 부인, 숙녀, 또한 아랍 *sayyidat* 여주인, 숙녀

št$_3$
/*šūtu*/ 곡식이나 줄기 등 식물 관련 단위, 오직 마의학馬醫學과 관련된 문헌에 나온다 1.71:9&
| 아카 외래어(?). 아카 *sūtu* 부피의 단위; 참고: 히브 סְאָה(첫자음 주의. 쌍수형 סָאתַיִם, 복수형 סְאִים), 스아(곡식을 재는 단위)

√*štk*
G **그만두다, 중단하다** 1.12:II:58-60
Gt 가라앉다(?)
– *ištk* 1.12:II:57
– 1.12:II:56에는 *ištk* 대신에 *ittk*로 쓰여 있다.
| 참고: 히브 שׁתק (자음 주의) 휴식하다, שׁקט 쉬다, 시리 √*škt* 휴식하다, 침묵하다, 그만두다, tD 쉬게 되다, 휴식에 처해지다, 아카 *sakātu* 침묵하다, 아카 *šaqātu* 쓰러뜨리다

√*štm*(?)
닫다
– 1.3:III:40의 *ištm*은 분명하지 않다. *ištm ph*를 *ištmdh*로 읽어 √*šmd*로 보는 게 더 나을 것이다.
| 참고: 히브 סתם, שׂתם 막히다, 닫다

štn
2.36+:6.13; 5.10:4.9의 *štnt*은 ☞ √*ytn* Š

√*štt*
G **갈기갈기 찢다** 1.2:IV:27
< **śtt*
| 참고: 아랍 √*štt* 떼다, 잘게 부수다

√*šty*
G **마시다** 1.4:III:40&
– 어두변화형 *ištynh* 1.4:III:16
| 히브 שׁתה(√šty), 셈(아랍 제외) √*s*[1]*ty*

√*šwʾ* ☞ *šiy*

√*šyr*
G **노래하다, 읊다** 1.3:I:18&
– *šr*$_{1\text{-}2}$의 파생어
| 히브 שׁיר

√šyt

G **놓다**, **세우다**, **고정하다** 1.4:II:8& (문이나 창을) 설치하다, 놓다

– 어미변화형 1인칭/2인칭 *štt* /*šâtātV*/

– *urbt*와 함께 쓰이고, *ḫln*과 병행 1.4:V:61&

– UG §75.521c

Gp 놓이다 1.4:VI:22; 1.114:29.31; 2.47:15

| 오직 히브 שִׁית, 아무, 가나(/페니)에 나온다.

t 𐎚

-t

특정한 불변화사에 붙는 의존불변화사

– UG 836

tant

대략 ㉮ **한숨**, **신음**(?)

– *rgm*와 *lḫšt*와 병행 1.3:III:24

– *tunt*형태로 역시 *rgm*와 *lḫšt*와 병행 1.1:III:14

– 1.3:IV:16은 문맥이 끊겼다.

| 히브 תַּאֲנִיָּה 한숨, 비탄, 슬픔, אנה(√ʾny) I 슬퍼하며 탄원하다; 참고: 히브(중복어근, 곧 II-gem) אנן tD* 탄원하다, 아랍 √ʾnn 신음하다, 한숨 쉬다, 티그레 √ʾnn 탄원하며 울부짖다

또는 ㉯ **마주침**, **만남**

| 히브 אנה(ʾny) III D 우연히 만나게 하다, Dp 마주치다, 우연히 만나다, tD 기회를 찾다, תֹּאֲנָה 기회, (싸움의) 구실, 아랍 √ʾny 도달하다, (특히 시간이) 가까워오다

tiggn ☞ √ʾ*gg* 1.82:43

tint̠t

/*taʾnit̠(a)tu*/(?) **여인들**(의 무리)

– *mhrm*와 대조된다. 1.17:VI:40

– √ʾ*nt̠* 여성(적)이다

☞ *at̠t*

| 참고: 아랍 ʾ*unūt̠a*ᵗ 여성적인 것, *taʾnīt̠* 여성적인 것. 하지만 아카 *tenēštu*, *tenēšētu*(사람 √ʾ*ns*[1])와 관련없다.

tišr

나무의 일종, **실측백나무** 1.92:26; 4.158:4&

| 히브 תְּאַשּׁוּר

tunt ☞ *tant*

√tᶜᶜ
☞ *√nwᶜ*
– *ytᶜn* 1.6:VI:16

tᶜdt
/taᶜûdatu/ **증거, 증언, 증인, 전령**
– *mlak*과 병행 1.2:I:22&
☞ *√ᶜwd*
| 히브 תְּעוּדָה

tᶜḏr
도움, 보조 1.47:26&
– 오직 *il tᶜḏr bᶜl* 바알루의 보조신들로 나오며, 신들의 무리를 가리킨다
| 히브 עזר I, 시리 *taᶜdīr*, 중셈 *√ᶜḏr* 돕다, 거들다

tᶜlgt
중얼거림, 더듬거림(?) 1.93:2
☞ *√ᶜlg*
| 참고: 히브 *עלג 말을 더듬다, 중얼거리다, 비꼬다, לַעַג 중얼거림, 비꼼, 시리 *laᶜgūtā* 중얼거림, 더듬거림

tᶜlt
1.4:II:4에서 *plk tᶜlt*로 나오는데, 뜻이 분명하지 않다. 아마도 도는 물레, 곧 **스스로 도는 물레; 쉬지 않고 도는 물레**
– *√ᶜyl* 어근의 *tVqtVlt*-형 명사형태
| 아랍 *√ᶜyl* 거만하게 이리저리 움직이다, 돌아다니다 Wahrmund, *Handwörterbuch der neu-arabischen und deutschen Sprache, Vol. II* (Giessen 1898 [= Graz 1970]), 331b, 참고: 에티 *√ᶜyl* (G *ᶜela*, D *ᶜayyala*) 쉬지 않고 이리저리 방황하다, 이리저리 헤매다

tᶜn
RS 94.2284:23에서 *w yqḥ tᶜnk*로 나오는데, 뜻이 분명하지 않다. 아마도 **대답, 응답**
– *√ᶜny₁*의 *taqtal*-형 명사형태(곧 */taᶜnû/*)
– 참고: *mᶜn* 대답

tᶜrr-k */tuᶜārir-/* ☞ *√ᶜwr* D* 어두변화형

tᶜrt
(칼)**집, 주머니**
– 1.19:IV:45에서 *b nšgh*와 병행하는 문자열은 *b tᶜr[th]* 또는 *b tᶜr[h]*로 보충한다.
– 1.18:IV:18.29에서 *ḥbš* 끈, 띠와 병행하는데, 1.19:IV:45의 *tᶜr(t)*와는 동일한 단어로 보이지 않는다. 관련 어근이 확실하지 않아서 **주머니** 또는 (매사냥에 사용하는) **장갑** 등으로 추측할 뿐이다.
| 히브 תַּעַר ㉮ (작은) 칼, ㉯ 칼집

tbi */tabûʾ/* ☞ *√bwʾ* G 어두변화형

√tbᶜ
G **나아가다, 멀리 가다, 가버리다** 1.2:I:19&
| 참고: 아카 *tebû* 일어서다, 아랍 *√tbᶜ* 쫓아가다

tbl ☞ *√ybl*

*tbn***
/tibnu/ **갈대**
= 음절문자 *ti-ib-nu*
| 아카/아람 *tibn*

tbrrt
/tubārir(a)tu/ **해방, 풀어줌** 2.19:10
☞ *√brr*

tbṯ
쉬는 곳, 침대
– *ḫym*과 관련된다. 1.4:I:29
| 외래어. < 아카 *tapšaḫu* 쉬는 곳

td ☞ *√ydy*(1-4)

tdd ☞ *√ndd₂*

tdmm ☞ *tdmmt*

tdmmt
/tudāmim(a)tu/ **간음, 추행** 1.4:III:22
– 1.4:III:20의 문자열을 수정하여 *tdmm<t>*로 본다.
| 히브 זִמָּה I 추행, 간음, 아랍 *ḍamm*, *ḍamīmaᵗ* 꾸지람 *√ḍmm*

tdrq
걷기, 걸음
– *hlk*과 병행 1.3:IV:39; 1.4:II:15; 1.17:V:11
– *hlkt*와 관련된다. 1.45:5
– *√drq*의 부정사형

| 참고: 히브 דרך 밟다, 아람/아랍 √*drg* 가다, 걷다

tgh

㉮ **번쩍임, 빛남,** (해가) **떠오름**(?)
- *ṣbu*$_1$과 병행 1.16:I:37
- √*ngh* 빛나다, 번쩍이다의 파생어

| 참고: 북서셈 נגה(√*ngh* 자음 주의), 에티 √*ghh*

또는 ㉯ 멀리함, (태양이) 가버림, 곧 일몰, 해가 짐

| 참고: 시리 √*ghy* 벗어나다, 자유롭다, 아랍 *ğahğaha* 쫓아내다, 뒤를 쫓다, 아랍 *tağahğaha* 되돌리다, 에티 *gāhgəha* 멀리하다, 금지하다

tgmr

/*tagmīru*/(?) **합계, 총합** 4.48:13&
- √*gmr* D 부정사

| 참고: 아카 *gimru*, *gimi/artu*, *nagmaru*

tğll ° 지명 ☞ √*ğll*

***tğt*[ ]** ☞ √*tğy*, √*mğy* 1.4:IV:33

√*tğy*

G **이리저리 헤매다, 이리저리 거닐다; 여행하다**
- 1.4:IV:33은 *tğt*로 읽거나, *m*[!]*ğt*로 읽어 √*mğy*로 이해한다.

| 히브 תעה(√*tʿy*), טעה(√*ṭʿy*) 이리저리 헤매다, 시리/아람 √*ṭʿy*(사음 주의) 길을 살봇 늘다, 이리저리 거닐다

tğẓyt

/*tağzīyatu*/ (마시는 제물을) **바침, 헌작**
- *yn tğẓyt*는 *lḥm trmmt*와 병행 1.6:VI:45
- √*ğẓy/w* 주다, 선물하다, 대접하다

thm

/*tahāmu*/ **지하수, 태초의 심연** 1.23:30; 1.100:1; RS 92.2016:4'.6'.9'

< **tihāmu*

| 히브 תְּהוֹם(복수형 תְּהֹמוֹת)

thmt

/*tahāmatu*/ **지하수, 태초의 심연**

< **tihāmatu*

= 음절문자 *ta-a-ma-tu*$_4$
- 단수형 **thmt*의 문자열은 분명하지 않다.
- 쌍수형 *thmtm* 1.4:IV:22&
- 복수형 *thmt* 1.148:6.41
- 1.148:6을 KTU^{2}는 *ʿm[q]t*로 읽었지만, 복수형 *th[m]t*로 읽어야 한다.
- 참고: *thm*

| 아카 *tiāmtu*

thpk**

/*tuhappiku*/ **변화, 변동, 전복**(?)

= 음절문자 *tu-a-pí-[ku*[?]*]*
- √*hpk*

thw

/*tuhwu*/ **광야**(?) 1.5:I:15; 1.133:4
- 4.320:13의 *b twm*에서 *twm*을 복수형(?) 또는 고유명사로 볼 수 있다. 이와 관련하여 참고: 4.700:10의 인명 *btw*.

| 히브 תֹּהוּ

tḥm

소식, 알림, (지혜로운) **결정** 2.6:1; 2.10:1&
- *hwt*과 병행 1.3:III:13&
- 편지에서 발신자 이름 앞에 언제나 적는다. 한편 아카드어 편지에서는 *umma* 다음과 같이가 같은 역할을 한다.

| 어원은 분명하지 않으나 외래어일 듯. 아카 *tēmu(m)*와 같은 뜻이다.

tḥt

/*taḥta*/ **… 아래에, … 밑에,** 한가운데, (사람들) 사이에 1.17:V:6; 1.19:I:22
- *ʿl*의 반대말 1.2:IV:7&

| 히브 תַּחַת I, 서셈 **taḥta*

tḥ<t>yt

아래 (입술)
- 또는 *tḥt*[!]*yt* /*taḥtīyatu*/로 볼 수 있다. 1.103+:32

| 히브 *תַּחְתִּי(명사형 תַּחְתִּית)

tḫtṣb

때림, 다툼
- √*ḫṣb* Gt 부정사

tk

/*tôku*/ **가운데**

< **tawku*
– 대부분 *b tk* …의 한가운데 1.3:III:29&
– *tk* /*tôkâ*/ 한복판으로 부사적 목적격 1.3:IV:41&
| 참고: 히브 תָּוֶךְ, 페니 *mtkt* 가운데

tkms ☞ √*kms* tD 1.12:II:54

tl
언덕
– 쌍수형/복수형 *tlm* 1.4:VIII:4
| 히브 תֵּל, 셈 *ti/all* 폐허뿐인 언덕, 폐허의 돌무더기

tliyt
/*talʾīyatu*/ **승리, 이김**
– 언제나 *ǧr/gbᶜ tliyt*와 병행 1.3:III:31; 1.10:III:28.31; 1.101:3
– √*lʾw*₁의 파생어

tlm
/*talmu*/ (밭의) **고랑** 1.16:III:11(?); 1.19:I:7
| 히브 תֶּלֶם, 유다아람 *talmā*, 아랍 *talam*, 에티 *təlm*

*tlmd**
/*talmīdu*/ (말 등 타는 동물이) **조련받는 중인**
– 쌍수형 *tlmdm* 4.384:8
☞ √*lmd*
| 아카/아람 *talmīd* 학생, 실습생

*tm**
/*tammu*/ **완전한, 완성된**
– *tmt* 여성 복수형
– *šnt tmt* 온전한 일곱 (해)가 *ṯmn nqpt ᶜd*와 병행 1.23.67
☞ √*tmm*
| 참고: 히브 תָּם, 아랍 *tāmm*

√*tmm*
D* **완성하다, 모두 마치다**
– RS 92.2005:28은 [*tt*]*mmk*로 수정한다.
| 히브 תמם, 서셈 √*tmm* G 완전하다, 완성되다

tmn
/*tamûnu*/ **형태, 형체**
– *pnth*과 병행 1.2:IV:18.26
| 참고: 히브 תְּמוּנָה

tmnt
/*tamûnatu*/ **형태, 모습; 사지**四肢, **손발**
– 언제나 *gb*과 병행 1.169:6; RS 92.2014:15
| 히브 תְּמוּנָה

tmr
야자나무
– 복수형 *tmrm*
– 1.46:5는 *b ṯlṯ tmrm*로 읽는다.
| 히브 תָּמָר I(복수형 תְּמָרִים), 서셈 *tam(a)r* 야자나무, 아랍/에티 *tamr*, 시리 *tmartā*

tmtḫṣ
싸움, 전투 1.3:II:19.29
– UG 530
– √*mḫṣ*의 Gt 부정사

tn
/*tinu*/ **줌, 주기** 1.4:V:8
– √*ytn*의 부정사
☞ *ttn*

tnn °
/*tunnanu*/ **바다괴물, 용**龍 1.3:III:40; 1.6:VI:51; 1.83:9
= 음절문자 *tu-un-na-nu*
| 히브 תַּנִּין, 서셈

tnqt
(큰) **소리, 울부짖음, 비명**
– 1.16:II:26은 *tnq*[*th*]로 교정한다.
– 1.16:II:34는 문자열이 분명하지 않다. *t*[*n*]*ʾqt* 또는 *tqt* = *t*<*n*>*qt*
– 어두변화 3인칭 여성 단수형 *tnq* 그녀가 소리 지른다
☞ √*nwq*
| 참고: 아카 *tanūqātu* 복수형 싸우는 소리, 아카 *nâqu* 소리치다, 비명을 지르다, 아카 *nâqu* 소리 지르다

*tp*₁
/*tuppu*/ **손북, 작은북, 탬버린** 1.16:I:41; 1.113:1.5
– *knr*, *ṯlb*, *mṣltm* 등과 관련된다. 1.108:4
| 히브 תֹּף, 복수형 תֻּפִּים, 유다아람 *tuppā*, 아랍 *duff*, 페니 *mtpp* 고수, 북치는 사람(D* 분사)

*tp*₂

/*tôpû*/ **아름다움**(?)

< **tawpaya*

– *n*ᶜ*m*₂과 병행 1.96:2

| 히브 יפה(√*ypy*) 아름답다, 아랍 √*wfy* 완전하다, 완성되다, 스바 *wfy* 행복, 안녕, 안전

tp ☞ √*npw/y* 1.103+:19

*tpdt***

/*tapdêtu*/ (값을) **치름, 지불, 교환**

< **tapdaytu*

= 음절문자 *tap-de₄-tu₄* 등

☞ √*pdy*

tpky

/*tapkiyu*/ ☞ √*bky* 어두변화형

< **tabkiyu*

tqh ☞ √*yqy* 1.2:I:18.34.

tqǵ ☞ √*qǵw/y* 1.16:VI:30.42

*tr*₁

/*tur(r)u*/ **잉꼬비둘기; 자고새**(꿩과의 새) 1.115:5.13

– 1.41:2와 1.87:2는 ☞ *šmtr*

| 히브 תּוֹר II, תֹּר II

*tr*₂

(수레의) **채**(?) 4.145:5

☞ √*twr*₁(파생어), √*twr*₂

trbṣ

/*tarbaṣu*/ **안뜰, 우리, 외양간, 마구간** 1.14:II:3&

= 음절문자 *ta-ar-bá-ṣí*

– √*rbṣ*

| 아카 *tarbaṣu*, 시리 *tarbāṣā* 앞뜰

trbyt

/*tarbīyatu*/ **웃돈, 이자** 4.658:50

☞ √*rby*

√*tr*ẖ

G **혼인하다, 결혼하다** 원래 뜻은 혼인 지참금/신부값(*tr*ẖ*t*)을 지불하다 1.14:I:14; 1.23:64; 1.24:18&

– 파생어 *tr*ẖ*t*

*tr*ẖ

혼인한, 기혼의, 기혼자

– *tr*ẖ *ḥdṯ* 갓 혼인한 자 1.14:II:47; 1.14:IV:26

– √*tr*ẖ G 분사 수동형

*tr*ẖ*t*

신부값, 혼인 지참금

– *tr*ẖ*t tarš lnh* 네가 그에게 요구할 혼인 지참금/신부값 1.111:20

| 외래어. 아카 *ter*ẖ*atu* 혼인 지참금/신부값

trmm(n) ☞ √*rym*

trmmt

/*turāmim(a)tu*/(?) (희생 제물을) **올림, 바침** 제물의 일종

– *lḥm trmmt*가 *yn tǵẓyt*와 병행 1.6:VI:44. 한편 본문을 수정하여 *trm{m}t*으로 볼 수도 있다.

– √*rym* D*

☞ *trmt*

| 참고: 히브 תְּרוּמָה 공물, 봉헌물, רום H (제물로) 바치다; 높이 올리다

trmt

/*tarû/îmatu*/ **봉헌물, 희생 제물** 1.43:3

| 히브 תְּרוּמָה

trn

/*tarnu*/ **돛대**

= 음절문자 *ta-ar-ni* 소유격

| 히브 תֹּרֶן(< **turn-*) 돛대

√*trp*

㉮ **파렴치하게 행하다, 무시하다, 부패하다**

– *ttrp*가 √*ṯkḥ*와 병행 1.5:I:4

| 유다아람 √*trp* 사역형 파렴치하게 행하다, 무시하다, 부패하다

또는 ㉯ √*rpy* tD 어두변화 2인칭 남성 단수형

| 히브 רפה(√*rpy*) G 맥이 풀리다, 놓아주다, D 기를 꺾다, tD 느슨하게 보이다, 용기 없어 보이다

√*trr*

G **내쫓아버리다**

– *ytr*가 *yd*(√*ydy₄*)와 병행 1.6:VI:53

| 아랍 √*trr* G 거리를 두다, 사역형 제거하다,

내던져버리다

*trr**

직업의 일종. 뜻이 분명하지 않다. 4.7:1; 4.99:8&

= 음절문자 *ta-ri-ru-ma*

– 복수형 *trrm*

| 어원이 분명하지 않다.

trṯ

/*têrāṯu*/; /*tîrāṯu*/ **과즙, 포도즙** 1.5:IV:20; 1.17:VI:7

< **ta/iyrāṯu*(?)

– *yn*과 병행 1.114:4.16

– 신명으로서 *dqt*와 연관된다. 1.39:11.16; 1.102:9

– 또한 *mrṯ*와 관련된다.

| 참고: 히브 תִּירוֹשׁ, ירשׁ II 눌러 짜다

tsm

/*tôsVmu*/ **아름다움**

– *n*ᶜm_2과 병행 1.14:VI:27.28

– 참고: 형용사 *ysm*

tšu ☞ √*nš*ᵓ

*tš*ᶜ

/*tiš*ᶜ*u*/ **아홉, 9** 4.20:1&

– 여성형 *tš*ᶜ*t* 4.333:7; 4.337:22

*tš*ᶜ

/*tāši*ᶜ*u*/(?) **아홉째** 1.104:11&

*tš*ᶜ*m*

/*tiš*ᶜ*ūma*/ **구십, 아흔, 90** 1.4:VII:12&

tšyt

성공, 승리

– *ṣḥq*와 *šmḫt*과 병행 1.3:II:27

| 히브 תּוּשִׁיָּה

*tt***

/*tittu*/ **무화과**(나무) RS 20.189:10

= 음절문자 *ti-[i]t-tu*₄

< **tintu* < **ti*ᵓ*n(a)t*(?)

| 히브 תְּאֵנָה, 아카 *tittu*, 아랍 *tīn*

tt ☞ *ttn*

ttn

/*tâtVn*/ **줌, 주기** 1.2:IV:6

– √*ytn*의 부정사

– 참고: *tn*

| 참고: 히브 נתן의 부정사 תֵּת(< **tint*)와 תְּתֵן(특히 1열왕 6,19; 17,14의 크팁). Tropper, *Zeitschrift für Althebraistik 14* (2001) 200-206.

√twr_1

G **이리저리 돌아다니다**

– 부정사 *tr* 1.10:II:11.17.28-29

– *w tr arṣ* 1.4:V:21; 1.17:VI:46

– 명령형 *tr*가 *sb*와 병행 1.16:III:2

– UG 484의 √*twr*

| 참고: 히브 תּוּר 정찰하다, 탐색하다, 아카 *târu* 몸을 돌리다, 돌아가다, 아랍 √*twr* 흐르다

√twr_2

Dp*(?) (수레의) **채에 매이다**

– 분사 *mtrt* 4.180:3

– tr_2의 파생어

twtḥ ☞ √*ytḥ*

tyt

아위(Asa foetida), 미나릿과에 속하는 다년초; 그 뿌리에서 채취한 약재 4.14:14&

– 5.11:13은 *d bl ttn tyt*로 읽는다.

| 아카 *tīyatu*, 유다아람 *tāyā* 라눙쿨루스(미나리아재비과)

tzǵ 제물의 일종

– 단수형 1.105:21

– 쌍수형/복수형 *tzǵm* 1.91:4; 1.105:13

– 후리 문헌인 1.148:17에도 *tzǵ*가 나온다.

| 후리에서 온 외래어. 후리 *tašuḫḫi* (거룩한) 선물/제물

ṭ

√ṭ^c^n

G **뚫다, 찌르다, 죽이다**(?) 1.5:I:26; 1.10:II:24

| 히브 *טען I, 유다아람/아랍 *√ṭ^c^n* 찌르다, 뚫다

ṭb

/ṭâbu/ **좋은**

< **ṭayabu*

= 음절문자 *ṭa-bu*

| 히브 *טוב I, 아카 *ṭābu*

√ṭbḫ

G **잡다, 살육하다** 1.1:IV:30; 1.4:VI:40&

Gp 살육되다 RS 94.2284:10

| 히브 טבח, 유다아람/에티 *√ṭbḥ*, 아카 *√ṭbḫ*, 아랍 *√ṭbḫ* 요리하다

ṭbn

/ṭûbānu/ ㉮ **사랑스러운, 듣기 좋은** 형용사 또는 ㉯ **사랑스러움, 좋은 소리** 명사

– *ṭbn ql b^c^l* 바알루의 좋은 음성 1.19:I:46

| 참고: 아랍 *ṭûbānā*

√ṭbq

G **닫다** 1.17:I:28.[48]; II:18

| 아랍 *√ṭbq* 사역형 잠그다

ṭhr

/ṭuhūru/ **깨끗한, 순수한, 청결한**

< **ṭahūru*

= 음절문자 *ṭu-ú-ru*

– *bht ṭhrm iqnim* 가장 깨끗한 청금석으로 만든 집들이 *ksp w ḫrṣ*와 병행 1.4:V:19.34

– 음성학적 변형으로 *ẓhr**이 있다: *išlḥ ẓhrm iq\nim*(1.24:22)

| 히브 טָהוֹר(< **ṭahur* 또는 < **ṭahūr* ?), 아랍 *ṭahūr*

ṭḥl

/ṭiḥālu/ **비장**脾臟 1.103+:12

| 중셈 *ṭiḥāl*

√ṭḥn

G **갈아 부수다, 잘게 갈다** 1.6:II:34; 1.6:V:15

| 히브 טחן, 서셈 *√ṭḥn*, 시리 *ṭḥen*, 아카 *ṭênu*

ṭl

/ṭallu/ **이슬**

– *rbb* 이슬비와 병행 1.3:II:39&

| 히브 טַל(*tall*), 아랍 *ṭall*

√ṭll

D* (이슬이) **맺히다, 내리다**

– *√mṭr*과 병행 1.19:I:41

– *ṭl* 이슬의 파생어

ṭly °

여성형 신명, 바알루의 딸 1.3:I:24; 1.3:III:7&

√ṭrd

G **내쫓다** 1.3:III:47; 1.6:VI:1

| 시리/아랍 *√ṭrd* 내쫓다, 아카 *√ṭrd* G 던지다, 보내다, D 내던지다, 내쫓다

ṭṭ

진흙, 땅, 점토

– *ṭṭm* 1.1:IV:8

| 히브 טִיט, 아람 *ṭīnā*, 아랍 *ṭīn*, 아카 *ṭī(ṭ)ṭu* 등

√ṭwḫ, *√ṭyḫ*

회칠하다, 덧바르다 1.17:I:32; II:6.22

| 참고: 히브 טוח 회칠하다, 덧바르다, 아랍 *√ṭyḫ* 더럽히다, 에티 *√ṭy^c^*(자음 주의) 칠하다, 더럽히다

ṯ

√*ṯʾr*$_1$
 피의 복수를 하다, 앙갚음하다(?)
 – *yṯir* 1.2:III:16.21(문맥이 끊겼다)
  | 아랍 √*ṯʾr*

√*ṯʾr*$_{(2)}$
 ☞ √*ṯ*^{c}*r*
 – 어두변화형 *tṯar* 1.3:II:37

ṯar ☞ *ṯn*$_2$ 1.14:I:15

ṯat
 /*ṯaʾâtu*/ **어미양**¥ 1.93:8; 1.145:1
 < **ṯaʾawatu*
 – *arḫ*과 병행 1.6:II:7.29
 – 1.103+:1의 복수형 *ṯatt*는 {t}를 겹쳐 쓴 중복오사(重複誤寫 Dittographie)일 듯
 – UG §53.322.4
 – 단수형으로 다음과 같은 형태도 있다. *ṯut* /*ṯaʾôtu*/ < **ṯaʾawtu* 1.80:3
  | 참고: 고아람 *šʾh*, *šʾt*, 복수형 *šʾn*, *sʾwn*(텔 페케리예 20줄) 어미양, 아카 *šuʾātu*, *šâtu* 어미양, 또한 아랍 *ṯaʾwa*^{t} 늙고 마른 양

ṯigt, *ṯiqt*
 /*ṯaʾg/qatu*/ **큰 소리, 울부짖음** 1.14:III:16; 1.14:V:8
 < **ṯaʾagatu*
  | 히브 שְׁאָגָה

ṯiqt ☞ *ṯigt* 1.14:V:8

ṯir
 뜻이 분명하지 않다.
 – *šb*^{c} *ṯirk* 1.18:I:25

ṯiṯ
 /*ṯaʾṭu*/ **진흙, 더러움**
 – 언제나 *rṯ*과 병행 1.17:I:33; II:7.22
  | 아랍 *ṯaʾṭ*, *ṯaʾṭa*^{t} (시커멓고 묽은) 진흙

ṯ^c$_1$
 제물의 일종 1.27:10&
 – *dbḥ*와 *nkt*와 연관됨 1.40:23.24
 – 참고: √*ṯ*^{c}*y*와 *ṯ*^{c}*y*
  | 어원이 분명하지 않다. 참고: 에티 √*św*^{c} 번제물을 바치다

ṯ^c$_2$
 – 오직 *krt ṯ*^{c}에서 칭호로만 쓰인다. 1.14:IV:37&
 ㉮ **귀족의, 우아한**; 귀족
  | 히브 שׁוֹעַ I, 복수형 שׁוֹעִים
 또는 ㉯ **지배자, 주인, 임금**
  | 고아카 *śuwāʾum*, 아카 *šuʾu*, *šuʾû* 주인

√*ṯ*^{c}*r*
 G **세우다, 올려놓다, 쌓아 올리다**; (식탁을) **차리다** 1.3:I:4; 1.3:II:20.21.36
 – 참고: *tṯar*의 형태도 있다. *tṯ*^{c}*r*가 아님 1.3:II:37
  | 에티 √*śr*^{c} 세우다, 올려놓다, (식탁을) 준비하다, 스바 √*s*^{2}*r*^{c} 똑바로 일으키다, 아랍 *šr*^{c} 높이 올리다

ṯ^c*t*
 /*ṯăcittu*/ 작은 잔의 일종인데, 기름을 재는 단위로도 쓰인다. *krsu*보다 적다. 4.751:6&
 < **ṯăcidtu*
 = 음절문자 *ša-i-tu*$_4$
 – 복수형 *ṯ*^{c}*dt* 4.150:5
  | 어원이 분명하지 않다.

√*ṯ*^{c}*y*
 D(또는 G) *ṯ*^{c}-**제물을 바치다** 1.40:6.24.32.41&
 – *ṯ*^{c}$_1$의 파생어

ṯ^c*y*
 제물담당 사제; 비서
 – *prln*과 함께 쓰인다. 1.4:VIII:49; 1.6:VI:57&
 ☞ *ṯ*^{c}$_1$, √*ṯ*^{c}*y*

√*ṯbr*
 G **부수다, 산산조각 내다** 자동사/타동사 1.2:III:18;

1.3:III:33&
| 참고: 히브 שׁבר I, 셈 √ṯbr, 아람 √tbr, 스바 √ṯbr, 에티 √sbr, 아카 šebēru, 아랍 √ṯbr 파괴하다

ṯbr
부수는 것, 곧 **이빨**; 부정사 부숨, 곧 잘게 씹음 1.2:I:13; 1.6:II:23
- 문자열의 이해에 따라, 이 단어의 원형을 ṯbrn으로 볼 수도 있다.
- 1.4:VIII:19는 ṯbrn으로 읽기보다는, 마지막 글자를 단어구분선이나 문질러 지운 것으로 봐서 ṯbrx로 읽어야 할 것이다.
☞ √ṯbr

ṯbt₁
/ṯib(a)tu/ ㉮ **자리, 좌석, 왕좌** 1.101:1
- *ksu ṯbth* 원뜻은 그의 왕위의 왕좌 1.3:VI:15&
또는 ㉯ ṯbt₂
- √yṯb의 부정사
| 참고: 히브 שֶׁבֶת

ṯbt₂
/ṯub(a)tu/ ㉮ **거주지, 사는 곳; 왕좌** 1.2:III:17; 1.6:VI:28&
㉯ **왕좌, 왕위**
- ḥtk₂와 병행하고 špḥ, yrṯ와 관련된다. 1.14:I:23
- √yṯb
| 참고: 아카 šubtu 자리, 사는 곳, 집

ṯd
/ṯadû/ **가슴, 젖** 1.3:I:6; 1.4:VI:56; 1.12:I:11; 1.15:II:27&
- ḏd₍₂₎ 형태도 있다. *ap ḏd* 젖꼭지, 유두 1.23:59.61
☞ *zd*
| 히브 שַׁד, שֹׁד, 시리 tḏā, 쌍수형/복수형 tḏayyā, 아랍 ṯady, ṯādā

√ṯdṯ
D 여섯 번째로 하다
- √ḫmš D와 병행 1.16:V:19
- ṯṯ < *ṯdṯ 여섯의의 파생어

ṯdṯ₁
/ṯādiṯu/ **여섯 번째** 1.4:VI:29&; 1.41:45
☞ ṯṯ

ṯdṯ₂
/ṯadūṯu/ **여섯, 육, 6** 1.14:II:31; IV:12
| 참고: 에티 *sadus* 여섯

ṯǵr₁
/ṯaǵru/ **문, 성문** 1.3:II:3; 1.16:V:6&
- 복수형 *ṯǵrm
- 대명사접미상태 ṯǵr-
- ṯǵrt 1.3:II:3&
| 히브 שַׁעַר, 가나 ša-aḫ-ri, 아람 tarʿā(모두 자음 주의)

ṯǵr₂
/ṯāǵiru/ **문지기** 1.78:3; 1.96:8.9&
- 참고: ṯǵr₁ 문

√ṯkḥ₁
G (성적으로) **흥분되다**(?) 1.11:2; 1.24:4
| 어원이 분명하지 않다.

√ṯkḥ₂
G 무시하다, 경멸하다, 낮추어 보다(?); **시들다, 말라 죽다**
- √ṯrp와 관련된다. 1.5:I:4.30
| 참고: 히브 שׁכח I 잊다; 히브 שׁכח II 시들다, 말라 죽다

√ṯkl
㉮ **G 아기가 없다, 후손을 잃다**
또는 ㉯ Dp 후손을 빼앗기다 1.100:61
| 히브 שׁכל, 아랍 ṯakila, 유다아람 √tkl(자음 주의)

ṯkl
후손/아기가 없음 1.95:4
- *ulmn*과 병행 1.23:8
| 히브 שְׁכוֹל, 아랍 ṯakl, 유다아람 taklā, 시리 tkālā

ṯkm
/ṯikmu/(?) **어깨, 목덜미, 등** 1.14:III:54&
| 히브 שְׁכֶם I

√ṯkm
G 어깨에 짊어지다
- 분사 여성 단수형 ṯkmt 1.19:II:1

– *ṯkm* 어깨의 파생어
 | 참고: 히브 שכם H 어깨에 메다, 에티 √*skm* 어깨에 짊어지다

ṯkmn °
신명, 복합명 *ṯkmn w šnm* **쑤카무나와슈나마** *ṯukamuna-wa-Šunama*의 앞이름 1.39:3&

√*ṯkp*
N **곤경에 빠지다, 격퇴되다** 2.10:14
– 어미변화형 *nṯkp*
 | 아카드어에서 온 외래어일 듯 *sakāpu* 쫓아내다, 물리치다, (적을) 밀어부치다

√*ṯkr*
Š 어두변화로 보인다. 뜻이 분명하지 않다. **제물/공물을 바치다**
– 1.15:I:3은 *tṯkrnn*? 또는 *tṯkrnh*?로 읽는다.
– **iṯkr* /ʾ*iṯkaru*/ 제물, 공물의 파생어

|외래어. 수메 *eš-gar* > 아카 *iškaru* > 히브 אֶשְׁכָּר

ṯkt
㉮ 대략 **내부 장식, 화려한 장치**
– *ᶜdn ṯkt glṯ* 눈雪으로 만든 내부 장식(?) 1.4:V:7
 | 아카 *šukuttu*에서 온 외래어일 수 있다.
또는 ㉯ **전차**戰車
 | 참고: 아카 *šukītu* (< 후리)

ṯlb
피리
– *ṯlbm* 1.113:3.8
– *knr*, *tp*₁, *mṣltm*와 함께 쓰인다. 1.108:4
 | 참고: 아카 *šulpu* 짚, 줄기, 갈대, 또한 이집 √*sbȝ* 피리를 불다(자위치환) 쿠쉬어(다중언어문서) *sabārā* 피리

ṯlḥn
/*ṯulḥānu*/ **책상, 탁자** 1.3:II:21&
– 복수형 *ṯlḥnt*
– 이따금 *ksu*와 병행
 | 외래어(?) 참고: 히브 שֻׁלְחָן

√*ṯlṯ*
D ㉮ **세 번째로 하다**
– 1.16:V:13을 교정하여 이렇게 읽는다.
㉯ **도랑을 파다**
– √*ḥrṯ*과 병행 1.5:VI:20.21; 1.6:I:3.5
– *ṯlṯ*₁ 셋의 파생어
 | 참고: 히브 שלש D

*ṯlṯ*₁
/*ṯalāṯu*/ **셋의, 세 개의** 1.1:III:20; 1.2:III:3&
– (형태상의) 여성형 *ṯlṯt*
 | 히브 שָׁלוֹשׁ, 아람 *tlāt*, 아랍 *ṯalāṯ*, 고남아랍 *ṯlṯ*, *s²lṯ*, *s²ls³*, 에티 *śalās*, 아카 *šalāš*

*ṯlṯ*₂
/*ṯāliṯu*/ **셋째의**
– *rb*ᶜ 넷째의와 병행 1.14:III:11&

*ṯlṯ*₃
/*ṯalūṯu*/ **셋; 삼인조**
– 덜 확실한 의미로 마부/전차병 1.14:II:2&

*ṯlṯ*₄
/*ṯalṯu*/ **구리, 동**銅 2.32:5; 4.43:1&
= 음절문자 *ša-al-šu-ma* 복수형
 | 어원이 분명하지 않다.

ṯlṯid
세 번의, 세 곱으로 1.18:IV:23.24; 1.119:II:30
< *ṯlṯ*₁ + *id* 회, 곱
☞ *id*

ṯlṯm
/*ṯalāṯūma*/ **서른, 삼십, 30** 1.39:20&

*ṯlṯt*₁
삼분의 일 세켈, 1/3세켈 4.158:13; 4.721:8

*ṯlṯt*₂
/*ṯāliṯta*/(?) **셋째** (날)**에**, 곧 **모레**
– 부사적 목적격어미를 지닌 여성형 기수
– UG §63.13
– [ ]*ṯlṯt amǵy l bt* […] 셋째 (날)에 나는 내 집에 도착하리라 1.21:II:7
– *šḥr ṯlṯt* 셋째 (날) 붉은 (여명)에 3.5:15. 이 문자열을 전통적으로 *šḥr ᶜlmt*으로 읽지만 옳지 않다.
 | 에티 *śāləsta*

ṯlṯt$_3$

세 곱절, 세 배 1.16:V:9

- 1.14:IV:43의 *ṯlṯth*를 DUL 910의 *ṯlṯ*$_4$ 항목에서 *ṯlṯh*로 잘못 읽었다.
- *ṯlṯ*$_1$의 여성형일 듯

ṯlṯt$_4$

/*ṯalāṯatu*/ **셋이 모여 이룬 무리, 삼인조** 4.360:6.7

ṯm

/*ṯamma*/ **거기에, 그곳에** 1.2:IV:4; 1.14:IV:36&

- 참고: *ṯmn(-y)*와 *ṯmt*
  | 히브 שָׁם, שָׁמָּה, 성아람 *tammā*, 아랍 *ṯamma*

ṯmn$_1$

/*ṯamānû*/ **여덟의, 팔의**

- (형태상의) 여성형 *ṯmnt*
  | 히브 שְׁמוֹנֶה, 셈 **ṯamāniy-*, 아카 *samāne*

ṯmn$_2$

여덟째의 1.106:18

ṯmn$_3$

선물, 제물(?) 1.19:I:5

- 1.17:V:2는 *ṯmn*으로 읽는다(?).
  | 참고: 아카 *šummannu*

ṯmn$_4$

/*ṯammānu*/(?) **거기에, 그곳에** 2.40:15&

- 의존불변화사 *-y*와 함께 *ṯmn-y* 2.11:14&
- 참고: *ṯm*

√*ṯmn(y)*

tD/Š **여덟 개를 만들다**

- 1.15:II:24는 문자열이 분명하지 않아 *tṯtmnn* 또는 *tṯtmnn*로 읽을 수 있다.
- *ṯmn*$_1$의 파생어

ṯmnym

/*ṯamāniyūma*/ **여든, 팔십, 80** 1.4:VII:11&

ṯmt

거기에, 그곳에 2.10:17; 2.70:21

- 참고: *ṯm*

ṯn$_1$

/*ṯinā*/ **둘의, 두 개/명의**

- 여성형 *ṯt* /*ṯittā*/
- 여성형의 변형으로(?) *ṯnt* 4.146:8
- *ṯn* ᶜ*šr* 또는 *ṯn* ᶜ*šrh* 또는 *ṯnt* ᶜ*šrt* 또는 ᶜ*šr ṯn kbd* 모두 열둘, 십이, 12
  | 히브 שְׁנַיִם, 여성형 שְׁתַּיִם, 아람 *trēn*, 여성형 *tartēn*, 아랍 ʾ*iṯnāni*, 여성형 ʾ*iṯnatāni*, 스바 *ṯny*, 아카 *šina*

ṯn$_2$

/*ṯānû*/ **둘째의, 다음의** 1.4:VI:24

- 여성형 *ṯnt* 4.146:8&
- 1.14:I:15를 KTU[2]는 *ṯar*로 읽었지만, *ṯnt*로 읽어야 할 것이다.
- *aṯt*와 *mṯlṯt*와 병행
  | 참고: 히브 שׁנה(√*šny*) II, 아카 *šanû* I 둘째의, 다음의, 아카 *šanû* III 두 번째로 하다, 반복하다
- 참고: *ṯt*$_2$

ṯn$_3$

/*ṯanû*/(?) **다른, 그 밖의** 1.14:II:48; 1.14:IV:27

- 여성형 *ṯt* 2.38:24; 3.3:4
  | 히브 שׁנה(√*šny*) I 바뀌다, 달라지다, 아카 *šanû* II(또한 *šanium*) 다른, 그 밖의, 아카 *šanû* IV

ṯnid

두 번의, 두 곱으로 2.50:18&

< *ṯn*$_1$ + *-id* 회, 곱

ṯnm$_1$

/*ṯinâ(m)ma*/(?) **두 번의, 두 곱으로** 1.18:IV:22&

ṯnm$_2$

두 번째로 1.19:IV:61&

ṯnn

/*ṯanānu*/; /*ṯanannu*/ **전차의 궁수**弓手 1.14:II:38; 4.68:70&

= 음절문자 *ša-na-nu-ma* 복수형, *ša-na-ni*
  | 아카(우가릿) *šanannu*

ṯnnt

두 배, 두 곱

- 1.16:V:8에서 *ṯlṯth*와 병행하는 *ṯnnth*을 *ṯn*{n}*t*로 수정할 수도 있을 것이다.

☞ *ṯn*$_1$

*ṯnt*₁
/*ṯînatu*/ **오줌** 1.114:21
< **ṯiynatu*
| 히브 *שֵׁיןִ(복수형 연계상태 שֵׁינֵי), 시리 *tyāntā* 등, 에티 *śənt*, 아카 *šīna/ātu*

*ṯnt*₂
말 등 가축의 눈가리개로 쓰는 천조각(?) 4.203:9&
| 외래어일 듯. 참고: 아카(마리) *šinuntum* 가죽, 가죽으로 만든 물건

√*ṯny*₁
G(또는 D) **두 번째로 하다** 1.16:V:13; 반복하다; 계속 말하다, 설명하다 1.1:III:13&
– *k yṯnyn* 또한 RS 92.2016:35''
| 히브 שׁנה(√*šny*) II 거듭하다, 계속 이야기하다, 아람 √*tny* G 반복하다, D 설명하다, 선포하다, 아랍 *ṯny* G 두 배로 놓다/접다, D 두 곱으로 만들다, 거듭하다

√*ṯny*₂
D **바꾸다**, (맹세를) **깨다**(?) 1.15:III:29
| 히브 שׁנה(√*šny*) I, 아람 √*šny*(1), 아카 *šanû*

√*ṯpd*
G (발을 발걸이에) **놓다**, **얹다**, **딛다** 1.4:IV:29; 1.6:III:15; 1.17:II:11
– 참고: *mṯpd*
| 참고: 히브 שׁפת

√*ṯpṭ*
G **판결을 내리다**, **판결하다** 1.16:VI:34.46&
| 히브 שׁפט, 북서셈/아카 √*špṭ*, 스바 √*ṯpṭ*

ṯpṭ
/*ṯāpiṭu*/ **판관**, **판사**, **지배자** 1.2:I:7&
– √*ṯpṭ*의 G 분사
| 히브 שׁוֹפֵט, שֹׁפֵט

ṯq
천으로 만든 제품의 일종. 아마도 자루 4.595:1.3.4
| 참고: 외래어. 아카 *s/šaqqu*, 서셈 **s²aq*

*ṯqb**
나무의 일종, 아마도 서양 물푸레나무
– 복수형 *ṯqbm* 1.17:VI:20
| 참고: 아랍 *šiqb*, *šaqab* 수련睡蓮과 비슷한 열매를 맺는 나무

ṯqd
/*ṯuqdu*/ **아몬드** (나무) 1.71:7&
= 음절문자 *šu-uq-du*
| 참고: 아카 *ši/uqdu*, 인명 *ṯqdy*

ṯql
/*ṯiqlu*/ **세켈**, 무게/화폐의 단위, 약 9.4그램의 은銀, 경제문서에 자주 등장 1.14:I:29; 1.19:II:34&
– 복수형 *ṯqlm*
– *ṯql*과 함께 쓰이는 3-10의 숫자는 언제나 여성형이다. 예: *ṯmnt ṯql*. 그런데 이따금 *ṯql*이 생략되기도 한다.
| 히브 שֶׁקֶל, 아카 *šiqlu*, 페니 *šql*, 고아람 *š/tqlʾ*, 아랍 *ṯiql* 무게, 짐

ṯr
/*ṯôru*/ **황소** 1.1:II:18&
– 일루의 별칭이다. 곧 *ṯr il*로 자주 쓰인다.
< **ṯawru*
| 히브 שׁוֹר, 셈 **ṯawr-*, 아람 *tawrā/tôrā*, 아랍 *ṯawr*, 에티 *sor*, 아카 *šūru*

√*ṯrm*
G (고기를) **썰다**, **자르다**; (고기를) **먹다** 1.2:I:21; 1.16:VI:18.21; 1.18:IV:19.30
| 시리 √*šrm* 꺾다, 나누다, 아랍 *šarama* 꺾다, 나누다 Wehr, *Arabisches Wörterbuch für die Schriftsprache der Gegenwart – Arabich–Deutsch* (Wiesbaden 1985), 469. 참고: 아랍(이라크) √*ṯrm* 잘게 나누다, 아카 *šarāmu* 두들기다, 자르다

*ṯrr**
㉮ **굳건한**, **강한**, **안전한**(?) 1.14:III:5; 1.14:III:30&
– 1.14:IV:48에 나오는 여성형 *ṯrrt*와 병행하는 *rbt*는 *rb*₁ 큰의 의미다.
| 참고: 아랍 √*šrr* 굳건하다, 안전하다, 진실되다
또는 ㉯ 작은
또는 ㉰ 물이 풍부한
| 아람 √*ṯrr*

*ṯrtn**
직업의 일종이거나 사회적 계급의 일종 4.137:3&
복수형 *ṯrtnm*

| 아카(후리) *sartennu*, *širtennu* 판관, 판사

ṯryn

투구나 갑옷의 일종, 가죽으로 만든 비늘 갑옷일 수 있다. 4.169:5.6

| 외래어. 히브 שִׁרְיוֹן, 후리 *šarianni-*, 또한 참고: 아카 *sari(j)am*/ *siriam* 에블라에서도 나오는 것 같다(NABU 1992, 7-10; DUL 934이하).

*ṯš**

약탈자

– 복수형 *ṯšm*

– 1.16:VI:48을 [*ṯ*]*šm*으로, 곧 {*ṯ*}를 문질러 지운 것으로 봐서 √*šmm* 황폐화하다와 관련하여 이해할 수도 있다. 하지만 *qšm*으로 읽을 수는 없을 것 같다.

| 히브 שׁסה(√*šsy*), שׁסס 약탈하다, 아카(아마르나) *šūsû* 약탈자 EA 252:30

*ṯt*₁

/*ṯittā*/ **둘의, 두 개/명의** 여성형

☞ *ṯn*₁

ṯt(2) ☞ *ṯn*₃ 2.38:24; 3.3:4

√*ṯt*ᶜ

G **두려워하다** 1.5:II:7; 1.6:VI:30

| 히브 שׁתע, 페니 √*št*ᶜ

√*ṯtn** ☞ √*ṯyn*

ṯṯ

/*ṯiṯṯu*/ **여섯의, 육의**

< **ṯidṯu*

– 여성형 *ṯṯt*

– 참고: √*ṯdṯ*

| 히브 שֵׁשׁ I, 아람/시리 *šeṯ*, 아랍 *sitt*(*a*ᵗ), 스바 *s*¹*dṯ*, *s*¹*ṯ*, 에티 *səssu*(여성형 *sədəstu*), 아카 *šeššet*(여성형)

ṯṯb ☞ √*ṯwb*

ṯṯm

/*ṯiṯṯūma*/ **예순, 육십, 60** 1.4:VI:9&

*ṯṯt**

/*ṯi*/*aṯṯatu*/ **여섯이 모여 이룬 무리, 육인조** 4.141:III:7.9

– 쌍수형 *ṯṯtm*

√*ṯwb*

G **돌아오다** 1.3:V:54.55&

D* **뒤집다, 전복하다**

– 1.169:19의 *ṯṯbb*를 *ṯṯb*로 끊어서 읽는다면, G로 볼 수 있다.

Š **돌려주다, 되갚다, 지급하다, 돌려보내다, (말을) 되풀이하다, 대답하다** 1.14:III:32&; 2.11:17&

– 다음과 같은 형태들이 있다. *yṯṯb*, *tṯṯb*, *ṯṯb*

– 명령형 *ṯṯb*은 편지에 흔히 쓰인다.

| 히브 שׁוב, 중셈 √*ṯwb* 되돌아오다, 스바 √*ṯwb* 되갚다, 지급하다, 품삯을 주다

√*ṯwy*

G **머물게 하다, 손님으로 받아들이다**(?)

– √*dbr*₁에 이어 나온다. 1.16:VI:44

| 참고: 아랍 √*ṯwy* G 머무르다, 쉬다, D/사역형 머물게 하다, 손님으로 받아들이다

√*ṯyn*

㉮ Gt **오줌을 누다** 1.71:8; 1.85:9

또는 ⓑ √*ṯtn* G의 변형어근

| 히브 שׁין Gt 또는 שׁתן H(분사 מַשְׁתִּין), 아카 **šiānu*, *šatānu*, 시리 √*twn*, 에티 √*śyn*

w 𐎆

주의: 첫자음이 약한 어근은 모두 I-*y* 어근으로 정리했다.

w

/*wa*/ **그리고** 접속사
- UG §83.11
- 이 접속사는 이따금 중복어법(重複語法, Pleonasmus)으로 쓰인다. 따라서 매끄러운 번역을 위해 일일이 그리고로 번역하지 않아도 될 것이다. 1.3:IV:41; 1.4:V:46
- UG 783-785

  | 히브 וְ, 셈 **wa*-, 아카 *u*

wld ☞ √*yld* D 부정사

wn

그리고 (당연히!), **그리고** (보라!) 1.2:III:22; 1.3:V:38&

< **wa* + 의존불변화사 -*na* 또는 **wa* + *hinna*

wpṯ-m ☞ √*ypṯ* D 부정사

y 𐎊

$-y_1$

의존불변화사, 특히 직접화법을 이끄는 모든 단어에 붙는다.
- UG §89.3

$-y_2$

/-*ya*/ 접미대명사 1인칭 통성 단수형.
- 소유격 형태의 명사/형용사 등에 붙는다.

y_1

/*yā*/; /*yê*/ 비통, 탄식, 한탄의 **아아! 오!**
- *y lk*(-*m*) 네게 슬픔이! 1.19:III.46.51
- UG §84.23

y_2

/*yā*/ **오! 아! 야!** 부름의 불변화사
- UG §84.11

  | 히브 금석문 *yh*, 푸니 *y*ʾ, 아랍 *yā*

yitmr ☞ √ʾ*mr* Gt 어두변화형

yuḫd(*m*) ☞ √ʾ*ḫd* G 어두변화형

$y^{c}bdr$ °

신명(?) 여신 아르차유*Arṣayu*의 칭호
- *arṣy bt* $y^{c}bdr$ 1.3:III:8&

$\sqrt{y^{c}d}$

G (시간을) **정하다**
- 1.4:V:7에 $y^{c}dn$으로 나오는 것으로 볼 수 있다. 하지만 이 낱말은 $\sqrt{{}^{c}dn}$으로 이해하는 것이 더 나을 것 같다.

  | 히브 יעד, 중셈 $\sqrt{w^{c}d}$ (약속 시간을) 정하다, 약속하다

$y^{c}l$

/$ya^{c}ilu$/ **산양, 산염소** 1.17:VI:22

– *rumm*, *alpm*, *ṣin*, *aylm*, *ḥmrm*와 병행 1.6:I:26
 | 히브 יָעֵל I, 아람 *ya^{c}lā*, 아랍 *wa^{c}(i)l*, 에티 *wə^{c}əlā/wa^{c}ālā*

√*y^{c}r*
G **겁을 먹다, 기가 꺾이다** 1.6:VI:31
< **y/wr^{c}*(자위치환)
 | 참고: 히브 ירע, 아람 √*yr^{c}* 떨다, 겁을 먹다, 아랍 √*w/yr^{c}* 겁을 먹다, 에티 √*w^{c}r* 놀라다

$y^{c}r_1$
/*ya^{c}ru*/ **숲, 덤불**
– 복수형 *y^{c}rm* 1.4:VII:36
 | 히브 יַעַר, 아랍 *wa^{c}r*, 에티 *war^{c}*

$y^{c}r_2$
칼날(?)
– *abn*과 병행 1.5:VI:18; 1.6:I:2
 | 히브 תַּעַר 칼, 칼날

ybu ☞ √*bw^{ɔ}* G 어두변화형

√*ybb*
G **탄원하다**
– 1.19:III:40에서 *ybky*와 병행하는 *yb*을 KTU²는 *yb<ky>*으로 교정하여 √*bky*로 이해했다.
 | 참고: 히브 יבב D (판관 5,28), 시리 √*ybb* D, 에티 √*ybb* D 환호하다

√*ybl*
G **나르다, 데려오다, 끌어오다, 가져오다** 1.3:V:34&
< **wbl*
Gp 끌려오다 1.19:IV:50-51; 1.23:52.59
 | 히브 יבל I, 북서셈, 아카 √*w/ybl* 나르다, 가져오다

ybl_1
/*yabūlu*/ (땅의) **소출, 수확**
– *pr* 열매와 병행 1.5:II:5
 | 참고: 히브 יְבוּל, 아카 *biltu*

ybl_2
(샌들의) **끈**, (샌들을) **'끄는 것'**(?)
– *yblhm* 1.4:I:37
☞ √*ybl*

yblt
㉮ 식물의 일종(?)
– *yblt-m*가 *ssn-m*와 *^{c}dt-m*와 병행 1.100:66-67
㉯ √*ybl*의 분사 여성 단수형으로 볼 수 있다. 곧 데려가는 여성
또는 ㉰ 물길, 도랑, 강
 | 히브 *יָבָל I 물길, 도랑, 유다아람/시리 *yablā* 도랑, 강, 아카(마리) *yābiltum* 운하, 아랍 *wabl/wābil* 폭우, 억수

√*ybm*
D **수숙혼**嫂叔婚**을 올리다**(?)
– 1.6:I:31의 *ybm*는 D 부정사 또는 명사로 **처남, 매부, 처형, 수숙**嫂叔
Št (자신을) 과부로 인정하다(?)
– *p štbm* 1.6:I:30
– UG 608f
 | 히브 יבם, 아람 √*ybm* D

ybm
시아주버니, 처남, 매부, 원래는 **죽은 남편의 형제** 1.16:II:32; 1.6:I:31
 | 히브 יָבָם, 시리 *yab(b^{e})mā*

ybmt
/*yabam(a)tu*/ **죽은 형제의 부인, 제수**
이니투의 별칭 *ybmt ilm* 1.3:II:33&
– 참고: *ymmt* 1.3:III:12
 | 히브 *יְבָמָה, יְבֶמֶת, 유다아람 *y^{e}bimtā*, 시리 *ibamtā*

yd_1
/*yadu*/ **손, 팔**(하박) 여성명사 1.1:IV:10&
– 또한 남성의 성기를 에둘러 표현 1.23:33ff.
– 쌍수형 *ydm* 1.4:VIII:5&
– *b klat ydh* 네 두 팔로 1.3:I:11&
– 복수형 *ydt* 몫, 부분, 할당
šb^{c} ydty 1.5:I:21; 1.133:11
– 참고: 전치사 bd_1(< *b* + *yd*)
 | 히브 יָד I, 셈, 시리 *^{ɔ}idā*, 아랍 *yad*, 에티 *^{ɔ}əd*, 아카 *idu* 팔, 옆, 힘

yd_2
/*yada*/ **…옆에, …와 나란히, …와 함께** 1.14:II:1; III:23.35; VI:19; 4.80:5.15.18&

– *yd*₁의 부사적 목적격
ㅣ 히브 יָד עַל, יְדֵי עַל …옆에

yd₃
/*yaddu*/ **사랑** 1.3:III:6; 1.4:IV:38(?); 1.24:8.12
– *dd*₁와 *ahbt*와 병행
ㅣ 히브 יָד II(시편 16,4), 아랍 *wadd*

√*ydᶜ₁*
G **알다** 1.1:III:15&
< **wdᶜ*(?)
ㅣ 셈 √*ydᶜ*, 아랍어와 남부셈어의 사역형에서만 '알려 주다'의 뜻이다.

√*ydᶜ₂*
G **땀 흘리다** 1.3:III:34; 1.4:II:18
< **wḏᶜ*
ㅣ 참고: 히브 יזע H, 아랍 √*wḏᶜ* 흐르다

√*ydd* ☞ *ydd*(1), *mdd*, *mddt*

ydd(1)
/*yadīdu*/ **사랑받는 이, 총애받는 이** 1.4:VII:46.48&
< **wadīdu*
ㅣ 히브 יָדִיד, 시리 *yaddīdā* 사랑받는 이, 애인, 아랍 *wadīd* 호의가 있는, 친근한

ydd(2) ☞ √*ndd₂*

√*ydn*
(짐승을) **몰다, 내몰다**
– *gršt*과 병행 1.19:II:12.19
ㅣ 아랍 √*wdn* 때리다

ydt₁
내쫓는 여성 1.16:V:27
– √*ydy₄*의 분사 여성 단수형

ydt(2) ☞ *yd*₁ 1.5:I:21; 1.133:11

√*ydy₁*
G **때려눕히다, 내려놓다**; (밭을) **경작하지 않다, 묵혀 두다** 1.17:I:3&
< **wdy*
Gp 때려눕혀지다, 경작하지 않은 채로 있다 1.104:19; 4.348:1.20
ㅣ 참고: 히브 ידה(√*ydy*) I D/H, 아랍/에티 √*wdy* 던지다, 때려눕히다, 또한 아카 ***nadû*** 던지다, 놓다, 때려눕히다

√*ydy₂*
G (손톱으로 살갗을) **긁어 찢다** 1.5:VI:18
< **wḏy*
– √*hdy*과 병행 1.6:I:2
ㅣ 아랍 √*wḏy* (얼굴을) 손톱으로 할퀴다

√*ydy₃*
G **죄/잘못을 고백하다**; 칭송하다 1.119:22
< **wdy/w*(?)
ㅣ 히브 ידה(√*ydy*) II H, 시리 √*ydy* 사역형 칭송하다, (죄를) 고백하다

√*ydy₄*
㉮ G **내쫓다, 추방하다, 멀리하다**
< **wdy/w*(?)
– √*trr*과 병행 1.6:VI:52&
Gp (불이) 치워지다(?)
– *td* 1.4:VI:32
ㅣ 참고: 히브 נדה(√*ndy*) I, 아람/스바 √*ndy* 내쫓다, 추방하다
또는 ㉯ √*ndy*
–참고: UG 633, *ydt*

ygrš °
무기의 일종 1.2:IV:12
– √*grš*의 어두변화 3인칭 남성 단수형

*yǧl**
관목, 덤불
– 복수형 *yǧlm*가 *palt*과 병행 1.19:II:14.16
ㅣ 아랍 *waǧl* 무성하고 빽빽한 나뭇잎

yḥd
/*yaḥīdu*/ **홀로, 혼자 서서, 하나뿐인** 1.14:II:43
혼자 있는 이, 하나뿐인 이로 명사처럼 쓰인다.
< **waḥīdu*
– *almnt* 과부와 병행 4.224:6
– *bt yḥd* 4.750:5.6.7
ㅣ 히브 יָחִיד, 아람 *yᵉḥīdā/iḥīdā*, 아랍 *waḥīd*

√*yḫl*
D **걱정하다, 의심하다**(?)
< **wḫl*

– 2.16:12의 *twḫln*를 KTU[2]는 *tdḫln*로 읽는다.
– 반대말: √*šmẖ*
  | 시리 √*yḫl* 사역형(ʾ*awḫel*) 약하다, 의심하다

*yḥmr**
  /*yaḥmūru*/ **수노루**
  – 복수형 *yḥmrm*가 *yʿlm*와 병행 1.6:I:28
  | 히브 יַחְמוּר, 아람 *yaḥmūrā*, 아랍 *yaḥmūr*

√*yḫy** ☞ √*ytḫ*

yknn-h
  /*yukānin-*/ 1.3:V:36&
  ☞ √*kwn* D* 어두변화형

√*yld*
  G **낳다** 1.5:V:22&
  < **wld*
  – *ldt* /*lidatu*/ 부정사(?), 2.34:33에 나오는 것 같은데, 문자열이 확실하지 않다. *ldtk* 대신 *ddtk*로 읽을 수도 있다.
  Gp 태어나다 1.10:III:35; 1.17:II:14
  – *yld-y* 1.23:53
  D (아기를 많이) 낳다
  – 부정사 *wld* /*wulladu*/ 1.12:I:25.27; 1.14:III:48; 1.15:III:5&
  Š 낳게 하다, (아버지가) 아기를 만들다 1.23:65
  | 히브 ילד, 셈 √*w/yld*

*yld*₁
  아기, 어린이, 새끼 1.124:3; 1.103+:2
  | 히브 יֶלֶד, 아랍 *walad*, 아카 (*w*)*ildu*

yld₍₂₎
  낳음, 탄생(?)
  – 1.17:II:41을 KTU[2]는 *ʿrš hrt*로 읽었는데, 이런 전통적 견해는 오류다. *ʿrš yld* 해산하는 침대, 아기 침대로 읽어야 한다.
  – √*yld*의 부정사 또는 *yld*₁와 같다.

ylk ☞ √*hlk* G 어두변화형

ylm ☞ √*hlm* G 어두변화형

*yly**
  /*yalīyu*/ **구성원, 일가, 친척**
  – 복수형 연계상태 *ylyh* 1.12:II:51
  | 아랍 *waliyy*

*ym*₁
  /*yômu*/ **하루, 날**日
  = 음절문자 *yu*(PI)-*mu* 1.4:VI:24&
  < **yawmu*
  – 복수형 *ymm* 1.6:II:26&
  – 복수형 *ymt* 1.108:26; RS 92.2016:38''
  – 쌍수형(?) *ymm* 1.1:V:2.15&
  | 히브 יוֹם I의 남성/여성 복수형, 셈 *yawm*, 아카 *ūmu*, 에티 *yom* 오늘

*ym*₂
  /*yammu*/ **바다, 호수** 1.2:IV:3&
  – 이따금 *nhr*과 병행
  | 히브 יָם(*yamm*), 가나/아람 *yamm*

ym ᵒ
  /*yammu*/ 신명 **얌무**. 나하루*nhr*라는 별칭을 지닌다. 물의 신, 곧 바다(짠물)와 강/지하수(단물)의 신이다. 1.1:IV:14.15&
  ☞ *ym*₂

yman ᵒ
  시명(야완? 이오니아? 야만?) 1.4:I:42; 1.40:27&

ymmt
  /*yamam*(*a*)*tu*/ ☞ *ybmt* 1.3:III:12
  < **yabam*(*a*)*tu*

ymn
  /*yamīnu*/ **오른편, 오른팔, 오른쪽으로** 1.2:I:39.40&
  – *šmalh*와 병행하고 *yd*₁과 관련된다. 1.103+:9.26.35
  | 히브 יָמִין I, 셈/아람 *yammīnā*, 아랍 *yamīn*, 에티 *yamā/in*, 아카 *imnu*, *imittu*.

yn
  /*yênu*/ **포도주** 1.4:III:37.43&
  < **yaynu*
  – 다음의 낱말들과 병행 *trṯ*, *nbt*, *dm ʿṣm*, *šmn*, *lḥm*
  | 히브 יַיִן, 서셈, 아랍/에티 *wayn* = 그리스어 (*w*)*oinos*, 라틴 *vinum*

ynpʿ ☞ √*ypʿ* N 어두변화형

ynphy ☞ √*phy/w* N 어두변화형

√ynq

G **빨다, 흡입하다** 1.15:II:26; 1.23:24&

– 분사로만 나온다.

Š 젖을 물리다, 유모 노릇을 하다

– 분사 여성 단수형 *mšnqt* 1.15:II:28

| 히브 יָנַק, 아랍/아카 √*ynq*(아카 *enēqu*)

ynt

/*yônatu*/ **비둘기** 1.39:1&

< **yawnatu*

– 제의문헌에만 나온다.

| 히브 יוֹנָה I, 아랍 *yawnā*

yp

아름다움, 기품 1.40:28&

| 참고: 히브 יֳפִי 아름다움, 스바 *wfy* 안전, 안녕, 행복

√yp^c

G (…에 맞서) **일어나다** 1.2:I:3; 1.3:III:37&

N 일어나다 1.5:IV:8

– 1.19:II:16의 어두변화형 *ynp*^{c} /*yinnapi*^{c}/ < **yinyapi*^{c}를 DUL 973처럼 수정할 필요가 없을 것이다. UG 537

| 아랍 √*yf*^{c} 솟아오르다, 높이 솟다, (산을) 오르다, 스바 √*yp*^{c} 높이 오르다, 다가오다, 접근하다, 하지만 다음 히브리어와는 구별되어야 한다. יפע I의 사역형 일어나다, 빛나다, 나타나다

ypdd ☞ √*pwd* Dp* 어두변화형

ypḥ

/*yapiḥu*/; /*yāpiḥu*/ **증인, 증거** 3.6:2&

| 히브 יָפִיחַ, יָפֵחַ

ypt

/*yapattu*/ **암송아지**

< **yapantu*

– *alp*과 병행 1.10:III:3

| 아랍 *yafan* (네 살 정도 된) 황소, *yafana*^{t} 암소

√ypṯ

D **욕설하다, 모욕하다**

< **wpṯ*

– 부정사 *wpṯ-m* /*wuppaṯu*-/ 1.4:VI:13

– *ywpṯn*가 √*qlṣ*와 병행 1.4:III:13

| 아카 √*wpš* G/D 욕설하다, 에블 √*wpṯ*

*√ypy** ☞ *npy*, *tp*$_2$, *yp*

yqḥ

/*yiqqaḥ*-/ ☞ √*lqḥ* 어두변화형

< **yilqaḥ-*

*yqš**

/*yāqišu*/ **새 잡는 사람, 새 사냥꾼**

= 음절문자 *ia-qi-*[*šu-ma*] 복수형

– 복수형 *yqšm* 4.99:6&

| 참고: 히브 יָקוּשׁ, יָקוֹשׁ

√yqy

G **보호하다**; 두려워하다

< **wqy*

| 아랍 √*wqy* G 보호하다, 지키다, Gt(= VIII.) (신을) 두려워하다, 경배하다, 에티 √*wqy* 보호하다

– 1.2:I:18.34에서 모두 *tq-h*와 *tqyn*[*-h*]로 병행하며 등장하는데, 이 두 단어를 서로 다른 어근으로 볼 수도 있다. 곧 *tqh*를 √*yqh* 순종하다로, *tqyn*만을 √*yqy*로 새기는 것이다.

| 참고: 히브 *יְקָהָה 순종, 아랍 *waqiha* 순종하다

yr

/*ya*/*ārû*/(?) (가을의) **아침 비**

– *ḫdd*와 병행 1.14:II:40; 1.14:IV:18

– *ṯl*와 병행 1.19:I:40

| 히브 יוֹרֶה II 아침 비, 아랍 *warīy* 폭풍우를 동반한 구름

*√yr*ᵓ

G **무서워하다, 두려워하다**

< **wr*ᵓ

– 어미변화형 *yritn* 2.31:45

– 1.5:II:6은 부정사 *yra.un*로 읽거나 어미변화 3인칭 남성 단수형 *yra.nn*로 읽을 수 있다.

– 1.6:VI:30은 부정사 *yru* 또는 어미변화 3인칭 남성 단수형 *yra*$^!$로 읽을 수 있다.

| 참고: 히브 ירע, 아랍 √*w*ᵓ*r* 경악하다

√yrd

G **내려가다, 내려오다** 1.2:III:20&

< **wrd*
– 어두변화형 *yrd*, *trd*, *ard*
– 어미변화형 2인칭 남성 단수형 *yrt* 1.5:I:6
– 명령형 *rd* 1.16:VI:37&
| 히브 ירד, 셈(아람 제외) √*wrd*, 아카 (*w*)*arādu*

yrḫ
/*yariḫu*/; /*yarḫu*/ **달**月, **한 달** 1.6:V:7&
– 이따금 *ymm*와 *šnt*과 병행
| 히브 יָרֵחַ 달月
– 아무르어 인명의 신적 요소로 이따금 발견되는 *yariḫ*
| 참고: 히브 יָרֵחַ I 달月, 셈 **warḥ*

yrḫ °
/*yariḫu*/ 신명 야리후*Yariḫu* 달 신月神 1.12:I:15&
| 아무 *yariḫ*

yrq
노란 (쇠붙이), **황금** 1.4:IV:6.11; 1.14:III:22.34&; 1.19:II:5
| 참고: 스바 *wrq*, 에티 *warq* 금, 아카 *ḫurāṣu* (*w*)*arqu* 황금

*yrqn***
/*yarqānu*/ **노란/녹색의**
= 음절문자 *ia-ar-qa-ni* 소유격
| 참고: 히브 ירק II, 셈 √*wrq* 노랗다/녹색이다

√*yrṯ*
G **차지하다**
< **wrṯ*
– 1.2:I:19.35의 *arṯ-m*은 1인칭 접두어 /*a*/가 붙은 것이다. 또는 √*rṯm*에서 유추해 볼 수 있다.
Gt 차지하다, 내 것이라 주장하다 1.3:III:47
| 히브 ירשׁ I, 서셈 √*wrṯ*, 아람 √*yrt*, 아랍 √*wrṯ*

yrṯ
/*yirṯu*/(?) **유산**
– *šph*과 병행 1.14:I:25
☞ √*yrṯ*
– 1.92:29의 *yrṯy*를 동사로 볼 수도 있을 것이다. 곧 √*rṯy*
| 히브 יְרֻשָּׁה, 아랍 *wirṯ*

√*yry*
던지다, **쏘다** 1.23:38(2번); 1.82:10
< **wry*/*w*(?)
| 히브 ירה(√*yry*) I, 스바/에티 *warawa*, 참고: 아랍 √*wrr* 던지다 아카 *warû* 이끌다, 가져오다

yryt
천막 덮개(?)
– *yryt dqt* … *w yryt adrt* 작은 *yryt* 하나, 그리고 큰 *yryt* 하나 4.411:3.6
| 외래어(?), 참고: 히브 יְרִיעָה 천막의 천, 장막

√*ysd*
기초를 세우다
< **wsd*
☞ *msdt*

ysm
사랑스러운, **쾌적한**
– 복수형 *ysmm*
– *nʿmm*과 병행 1.10:II:30; III:18; 1.23:2
| 참고: 아랍 *wasīm* 아름다운, 우아한, 사랑스러운, 아카 (*w*)*asmu* 적절한과 명사 *tsm*

ysmt
㉮ *ysm* **사랑스러운**의 여성형 형용사
또는 ㉯ 명사 **아름다움**, **미인**
– *ysmt šd šḫlmmt*로 나오고 *nʿmy*와 병행 1.5:VI:7.29; 1.6:II:20
– UG §91.242a
| 아랍 *wasāmat* 기품, 아름다움, 사랑스러움

ysmsm
/*yasamsVmu*/ **대단히 아름다운**, **사랑스러운** 1.96:3
– 여성형 *ysmsmt* 1.4:IV:15
– 1.19:II:11은 *ysmsm*<*t*>로 고쳐 읽어야 할 듯
– 참고: *ysm* 아름다운, 사랑스러운

ysmsmt
㉮ **대단히 아름다운**, **사랑스러운**
– 형용사 *ysmsm*의 여성형
또는 ㉯ 명사 **미인**
– *nʿmy*과 병행 1.17:II:42
– 참고: *ysmsm*

√*ysr*
G **가르치다, 지시하다** 1.4:V:4
< **wsr*
D 가르치다, 지시하다
– *ywsrnn* 1.16:VI:26
| 히브 יסר I

ystrn /*yistarranna*/ ☞ √*srr* Gt 어두변화형

√*yṣʾ*
G (밖으로) **나가다, 나오다**; (물건이) **전달되다** 1.2:IV:30&
< **wḏʾ*
– 1.12:I:14.19에는 G 명령형이 *ẓi*로 쓰여 있다, 곧 √*yẓʾ* = √*yṣʾ*
Š (밖으로) 이끌다, 데리고 가다/오다 1.15:V:24; 1.19:II:38&
– 분사 *mšṣu* 1.17:I:27&
| 히브 יצא, 셈(아랍 제외) √*wḍʾ*, 페니 √*yṣʾ*, 아랍 √*yʿʾ*, 스바/에티 √*wḍʾ*, 아카 (*w*)*aṣû*

√*yṣb** ☞ *yṣbt*

yṣbt
1.17:VI:9에 나오는 이 문자열은 √*nṣb* 보다는 √*yṣb** 놓다, 세우다의 파생어일 듯
| 참고: 히브 יצב, נצב

yṣḥ
/*yāṣiḥu*/(?) 직업의 일종 **염색하는 사람, 염색공**(?) 4.47:7&
| 참고: 아랍 √*wḍḥ* 밝다

√*yṣm*
G **저주하다** 1.19:III:46
| 참고: 아랍 √*wṣm* 평가절하하다, (말로) 명예를 빼앗다, 상처주다, 비난하다

√*yṣq*
G **붓다, 따르다, 쏟다**; (쇳물을) **붓다** 1.4:I:26.27.29; 1.14:II:18&
– √*lḥḥ* Š과 병행 1.4:I:25
Gp 부어지다, 쏟아지다 1.3:II:31&; 1.71:4&
| 참고: 히브 יצק, 페니 *yṣq* (쇳물을 부어 굳힌) 상像

yṣr
/*yāṣiru*/ **옹기장이, 도예가** 4.99:11
| 히브 יוֹצֵר, יֹצֵר, יצר, 페니/아카 √*yṣr*

yšu ☞ √*nšʾ* G 어두변화형

yšlḥ ☞ √*lḥḥ* Š 어두변화형 1.4:I:25-26

√*yšn*
G **잠들다** 1.14:I:31; 1.14:III:15; V:7
< **wšn*
– 참고: 명사 *šnt*₂ 잠
| 히브 ישן I, 아랍 *wasina*

yšr
/*yušru*/ **올바름, 적절함, 딱 맞음**
– *yšrh*가 *ṣdqh*와 병행 1.14:I:13
| 참고: 히브 יֹשֶׁר, 또한 중세히브 יַשְׁרוּת, 유다아람 *yašrûtā* 정직, 올바른 태도, 아랍 *yusr* 평이함, 복지

yštkn ☞ √*kwn* Št 어두변화형 1.4:VII:44

ytʿdd ☞ √*ʿwd* tD* 어두변화형

ytʿn ☞ √*nwʿ* Gt 어두변화형

√*ytḥ*
㉮ D **서두르다, 내달리다** 1.1:III:11; 1.3:III:20; 1.3:IV:12
< **wtḥ*
– 어두변화형 *twtḥ*
| 아랍 √*wṯḥ*/*ḫ* G 치다, 사역형 재촉하다
또는 ㉯ √*yḥy* Gt
| 참고: 아랍 √*wḥy* D 서두르게 하다, 에티 √*wḥy* 이리저리 걷다, 유다아람 √*yḥy* 사역형 서두르다

ytlk ☞ √*hlk* Gt 어두변화형

ytm
고아 1.17:V:8
| 히브 יָתוֹם, 아랍 *yatīm*

ytmr ☞ √*ʾmr* Gt 어두변화형

√*ytn*
G **주다**
< **wtn*(?)
– 명령형 *tn* 1.2:I:18.34&
– 어미변화 1인칭 공통 단수형 *ytnt* RS 94.2284:4
– 어미변화 1인칭 공통 단수형 *ytt* 1.100:75;

UG 144f.

Gp 허가되다 1.4:V:27; 1.104:12&

Š 넘겨 주다, 전하다, 맡기다 2.32:10; 2.36+:6.13; 2.79:3; 5.10:4.9; RS 94.2479:21

– *štnnh*, *štnn* RS 96.2039:16.24

– 어두변화형 *aštn*, *ištn*

– 명령형 *štn*

– 어미변화형 *štn*, *štnt*

N 주어지다 4.219:1; 4.274:3; 4.669:4

| 히브 נתן, 페니 √*ytn*, 아람 √*ntn*, 시리 √*ntl* (어두변화형 *nettel*), 아카 *nadānu*, *tadānu*

ytnt

/*yatīnatu*/ **제물, 공물** 1.127:5

– *ušn*과 병행 1.14:III:31; V:[42]; VI:12

| 중세히브 נְתִינָה, 아카 *nidintu*, *nidittu*, *nidnu* 제물, 공물

√*yṯb*

G **앉다** 1.2:I:21&

< **wṯb*

Šp (권좌에) 앉다, 추대되다, 즉위하다 1.4:V:47; 1.6:VI:33

| 히브 ישׁב, 북서셈 √*yṯb*, 아람 √*ytb*, 아카 *wašābu*

√*yṯn*

G **늙다, 묵다, 오래되다** 4.168:6

| 히브 ישׁן II N 낡다

*yṯn**

/*yaṯanu*/ **늙은, 묵은, 오래된** 1.71:24&

| 히브 יָשָׁן

√*yṯq*

㉮ G (뱀이) **튀어오르다** 1.100:6-54(10번)

< **wṯq*

– Tropper, *Aula Orientalis 20* (2002), 221-225

| 에티 √*wsq*, *wśq* (활시위를) 당기다, (활로) 쏘다, 펴다, 잡아당기다, 곧게 뻗다
Leslau, *Comparative Dictionary of Geᶜez* (Wiesbaden 1987), 620.

㉯ 가능성은 적지만 고정하다, 묶다

| 아랍 *waṯiqa* 고정하다, 단단히 묶다

√*yzn*

G (무게를) **달다, 재다, 검토하다** 2.81:22

| 아랍 √*wzn*

√*yẓʾ*

☞ √*yṣʾ* 1.12:I:14.1

– 명령형 *ẓi*

z 𐎇

zbl$_1$

/*zub*(*b*)*ulu*/(?) **영도자** 원래는 존귀하신 분
- 신들의 별칭, 특히 바알루의 별칭 *zbl b*^{c}*l arṣ* 영도자, 땅의 주인 1.3:I:3; 1.5:VI:10&
  | 아카 *zabālu*, 아카(마리) *zubultu* 여성 영도자, 북서셈 인명의 요소 *zbl*, 셈(에티제외) √*zbl*/√*sbl* 높이다, (짊어)지다, 이끌다. 이 말을 흔히 영어로 prince, 독일어로 Fürst로 옮기는데, 셈 √*zbl*/√*sbl*의 뜻에 비추어 볼 때, 우리말로는 '영도자'가 가깝다.

zbl$_2$

영도자의 나라/지위
- *kḥṯ zbl*- 영도자의 왕좌 1.2:I:24.25.28.29; 1.16:V:25

zbl$_3$

아픈, 병든, 쇠약한 명사로 **병자, 아픈 사람**
- ^{c}*wr*과 병행 1.14:II:45; 1.14:IV:23
- 참고: *zbln*
- √*zbl* 또는 √*sbl* 짊어지다의 파생어

zbln

역병, 전염병 1.16:V:12&
- *zbln-m*가 *kṯr-m*와 병행 1.14:I:17
- 참고: *zbl*$_3$

√*zbr*

G (포도나무) **가지를 치다** 1.23:9

< **zmr*(?)
- 참고: *azrm*
  | 히브 זמר II(자음 주의), 아랍 √*zbr* 포도나무 가지를 치다

zd

유두, 젖꼭지 1.23:24
- 쌍수형 연계상태 *zd*
- 참고: *ṯd*
- *ḏd*(2)형태도 있다.
  | 히브 זִיז II, 아랍 *zīza*^{t}, 아카 *zīzu* (짐승의) 젖통

zǧt

/*zaǧâtu*/ **짖음, 거친 소리**

< **zaǧawatu*
- *zǧt klb ṣpr* 1.14:III:18; 1.14:V:11

☞ √*zǧw*

√*zǧw*

G **소리치다**, (개가) **짖다**, (암소가) **울다** 1.15:I:5
- 참고: *zǧt*
  | 참고: 아랍 √*zǧw* 소리치다, 울다

**zmr*(?) ☞ √*zbr*

znt

양식지급, 부양, 돌봄, 치료, 공급 94.2284:29
- *znt-n* 1.1:IV:16
- *d znt adty* 내 여주인의 돌봄에 속한 것들 곧 내 여주인을 돌보는 데 필요한 (모든) 것들 RS 94.2479:20
  | 참고: 아카 *zinnātu*(복수형) 돌봄, 공급, 부양, 양식지급 아카 *zanānu* 돌보다, 치료하다, (중세)히브 זון 양식/먹이를 주다

zt

/*zêtu*/ **올리브, 올리브나무** 1.5:II:5; 1.22:I:15; 1.114:31&; 4.91:14; 4.786:13

< **zaytu*
- RS 94.2479:19의 *zt mm*는 흐르는 올리브,곧 올리브 기름 또는 겨울의 올리브 곧 잘 익은 올리브의 뜻일 것이다.

☞ *mm*
  | 참고: 히브 זַיִת, 페니 *zt*, 아람 *zaytā* 올리브나무, 올리브, 아랍 *zaytūn*(*a*^{t}) 올리브나무, 아랍 *zayt* 올리브 기름

ztr

(비문이나 부조 등을 새긴 전례용) **돌기둥, 비석**(?)
- *skn*$_2$과 병행 1.17:I:27.[45]; 1.17:II:1.17
  | 외래어. 히타 *sittar*(*i*)

√zwd, *√zyd*
　뜻이 매우 불확실하다. ㉮ 먹을 것을 챙겨 주다
　　1.1:V:25.27; 1.24:8.12
　　| 아람 *√zwd*
　또는 ㉯ 건방지게/뻔뻔스럽게 행동하다
　또는 ㉰ 불을 붙이다, 흥분하다
　　| 히브 זיד G/H

ẓ 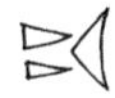

ẓu
　㉮ **입구**, (고둥이) **나는 곳/원산지** 1.3:III:2; 1.3:IV:46; 1.19:IV:43
　– *√yẓʾ* = *√yṣʾ*
　또는 ㉯ 분비물, 배설물
　　| 히브 צֹאָה 배설물, 똥(자음 주의)

ẓi　☞ *√yṣʾ* G 명령형 1.12:I:14.19

*ẓby**
　/ẓabyu/ **영양**羚羊
　– 복수형 대명사접미상태 *ẓby-*
　– 복수형 절대상태 *ẓbm* 1.133:14&
　– *ṯr* 황소와 병행 1.15:IV:7.18
　　| 히브 צְבִי, 시리 *ṭabyā*, *ṭbītā*, 아람 *ẓaby*, 아카 *ṣabītu*(자음 주의)

ẓhr(m)　☞ *ṭhr* 1.24:21

√ẓḥq
　웃다
　– *yẓḥq* 1.12:I:12
　– *√ṣḥq*의 음성학적 변형
　☞ *√ṣḥq*

√ẓll　☞ *mẓll*, *ẓl*

ẓl
　/ẓillu/ ㉮ **그늘** 1.14:II:12; III:55
　㉯ (그늘 >) 반영, 광채, 빛 1.4:II:26.27
　㉰ (그늘 >) 죽은 귀신 1.161:1
　　| 참고: 히브 צֵל(*ṣell*), 아람 *ẓill*, 아카 *ṣillu*, 또한 시리 *ṭellālā*, 에티 *ṣəlālot*(자음 주의).

ẓlmt
　어둠

– *ğlmt*과 병행 1.4:VII:55; 1.8:II:8
  | 히브 צַלְמָוֶת, 에티 *ṣəlmat*, 아랍 *ẓulam*, *ẓalmāʾ*

√*ẓmʾ*
  D (매우) **목마르다**
  – 분사 *mẓma* 목적격 1.15:I:2
  ☞ √*ğmʾ*
  | 히브 זמא(자음 주의), 셈 √*ẓmʾ*

ẓm
  단식(?)
  – *lḥm ẓm* 단식의 빵(?) 1.169:7
  – *ṣm* 단식과 같은 듯 1.111:2

ẓr(1)
  /*ẓûru*/ **등, 뒤** 1.3:III:35&
  < **ẓuhru*
  – *l ẓr* 등/정수리로, 등 뒤에, 정수리 위에 1.2:I:23&
  | 가나 *ZU-uḫ-ru(-ma)*, 아랍 *ẓahr*, 아카 *ṣēru*

ẓr(2)
  ㉮ **흑요석**黑曜石(?)
  – *b ẓr* 1.4:I:34
  | 아카 *ṣurru*
  또는 ㉯ *bẓr* 순금과 관련

ẓrw
  /*ẓurwu*/ (향내를 피우는) 송진 1.148:22; 4.402:11
  = 음절문자 ZU-*ur-wu*
  | 히브 צֳרִי, 시리 *ṣarwā*

제2부: 우가릿어 어근 목록

다음은 우가릿어 동사의 어근을 기준으로 중요 형태, 병행구, 관련 낱말 등을 간추린 것이다. 이 내용을 숙달하면, 우가릿어 문헌을 직접 읽고 새기는 데 무척 요긴할 것이다. 지금까지 발견된 우가릿어 문헌에서 대략 530개 정도의 동사 어근이 확인되었다. 학자마다 다르긴 하지만 대략 1300에서 1500개의 동사 어근이 확인된 성경 히브리어와 비교하면 훨씬 적다. 우가릿어 동사 어근에 대해서는 Tropper, UF 24 (1992), 313-337과 UG §72를 보라.

ʾ

√ʾ*bd* G **망하다, 멸망하다**
Gt 완전히 멸망하다
D 파괴하다

√ʾ*dm* G **붉다, 붉게 되다**
N 스스로 붉게 칠하다/물들이다, 붉게 화장하다 *admn*** 붉은

√ʾ*dn* G **귀 기울이다, 유심히 듣다**(?) *udn*$_1$ 귀, *tudn*

√ʾ*gg* G **투덜거리다**, (낮게) **중얼거리다**(?) *tiggn*; √*hgg*(?)

√ʾ*gr** G (돈을 주고) **고용하다, 빌리다, 빌려 주다**
agrt 고용된/빌린/빌려 준 여성

√ʾ*hb* G **사랑하다** *ahbt* 사랑

√ʾ*ḫd*, √ʾ*ḫḏ* G **잡다, 붙잡다, 쥐다, 취하다**
Gp **붙잡히다, 정복당하다**
N **꽉 붙잡히다**(?) *yiḫd*, *yuḫd*, *iḫd*, *uḫd*, *aḫt*, *aḫḏ*; *tuḫd*; *uḫd* /ʾuḫud/

√ʾ*ḫr* D **말리다, 막다; 늦추다**
Š 말리다, 막다, 늦추다

√ʾ*kl* G **먹다** *akl* /ʾaklu/ 먹을 것; *ikl* /ʾiklu/ 음식

√ʾ*mn* *imt*; *mt*$_4$

√ʾ*mr*$_1$ G **말하다**(?) *amr* /ʾamru/ 말씀, 알림

√ʾ*mr*$_2$ Gt (…처럼) **보이다**, (…처럼) **나타나다; 보다, 눈여겨보다** *yitmr*, *ytmr*

√ʾ*mṣ* G **강하다, 단단하다, 굳다**

√ʾ*nš* G **투지가 넘치다; 끄떡없다** *anš*, *anšt*

√ʾ*nṯ* *tinṯt*

√ʾ*ny* G **탄식/통곡하다** *any*, // √*ḥdy*; *tant* 한숨, 신음(?); 마주침, 만남, *tunt*

√ʾ*pq* *tapq* N(또는 D) 생각을 가다듬다, 참다; 자제할 것을 요청받다

√ʾ*py* G (빵을) **굽다** *apy* /ʾāpiyu/ 빵 굽는 이

√ʾ*rk* G **길다, 길게 되다** *ark* 긴長; *b gdlt arkty* 내 강하고 긴 (팔)로 // *b ymny* 내 오른팔로; *urk* /ʾurku/ 길이

√ʾ*rš* G **원하다, 갈망하다**
D 소망하다, 갈망하다, 청하다 *irš*, *yarš*; *iršt* /ʾirištu/ < *ʾarištu 소원, 소망, 청원

√ʾ*sp* G **줍다, 따다, 수확하다, 모으다**
Gt 뜯어내다, 찢어내다, 낚아채다, 빼앗아 가다, 죽이다
D 빼앗다, 근절하다
Š 모으다, 합치다
N 모여지다, 모이다(?)

√ʾ*sr* G/D (가축을) **묶다, 매달다, 메우다, 고삐를 당기다**

√ʾ*ṣl* Gp **쫓겨** (한곳으로) **몰리다**

√ʾ*tw*, √ʾ*ty* G **오다, 가다** *atwt*, *tit*

√ʾ*ṯ*(*y*) G **…이 있다** *iṯṯ*; *iṯ* /ʾiṯê/; /ʾiṯâ/ < *ʾiṯay(a) 그는 있다/존재한다

√ʾ*ṯm* Gt **죄가 있다, …의 탓이다; 빚지다**

√ʾ*wd* G (돈을) **빌리다**(?); (돈을) **요청하다**

√ʾ*wr* G **밝다, 빛나다**
N 눈부시게/환히 빛나다(?) *nark*

√ʾ*zr* G **두르다, 덮다**, (얼굴을) **가리다** *ṯutk tizr pnm*, *yazr*(?); *uzr*; *mizrt** 허리끈, 짧은 바지(각반?); *mizrtm*; *mizrth*; *mizrtm* /ma/iʾzartāmi/(?)

ʿ

√ʿ*bd* G/D **봉사하다, 일하다** ʿ*bd*$_1$ /ʿabdu/ 종, 노예; ʿ*bd*$_2$ /ʿābidu/(?) 일꾼, 일하는 사람;

// *ḥrṯ*₂
√ᶜ*br* G **지나가다, 지나치다, 가로질러 가다** *mᶜbr /maᶜbaru/* 개울, 샛길
√ᶜ*bṣ* G **서두르다, 조급히 굴다**(?) *ḥšk ᶜṣk ᶜbṣk*
√ᶜ*bš* **모으다**(?) *yᶜbš*
√ᶜ*bt* G/D (새끼 따위를) **꼬다, 묶다**(?)
√ᶜ*db* G **놓다, 세우다, 박다**; (식탁을) 차리다; (등을) 펴다, 굽히다
Gp 놓이다, 세워지다 *ᶜdbt* 비품, 가구(?)
√ᶜ*dd** ☞ √ᶜ*wd*
√ᶜ*dn* D **즐겁게 하다, 넘치게 하다, 넉넉하게 하다; 약속을 정하다** *yᶜdn*; √*yᶜd*(?); *ᶜdn*₂ 희열
√ᶜ*dy* D/G **떼다, 벗다, 제거하다** *yᶜdynh*
√ᶜ*ḏr* G **돕다** *ᶜḏrt /ᶜiḏirtu/* < **ᶜiḏratu* 도움; *tᶜḏr* 도움, 보조, *il tᶜḏr bᶜl* 바알루의 보조신들
√ᶜ*kd* G **열심이다, 진지하다, 믿음직하다**(?)
√ᶜ*lg* D/G **말을 더듬다** *tᶜlgt* 중얼거림, 더듬거림
√ᶜ*lw*, √ᶜ*ly* G **오르다, 올라가다**
Š 올리다, 올려보내다; 제물을 바치다 *mštᶜltm*; *ᶜln /ᶜalânu/* 위로, 위쪽으로; *ᶜly /ᶜalīyu/* 가장 높은 자, 지존; *ᶜly* cˀ la yi /ᶜelāyu/* < **ᶜilāyu* 윗사람; 높은 장소; 위층; *ᶜlyh*; *mštᶜltm /muštaᶜlîtêma/* 두 창녀(?)
√ᶜ*mm* Dp* **덮이다, 푹 싸이다, 어두워지다**
√ᶜ*ms* D **짐을 싣다, 지다, 메다, 지탱하다**; (벽돌을) 포개어 쌓다, 한 줄씩 쌓다 *ᶜmsn* 싣기, 메기
√ᶜ*mt* **때리다, 치다**(?)
√ᶜ*nw*, √ᶜ*ny* D **업신여기다, 굴복시키다**
Dp 업신여겨지다, 겸허하다
ᶜnnh < **ᵓᶜnnh*(?); *ᶜnn* 종, 보조자
√ᶜ*ny*₁ G **대답하다, 말을 받다, 답변하다** *yᶜn*, *tᶜn*; *mᶜn /maᶜnû/* < **maᶜnayu* 대답, 응답; *mᶜn ǧlmm yᶜnyn*; *tᶜn* 대답, 응답
√ᶜ*ny*₂ G(?) **크고 날카롭게 소리치다, 슬픔에 겨워 울부짖다; 노래하다**
√ᶜ*pp*, √ᶜ*wp* D* **돌보다**(?)
√ᶜ*ps* G/D 말리다, 참다(?) *ḫrd ᶜps*, *ḫrdk ᶜps*, *mn ᶜps* … ; *ᶜps* 경계
√ᶜ*qb* G **뒤따르다**, (발이) **잇닿다/접하다**(?)
D **뒤꿈치에 바싹 따라붙다**, (뒤에서) **잡다/말리다** *mᶜqbk*; *ᶜqb* /ᶜaqibu/* 발굽; *mᶜqb*
√ᶜ*rb* G ㉮ **들어서다, 입장하다, 안으로 들어오다;**
㉯ **보증하다**
Š 들어오게 하다, 안으로 이끌다
N 합병/편입되다, 관련 맺게 되다
ᶜrb 들어섬, 입장; *ᶜrb špš* 해넘이, 서쪽; *ᶜrbn /ᶜurub(b)ānu/*(?) 보증; *mᶜrb /maᶜrabu/* 해넘이, 일몰
√ᶜ*rk* Gp **세워지다**, (똑바로) **놓이다** *ᶜrk* /ᶜāriku/* (제물을) 준비하는 이
√ᶜ*rs* **즐겁다, 축하하다, 환영하다**(?)
√ᶜ*rw* G **발가벗다, 비어 있다; 파괴되다**
D 비우다
√ᶜ*ss** ☞ √ᶜ*ws*
√ᶜ*ṣṣ* **재촉하다**, 서두르다(?)
√ᶜ*šr* D **식사에 초대하다, 마실 것을 주다, 대접하다**
√ᶜ*šy* G **누르다, 압박하다**
D/G 재촉하다, 압박하다; …에 나쁜 짓을 하다 *yn ᶜšy* 눌러 짠 포도주(?)
√ᶜ*tk* G/D **붙잡아 매다, 고정하다**(?)
√ᶜ*tq*₁ G **지나쳐 가다**, (하루가) **지나가다**
√ᶜ*tq*₂ **크게 소리치다, 울부짖다, 탄원하다** *ᶜtq /ᶜataqu/*(?) 외치는, 탄원하는; 큰 외침, 함성; *l ntn ᶜtq*; *l bky ᶜtq*
√ᶜ*wd* D* **되갚다, 돌려주다**
tD* 응답하다 *ytᶜdd*; *tᶜdt /taᶜûdatu/* 증거, 증언 // *mlak*; √ᶜ*dd* 참고.
√ᶜ*wl* G **공격하다; 나쁜 짓을 하다**(?)
√ᶜ*wn** *ᶜnn*
√ᶜ*wp* G **날다**
√ᶜ*wr* D* **자극하다**
Dp* 자극되다
N 깨다; 깨워지다
어근이 다르지만 참고: *ᶜwr /ᶜawwiru/* 눈먼, 장님; *ᶜwrt /ᶜawwirtu/* 맹목; *tᶜrr-k /tuᶜārir-/*
√ᶜ*ws* G **밤에 헤매다/방랑하다** √ᶜ*ss*
√ᶜ*wy* G **다른 쪽으로 돌리다, 외면하다**(?) *tᶜw*[ ]
√ᶜ*yl** *tᶜlt*
√ᶜ*yn* G **보다** *ᶜn* 눈目; *ᶜnm*
√ᶜ*zz* G **힘세다, 강하다**
D* 힘/권능을 주다 *ᶜẓm*₂ */ᶜuẓmu/* 힘, 권능, *ᶜẓm*₃ */ᶜaẓūmu/*; */ᶜaẓīmu/* 강력한; *ᶜẓmny* 권력자; 내/우리의 힘.

b

√$b^{c}l$ G **만들다, 생산하다**
Š 만들다, 만들게 하다 < *$p^{c}l$, $yb^{c}l$, $tb^{c}l$-, $b^{c}lm$; $b^{c}l_1$ /$ba^{c}lu$/ 주인; $b^{c}l_2$ /$b\bar{a}^{c}ilu$/ < *$p\bar{a}^{c}ilu$ 노동자; *t̲t̲ ḫmrm* $b^{c}lm$ 일하는 나귀 여섯마리; $b^{c}l$ °; $b^{c}lt$

√$b^{c}r_1$ D **불붙이다, 불사르다** $\check{s}b^{c}r$ 고삐(?); 횃불

√$b^{c}r_2$ D **파괴하다, 없애다, 근절하다**

√$b^{c}r_3$ D **치우다, 멀리 두다, 멀리 데려가다/오다** $\check{s}b^{c}r$ 고삐(?); 횃불

√$b^{c}r_4$ D **버리다, 버리고 떠나다**

√*bdd* G **낭송하다; 연주하다** √*bdy*; // √*šyr*

√*bdy* 궁리하다, 꾸며내다, 고안하다 √*bdd*

√*bǧy* G **드러내다, 계시하다**(?); 찾다, 연구하다, 관찰하다 *ibǧyh*

√*bhl* D(또는 G) **떠나보내다**; (자식에게 유산을 주지 않고) **빈손으로 떠나보내다**, (유산 없이) **키우게 하다; 포기하다**

√*bkr* D **장자권을 부여하다** *bkr* /*bukru*/ 맏이

√*bky* G **울다, 눈물 흘리다**
N 슬퍼하다, 울게 되다, 눈물 흘리다 *tpky* /*tapkiyu*/ < **tabkiyu*; *ibky*; bk_2 울음; *bkt* /*bākîtu*/ < **bākiytu* 우는; *bky* 울음, 비탄; *bkyh*; *l bky* ^{c}tq; *bkyt** /*ba/ikkīyatu*/(?) 우는 여자; *bkyt*

√bl^{c} G **삼키다, 게걸스럽게 먹다**

√*blw*, √*bly* D **다 먹다, 써버리다, 낡다, 닳다**

√*bnw*, √*bny* G **짓다, 만들다** *bnwn* /*bunwānu*/ 건물; *bnwt* /*bunwatu*/; /*binwatu*/ 창조, 만듦; *bny* /*bāniyu*/ 짓는 자, 창조자, *bny bnwt* 피조물의 창조자

√bq^{c} G **자르다, 동강내다**

√*bqr* Dp (간肝이) **세밀히 관찰/검사되다**

√*bqt̲* D **찾다, 추구하다, 요구하다**

√*brd* G/D (고기를) **잘게 자르다**

√*brḥ* G **도망치다, 피하다** *brḥ* /*barīḥu*/(?) 피신하는; *bt̲n brḥ*

√brk_1 D(또는 G) **축복하다** brk_1* /*barī/ūku*/ 복받은; *brkt-m*; *brkn* /*bi/urkānu*/ 복

√brk_2 G/tD **무릎을 꿇다** *tbrkk*; brk_2 /*birku*/ 무릎, *brkt*, *brkm*

√*brr* G **깨끗하다, 맑다, 순결하다, 자유롭다**
brr_1 /*barī/ūru*/ 깨끗한, 정결한; *brt* 순수함, *brt lbk*; *tbrrt* /*tubārir(a)tu*/ 해방, 풀어줌

√$bṣ^{c}$ G **잘라내다, 베어내다**

√*bṣr* G **찬찬히 검사하다, 시험하다; 매복하다**

√*bšl* G (열매나 음식) **익다, 끓이다, 익히다**

√*bšr* G **기쁜 소식을 듣고 기뻐하다**(?)
D 기쁜 소식을 전하다 *nbšrkm*; *abšrkm*; *bšrt* 기쁜 소식

√*bt̲t̲* ☞ √*bwt̲*

√$bw^{ɔ}$ G **들어가다, 입장하다, 오다** *tbi* /$tab\hat{u}^{ɔ}$/

√*bwš* G **머뭇거리다, 망설이다, 주저하다**

√*bwt̲* G 뜻이 분명하지 않다. **갈기갈기 찢다, 파괴하다; 부끄러워하다** √*bt̲t̲*; *bt̲t̲* 부끄러움

√*byn* G **인지하다, 주의하다, 이해하다, 알다**
tD* 주의하다, 조심하다, 인지하다 *itbnnk*

√*byt* G **묶다, 숙박하다**

d

√$d^{ɔ}w$ G **날다** *dit*; diy_1 /$da^{ɔ}yu$/(?) 맹금의 일종; diy_2 날개

√$d^{c}ṣ$ D/G (높이 뛰려고) **다리를 들다** $td^{c}ṣ$

√*dbḥ* G **잡다, 죽이다, 희생 제물로 바치다**
N 희생 제물로 바쳐지다 *dbḥ* /*dabḥu*/ 희생 제물; *mdbḥ* /*madbiḥu*/ < **maḏbiḥu* 제단, *mdbḥt*

√dbr_1 D **등을 돌리다; 물러나다; 도망치다** *dbr*

√dbr_2 D **말하다, 대화하다**

√*dḥl* G **두려워하다** < *ḏḥl*; *tdḥṣ*, $td^{i}ḥln$

√*dḥṣ** ☞ √*dḥl*

√*dll* D* **억제하다, 굴복시키다,** (품위나 도덕을) **떨어뜨리다** *mdll*-; // *ḫbt*-; *dl* /*dallu*/

작은, 약한; *dlt*

√dlp G 소란스럽게 되다, (형체가) 비틀거리다; 녹다, 없어지다 // *√nǵṣ*

√dlw G 자청하다, 자기 몫을 다하다(?) *w ydl trḫ ḥdṯ*

√dmᶜ G 눈물 쏟다, 울다 *dmᶜt** /*dimᶜatu*/ 눈물, *dmᶜt* /*dimaᶜātu*/; *udmᶜt* /*ʾudmaᶜātu*/

√dmm₁ G 조용히 처신하다, 꼼짝하지 않다, 가만히 있다

√dmm₂ G 탄원하다, 울부짖다

√drᶜ G 씨 뿌리다 < **ḏrᶜ*; *drᶜ* 씨앗; *mdrᶜ* /*midarᶜu*/ < **midraᶜu* < **maḏraᶜu* 씨 뿌리는 밭, 파종지

√drk G ㉮ 밟다, ㉯ (활을) 당기다

√drq G 걷다 *tdrq*; // *hlkt*

√dry, *√drw* G/D 흩뿌리다, (곡식을) 까부리다 < **ḏry/w*

√dwd ☞ *√ndd₂*

√dwk Gp 밟아 으깨지다

√dwṯ G 마구 짓밟다, 유린하다 Gp 마구 짓밟히다 < **dwš*!; *dṯ*

√dwy G 약하다, 힘들다, 불쌍하다 *mdw* /*madwû*/ < **madwayu* 병, 질병; *ᶜrš mdw* 병상 // *ᶜrš zbln*

√dyn G 정의를 펴다, 판결하다, 재판하다 *√tpṭ*; *dn₁* /*dînu*/ 올바름, 정의

ḍ

√ḍmm *tḍmmt* /*tuḍāmim(a)tu*/ 간음, 추행

√ḍmr₁ G 지키다, 보호하다 *ḍmr*; *ḍmrn* ° < **ḍmrn* 보호자; 용사

√ḍmr₂ G 노래하다, 읊다; 연주하다 < **zmr*

g

√gᶜr G 호통치다, 투덜대다, 비난하다; (말이) 울다, 크게 힝힝거리며 울다

√gbb N (군대가) 모이다

√glgl G 구르다, 말다(?)

√glṯ G (흐르는 물이) 소용돌이치다(?) *tglṯ*

√gly, *√glw* G 떠나다, 멀리 가다, 움직이다

√gmḍ G (웃기 위해) 몸을 젖히다(?) *ygmḍ*; // *yẓḥq*

√grdš G 파괴하다

√grgr G 이방인으로 살다 ☞ *√gwr*(1)

√grš G 나가버리다, 멀리 떠나다
D/G 내쫓다 *grš* 구마사, 퇴마사; *grš-m zbln*; *gršt* 여성 구마사, 퇴마사; *gršt zbln*; *ygrš* °

√gry D(또는 G) 싸움을 걸다, 전쟁을 일으키다, 자극하다, 반목하다 ☞ *√gwr*, // *√šry*

√gwl G 환호하다, 외치다 *ygl*, *ngln*, *tgwln*

√gwr(1) G 나그네살이하다, 이방인으로 살다 ☞ *√grgr*; *gr* /*gêru*/ < **gawiru* 나그네, 이방인

*√gwr**(2) ☞ *√gry*

√gzz G (머리카락을) 자르다; (양털을) 깎다 *ygz*; *gzz** /*gāzizu*/ (양털) 깎는 이, *gzzm*

ǧ

*√gbb** ☞ *√ngb*

√ǧdd G/D* 부풀다 *tǧdd kbdh b ṣḥq*

√ǧḍḍ G 서두르다, 솟다, 쏘다(자동사) *√ǧḍy*(?)

√ǧll G 들어가다, 침투하다, 스며들다, 담그다
D* 찔러 넣다

√*ǧlm* G **어둡다, 컴컴하다** *w ǧlm*; *ǧlmt*$_2$ /*ǧulmatu*/ 어둠, 컴컴함

√*ǧlw*, √*ǧly* G **몸을 숙이다/기울이다, 엎드리다** D 굽히다, 내리다 < **ṣlw*(?)

√*ǧly* G (곡식이) **마르다, 부패하다** < **ṣly*(?); // √*ḫrb*

√*ǧmʾ* G **목마르다** < **ẓmʾ*; *ǧmu ǧmit*

√*gmr** *gmr*$_1$ 완성자, 집행자; 파괴자; *gmr*$_2$* 동물의 종류 // *rumm*, *bṯnm*, *lsmm*, *gmrm*; *tgmr* /*tagmīru*/(?) 합계, 총합.

√*ǧṣr* G **경계를 짓다**

√*ǧtr*$_1$ **청하다, 부탁하다, 구걸하다**

√*ǧtr*$_2$ **죽이다**(?)

√*ǧwr*$_1$ G **가라앉다, 침몰하다** *yǧr*

√*ǧwr*$_2$ Gt **공격하다**(?); 질투하다, 불신/의혹을 경험하다(?) *yǧtr*

√*ǧwy* G (규칙, 법을) **어기다, 죄를 짓다**(?)

√*ǧyr** ☞ √*ǧtr*$_2$, ☞ √*ǧwr*$_2$

√*ǧzw* G **침략전쟁을 하다, 무섭게 공격하다** *ǧz** 도둑, 약탈자, *ǧzm* /*ǧāzûma*/(?) < **ǧāziyūma*; *k ǧz ǧzm* 도적들이 무섭게 침략해 올 때

√*ǧẓy*, √*ǧẓw* D(?) **제물을 바치다, 올리다; 봉사하다**(?) *mǧẓ* /*ma*/*iǧẓû*/ < **maǧẓayu* 선물, 제물 // *mgn*; *tǧẓyt* /*taǧzīyatu*/ (마시는 제물을) 바침, 헌작, *yn tǧẓyt* // *lḥm trmmt*

h

√*hbr* G **몸을 굽히다** // √*qyl*

√*hbṭ* G/D **쳐서 쓰러뜨리다**

√*hdy* G(또는 D) (슬픔의 표시로 몸을) **베어 상처를 내다** // √*ydy*$_2$

√*hgb* 의미가 뚜렷하지 않다.

√*hgg** ☞ √*ʾgg*

√*hkr* Š **…를 놀라게 하다**(?) *ašhkr*

√*hlk* G **가다,** (시냇물이) **흐르다** Gt 이리저리 걷다, 방랑하다 Š 넘치게 하다 *ylk*, *tlk*, *lk*; *ytlk*, *itlk*; *hlk*$_1$ 걸음; (별들의) 운행; *lk*; *lkt* /*liktu*/ 가기, 걷기

√*hlm* G **치다** *ylm* < **yhlm*

√*hpk* G ㉮ **돌리다, 뒤집다,** ㉯ **돌다, 쓰러지다** Gt 쓰러지다 N 돌리다, 외면하다 *thpk*** /*tuhappiku*/ 변화, 전복(?)

√*hrg* **죽이다**

√*hrr* D* **심하게 떨다, 벌벌 떨다**

√*hry* G **받아들이다, 임신하다** *hr*$_2$ /*hirû*/ 임신, 수태, *hr-h*

ḥ

√*ḥbq* G/D **…를 팔로 감싸다, 안다** D (품에) 안다, 함께 자다

√*ḥdṯ* G **새롭다, 새것이다** Šp 새롭게 되다(?) *ḥdṯ*$_1$ /*ḥadaṯu*/ 새로운; *ḥdṯ*$_2$ /*ḥudṯu*/ 초승달, *ym ḥdṯ* 초승달의 날

√*ḥdw*, √*ḥdy* G/D (동물을) **몰다, 내몰다**

√*ḥdy*$_1$ < **ḥḏy*(?) **엿보다, 관찰하다, 점검하다**

√*ḥdy*$_2$ **기뻐하다, 즐거워하다** √*ʿny*$_2$

√*ḥgr* G **동여매다, 띠로 감다, 현혹/미혹하다** N/G 묶이다

√*ḥkm* G **슬기롭다, 지혜롭다** *ḥkm*; *ḥkm* /*ḥakamu*/ 슬기로운, 지혜로운; *ḥkm* /*ḥukmu*/ (슬기로운) 결정; 지혜

√*ḥll* G **세속적이다, 거룩하지 않게 하다, 신성모독하다** D* (제의적으로) 씻다, 정결하게 하다 *mḥllm*

√*ḥmd* D/G **열망하다, 요구하다, 갈망하다** *bʿl ḥmd-m yḥmd-m*; *mḥmd* /*maḥmadu*/ 가치 있는 것/일, 귀중한 것

√*ḥmm* Šp **데워지다, 덥여지다** *ḥmḥmt* 열기, 더위

√*ḥmṣ* G(?) (곡식이) **썩다**(?)

√*ḥnn* G **자비롭다, 마음이 넉넉하다** *ḥnt* /*ḥinnatu*/(?) 선, 친절

√ḥrk G **굽다, 지지다, 그슬리다** // ḥmm Š

√ḥrm* ḥrm**

√ḥrr G **태우다, 굽다; 바싹 마르다**

√ḥrš Gt **육체노동을 하다** iḥtrš; // √kwn Š; ḥrš$_1$ 육체노동자; ḥrš bhtm 집짓는 이; ḥrš mrkbt 전차 만드는 이; ḥrš anyt 배 짓는 이; ḥrš$_2$ 능숙한, 솜씨 있는; ḥrš yd[m] 재주 있는 손길로; ḥrš$_3$* (요술의) 주문, 서약문(?), ḥršm

√ḥrṯ G **쟁기질하다, 밭을 갈다**, 경작하다, 개간하다, 재배하다
G/D (피부에) 주름을 내다, 긁어 찢다 ḥrṯ$_1$ /ḥarṯu/ 밭 갈기, 쟁기질; alp ḥrṯ 쟁기질하는 소; ḥrṯ$_2$ /ḥarrāṯu/; /ḥāriṯu/ 농부, 경작인, ḥrṯm; mḥrṯt$_1$ /maḥraṯ(a)tu/ 밭, 경작지; mḥrṯt$_2$ /maḥriṯ(a)tu/ 쟁기, 가래; alp b mḥrṯt 일소, 밭가는 소

√ḥsl D **파괴하다, 근절하다**
N/Dp/Gp 파괴되다

√ḥsp G (물/샘물을) **뜨다, 긷다** ḥsp 잔에 따른 (포도주); (yn) ḥsp 잔포도주

√ḥṣṣ G (몫을) **받다, 취하다**; (몫을) 나누다

√ḥtk D **정하다, 결정하다; …를 지배하다** ḥtk$_1$ /ḥātiku/; /ḥattāku/ 주인, 지배자; ḥtk$_2$ /ḥitku/(?) 지배, ḥtkn

√ḥwš G **서두르다** ḥšk

√ḥwy$_1$, √ḥyy G **살다**
D **살아 있다, 생명을 유지하다, 살게 하다** ☞ √ḥzy; ḥwy$_1$ 생생하게 살아 있는 자, ḥzy, ḥzz, ḥzt; ḥy /ḥayyu/ 생명, 삶, ḥym /ḥayyūma/, ḥ /ḥê/ < *ḥay(y); ḥ npšk w ḥ n[pš(y)] 네 영혼의 생명을 두고 …, 네가 살아 있는 동안 …

√ḥwy$_2$ Št **경의/충성을 표시하다**

√ḥwy$_3$ G/D **치다, 때리다** // √mḫṣ

√ḥyṣ G **땀 흘리다**(?)

√ḥyy G **살다** ḥy, yḥ, // iṯ

ḫ

√ḫbṭ G **빼앗다, 약탈하다**(?); **억압하다, 못되게 굴다**(?) // mdll

√ḫbṯ ㉮ G **풀려나다, 뛰어가 버리다, 도망치다**(?) 또는 ㉯ D ḫupṯu-의무를 수행하다

√ḫdy, √ḫdw G **기뻐하다**

√ḫlq G **멸망하다**; 없다, 빠지다, 부족하다; 잃어버리다
D 멸망시키다, 파괴하다 ḫlq 상한, 부패한; yn ḫlq 상한 포도주

√ḫmš D **다섯 번째로 하다** ḫmš$_1$ /ḫamišu/ 다섯, ḫmšt; ḫmš$_2$ /ḫāmišu/ 다섯 번째; ḫmšm /ḫam(i)šūma/ 오십; ḫmšt 오분의 일 세켈; mḫmšt /muḫammaš(a)tu/ 다섯째 부인/여인; mḫmšt

√ḫnp 1.18:I:17의 ḫnp lb[k]; yḫnp, ḫnpm

√ḫrʾ G **상을 비우다; 배설하다**
ḫru* /ḫurʾu/ 똥, 배설물, ḫri

√ḫrb G **메마르다** // √ǵly, √ḫsp; ḫrb 메마른

√ḫrm G **자르다, 도살하다**

√ḫrr* ☞ √ḫwr

√ḫrṭ G (깃털을) **뜯다**

√ḫsp G **가라앉다, 시들다** // ḫrb, √ǵly

√ḫsr G **빠지다, 결핍되다, 부족하다** ḫsr 빼서, 덜어내서; mḫsrn /maḫsirānu/(?) 부족, 모자란 분량

√ḫss G/D* **기억하다, 생각하다** ☞ √ḫws

√ḫṣb Gt **싸우다** tḫtṣb 때림, 다툼

√ḫtʾ Gp **부서지다, 으스러지다**
N (군대가) 패하다, 격퇴되다

√ḫtt G **파괴하다**(자동사); **깨지다**

√ḫṭʾ G **잘못을 저지르다, 죄짓다**

√ḫwr G (말馬이) **지치다, 뻗다** ☞ √ḫrr

√ḫws D* **자극하다, 화를 돋우다**
√ḫss와 혼동하기 쉽다.

√ḫwš ☞ √nḫš

√ḫyl G **고통을 겪다, 괴로워하다**

√*ḫyṯ* **G 깨어나다, 눈을 뜨다**
Š 깨우다 *yḫṭ*; *tšḫṭn.nn*; √*ḫwṭ*, √*yḫṭ*, √*ḫṭy*

k

√*kbd* **D 존경을 표현하다, 숭배하다** // √*ḥwy* Št, √*sᵓd*; kbd_1 /*kabidu*/ 무거운; kbd_3 더하여

√*khp* 뜻이 매우 불확실하다 (말이) **쇠약해지다**(?); **기침하다, 재채기하다** // √*rᵓš*

√*kḥd* **D 부인하다, 부정하다**(?); 꾸짖다

√*klᵓ* **G (문을) 닫다**(?)

√*kll* **D* 완전하게 하다, 완성하다** √*ᶜms* 포개어 쌓다; *kl* 전부, 각자, 저마다; *klny-n* 우리 모두; *klny-y* 우리 모두; *klkl* /*kulkullu*/ 무엇이든; *kll* /*kalīlu*/ 전체; 완전한; 누구나(?); *kll* (*mid*/*midm*) *šlm* (내게/우리에게) … 평화가 완전히 이루어졌다; klt_1 /*kullatu*/ 전체

√*kly* **G 끝나다, 마치다**
Gp 다 써버리다
D ㉮ 끝장내다, 파괴하다, ㉯ 다 먹다, 먹어 치우다
N 사용되다, 써버려지다 // √*mḫṣ*; *kl ykly* \ *dbḥ* 누구나 제물을 먹어도 된다

√*kms* **tD 무릎을 꿇다** *w tkms* /*wa-tkammVsa*/; // √*npl*, √*rṣṣ*(?)

√*krᶜ* **G 무릎을 꿇다** // √*qyl*; *krᶜ* /*ku*/*irāᶜu*/ 종아리, 하박, *krᶜ ydh*

√*krkr* **(손가락을) 돌리다, 손춤을 추다**

√*krr* **G 물러나다**(?) ☞ √*nkr*

√*kry*, √*krw* **G (땅을 파서) 묻다, (파서) 구멍을 내다**

√*ksy*, √*ksw* **G …으로 몸을 덮다; (옷을) 입다**
D 덮다 *kst* /*ki*/*usûtu*/ 덮개, 옷; *mks* /*ma*/*iksû*/ < **maksawu* 덮개, 포장

√*kšd* **G 꾀다, 유혹하다, 끌다**(?); **추구하다**(?)

√*ktb* **G 쓰다, 적다**

√*kwn* **G 있다, 준비되어 있다, 굳건하다**
D* 만들다
Š 하다, 준비하다, 규정하다
Šp 준비되다
Št 스스로 규정하다; 요구하다, 따지다 *yknn-h* /*yukānin-*/; √*škn*; *yštkn*; *mknt* /*makânatu*/ 자리, 지위 // *ḥtkn*

√*kwr* **G 화나다, 분노하다; 격노하다**(?) *w kr*

l

√*lᵓk* **G 보내다, 던지다**
D 사자/전령을 (많이/반복해서) 보내다 *ylak* /*yilᵓak-*/, *lik* /*laᵓik-*/; *ylik* /*yulaᵓᵓik-*/; *mlak* /*malᵓaku*/ 전령, 사자 // *tᶜdt*, *mlakm*, *mlak-*; *mlakt* /*malᵓak(a)tu*/ 전령, (호위대를 동반한) 사자

√$lᵓw_1$ **G 압도하다, 덮치다, 승리하다** *li*; *tlunˈn* /*talᵓû-nVnnū*/; *lan* /*laᵓânu*/ < **laᵓawānu* 힘, 권력; 강한; *tliyt* /*talᵓīyatu*/ 승리, *ǧr*/*gbᶜ tliyt*

√$lᵓw_2$, √*lᵓy* **G 힘을 잃다, 지치다, 약하다**
tlu /*talᵓû*/

√*lᵓy* **G 더럽다, 더러워지다** *la* /*laᵓâ*/; // √*ṣḫrr*

√*lbn* **D (흙)벽돌을 빚다/찍다** lbn_3** /*labbānu*/ 벽돌공, 흙벽돌을 빚는 이; *lbnt* /*labinātu*/ (흙)벽돌, **lbt* /*labittu*/ < **labintu*; **lbnt* /*labin(a)tu*/

√*lbš* **G 옷을 입다**
Š 옷을 입히다 *lbš* /*labūšu*/ 옷, 의류, *lbšm*, *lbšm*; *lpš* 옷, 의류 *lpš* /*lu*/*ipšu*/ < **lu*/*ibšu*; // *all*; *mlbš* /*malbašu*/ 옷

√*lḥḥ* **Š 흐르게 하다** *yšlḥ* // √*yṣq*

√*lḥk* **G 핥다, 다 핥아 먹다** *tlḥk*

√$lḥm_1$ **G 먹다, 다 먹다, 처먹다**
G/D 먹을 것을 주다, 먹이다
Š 먹을 것을 주다, 대접하다; 먹이를 주다 *lḥm*; *mlḥm-y*; // *šty*, *šqy*, *šqy* Š; *lḥm* /*laḥmu*/ 빵, 음식, // *yn*; *yip lḥm* 빵을 굽다 (√*ᵓpy*); *ᶜšr lḥm* 빵 열 덩이; *mlḥm*, *mlḥmy*, *mlḥmt* 음식 제물; 전쟁

√*lḥm*₂ G 싸우다(?)
Gt **싸우다, 다투다**
N (…와) 싸우다 *ilṯḥm*; *mlḥmt* 음식 제물; 전쟁

√*lḥn* 뜻이 매우 불확실하다 **똑똑하다**(?); **밀접하다, 가까운 친척이다**

√*lḫš* D 분사 *mlḫš* 주술자, 마법사

√*lmd* D 가르치다, 교육하다 *almd-k*; *lmd* /*lu*/*immūdu*/(?) 학생, 제자; 숙련된 사람, *lmdm*; *lmdt* /*lu*/*immūdatu*/(?) 여학생; *tlmd** /*talmīdu*/ (말 등) 조련받는, *tlmdm*

√*lqḥ* G **취하다, 앗아가다, 잡다**
N 빼앗기다 *iqḥ*, *tqḥ*; *qḥ*; *nlqḥt*; *mqḥm* /*maqqaḥā*(*mi*)/ < **malqaḥ-* 집게, 족집게; *yqḥ* /*yiqqaḥ-*/ < **yilqaḥ-*

√*lsm* G **걷다** *lsm**; *lsmm*; *lsmt* 서두름, 민첩함

√*lšn* D **독설을 퍼붓다, 분노의 말을 하다, 비방하다** √*lwš*; *lšn* /*lašānu*/ 혀, 혓바닥

√*lwy* Š **씌우다, 감싸다**(?) *t*[!]*šlw*; *lyt* /*lâyāti*/(?) < **lawayāti*(복수형 사격) 화관, 화환; 종, 수행원

√*lyn* G **밤을 보내다, 하룻밤 묵다** *yln*; // √*škb*

m

√*m*ʾ*d* D **수를 늘리다, 많게 하다** *amid*, *ymid*; *mad* /*ma*ʾ*adu*/(?) 많은, 수많은, *ul mad* 큰 (군대의) 힘; *madt* /*mV*ʾ*adātu*/ 복수형 (인간의) 무리/다수/대중; *madtn*; *mid*₁ /*mu*ʾ*du*/; /*ma*ʾ*du*/ 많음; *mud*; *mid*₂ /*ma*ʾ*du*/ 많이, 크게; *midy rǵbny* 배고픔이 크다; /*ma*ʾ*da*/ (목적격) 심하게, 매우; *muid*

√*m*ᶜᶜ* *m*ᶜ₁ 강한, 큰; 강함, 큼(?)

√*mdl* G **재갈을 채우다** // √*ṣmd*; *mdl*₁ 재갈, 마구

√*mgn* D **선물하다**

√*mǵy* G **도착하다, 가다, 들어서다** *tǵt*, *m*[!]*ǵt*; √*tǵy*

√*mḥt* 의미와 문맥이 분명하지 않다.

√*mḥy* G **지우다, 문질러 없애다, 제거하다**
Gp 문질러 없어지다, 제거되다

√*mḫṣ* G **치다, 때리다; 짜다, 엮다**
Gp 맞아 죽다
Gt 서로 치다, 싸우다
D (반복해서) 치다; 마구 세게 때리다 *imḫṣ*, *mḫšt* < **mḫṣt*, *amḫṣ*, *tmtḫṣ*; *mḫṣ*₁ /*māḫiṣu*/ 베짜는 사람, 직공, *mḫṣm*; *mḫṣ*₂ /*miḫīṣu*/ 곤봉 // *mšḫt*; *tmtḫṣ* 싸움, 전투

√*mkk*, √*mwk* G **가라앉다, 바닥으로 내려앉다** *ymk*; *mk*₂ 구덩이, 분지 // *ḫḫ*₁

√*mkr* N/Gp/Dp **팔리다** *mkr*₁ /*makkāru*/ 상인, 점원, *mkry*, *mkrm*; *mkr*₂ /*ma*/*ikru*/(?) 매매, 거래; 거래되는 물품, *d mkr* 파는 것으로 // *d mnḥt* 선물로

√*ml*ʾ G 꽉 차다, 충만하다, 채워지다
D 채우다, …로 채워 넣다; 해결하다 *mmlat* /*mumalli*ʾ*ātu*/ 물을 채우는 여인들 // *šibt*; *mlat* /*mali*ʾ*atu*/ 꽉 참, 충만; *ym mlat* 보름날, 보름달이 뜨는 날; *mlit* 꽉 찬; 충만; *mlu* /*mil*ʾ*u*/; /*milā*ʾ*u*/ 꽉 참, 충만, 많은 양; *mla ḥpnm* 두 손 가득; *mmlat*

√*mlḥ* *mlḥ*₂ /*malīḥu*/ 소금에 절인, 염장한, *uz mrat mlḥt*; *mlḥ*(*t*)₁ 소금; *mlḥt*₂ 염전, 소금밭, *b*ᶜ*l mlḥt*

√*mlk* G **임금이 되다, 임금으로 다스리다**
D 임금으로 만들다; 등극하다 *mlk*₁ /*malku*/ < **maliku*(?) 임금, 왕; *mlk*₂ /*mulku*/ 왕국, 왕권, 지배 // *drkt*; *mlkt* /*malkatu*/ 여왕, 왕비

√*mll* G/D* (손가락으로) **문지르다, 주무르다, 반죽하다** *ymll*[!]

√*mnḥ* *mnḥ* /*minḥu*/ 제물, 공물, *mnḥ bd* …, *sprn mnḥ*; *mnḥt* /*minḥatu*/ (개별) 제물, 공물, *d mnḥt* 선물/공물로서, *d mkr* 파는 물건으로

√*mnn* D **아래로 향하다, 떨어지다** *ymnn*, *mmnn-m* // √*nḥt* D

√*mr*ʾ D/G **살찌우다, 비육하다** *ymru* // *yšb*ᶜ; *mria*; *mru*₁* /*marī*ʾ*u*/ 가축; *mri*, *mra*, *mria* /*marī*ʾ*a*/, *alp mru* 비육우, 살진 소; *mru*₂ /*marī*ʾ*u*/; /*marū*ʾ*u*/ 비육된, 살진, *mri*, *mrim*, *mrat*; *mr*ᶜ /*mar*ᶜ*û*/ 목초지, 방목지, *mr*ᶜ*h*

√*mrḫ* Šp **칠해지다, 발라지다** *šmrḫt*, √*mrg* 참고

√*mrmr* G (거룩한 나무토막을) **옮기다, 정화하다; 내쫓다**; 또는 √*mrr*₁ R

√*mrr*$_1$ G 쫓아내다, 멀리 물리치다 *mr*, *šmrr*, *aymr* º; *šmrr* 쫓아냄, (마술적) 파문(?)

√*mrr*$_2$ G 힘을 주다, 축복하다
N 축복받다 *nmrt* /*namarratu*/;
// √*brk* D

√*mrṣ* G 병들다, 아프다 *mrṣ* 질병; *zbln*

√*msk* G (양념과 향료 등의 첨가물과 포도주를) 섞다 *mmskn* /*ma/imsakānu*/ (술이나 약을) 섞는 잔, 섞인 술을 따르는 잔; *msk* /*misku*/; /*masku*/ (포도주에 섞는) 양념, 향료; 혼합; *mskt* 혼합액

√*mss*, √*msś*, √*mśś* Gp 녹다, 녹아버리다, 용해되다

√*msḫ* D 쳐서 넘어뜨리다
N 서로 잡아당기다

√*mṣṣ* G (젖을) 빨다

√*mšḥ* G (기름을) 바르다

√*mšr* Š (수레를) 끌게 하다; (수레를) 타고 가다
// √*mǧy*, √^{c}*br*

√*mtn* G/D 기다리다(?) *tmtn*

√*mtr** Š *šmtr*

√*mṭr* G 비가 오다
Š 비를 내리게 하다, 비를 선사하다 // √*hlk*, √*ṭll*; *mšmṭr*; *mṭr* /*maṭaru*/ 비, *mṭrt*, *mṭrtk*

√*mṯk* G (단단히) 잡다, 움켜쥐다, 붙잡다

√*mwt* G 죽다, 사망하다 *mtt*; *mtt* /*mâtātV*/; *mt*$_1$ /*môtu*/ < **mawtu* 죽음; *bl-mt* 불사不死; *mt*$_2$ /*mêtu*/ < **mawitu* 죽은; 죽은 자, *mtm* /*mêtûma*/; *mt* º /*môtu*/ 신명 모투*Môtu*, 죽음의 신死神, 신명 *mt w šr*

√*my*^{c}, √*mw*^{c} Gt 물에 담그다; 씻다 *tmt*^{c}

√*mz*^{c} tD 찢다, 찢기다(자동사) *tmz*^{c}

√*mzl*< **zml* G 절뚝거리다, 뒤를 쫓다, 흔적을 쫓다 *mzl ymzl*

√*mẓ*^{ɔ} G 만나다, 찾다 *ymẓa* // *ymǧy*; *mẓah*

n

√*n*^{ɔ}*ṣ* G 업신여기다, 무시하다

√*n*^{c}*r* D 흔들다, 털다
Dp 털리다, 흔들어 떨어지다

√*nbṭ* G 분명하게 되다, 드러나다

√*ndb* G 너그럽다, 관대하다(?)
Gt 주다, 기부하다(?) *mtdb** /*muttadibu*/ < **muntadibu* 기부자, *mtdbm*; *spr mtdbm*

√*ndd*$_1$ G 도망치다

√*ndd*$_2$ < **nḏḏ* G …을 향해 가다, …에 서 있다; 또는 √*dwd* N
N(또는 '강변화'의 G) 서 있다, (어떤 상황에) 처하다 *ndd*, *ydd*, *tdd*

√*ndp* Š 던지다, 내던지다 *mšdpt*, *abn ydk mšdpt* 네 '내던지는 손'(네 새총/돌팔매질)의 돌들

√*ndr* < **nḏr* G 맹세하다, 서약하다, 약속하다
Gp 약속되다 *ndr* /*nidru*/ 맹세

√*ndy** ☞ √*ydy*$_4$

√*ngb* Gp (군대가) 준비되다, 무장하다; 또는 √*gbb* N

√*ngh** *tgh* 빛남, (해가) 떠오름(?); (태양이) 가버림, 일몰 // *ṣbu*$_1$

√*ngḥ* D 찔러 넘어뜨리다
N 서로 밀치다, 서로 찌르다

√*ngš* G 다가서다, 접근하다; 압박하다, 괴롭히다

√*ngṯ* G/D 찾다, 추구하다 *ngṯhm*

√*ngw*, √*ngy* G 멀어지다, 떨어뜨리다

√*nǧr* < **nẓr* G 보호하다, 지키다
Gt 조심하다, 주의하다 *nǧr*, *ttǧr*; *nǧr*$_1$** /*niǧru*/ 감시; *nǧr*$_2$ /*nāǧiru*/ 감시자

√*nǧṣ* < **nǧḏ* G 흔들리다, 비틀거리다, 떨다 *tǧṣ*, *tnǧṣn*; // √*dlp*

√*nḥt*$_1$ D 돌이나 나무를 자르다, 깎다, 형태를 만들다

√*nḥt*$_2$ D 떨어뜨리다, 낮추다, 내려 보내다; 깊이 스미다; 또는 √*nḥt*$_1$

√*nḥw*, √*nḥy* G (몸을) 돌리다, …를 향하다 √*mǧy*

√*nḫš* G 물러나다

√*nkǧ* G 붉게 칠하다(?) *akǧ*

√*nkr* G 거리를 두다, 떼어 놓다(?); ☞ √*krr*; *nkr* /*nukrî*/(?) < **nukrīyi* 또는 /*nakaru*/ 낯선 사람, 이방인

√*nkt* G 때려 눕히다, 도살하다, 희생 제물을 바치다 *nkt* 도살 // *ṯ*^{c}

√*npd* 뜻이 분명하지 않다 *ipdk*

√*npḫ* D 불다

√*npl* G 떨어지다
Gt 떨어지다, 죽다
Š 떨어지게 하다, 떨어뜨리다, 쳐서 넘어뜨리다

√*npp* Gt (향수 등을 자신에게) 뿌리다, 치장하다 *ttpp*

√*npr* G 도망치다, (새들이) 날아가 버리다 *npr* 새, *nprm* // ^{c}*ṣrm*

√*npw*, √*npy* ㉮ G 물러나다, 사라지다 또는 ㉯ Gp 쫓겨나다, 추방되다 *w tp mṣqt* 그리고 위기는 사라졌다 // *rǧb*

√*npy* (곡식을 체로 쳐서) 거르다

√*nqd* 참고: *nqd* /*nāqidu*/ 목자, 목동; *mqd*$_1$ /*maqqadu*/ < **manqadu* 양을 치는 삯, 양을 칠 권리(?), *spr mqd*… ; *npyn*(?)

√*nqh* G 일어나다, 몸을 들다(?); 주의하다, 깨어 있다 // √*qrb*

√*ns*$^c_1$ G 뽑아버리다

√*ns*$^c_2$, √*nš*^{c} G 지불하다, 값을 치르다
Š 지불하다; 값을 치르게 하다

√*nsḫ* G 뜯어내다, 치워버리다, 지워버리다; 또는 √*nsy*/*w*

√*nsk* G 붓다, 쏟아버리다
Gp 쏟아지다
D (제물로 바치는 음료를) 붓다 *sk*, *sk* /*sakī*/; *nsk* /*nāsiku*/ 대장장이

√*nsy*, √*nsw* G 멀리하다, 제거하다; 또는 √*nsḫ* *ysynh*

√*nṣb* G 놓다, 정렬하다, 세우다 *mṣb*$_1$ /*maṣṣabu*/ < **manṣabu* 대, 받침대 // *kp*; *mṣb*$_2$, (*yn*) *mṣb* 포도주의 종류

√*nṣḥ** ☞ √*ṣḥy*

√*nṣl* N 절교하다, 인연을 끊다, 물러나다

√*nṣr* G 날카롭게 외치다, 소리 높여 탄원하다 *tṣr*, *nṣrt* // *bkt*

√*nṣṣ* G 날아가 버리다(?)
Š 위협하여 쫓다 *mšṣṣ* // √*ṭrd*, √*grš*; *nṣ* /*niṣṣu*/ 매, 솔개

√*nšʾ* < **nśʾ* G (목소리를) 높이다
Gt, N 몸을 일으키다, 일어나다 *yšu*, *tšu*, *tša*; *ša*, *šu*; √*nšʾ gh*(*m*) 그(녀)의 목소리를 높이다, *yšu gh w yṣḥ*

√*nšq*$_1$ G 입맞추다
D 쓰다듬다, 친밀히 입맞추다

√*nšq*$_2$ < **nśq* G/D 불을 붙이다, 태우다 *anšq* [*b*]*htm*

√*nšy* G 잊다, 망각하다
Š 잊게 하다

√*ntk* G 붓다, 쏟다, 엎지르다
Gp 부어지다
N 흘러나가다, 범람하다, (눈물이) 뚝뚝 떨어지다
Š 붓다, 뿌리다(?) *yštk*; *mtk* /*mattaku*/ < **mantaku* 헌작

√*ntr* G 솟아오르다, 뛰어 오르다
Š 몰아내다, 쫓아내다

√*nts* 허물다, 쳐서 부숴버리다(?) *its*

√*nṭ*^{c}* *mṭ*^{c}*t* /*maṭṭa*^{c}(*a*)*tu*/ < **manṭa*^{c}*atu* 경작, 재배

√*nṭṭ* G 떨다, 흔들리다; 또는 √*nwṭ*
D* 공포스럽게 하다, 덜덜 떨게 만들다

√*nwṭ** ☞ √*nṭṭ*

√*nṯk* G 깨물다
N 서로 물다 *nṯk*$_1$ 깨무는 자/것; *nṯk*$_2$ 깨물기, 물림

√*nw*^{c} Gt 서로 잡고 흔들다 *yt*^{c}*n* /*yittâ*^{c}*āni*/ < **yintâ*^{c}*āni* // √*ngḥ* N; √*t*^{cc}

√*nwb*, √*nyb* G/Gp 덮여 있다, 드리워 있다(?) *nbt* // *šmrḫ*/*gt*

√*nwḥ* G 탄원하다, 울다, 한숨 쉬다

√*nwḫ* G 편히 쉬다, 휴식하다 *nḫt* /*nûḫatu*/ < **nuwḫatu* 휴식처, 의자; *ksu*, *kḫt*

√*nwm** *nhmmt* /*nahamâmatu*/잠, 졸음

√*nwp* Šp '높이는 제물'로 바쳐지다 *np* /*nôpu*/ < **nawpu* 높은 곳, 언덕, *np šmm*; *šnpt* 제물의 일종

√*nwq** *tnqt* 울부짖음, 비명

√*nwr* G **밝다, 빛나다** *nr /nûru/* < **nuwru* 또는 */nêru/* < **nawiru*(?) 빛, 등잔, *šmn nr* 등잔기름; *nrt*$_1$ */nûratu/*(?) 등잔, (하늘의) 빛; *nmr /namurru/*(?) 광채(?); *nmry*; *nmrt /namurratu/* 찬란; *nyr /nayyāru/*; */nay(y)īru/* 빛, 하늘의 빛 (해, 달)
√*nws* G **도망치다, 물러나다**
√*nwṭ** ☞ √*nṭṭ*
√*nwy* 뜻이 확실하지 않다. **칭송하다; 가버리다**
√*nẓr** ☞ √*nğr*

p

√*p*ʿ*r* (크게) **외치다, 알리다, 선포하다**
√*pdd** ☞ √*pwd*
√*pdy* G **몸값을 치르다, 해방하다, 구원하다** *tpdt*** */tapdêtu/* < **tapdaytu* 지불, 교환
√*phy*, √*phw* G **보다, 관찰하다 경험하다**
N 보이다,나타나다 *ynphy /yinpahiyu/*
√*pky* < **bky*, ☞ √*bky*
√*plg* N **갈라지다, 분기하다, 흩어지다** *plg /palgu/* 운하, 물길 // *nẖl*
√*pll* G **날이 빠진, 금이 간**; (땅이) **메마른**
√*plṭ* D **안전하게 하다, 해방하다, 구원하다**
N 안전하게 되다; 구원되다 // √ʿ*ḏr*; *plṭ /pullaṭu/* 구원
√*ply* **이가 끓다,** (머리카락 사이에서) **이를 찾다** *tply*
√*pny* G **돌아보다, 등을 돌리다, 뒤돌아가다**
Dp 치워지다, 버려지다(?) *tpnn*; *pn*$_1$ */panû/* < **panawu*, 이마, 얼굴, *pnm*; *pn*$_2$ */pan-/* …을 보고, …앞에; *pn*$_3$ 절대 아니! 등을 돌려!; …않도록, …않게; *pnm /panîmâ/* …안으로
√*pqd* G **명령을 내리다**
√*pr*ʿ G (병病이) **낫다**
Gt 스스로 물(이 든 병)을 끼얹다, 목욕하다 // √*rḥṣ* Gt
√*prq* G **갈기갈기 찢다, 떼다, 해결하다, 해방하다** *yprq lṣb w yṣḥq*; *prq /parīqu/*(?) 찢긴(?), *prqt*
√*prr* G **깨다, 산산조각 내다**
√*prsḥ* G **추락하다** // √*qyl*
√*prš* Gp/N **흩어지다, 녹다; 펴다** *ḥwtn tprš*
√*prš*(?) **덮이다; 풍부히 준비되어 있다**
√*psl* *psl /pāsilu/*; *psl qšt*, *psl ḥẓm*
√*ptḥ* G **열다**
Gp 열리다 *ptḥ /patḥu/* 문, 입구, *ptḥm*
√*pty* G/D **요구하다, 원하다; 유혹하다** *k ypt*
√*pwd*, √*pyd* Dp* **소진하다, 다 써버렸다,** (옷이) **낡아빠지다;** 또는 √*pdd*; *ypdd*
√*pwq* G **찾다, 발견하다, 얻다; …을 가져가다**
Gt 가지다, 얻다
Š 바치다 *tptq*, *špq*
√*pẓl* N **물러나다**(?)

q

√*qb*ʾ Gp **부름을 받다** √*qr*ʾ Gp
√*qbb* G **구부리다, 굽히다;** (활을) **당기다**
√*qbr* G (무덤에) **묻다** *yqbr*
√*qdm* G **등장하다, 앞으로 나아가다**
D 보여 주다, (희생 제물을) 바치다
Dp (희생 제물로) 바쳐지다 *tqdmn-nn*; *qdm*$_1$ */qadmu/* 동쪽; 지난날; *qdm*$_2$ */qudāma/*(?) …앞에, 앞으로
√*qdš* Š **봉헌하다,** (희생 제물을) **바치다** *qdš*$_1$ 거룩한, 신성한; *qdš*$_2$ */qidšu/*; */qudšu/* 성소, 거룩한 곳, 신전; *qdš*$_3$ */qadišu/*(?) 봉헌된 자, 바쳐진 사람, *w qdš yšr* 그리고 '봉헌된 자'는 읊을 것이다, *qdšm*, *qdš*$_1$ º, *qdš*$_2$ º, *qdš w amrr*, *qdšt*$_1$ */qadiš(a)tu/* 봉헌된 여성, 여사제; *qdšt*$_2$** */qadšūtu/* < **qadišūtu* 사제직, 사제의 신분; *mqdšt /ma/iqdaš(a)tu/* 성소, 성전, *šib mqdšt*, *šab mq[dšt]*(?)
√*qğw*, √*qğy* G **기울이다, 구부리다;** (귀를) **기울이다, 주목하다** *tqğ*
√*pẖr* *mpẖrt*, *pẖr*

√*qlṣ* D/G **경멸하다, 비웃다** // √*wpṯ* D

√*qmṣ* G **가라앉다** // √*škb*

√*qnn* √*qw/yn*

√*qnṣ* Gt **산통을 겪다, 고통을 겪다**

√*qny* G **얻다; 생산하다, 만들다, 낳다**

√*qrʾ* G **부르다**
Gp 부름을 받다 √*qbʾ* Gp; *qrat* /*qarīʾatu*/ 초대, 만찬

√*qrb* G **가까이 있다, 가까이 오다, 접근하다**
D 가까이 이끌다, 가까이 가져오다
Š (선물로/희생 제물로) 바치다

√*qrṣ* G (진흙을) **뚝 끊다, 자르다**

√*qry* G **마주치다, 만나다**
D 마주치게 하다, 데려다 주다, (희생 제물을) 바치다

√*qṣr* G **짧다** *qṣr* /*qaṣīr*/(?) 짧은; *qṣrt*; *qṣr npš* 영혼이 '짧은', 낙담한, 불행한 *qṣrt* /*quṣratu*/(?) 짧음, 조급함; *qṣrt npškm/n* 너희들의 조급함, 너희들의 격분 // *apkm/n* 너희들의 분노

√*qṣṣ* Š **베다, 자르다, 깎다; 꺾다, 찍다** *qṣ*$_1$ 끝, 가장자리, 옷자락 // *sin*, *qṣm arṣ* 땅의 끝(들) // *ksm mhyt*; *qṣ*$_2$ 잘라진 것, (고기) 덩어리, *qṣ mri* 비육한 가축의 (고기) 덩어리; *qṣ*$_3$ (고기 덩어리를) 잘라냄, 절단, *ṣḥ l qṣ ilm*

√*qṣy*, √*qṣṣ* G **먹어치우다, 소비하다**(?) *qṣ*

√*qṭṭ* D* ㉮ **거짓말을 지어내다**(?), ㉯ 도덕적으로 비난받을 짓을 하다

√*qṯqṯ* G **뼈를 바르다; 잡아당기다, 끌어당기다** *yqṯqṯ*

√*qṯt* G **추구하다, 좇다; 잡아당기다, 끌어당기다**

√*qwm* G **일어나다** *mqm* /*maqâmu*/ 장소, 발견 장소, 광산(?)

√*qwn*, √*qyn* D* (전갈이 꼬리를 들고) **일어나다;** (전갈이 몸을) **돌돌 말다;** 또는 √*qnn l tqnn*, *qn l tqnn*

√*qyl* G **떨어지다, 넘어지다**
Š 쳐부수다, 학살하다 // √*hbr*, √*ḥwy* Št

r

√*rʾš* 뜻이 분명하지 않다. 말이 앓는 병을 묘사한다 *yraš*, // √*khp*

√*rbᶜ*$_1$ D **네 번째로 하다** *rbᶜ* /*rābiᶜu*/ **넷째**; *b rbᶜ* 넷째 (날)에; *rbᶜt* 사분의 일 세켈; *mlth rbᶜt* 사분의 일 세켈의 절반 곧 팔분의 일 세켈(?)

√*rbᶜ*$_2$ Š **높이 들어 올리다/나르다**(?); 선물로 주다/바치다 // √*ybl*

√*rbb** √*rby*

√*rbd* Gp (침대가) **펼쳐지다, 잘 준비가 되다** *mrbd* /*marbadu*/ 덮개(?), *mrbdt*

√*rbṣ* **눕다, 누워 있다, 야영하다, 쉬다** *trbṣ* /*tarbaṣu*/ 안뜰, 우리

√*rby*, √*rbb* **크다** *rbt*; *rb* /*rabbu*/ ㉮ 큰, ㉯ 우두머리, *rb khnm*; *rbt*$_1$ /*rabbatu*/ 여주인, 크신 여인, *rbt aṯrt ym*; *rbt*$_2$ /*rabbatu*/ < **rababatu* 만萬, *rbt* /*rabbātu*/, *rbbt* /*rababātu*/; *trbyt* /*tarbīyatu*/ 웃돈, 이자

√*rgm* G **말하다, 대화하다, 알리다**
Gp 밀해지다, 일러지다, 멍멍되나 // √*ṯny*; *rgm* /*rigimu*/ 말씀, 소식, 짖음 // *hwt*; *rgm ᶜṣ* 나무의 '말씀'

√*rǵb* G **배고프다, 굶주리다** *rǵb* // *mẓma*; *rǵb* /*raǵabu*/ 굶주림, *rǵbn* /*raǵabānu*/ 굶주림, *midy rǵbny* 기근이 크다

√*rǵn* G **슬프다, 억눌리다, 기가 막히다**(?) *trǵnw*

√*rǵṯ** *mrǵṯ* /*muraǵǵiṯu*/ 젖먹이 짐승

√*rḥm* G **너그럽다, 다정다감하다** *rḥm* /*raḥ(i)mu*/ 모성애, 처녀, *rḥm ᶜnt tngṯh*, *rḥmy*°

√*rḥq* G **멀다, 멀리 떨어져 있다**
D 격리하다, 멀리 떨어뜨리다
Š 멀리 보내다, 떨어뜨리다 *rḥq* /*raḥuqu*/ 먼, 먼 곳, *l rḥq ilm* // *l rḥq ilnym*, *rḥqm*, *mrḥqtm*

√*rḥṣ* G **씻다**
Gt (자신을) 씻다
D 씻다(?) *mrḥṣm* 씻기는 자; 씻는 방들

√rḫp G **날다**
D (이리저리) 날아다니다, 떠돌다
rḫpt /rāḫip(a)tu/, // *√bṣr*

√rkb G **올라타다,** (마차로) **가다,** (말을) **타다**
// *√ʿlw/y*; *rkb₁ /rākibu/*, *rkb ʿrpt* 구름을 타시는 분; *rkb₂ /rakbu/* 수레, 전차(?); *mrkbt /markabtu/* 전차戰車

√rks G **묶다**

√rnn D* **크게 외치다, 환호하다**

√rpʾ G **치유하다** *trpa*; *rpu /rāpiʾu/* 치유자; */rapīʾu/* 치유; *ʿmrpi /ʿAmmu-rapiʾ/*; *rpum*, *rpim*, *rpim qdmym* 고대의 치유(자)

√rps G **짓밟다, 유린하다**

*√rpy** ☞ *√trp*

√rqṣ Gt **날렵하게 움직이다, 춤추다**

√ršʿ G **악행을 저지르다, 불의를 행하다**
ršʿ /rašaʿu/(?) 악인, 악한惡漢

√rtq **찌르다, 뚫다; 묶다, 결박하다** *rtqt*, // *lbšt*

√rṯm **치다**(?) *arṯm pdh*; *√yrṯ*

√rṯy G **얻다, 취하다, 소유하다**(?); 또는 *√yrṯ*

*√rwm** ☞ *√rym*

√rwẓ G **걷다**

√rym G **높다, 높여지다, 탁월하다, 일으켜지다**
D* 똑바로 일으키다, (건물을) 세우다; 향내 나는 제물을 바치다 *rmm /rāmim/*; *mrmt /marâmatu/* 꼭대기; *mrym* /marya/ āmū/* 꼭대기, 정상; *mrym ṣpn*; *mrym lbnt*; *mryn* 사회적 계급/계층의 일종, *mrynm*; *trmm(n)*, *trmmt /turāmim(a)tu/*(?) (희생 제물을) 올림, 바침; *trmt /tarû/îmatu/* 봉헌물, 희생 제물

S

√sʾd G **돕다, 봉사하다** *sid /saʾida/* // *√ʿbd*, *sad*, *tsad /tisʾad-/* // *√kbd* D

√sʿy G **달려나가다, 공격하다** *sʿt*

√sbb G **돌다, 방향을 바꾸다; 변하다**
N 방황하다, …이 되다

*√sbl** *zbl₁ /zub(b)ulu/* 영도자; *zbl₂* 영도자의 나라/지위, *kḥṯ zbl-* 영도자의 왕좌; *zbl₃* 아픈, 쇠약한; 병자, // *ʿwr*; *zbln* 역병, 전염병 // *kṯr-m*

√sgr G **닫다, 폐쇄하다** *sgr* ㉮ 닫음, 자물쇠, 빗장; ㉯ 금속바늘, *sgrm*; *sgrt* (닫힌) 실내, 방, *ap sgrt* // *ḥdrm*

√skn G …을 돌보다, 신경쓰다(?)
Š **…에게 …을 챙겨 주다, 돌보다; …을 위해 …을 신경 써 주다**; 또는 *√nsk* Š; *tskn*; *skn₁*, *s̀kn /sākinu/* 관리인

√spʾ G **나눠 먹다, 먹을 것을 권하다,** (동물에게) **먹이를 주다**
N(?) 먹다

√spd Š **탄원하다** *mšspdt* 탄원하는 여인들 // *bkyt*

√spr G **세다, 헤아리다,** 암송/낭독하다, 쓰다(?)
Š 헤아리게 하다
N 헤아려지다, 셈해지다 *spr₁* 셈, 헤아림, 수, *d bl spr* 무수의 // *d bl hg*; *sprhn* // *mnthn*; *spr₂ /sipru/* 글, 문헌; *spr₃ /sāpiru/* 서기관; *sprn* 글, 목록, *sprn mnḥ*; *sprt* 글, 규정, *k sprt* 이 글에 따라; *mspr /ma/isparu/* 이야기, 설명, 낭독

√srr Gt **맡기다, 신뢰하다**(?) *ystrn /yistarranna/*

√swr, *√syr* G **거리를 두다, 등을 돌리다; 열다, 시작하다**
D* 부정사 *b srr špš*; *syr*

Ṣ

√ṣbʾ *ṣbia*, *ṣbu₁*

√ṣby, *√ṣbw* **희망하다, 원하다, 동경하다** *tṣb*

√ṣǵd G **걷다, 보행하다**(?)

*√ṣḥḫ** ☞ *√ṣḥy*

√ṣhl G **빛나다, 비추다, 환하다** // *√šmḫ*

√ṣḥq G **웃다; 재미있다**
Š 웃기다; 농담하다, 비꼬다 *√ẓḥq*

√*ṣḫrr* G **붉다, 검붉다; 메마르다, 무덥다**

√*ṣḫy* **식사하다**(?); 또는 √*ṣḥḥ*, √*ṣwḥ*, √*nṣḥ*; *šir l šir yṣḥ* 고기 한 조각씩 먹혀졌다(?)

√*ṣll* *mṣlt** 심벌즈/자바라

√*ṣlw*, √*ṣly* D (맹세하며) **간청하다, 애원하다; 맹세하다** *yṣly*; *ṣly* /*ṣilyu*/(?) 맹세, 기도

√*ṣmd* G **묶다, 매다;** (가축에) **재갈을 물리다** // √*mdl*, √*ʾsr*, √*zbr*; *ṣmd*₁ /*ṣimdu*/ (수레 등을) 끄는 가축 무리; (바퀴 등의) 쌍; *mṣmt* /*maṣVmmat*/(?) 계약, 합의 /*maṣmattu*/ < **maṣmadtu*

√*ṣmt* D **침묵시키다; 파괴하다**

√*ṣpy* Gp(또는 상태동사의 G) (보석으로) **치장하다, 장식하다** *ṣpy*; *ṣpy** /*ṣapī*/*ūyu*/ 치장한, 장식한; *ṣpym*, *ṣpyt*

√*ṣrk* G **부족하다, 없다; 약하다, 쇠약하다**(?) *šbᶜ šnt yṣrk bᶜl*

√*ṣrr*₁ G **좁다, 비좁다; 포함하다, 포위하다**

√*ṣrr*₂* *ṣr* 억압, 공포; 적대; *ṣrt* /*ṣarratu*/ 적, 원수

√*ṣwd*, √*ṣyd* G **떠돌다, 사냥하다** // √*hlk* Gt; *ṣd* /*ṣêdu*/ < **ṣaydu* 사냥감, 수렵물; *mṣd*₁ 음식, 비축식량; 사냥감; *ṣwdt* /*ṣawwādatu*/(?) 여성 사냥꾼, *ᶜṯtrt ṣwd*[*t*]

√*ṣwḥ** ☞ √*ṣḥy*

√*ṣwq*, √*ṣyq* Š **궁지에 몰아넣다, 위협하다; 압박하다** *mṣqt* /*maṣûqatu*/ 위기

√*ṣyd* G **먹을 것을 주다, 식량을 준비하다**

√*ṣyḥ*, √*ṣwḥ* G **부르다, 외치다** *tṣu gh w y*/*tṣḥ* // √*qrʾ*

š

√*šʾb* G (물을) **뜨다, 긷다, 푸다** *šib* /*šāʾibu*/ 물 긷는 사람, *šib mqdšt* 신전/성소에서 물 긷는 사람, *šibt*; *šib*(1) /*šiʾbu*/ 물 긷기, 물뜨기, *šib*(2), *šibt*

√*šʾl* G **묻다, 질문하다**
Gp 질문을 받다
Gt (꼬치꼬치) 캐묻다, 탐색하다
Š 보증하다; 빌려 주다 *šal*, *šiln*; *ušal* /*ʾušʾalu*/; *tštil*, *yštal*; *šal*₁ /*šaʾālu*/ 질문; *šal*₂*, *šil**, *šalm* /*šiʾa*/*ālūma*/ (법적) 요구; /*šaʾʾālūma*/요청자, *šil* /*šiʾlu*/; *šal* /*šiʾālu*/; *spr šal*? *mqdšt* 신전을 조사하는(?) 문서; *šil** /*šiʾlu*/ 질문, *šalm*

√*šʾr* Gt **남아 있다, 남겨져 있다,** (아직) **그대로 있다** *ištir*

√*šʾy** *šiy* 살인자, 도살자(?)

√*šbᶜ*₁ < **śbᶜ* G **배부르다, 만족하다, 넉넉히 가지고 있다**
D 만족시키다, 배불리다 *šbᶜ*₁ /*šubᶜu*/ < **śubᶜu* 배부름, 만족 // *škr*₂

√*šbᶜ*₂ D **일곱 번째로 하다** // √*ṯdṯ* D; *šbᶜ*₂ /*šabᶜu*/ 일곱(개)의; *šbᶜ*₃ /*šābiᶜu*/ 일곱째(의 것/사람), *šbᶜt*; *šbᶜ*₄ /*šabūᶜu*/ 일곱, *b šb ymm* 날의 일곱에, 일곱째 날에, *b šbᶜ šnt* 해年의 일곱에, 일곱째 해에; *šbᶜid* 일곱 번, 일곱 배; *šbᶜd*; *šbᶜm* /*šabᶜūma*/ 칠십

√*šbm* Gt **재갈을 물리다**(?) *ištbm*; *šbm* 재갈(?)

√*šdd* D* **파괴하다, 괴멸시키다**
N 가져가다, 꺼내가다(?)

√*šdy*, √*šdw* G **쏟아버리다**
Gt 쏟아졌다; 쏟아지다(?)

√*šḥy* Št (몸을 깊이) **굽히다**(?)

√*šḫn* G **덥다, 뜨겁다**
N 데워지다 *yšḫn*

√*šḫṭ** *šḫṭ* /*šāḫiṭu*/(?) 도살자, 도살(?) // *šiy*, *mšḫṭ* (전쟁용) 도끼

√*škb* G **눕다; …와 성적 교접을 하다**
mškb /*ma*/*iškabu*/ 침대, 몸을 누이는 곳, *mškbt*

√*škḥ* G **찾다**(?)
N 발견되다

√*škn* G **거주하다, 살다** *mšknt* /*ma*/*iškan*(*ā*)*tu*/ 사는 곳, 거주지

√*škr* < **śkr* G **하인/품팔이꾼을 고용하다, 부리다, 빌리다** *škr*₁ /*šakīru*/ < **śakīru* 삯꾼, 하루품팔이꾼

√*šlḥ* G **손을 뻗다; 던지다**
D 넘겨 주다, 인도하다, 던지다
šlḥ 던지는 무기, 창(?); 물길, 도랑, 운하

√*šll* G **전리품을 챙기다, 빼앗다, 약탈하다**
šl hw

√*šlm* G **완전하다, 거룩하다; 평안하다**
D 완전하게 하다, 갚아 주다, 보답하다; …와 평화조약을 체결하다
Š (강제노동의 형태로) 배상하다, 되갚다
N (지극히) 평화로운 상태에 머무르다
šlm$_1$ /*šalāmu*/; /*šulmu*/ 평화, 거룩함, 치유; *šlm*$_2$ 제물의 일종 // *arbdd*, *šlmm*, *šmn šlm*; *šlm*$_3$* 공물, 선물, *šlmm*; *šlm*$_4$ /*šu/illūmu*/ 지불, 보답; *šlm*$_5$ /*šalimu*/(?) (완전히) 지불한, 보상한, *šlmm*; *šlm* ^{o} /*šalimu*/

√*šlw* **평온하다, 근심 없다, 쉬다, 휴식하다** *ašlw*

√*šm*^{c} G **듣다**
Gt 귀 기울이다, 주의를 집중하다 *ištm*^{c}, *šm*^{c}(.)*rgm* < **šāmi*^{c}*u* + **rigmu* '말씀'을 '듣는 이' 관직명; *šm*^{c} *rgmk* \ *n*^{c}*m* 네 좋은 말씀을 듣는 이; *mšm*^{c}*t* /*ma/išma*^{c}(*a*)*tu*/ 노예, 신하

√*šmd* Gt (완전히/무참하게) **파괴하다**(?)

√*šmḫ* G **기뻐하다**
Š 기쁘게 하다; 즐겁게 하다, 행복하게 하다 *šmḫt* 기쁨 // *tšyt*

√*šn*^{ɔ} G **싫어하다, 미워하다**
*šnu** /*šāni*^{ɔ}*u*/(?) 적, 적수

√*šnn* D* **이를 갈다** // √*bky*; *šn* /*šinnu*/ 이, 치아; 상아, *šnt*

√*šns* D **허리를 묶다, 단단히 묶다** // √^{c}*tk*

√*šny*, √*šnw* G **떠나가다**(?) *atm bštm w an šnt*

√*špk* G **쏟다, 붓다, 쏟아버리다, 부어버리다, 비우다**

√*špl* G **낮다, 떨어지다, 내려가다**

√*šql* Gt **멀리 사라지다, …로 가다, 착수하다** // √*mǧy*, √*hlk*, √*bw*^{ɔ}; √*qyl* Št(?)

√*šqp* G **슬프게 하다, 괴롭히다**(?)

√*šqy* G/D **마실 것을 주다**
Š 마실 것을 주다 *šqy*$_1$* (궁정의) 음료 담당관, *šqym*, *kšt šqym/t*; *šqy*$_2$* 헌작, *šqym*; *mšq* /*ma/išqû*/ < **mašqayu* 잔/그릇

√*šr*^{c}* *šr*^{c}

√*šrd* D (제의를) **행하다**

√*šrg* G/D (좋지 않은 일에) **끌어들이다, 유혹하다, 속이다** *šrg** 꾐, 유혹, 속임, *šrgk*

√*šrp* < **śrp* G **태우다, 태워버리다**
šrp /*šurpu*/(?) < **śurpu* 태워 바치는 제물 // *šlmm*

√*šry*$_{(1)}$, √*šrw* G **놓아주다, 내던지다, 던지다** *yšrn*; *šrh*

√*šry*$_{(2)}$ < **śry* G **싸우다** // √*gry*

√*štk* G **그만두다, 중단하다**
Gt 가라앉다(?)

√*štm*(?) **닫다**

√*štt* < **śtt* G **갈기갈기 찢다** *štn*

√*šty* G **마시다** *ištynh*; *mšt* /*ma/ištû*/ < **maštayu* 잔치; *mštt* /*maštîtu*/ < **maštiytu* 음료 할당량, *mštt mlk/mlkt*

√*šw*^{ɔ} *šiy*

√*šyr* G **노래하다, 읊다** *šr*$_1$ /*šîru*/ 노래, 음악; *šr*$_2$ /*šâru*/ 노랫꾼, 가수(?), *ṯn šrm*, *šrm*

√*šyt* G **놓다, 세우다; 고정하다**; 설치하다
Gp 놓이다 *urbt* // *ḫln*; *štt* /*šâtātV*/

t

√*t*^{cc} ☞ √*nw*^{c}

√*tb*^{c} G **나아가다, 멀리 가다, 가버리다**

√*tǧy* G **이리저리 헤매다, 이리저리 거닐다; 여행하다** *tǧt*; √*mǧy*

√*tmm* D* **완성하다, 모두 마치다** *tm** /*tammu*/ 완전한, 완성된; *tmt*, *šnt tmt* 온전한 일곱 (해) // *ṯmn nqpt* ^{c}*d*

√*trḫ* G **혼인하다, 결혼하다** 원래는 혼인 지참금/신부값*trḫt*을 지불하다 *trḫ* 혼인한, 기혼자, *trḫ ḥdṯ* 갓 혼인한 자; *trḫt* 신부값, 혼인 지참금, *trḫt tarš lnh* 네가 그에게 요구할 혼인 지참금/신부값; *mtrḫt* /*matrVḫ*(*a*)*tu*/; /*mutarraḫ*(*a*)*tu*/ 아내, 부인, *mtrḫt yšrh* 그의 마음에 쏙 드는 부인 // *aṯt ṣdqh*

√*trp* **파렴치하게 행하다, 무시하다, 부패하다**; 또는 √*rpy**; *ttrp* // √*ṯkḥ*

√*trr* G **내쫓아버리다** *ytr* // *yd* (√*ydy*$_4$)

√*twr*$_1$ G **이리저리 돌아다니다** *w tr arṣ*; *tr* // *sb*; *tr*$_2$ (수레의) 채(?); √*twr*$_2$

√*twr*$_2$ Dp*(?) (수레의) **채에 매이다** *mtrt*; *tr*$_2$의 파생어

ṭ

√*ṭʿn* G **뚫다, 찌르다, 죽이다**(?)

√*ṭbḫ* G **잡다, 살육하다**
Gp 살육되다

√*ṭbq* G **닫다**

√*ṭḥn* G **갈아 부수다, 잘게 갈다**

√*ṭll* D* (이슬이) **맺히다, 내리다** // √*mṭr*; *ṭl* /*ṭallu*/ 이슬 // *rbb* 이슬비; *ṭly* °

√*ṭrd* G **내쫓다**
D 내던지다, 내쫓다

√*ṭwḫ*, √*ṭyḫ* **회칠하다, 덧바르다**

ṯ

√*ṯʾr*$_1$ **피의 복수를 하다, 앙갚음하다**(?) *yṯir*

√*ṯʿr* G **세우다, 올려놓다, 쌓아 올리다**; (식탁을) **차리다** *ṯṯar*, √*ṯʾr*(2)

√*ṯʿy* D(또는 G) **ṯʿ-제물을 바치다** *ṯʿ*$_1$ 제물의 일종 // *dbḥ*, *nkt*; *ṯʿy* 제물담당 사제, 비서 // *prln*

√*ṯbr* G **부수다, 산산조각 내다** *ṯbr* '부수는 것'(이); 부숨(잘게 씹음)

√*ṯdṯ* D **여섯 번째로 하다** *ṯdṯ*$_1$ /*ṯādiṯu*/ 여섯 번째; *ṯdṯ*$_2$ /*ṯadūṯu*/ 여섯; *ṯṯ* /*ṯiṯṯu*/ < **ṯidṯu* 여섯의, *ṯṯt*; *ṯṯm* /*ṯiṯṯūma*/ 예순, 육십; *ṯṯt** /*ṯi/aṯṯatu*/ 여섯이 모여 이룬 무리, *ṯṯṯm*; // √*ḫmš* D

√*ṯkḥ*$_1$ G (성적으로) **흥분되다**(?)

√*ṯkḥ*$_2$ G **무시하다, 낮추어 보다**(?); **시들다** √*ṯrp*

√*ṯkl* ㉮ G **아기가 없다, 후손을 잃다** 또는 ㉯ Dp 후손을 빼앗기다 *ṯkl* 후손/아기가 없음 // *ulmn*

√*ṯkm* G **어깨에 짊어지다** *ṯkmt*; *ṯkm* /*ṯikmu*/(?) 어깨, 목덜미, 등

√*ṯkp* N **곤경에 빠지다, 격퇴되다** *nṯkp*

√*ṯkr* Š(?) **제물/공물을 바치다**

√*ṯlṯ* D ㉮ **세 번째로 하다**; ㉯ **도랑을 파다** *ṯlṯ*$_1$ /*ṯalāṯu*/ 셋의, 세 개의, *ṯlṯt*; *ṯlṯ*$_2$ /*ṯāliṯu*/ 셋째의; *ṯlṯ*$_3$ /*ṯalūṯu*/ 셋; 삼인조; 마부/전차병; *ṯlṯid* 세 번의, 세 곱으로; *ṯlṯm* /*ṯalāṯūma*/ 서른, 30; *ṯlṯt*$_1$ 삼분의 일 세켈; *ṯlṯt*$_2$ /*ṯāliṯta*/(?) 셋째(날)에, 모레; *ṯlṯt*$_3$ 세 곱절, 세 배; *ṯlṯt*$_4$ /*ṯalāṯatu*/ 셋이 모여 이룬 무리; *mṯlṯ* /*maṯli/aṯu*/ 삼분의 일, *mṯlṯm*; *ṯlṯt* /*muṯallaṯ(a)tu*/ 셋째 부인/여인 // *mrbʿt*; // √*ḫrṯ*

√*ṯmn(y)* tD/Š 여덟 개를 만들다 *ṯmn*$_1$ /*ṯamānû*/ 여덟의; *ṯmnt*; *ṯmn*$_2$ 여덟째의; *ṯmnym* /*ṯamāniyūma*/ 여든, 팔십

√*ṯny*$_1$ G(또는 D) **두 번째로 하다**; 반복하다, 계속 말하다 *k yṯnyn*; *ṯn*$_1$ /*ṯinā*/ 둘의, *ṯt* /*ṯittā*/, *ṯnt*, *ṯn ʿšr*, *ṯn ʿšrh*, *ṯnt ʿšrt*, *ʿšr ṯn kbd*; *ṯn*$_2$ /*ṯānû*/ 둘째의, 다음의, *ṯnt*; *ṯn*$_3$ /*ṯanû*/ (?) 다른, 그 밖의, *ṯt*; *ṯnid* 두 번의, 두 곱으로; *ṯnm*$_1$ /*ṯinâ(m)ma*/(?) 두 번의, 두 곱으로; *ṯnm*$_2$ 두 번째로; *ṯnnt* 두 배, 두 곱; *mṯn* /*maṯnû*/ < **maṯnayu* 둘째 것, 반복; *mṯnn* '재생/반복'하는 자(?)

√*ṯny*$_2$ D **바꾸다**, (맹세를) **깨다**(?)

√*ṯpd* G (발을 발걸이에) **놓다, 얹다, 딛다** *mṯpd* 한 발 길이의 단위; (*ṯn*) *mṯpdm* // *ṯlṯ mṯḥ*

√*ṯpṭ* G **판결하다** *ṯpṭ* /*ṯāpiṭu*/ 판관, 지배자

√*ṯrm* G (고기를) **썰다, 자르다**; (고기를) **먹다**

√*ṯtʿ* G **두려워하다**

√*ṯtn** ☞ √*ṯyn*

√*ṯwb* G **돌아오다**
D* 뒤집다, 전복하다
Š 되갚다, 돌려보내다, 대답하다 *ṯṯbb*? *ṯṯb*?; *yṯṯb*, *ṯṯṯb*, *ṯṯb*

√*ṯwy* G **머물게 하다, 손님으로 받아들이다** √*dbr*$_1$

√*ṯyn*, √*ṯtn* Gt **오줌을 누다**

y

√*y^{c}d* G (시간을) **정하다**

√*y^{c}r* < **y/wr^c* G **겁을 먹다, 기가 꺾이다**

√*ybb* G **탄원하다**

√*ybl* < **wbl* G **나르다, 데려오다, 끌어오다**
Gp 끌려오다 *tbl*; *ybl*$_1$ /*yabūlu*/ (땅의) 소출, 수확 // *pr* 열매; *ybl*$_2$ (샌들의) 끈, *yblhm*; *yblt* 식물의 일종(?); 물길, 도랑

√*ybm* D **수숙혼嫂叔婚을 올리다**(?)
Št (자신을) 과부로 인정하다(?) *ybm* 시아주버니, 처남, 매부, 죽은 남편의 형제; *ybmt* /*yabam(a)tu*/ 죽은 형제의 부인, 제수, *ymmt* /*yamam(a)tu*/ < **yabam(a)tu*

√*yd^c*$_1$ G **알다** < **wd^c*(?); *d^{c}t*$_1$ /*di/a^c(a)tu*/ 앎; *d^{c}t*$_2$ 안면, 관계, 아는 사람; *md*$_2$* /*mudû*/(?) 일종의 사회적 계급, *mdm*

√*yd^c*$_2$ G **땀 흘리다** < **wḏ^c*; *d^{c}t*$_3$ /*di/a^{c}atu*/ < **ḏi/a^{c}atu* 땀

√*ydd* *ydd*$_{(1)}$ /*yadīdu*/ < **wadīdu* 사랑받는 이, 총애받는 이; *yd*$_3$ /*yaddu*/ 사랑 // *dd*$_1$, *ahbt*; *mdd* /*môdādu*/ < **mawdādu* 사랑받는 이, 총애받는 이; *mdd ilm* 일루의 사랑을 받는 이; *mddt* /*môdādatu*/ < **mawdādatu*; *mddt*

ydd$_{(2)}$ ☞ √*ndd*$_2$

√*ydn* (짐승을) **몰다** // *gršt*; *ydt* 내쫓는 여성

√*ydy*$_1$ < **wdy* G **때려 눕히다, 내려놓다**; (밭을) **묵혀 두다**
Gp 때려 눕혀지다; 경작하지 않은 채로 있다 *td*

√*ydy*$_2$ < **wḏy* G (손톱으로 살갗을) **긁어 찢다** *td*; // √*hdy*

√*ydy*$_3$ < **wdy/w*(?) G **죄/잘못을 고백하다**; 칭송하다 *td*

√*ydy*$_4$ < **wdy/w*(?) G **내쫓다, 추방하다, 멀리하다**; 또는 √*ndy*
Gp (불이) 치워지다 *td*; // √*trr*

√*yḥl* < **wḥl* D **걱정하다, 의심하다**(?) √*šmḫ*

√*yḥy** ☞ √*ytḥ*

√*yld* G **낳다**
Gp 태어나다
D (아기를 많이) 낳다
Š 낳게 하다, (아버지가) 아기를 만들다 < **wld*; *ldt* /*lidatu*/(?); *yld-y*; *wld* /*wulladu*/; *yld*$_1$ 아기, 새끼; *yld*$_{(2)}$ 낳음, 탄생

√*ynq* G **빨다, 흡입하다**
Š 젖을 물리다, 유모 노릇을 하다 *mšnqt*

√*yp^c* G (…에 맞서) **일어나다**
N 일어나다 *ynp^c* /*yinnapi^c*/ < **yinyapi^c*

√*ypṯ* < **wpṯ* D **욕설하다, 모욕하다** *ywpṯn* // √*qlṣ*; *wpṯ-m* /*wuppaṯu-*/

√*ypy** *npy*; *tp*$_2$ /*tôpû*/ < **tawpayu* 아름다움(?) // *n^{c}m*$_2$; *yp* 아름다움, 기품

√*yqy* < **wqy* G **보호하다**; 두려워하다 *tqh* // *tqynh*

√*yr^ɔ* < **wr^ɔ* G **무서워하다, 두려워하다** *yritn*, *yra.un*(?); *yru*(?)

√*yrd* < **wrd* G **내려가다, 내려오다** *yrd*, *trd*, *ard*; *yrt*; *rd*

√*yrṯ* < **wrṯ* G **차지하다**
Gt 차지하다, 내 것이라 주장하다 *arṯm*; *yrṯ* /*yirṯu*/(?) 유산 // *špḥ*; *yrṯy*; √*rṯm*, √*rṯy*

√*yry* < **wry/w*(?) **던지다, 쏘다**

√*ysd* 기초를 세우다 *msdt* 기초, 토대

√*ysr* < **wsr* G **가르치다, 지시하다**
D 가르치다, 지시하다 *ywsrnn*

√*yṣ^ɔ* < **wḏ^ɔ* G (밖으로) **나가다, 나오다**; (물건이) **전달되다**
Š (밖으로) 이끌다, 데리고 가다/오다 *ẓi*, *mšṣu*; *ṣat* /*ṣi^{ɔ}atu*/ 솟음, (해가) 떠오름; 표현, 말하기, *ṣat špt*; *ṣat špš* 해가 떠오름, 동쪽 // *ḫp ym*; *ẓu* 입구, (고둥이) 나는 곳/원산지; 분비물, 배설물

√*yṣb** *yṣbt*

√*yṣm* G **저주하다**

√*yṣq* G **붓다, 쏟다**; (쇳물을) **붓다**
Gp 부어지다, 쏟아지다 // √*lḫḫ* Š

√*yšn* < **wšn* G **잠들다**

√*ytḥ* < **wtḥ* D **서두르다, 내달리다**; 또는 √*yḥy* Gt *twtḥ*

√*ytn* < **wtn*(?) G **주다**
Gp 허가되다
Š 넘겨 주다, 전하다, 맡기다
N 주어지다 *ntn*, *tn*, *ytnt*, *ytt*, *štnnh*, *štnn*, *aštn*, *ištn*, *štn*, *štn*, *štnt*; *ytnt* /*yatīnatu*/ 제물, 공물 // *ušn*; mtn_2 /*mâtanu*/ 선물; *tn* /*tinu*/ 줌; *tt*, *ttn* /*tâtVn*/ 줌

√*yṯb* < **wṯb* G **앉다**
Šp (권좌에) 앉다, 추대되다, 즉위하다
mṯb /*môṯabu*/ < **mawṯabu* 거주지, 집, *mṯbt* 자리들; $ṯbt_1$ /*ṯib(a)tu*/ 좌석, 왕좌, *ksu ṯbth* 원래는 그의 왕위의 왕좌; $ṯbt_2$ /*ṯub(a)tu*/ 거주지; 왕좌, 왕위 // $ḥtk_2$, *špḥ*, *yrṯ*

√*yṯn* G **늙다**, **묵다**, **오래되다** *yṯn** /*yaṯanu*/ 늙은, 묵은, 오래된

√*yṯq* < **wṯq* G (뱀이) **튀어오르다**

√*yzn* G (무게를) **달다**; **재다**, **검토하다** *mzn* 무게, *mznm* 저울

√*yẓʾ* ☞ √*yṣʾ ẓi*

z

√*zbr* < **zmr*(?) G (포도나무) 가지를 치다 *zmr**(?)

√*zǧw* G **소리치다**; (개가) **짖다**; (암소가) **울다** *zǧt* /*zaǧâtu*/ < **zaǧawatu* 짖음, *zǧt klb ṣpr*

√*zwd*, √*zyd* 뜻이 매우 불확실하다. 아마도 먹을 것을 챙겨 주다; 건방지게/뻔뻔스럽게 행동하다; 불을 붙이다, 흥분하다

ẓ

√*ẓḥq* **웃다** *yẓḥq*; √*ṣḥq*

√*ẓll* *mẓll* /*ma/iẓlālu*/ 지붕, 집 // *mṯb*; *ẓl* /*ẓillu*/ 그늘

√*ẓmʾ* D (매우) **목마르다** *mẓma*

제3부: 한글-우가릿어 사전

ㄱ

가격 *mḫr*$_1$ /*maḫīru*/ 값

rib /*riʾbu*/(?) 가치, 대용품

가구 *^{c}dbt*(?) 비품

n^{c}l(?) 신발, 샌들, 가구의 일종

가까운 친척이다 √*lḥn*(?) 똑똑하다, 밀접하다

가까이 가져오다 √*qrb* D 가까이 이끌다

가까이 오라! *uqrb* /(ʾ)*uqrubī*/ 여성형

가까이 있다 √*qrb* G 가까이 오다, 접근하다

가난한 *abyn* /ʾ*abyānu*/ 힘든

dl 작은, 약한

가는 *dq* /*daqqu*/ 얇은, 작은, 약한

qṭn /*qaṭūnu*/ 얇은, 작은

가늘다 *rq*$_1$ /*raqqu*/ 얇다

가다 √ʾ*tw/y* G 오다

√^{c}*br* G 지나가다, 지나치다, 가로질러 가다

√^{c}*tq*$_1$ G 지나쳐 가다, 하루가 지나가다

√*hlk* G 시냇물이 흐르다, 지나가 버리다, 사라지다

√*mğy* G 도착하다, 들어서다, 이르다

√*mšr* Š 수레를 타고 가다

√*ndd*$_2$ < **nḏḏ* G; √*dwd* N …에 서 있다

√*rkb* G 마차로; 올라타다, 말을 타다

√*šql* Gt 멀리 사라지다, 착수하다

√*tb^c* G 나아가다, 멀리 가다, 가버리다

√*yṣʾ* < **wḏʾ* Š 데리고 가다/오다; 밖으로 이끌다

가라앉다 √*ğwr*$_1$ G 침몰하다

√*ḫsp* G 시들다

√*mkk*; √*mwk* G 바닥으로 내려앉다

√*qmṣ* G 뛰다, 달리다

√*štk* Gt(?)

가래 *ḫḫ*$_2$*(?) 침, 진흙, 가시, 가시덤불

mḫrṯt$_2$ /*maḫriṯ(a)tu*/ 쟁기

가로질러 가다 √^{c}*br* G 지나가다, 지나치다

가루 *qmḥ* /*qamḥu*/ 밀가루, 분말

가르치다 √*lmd* D 교육하다

√*ysr* < **wsr* G/D 지시하다

가리다 ☞ 덮다

가만히 있다 √*dmm*$_1$ G 조용히 처신하다, 꼼짝하지 않다

가버리다 √*nwy* Š(?) 칭송하다

√*šny/w* G(?)영토

√*tb^c* G 나아가다, 멀리 가다

가수 *šr*$_2$ /*šâru*/(?) 노랫꾼

가슴 *irt* /ʾ*ir(a)tu*/ 흉부

*ḥq*** = *ḥé-qu* /*ḥêqu*/ < **ḥayqu* 품

ṯd /*ṯadû*/ 젖

가시 *ḫḫ*$_2$*(?) 침, 가래, 진흙, 가시덤불

… 가운데 *tk* /*tôku*/ < **tawku*

가을의 *ḫrpn*! /*ḫarpānu*/ 가을다운

가장자리 *aps* /ʾ*apsu*/ 윗쪽

qṣ$_1$

ḥpn$_1$(?) 대량, 가장자리, 경계, 극악무도, 사악함

pat /*piʾatu*/ 주변, 구석

sin /*suʾnu*/ 옷자락

šḫlmmt(?) 죽음의

가져가다 √*pwq* G …을 가져가다, 찾다, 얻다

√*šdd* N(?)

√*ybl* < **wbl* G 나르다

가족 *umt* /ʾ*ummatu*/ 씨족

dr /*dôru*/ < **dawru*; /*dāru*/ 식구, 공동체

špḥ /*šapḥu*/ 대가족, 씨족, 후손

가죽 *ğr*$_2$

가죽끈 *aṯṯ*$_2$

gpn$_2$* 말이나 소 등을 수레에 매는

가지다 √*pwq* Gt 얻다

가지를 치다 √*zbr* < **zmr* G(?) 포도나무 가지를

가축 *bhmt* /*bahim(a)tu*/; /*bahīmatu*/

bqr /*baqaru*/ 큰, 무리

mru$_1$* /*marīʾu*/

ṣin /*ṣaʾnu*/ < **ṣ̌aʾnu* 작은

ṣmd$_1$ /*ṣimdu*/ 수레 등을 끄는 무리

šgr(?) 작은 가축의 새끼

가치 *rib* /*riʾbu*/(?) 가격, 대체물

가치 있는 것 *mḥmd* /*maḥmadu*/ 귀중한 것, 보배

각반 *kbl* /*ka/iblu*/(?)

각자 ☞ 저마다

간肝 *kbd*$_2$ /*kabidu*/ 내장, 중심

간음 *tdmmt* /*tudāmim(a)tu*/ 추행

간肝이 검사되다 √*bqr* Dp 세밀히

간청하다 √*ṣl/y* D 맹세하다, 애원하다

갈기갈기 찢다 √*bwṯ* G(?)

√*prq* G 떼다, 해결하다, 해방하다
√*štt* G
갈다 √*šnn* D* 이를
√*ṯḥn* G 잘게; 갈아 부수다
갈대 *aḫ*$_2$ /*ʾaḫû*/ < *ʾ*aḫwu* 늪의 풀
udn$_2$(?) 둥지, 진영, 기초, 받침대, 부족의 영토
qn /*qanû*/ < **qanayu* 갈대줄기
*tbn*** /*tibnu*/
갈대를 거두는 여인 *ḥpšt* /*ḥāpiš(a)tu*/ 수확하는 여인
갈라지다 √*plg* N 분기하다, 흩어지다
갈망 *lb* /*libbu*/ 심장, 마음
갈망하다 √*ʾrš* G 원하다
√*ʾrš* Š 소망하다, 청하다
√*ḥmd* D/G 요구하다
갈비 *bmt* /*bâmatu*/ < **bahmatu*(?) 소의; 뱃살, 등심, 늑골
ṣl^c* /*ṣila*^{c}*u*/
갈색 *pḥm* /*paḥmu*/ 밝은 빛을 내며 타는 목탄, 염색한 갈색 양털
갈색 양털 ☞ 양털
갈아 부수다 √*ṯḥn* G 잘게 갈다
감긴 ^{c}*qltn* /^{c}*aqalatānu*/ 꼬인, 구불구불한
감독 ^{c}*šr*$_3$*(?) 직업의 일종, 감시자
감시 *nǧr*$_1$** /*niǧru*/ 지킴
감시자 ^{c}*šr*$_3$*(?) 직업의 일종, 감독
nǧr$_2$ /*nāǧiru*/ 감시자
감싸다 √*ḥbq* G/D 팔로; 안다
√*lwy* Š(?) 씌우다
갑옷 *npṣ* 채비, 무장
ṯryn(?) 투구, 비늘 갑옷
값 *mhr*$_1$ /*maḫīru*/ 가격
trḫt 신부값, 혼인 지참금
값을 치르게 하다 √*ns/š*^{c}$_2$ Š 지불하다
값을 치르다 √*ns/š*^{c}$_2$ G 지불하다
값을 치름 *tpdt*** /*tapdêtu*/ < **tapdaytu* 지불, 교환
값진 *rišyt* /*rVʾšīyatu*/ 가장 값진; 기름
강 *nhr* /*nah(a)ru*/ 개울, 흐름
mdb 개울, 밀물
rḥbn ° /*raḥbān-*/ 라흐바누*Raḥbānu* 강江, 먼 것, 먼 강江
yblt(?) 식물의 일종, 물길, 도랑
강가 *gp*$_1$ 물가, 바닷가, 해안
강고한 *pdr* 성벽이
강바닥 *apq* /*ʾapīqu*/(?) 개울, 시내

강보에 싸다 ☞ 포대기로 싸다
강아지 *irn*
강탈 *bz* /*ba/izzu*/
강하다 √^{c}*zz* G 힘세다
√*ʾmṣ* G 단단하다, 굳다
강한 *aliy* [ʾalʾeyu] < *ʾ*alʾayu* 월등히 강한
adr 큰, 높은, 늙은
^{c}*mq*$_2$(?) 지혜로운, 깊은
^{c}*z*$_1$ /^{c}*azzu*/ 강한 자
gṯr ° /*gaṯaru*/ 신명
lan /*laʾânu*/ < **laʾawānu* 힘, 권력, 승리하는
m^c$_1$(?) 큰, 강함, 큼
*ṯrr**(?) 굳건한, 안전한, 작은, 물이 풍부한
강한 것 *gdlt*$_2$ /*gadul(a)tu*/ 두꺼운 것, 큰 것, 센 것
강한 자 *aliyn* 월등히; 권력자, 위대한 자
^{c}*z*$_1$ /^{c}*azzu*/ 강한
ǧzr /*ǧāziru*/(?) 영웅, 힘센 자
ḥyly ° 칭호; 힘센 자
강함 *m*^{c}$_1$(?) 강한, 큰, 큼
같은 식으로 *kmm* < *km*$_3$ + *-m* 똑같이, 동등하게, 위와 같이
갚아 주다 √*šlm* D 평안을 지키다
개犬 *inr* < **irn*(?)
klb /*kalbu*/ 개, 수캐
klbt /*kalbatu*/ 암캐
개간지 *nrt*$_2$ /*nîratu*/ 신개척지
개간하다 √*ḥrṯ* G 쟁기질하다, 밭을 갈다, 경작하다, 재배하다
개구리 *pqq*(?)
개울 *apq* /*ʾapīqu*/(?) 시내, 강바닥
m^c*br* /*ma*^{c}*baru*/ 샛길
mdb 강, 밀물
nhr /*nah(a)ru*/ 강, 흐름
거기에 *ṯm* /*ṯamma*/그곳에
ṯmn$_4$ /*ṯammānu*/(?) 그곳에
ṯmt 그곳에
거닐다 √*tǧy* G 이리저리; 여행하다
거래 *mkr*$_2$ /*ma/ikru*/(?) 매매, 거래되는 물품
거룩하다 √*šlm* G 평안하다, 완전하다
거룩하신 분 *qdš*$_1$ ° 신명
거룩하지 않게 하다 √*ḥll* G 세속적이다
거룩한 *ilny** /*ʾilānīyu*/ 신적인, 신성神性
qdš$_1$
거룩한 곳 *qdš*$_2$ /*qidšu*/; /*qudšu*/ 성소, 신전
거룩함 *šlm*$_1$ /*šalāmu*/; /*šulmu*/ 치유, 평화

거르다 √*npy* 곡식을 체로 쳐서
거리 *mtḥ* /*mitḥu*/(?)
거리를 두다 √*nkr*/√*krr*(?) G
√*sw*/*yr* G
거위 *uz* /*ʾûzu*/; /*ʾôzu*/
거주지 *ahl* /*ʾahlu*/ 천막
ʿr$_1$ /*ʿîru*/ 도시
ḍd$_1$(?) 천막
ḫym(?) 천개天蓋, 천막
mšknt /*ma/iškan(ā)tu*/
mṯb 집
qrš(?) 방, 창고
ṯbt$_2$ /*ṯub(a)tu*/ 왕좌
거주하다 √*škn* G 살다
거짓말을 지어내다 √*qṭṭ* D*(?) 도덕적으로 비난받을 짓을 하다
걱정하다 √*yḥl* < **wḥl* D(?) 의심하다
건강함 *kṯr* 좋은 상태, 성공
건물 *bnwn* /*bunwānu*/
mgdl /*ma/igdalu*/ 높고 거대한 건물, 탑
건물을 세우다 √*rym* D* 똑바로 일으키다, 향내 나는 제물을 바치다
건포도 *ṣmq** /*ṣu/immūqu*/
걷기 *hlk*$_1$ 걸음
lkt /*liktu*/ 가기
tdrq 걸음
걷다 √*drq* G
√*hlk* Gt 이리저리 걷다, 방랑하다
√*lsm* G
√*rwẓ* G
√*ṣğd* G(?) 걷다, 보행하다
검붉다 √*ṣḥrr* G 붉다, 메마르다, 무덥다
검은 애기회향 *sbbyn*
겁을 먹다 √*yʿr* < **y/wrʿ* G 기가 꺾이다
검토하다 √*yzn* G 무게를 달다, 재다
겉면 *ap*$_2$의 쌍수형 앞면, 표면, 꼭대기
겉옷 *ḫlpn* 옷감, 덮개
mlbš /*malbašu*/ 옷
겨 *drt*(?)
격리하다 √*rḥq* D 멀리 떨어뜨리다
격퇴되다 √*ḫtʾ* N 군대가 패하다
√*ṯkp* N 곤경에 빠지다
…(의) 결과로 *aṯr* /*ʾaṯ(a)ra*/ …을 따라, …의 뒤에, …의 다음에, …를 위하여
결국 *mk*$_1$ 그래서, 보라! 자!
결박하다 √*rtq*(?)

결정 *ḥkm* /*ḥukmu*/ 슬기로운; 지혜로운 판결, 지혜
tḥm 지혜로운; 소식, 알림
결정하다 √*ḥtk* D 지배하다, 정하다
결혼하다 ☞ 혼인하다
검사되다 √*bqr* Dp 간肝이 세밀히
검사하다 √*bṣr* G 찬찬히; 시험하다, 매복하다
겸허하다 √*ʿnw/y* Dp
경계 *ʿps/ś*, *ʿb/s* 경계선 안의 지역/영토
ḥpn$_1$(?) 대량, 가장자리, 극악무도, 사악함
ksm$_2$ 끝
경계를 짓다 √*ğṣr* G
경계선 안의 지역 *ʿps/ś*, *ʿb/s* 영토, 경계
경멸하다 √*qlṣ* D/G 비웃다
√*ṯkḥ*$_2$ G(?) 시들다
경비병 *mḍrğl* 군인의 일종, 초병
경사 ☞ 비탈길
경우에 따라 *mndʿ* /*mVn(nV)daʿ*/ 아마도
경의를 표시하다 √*ḥwy*$_2$ Št 충성을 표시하다
경작 *ḥrṯ*$_1$ /*ḥarṯu*/ 밭 갈기, 쟁기질
mṭʿt /*maṭṭaʿ(a)tu*/ < **manṭaʿatu* 재배, 식물 키우기
경작인 *ḥrṯ*$_2$ /*ḥarrāṯu*/; /*ḥāriṯu*/ 농부
경작지 *mḥrṯt*$_1$ /*maḥraṯ(a)tu*/ 땅, 밭
ṣbr 경작지의 일종
šdmt 계단식 포도밭
경작하다 √*ḥrṯ* G 쟁기질하다, 밭을 갈다, 개간하다, 재배하다
경작하지 않다 √*ydy*$_1$ < **wdy* G 밭을; 때려눕히다
경험하다 √*phy/w* G 보다, 관찰하다
… 곁에 ☞ … 옆에
계급 *drk** 직업의 일종; 사회적 계급의 일종
ḫb/pṯ$_1$ /*ḫupṯu*/ 사회적으로 낮은; 후프쑤, 놓아줌, 해방
md$_2$* /*mudû*/(?) 사회적 계급과 관련
mryn 사회적 계급/계층의 일종
*ṯrtn** 직업의 일종이거나 사회적 계급의 일종
계단식 포도밭 *šdmt* 경작지
계산 *ḥṯb* 셈, 회계
ḥṯbn /*ḥi/uṯbānu*/ 셈, 회계
mnt$_2$(?) 셈, 낭독, 주문
계속 말하다 √*ṯny*$_1$ G/D 두 번째로 하다;설명하다
계시하다 √*bğy* G(?) 찾다, 연구하다
계약 *mṣmt* /*maṣVmmat*/(?) 합의
계집아이 *nʿrt* /*naʿratu*/ 소녀, 처녀
고결함 ☞ 숭고함

고기 *bšr* < **bśr* /*bašaru*/
mlḥ$_2$ /*malīḥu*/ 소금에 절인
nšb 맛이 좋은, 특정한 짐승의 고기
šir$_1$ /*šiʾru*/

고기 덩어리 *qṣ*$_2$ 잘라진 것

고난 *ḥmḥmt* 열기, 더위

고둥 *anhb* 보라색을 띤; 조개속

고랑 ☞ 밭고랑

고래 *anḫr*

고백하다 √*ydy*$_3$ < **wdy*/*w*(?) G 죄/잘못을; 칭송하다

고삐 *šbʿr*

고삐를 당기다 √*ʾsr* G/D 가축을 묶다, 매달다, 메우다

고수(풀) *gd*$_2$* /*gid*(*d*)*u*/ 호유胡荽

고수머리 *pd* /*pôdu*/ < **pawdu* 곱슬거리는 털,
털 북데기

고아孤兒 *ytm*

고안하다 ☞ 궁리하다, 꾸며내다

고용된 여성 *agrt* 빌린/빌려 준 여성

고용하다 √*ʾgr** G 돈을 주고; 빌리다, 빌려 주다

고정된 ☞ 굳건한

고정하다 √*ʿtk* G/D(?) 붙잡아 매다
√*šyt* G 놓다, 세우다, 문/창을 설치하다
√*yṯq* < **wṯq* G 묶다, 뱀이 튀어오르다

고동 *hr*$_3$
mr$_2$ /*marru*/ 쓴, 쓴 맛, 고통

고통을 겪다 √*ḫyl* G 괴로워하다
√*qnṣ* Gt 산통을 겪다

곡괭이 *krk* /*kurêku*/도구의 일종, 괭이
nit /*niʾtu*/(?) 도구의 일종

곡식 *akl* /*ʾaklu*/ 먹을 것, 음식, 식사
gdl$_2$ 곡식의 종류
*glb** 곡식의 종류
drʿ 씨앗, 종자
ḥpr /*ḥipru*/ 하루치; 곡식 할당량, 부양,
급식
ḥṭṭ /*ḥiṭṭatu*/ < **ḥinṭatu* 밀
ks/*šm*$_3$ /*kus*(*s*)*umu*/ 밀Emmer, 곡식의 일종
nʿr$_2$ 밀; 곡식의 일종
šʿrm /*šuʿāru*/(?) < **suʿāru*(?) 보리
ššmn 참깨

곡식 더미 *asm* /*ʾasamu*/ 곡식을 베고 난 다음 쌓아
올린; 곳간

곡식을 거르다 √*npy* 체로 쳐서

곡식을 까부리다 √*dry*/*w* < **ḏry*/*w* G/D 흩뿌리다

곡식이 썩다 √*ḥmṣ* G(?)

곡식 할당량 *ḥpr* /*ḥipru*/ 하루치 곡식, 부양, 급식

곤경 *mṣqt* /*maṣûqatu*/ 위기, 위험

곤경에 빠지다 √*ṯkp* N 격퇴되다

곤봉 *mḫṣ*$_2$ /*miḫīṣu*/ 치는 무기
ṣmd$_2$ 몽둥이

골수 *mḫ*$_1$ /*muḫḫu*/ 뇌

골짜기 *ʿmq*$_1$* /*ʿi*/*amqu*/ 분지
ğr$_2$* /*ğêru*/(?); *ğyr** 구덩이

곰 *db*

곱 *-id* 회, 번

곳 *mrḥq** /*marḥaqu*/ 먼 곳

곳간 *asm* /*ʾasamu*/ 곡식을 베고 난 다음 쌓아
올린 곡식더미

공球 *kdr** /*kaddūru*/

공감 ☞ 모성애

공격자 *ğr*$_4$*

공격하다(?) √*ʿwl* G
√*ğwr*$_2$(?) G/Gt; √*ğyr*
√*ğzw* G 무섭게
√*sʿy* G

공급 *znt* 양식지급, 부양, 돌봄, 치료

공동체 *dr* /*dôru*/ < **dawru*; /*dāru*/ 가족, 식구
ṣbrt 떼

공무원 ☞ 사람

공물 *argmn*
mnḥ /*minḥu*/
mnḥt /*minḥatu*/
šlm$_3$*
ytnt /*yatīnatu*/

공물을 바치다 √*ṯkr* Š

공포 *ṣr* 적

공포스럽게 하다 √*nṯṯ* D* 덜덜 떨게 만들다

과부 *almnt* /*ʾalma*/*ānatu*/

과부로 인정하다 √*ybm* Št(?) 자신을

과부의 신세/신분 *ulmn* /*ʾulmānu*/

과수원 *ḥrnq** *ḥrnqm*(?)

과일 *pr*$_1$ /*pirû*/ 과실
qẓ /*qêẓu*/ < **qayẓu* 여름, 여름의 수확,
여름 과일

과즙 *trṯ* /*têrāṯu*/; *tîrāṯu*(< **ta*/*iyrāṯu* ?) 포도즙

관계 ☞ 아는 사람

관대하다 ☞ 너그럽다

관련맺게 되다 √*ʿrb* N

관리 *skn*$_1$ /*sākinu*/ 고위직; 지배인

관리자 *udbr*(?) 경영자

관목 ☞ 덤불

관자놀이 *lṣb*(?) 이마

관찰되다 √*bqr* Dp 간肝이 세밀히
관찰하다 √*bǧy* G 드러내다
√*ḥdy*$_1$ < **ḥdy*(?) 엿보다, 점검하다
√*phy/w* G 보다, 경험하다
광산 *mqm /maqâmu/*(?) 장소
광야 *thw /tuhwu/*(?)
광채 *nmr /namurru/*(?) 눈부신 광휘
nmrt /namurratu/ 눈부신 광휘
괴塊 *rq*$_2$
괴로워하다 √*ẖyl* G 고통을 겪다
괴롭히다 √*ngš* G 다가서다, 접근하다, 압박하다
√*šqp* G(?) 슬프게 하다
괴멸시키다 √*šdd* D*
괴물 *ʿtk* º 신명, 아나투가 죽인 괴물
šlyṭ º 신명, 머리 일곱 달린 괴물
☞ 바다괴물
교육하다 ☞ 가르치다
교환 *tpdt** /tapdêtu/* < **tapdaytu* 값을 치름
구걸하다 ☞ 청하다
구덩이 *ǧb /ǧabbu/* 희생제를 바치는
ǧr$_2$* */ǧêru/*(?); *ǧyr** 골짜기
ẖrt 구멍, 움푹 파인 곳
mk$_2$ 분지
구르다 √*glgl* G(?) 말다
구름 *ʿrpt /ʿarpatu/*
ǧrpl
ḥḏḏ 폭풍우, 뇌우, 먹구름
구릉 ☞ 산
구리銅 *ktt /katītu/*(?) 비싸고 질 좋은 구리
spl /sa/iplu/ 구리로 만든 큰 그릇
spr$_4$ */siparru/*(?)
ṯlṯ$_4$ */ṯalṯu/*
구리 대장장이 *sbrdn /sabardinnu/*(?) 쇠붙이를 만드는 일꾼
구마사驅魔士 *grš* 퇴마사退魔士
구멍 *ḥln /ḥallānu/* 벽의; 창문
ẖẖ$_1$ 땅이 갈라진 곳
ẖr /ẖurru/ 굴
ẖrt 구덩이, 움푹 파인 곳
구멍을 내다 √*kry/w* G 파서; 땅을 파서 묻다
구부리다 √*qbb* G 굽히다, 활을 펴다
√*qǧw/y* G (귀를) 기울이다, 주목하다
구석 *pat /piʾatu/* 주변, 가장자리
pnt /pinnatu/ 귀퉁이, 끝
구성원 *yly* /yalīyu/* 일가, 친척
구십 *tšʿm /tišʿūma/* 아흔

구워 바치는 제물 *rmṣt*
구원 *ḥw** /ḥuwwû/* < **ḥuwwayu* 도움
*plṭ** /pullaṭu/*
구원되다 √*plṭ* N 안전하게 되다
구원하다 √*pdy* G 몸값을 치르다, 해방시키다
√*plṭ* D 안전하게 하다, 해방하다
군대 *ʿdn*$_1$ 군사
ẖrd 일종의 근위대(?), 전사, 군인
ṣbu$_2$ */ṣabaʾu/* 큰 무리
군대가 모이다 √*gbb* N
군대가 준비되다 √*ngb* Gp 무장하다
군대가 패하다 √*ẖtʾ* N 격퇴되다
군사 ☞ 군대
군사력 *ul /ʾôlu/* < **ʾawlu*; */ʾûlu/* < **ʾuwlu* 권력
군인 *bḥr**/biḥīrū/*(?) 정예군
ḏmr$_1$ 군인들
ẖrd 일종의 근위대(?) 군대, 전사
mhr$_1$ 전사, 용사, 전쟁 영웅
군중 ☞ 무리
굳건하다 √*kwn* G 있다
굳건한 *kn** 단단히 고정된
*ṯrr**(?) 강한, 안전한, 작은, 물이 풍부한
굳다 √*ʾmṣ* G 강하다, 단단하다
굽는 사람 *kkrdn** 빵 덩어리를
굽다 √*ʾpy* G 빵을
√*ḥrk* G 지지다, 그슬리다
√*ḥrr* G 바싹 마르다
굽히다 √*ʿdb* G 등을; 놓다, 세우다, 박다, 식탁을 차리다, 등을 펴다
√*ǧlw/y* < **ṣlw*(?) D 내리다
√*hbr* G 몸을
√*qbb* G 구부리다, 활을 펴다
√*šḥy* Št(?) 몸을 깊이
굴 *ẖr /ẖurru/* 구멍
*mhmr(t)** 깊은 곳, 낭떠러지, 웅덩이
굴복시키다 √*ʿnw/y* D 업신여기다
√*dll* D*
굴욕 ☞ 치욕
굶주리다 √*rǧb* G 배고프다
굶주림 *rǧb /raǧabu/* 기근, 배고픔
rǧbn /raǧabānu/ 기근, 배고픔
궁리하다 √*bdy* 꾸며내다, 고안하다
궁전 *hkl /hêkalu/* 신전
궁정의 음료 담당관 *šqy*$_1$*
궁지에 몰아넣다 √*ṣw/yq* Š 위협하다, 압박하다
권능 ☞ 힘, 권력

권력 *ul* /ʾ*ôlu*/ < *ʾ*awlu*; /ʾ*ûlu*/ < *ʾ*uwlu* 힘, 군사력
drkt 지배
lan /*la*ʾ*ânu*/ < **la*ʾ*awānu* 힘, 강한, 승리하는
권력자 *aliyn* 월등한; 위대한 자
ulny 힘센 자
^{c}*ẓmny* 권능자
권좌 *kḥt̲* 좌석
궤 *arn* /ʾ*arānu*/ 상자
귀耳 *udn*$_1$ /ʾ*udnu*/ < *ʾ*uḏnu*
귀금속 덩어리 *rq*$_2$
귀 기울이다 √ʾ*dn* G 유심히 듣다
√*qġw/y* G 기울이다, 구부리다, 주목하다
√*šm*^{c} Gt 주의를 집중하다
귀족 *t̲*$^c{}_2$ 우아한, 지배자, 주인, 임금
귀족의 *t̲*$^c{}_2$ 우아한, 귀족, 지배자, 주인, 임금
귀중한 것 *mḥmd* /*maḥmadu*/ 가치 있는 것, 보배
귀퉁이 *pnt* /*pinnatu*/ 구석, 끝
규정 *sprt* 글, 명령
규정하다 √*kwn* Š 하다, 준비하다
√*kwn* Št 스스로; 요구하다
규칙을 어기다 √*ġwy*(?) G 법을 어기다, 죄를 짓다
균열 ☞ 틈
그 *hnhmt* 저
그, 그것 *hw* /*huwa*/ 저, 저것
그 결과 *aphn* 그다음, 따라서, 그 때문에
apnk 그다음, 따라서, 그 때문에
idk /ʾ*id*(*d̲*)*aka*/(?) 그러면
그곳에 ☞ 거기에
그녀 *hy* /*hiya*/ 이 여자
그녀를 *hyt* /*hiyati*/ 그녀의
그녀의 *hyt* /*hiyati*/ 그녀를
그늘 *ẓl* /*ẓillu*/
그대로 있다 ☞ 남아 있다
그래서 *bkm*; *b km*(?) 그다음에
dm$_1$ 진실로! 정말로! 그리고, 왜냐하면
k$_1$ /*kā*/
k$_3$ /*kī*/ 왜냐하면, …할 때, …하자마자, …한 경우에, …한다면, …처럼
kd$_1$ 왜냐하면, …한다면, …할 때
km$_3$ 이렇게
kmt 이렇게
kn 그래서, 이렇게
mk$_1$ 결국, 보라! 자!
p$_1$ /*pa*/ 그렇다면, 그러나, 그런데

그러고 나서 *at̲r* /ʾ*at̲*(*a*)*ru*/ 뒤로, 그다음에, 나중에
그러나 *p*$_1$ /*pa*/ 그래서, 그렇다면, 그런데
그러면 ☞ 그 결과
그런데 *p*$_1$ /*pa*/ 그래서, 그렇다면, 그러나
그럼! *m*$^c{}_2$ /*ma*^{cc}*a*/(?) 제발! 오!
그렇다면 *p*$_1$ /*pa*/ 그래서, 하지만, 그러나, 그런데
그른 *sr*** /*sarru*/ 틀린
그를 *hwt*$_2$ /*huwati*/ 그의
그릇 *dn*$_2$ /*dannu*/ 리톤 잔(?)
gl /*gullu*/
kknt
mšq /*ma*/*išqû*/ < **mašqayu* 일상용/제의용
mṣrrt 그릇의 일종
sp /*si*/*appu*/ 반원형의
dd$_2$ /*dūdu*/ 곡식을 재는 단위
kt̲ 작은 그릇
mqrt /*maqartu*/(?) 그릇의 일종
spl /*sa*/*iplu*/ 구리로 만든 큰
ṣ^c /*ṣā*^{c}*u*/(?)
그리고 *dm*$_1$ 진실로! 정말로! 그래서, 왜냐하면
kbd$_3$ 더하여, 보태어 – 경제문서에서
w /*wa*/ (접속사)
wn 당연히!; 그리고 보라!
그리고 보라! *wn* 그리고 당연히!
그만두다 √*štk* G
그물 *rt̲t* /*rit̲tu*/(?) 어부의
그 밖의 *t̲n*$_3$ /*t̲anû*/(?) 다른
그 밖의 것 *mt̲n* /*mat̲nû*/ < **mat̲nayu* 둘째 것,반복
그슬리다 √*ḥrk* G 굽다, 지지다
그의 *hwt*$_2$ /*huwati*/ 그를
근심 *ṣr* 눌림, 억압, 공포, 적
근심 없다 √*šlw* 휴식하다
근절하다 √ʾ*sp* D 빼앗다
√*b*^{c}*r*$_2$ D 파괴하다, 없애다
√*ḥsl* D
… 근처에 ☞ … 옆에
글 *spr*$_2$ /*sipru*/ 문헌, 서류, 목록
sprn(?) 목록, 서류
sprt 규정, 명령
긁어 찢다 √*ḥrt̲* G/D 피부에 주름을 내다
√*ydy*$_2$ G
금 *bdqt* 틈, 균열, 째진 틈, 틈새
금金 *bẓr* 순금
ḫrṣ /*ḫurāṣu*/ 황금
pḏ /*piḏḏu*/ 순금(?)

yrq 노란 쇠붙이, 황금
금속바늘 *sgr* 자물쇠, 닫음
금이 간 √*pll* G 날이 빠진, 땅이 메마른
급식 *ğdyn* /*ğu/idyānu*/(?)
ḥpr /*ḥipru*/ 곡식 할당량, 하루치 곡식, 부양
기가 꺾이다 ☞ 겁을 먹다
기가 막히다 √*rğn* G(?) 슬프다, 억눌리다
기간 *ᶜd*₁ /*ᶜôdu*/ < **ᶜawdu*
*md*₃ /*ma/uddu*/(?)
기근 ☞ 굶주림
기다리다 √*mtn* G/D(?)
기도 *ṣlt* /*ṣalâtu*/(?)
ṣly /*ṣilyu*/ 맹세
기둥 *alt*₁ 지주
기름 *ḫs/św n*(?) 백리향
mm(?) 올리브 기름
*mr*₁ /*murru*/ 몰약 기름
rišyt /*rVᵓšīyatu*/ 가장 값진
*rqḥ*₂ /*rāqiḥu*/; /*raqqāḥu*/ 바르는 혼합향유
*šmn*₁ /*šamnu*/ 지방, 비계
šmn rqḥ 향유香油
*šmt*₂ /*šamittu*/(?) (< **šamintu*) 지방, 살진 것
zt mm 흐르는 올리브, 올리브 기름
기름 등잔 *nr* /*nûru*/ < **nuwru*; /*nêru*/ < **nawiru*(?) 빛
기름을 바르다 √*mšḥ* G
기름진 *šmn*₃ /*šaminu*/; /*šam(m)īnu*/ 살진
기부자 *mtdb** /*muttadibu*/ < **muntadibu*(?)
기부하다 √*ndb* Gt 주다
기분 좋은 ☞ 쾌적한
기뻐하다 √*bšr* G(?) 기쁜 소식을 듣고
√*ḥdy*₂ 즐거워하다
√*ḫdy/w* G
√*šmḫ* G
기쁘게 하다 √*šmḫ* Š 즐겁게 하다, 행복하게 하다
기쁜 소식 *bšrt*
기쁜 소식을 전하다 √*bšr* D
기쁨 *šmḫt*
기억하다 √*ḫss* G/D* 생각하다
기울이다 √*ğlw/y* < **ṣlw*(?) G 몸을; 숙이다, 엎드리다
√*qğw/y* G 구부리다, 귀를 기울이다, 주목하다
기초 *udn*₂(?) 둥지, 진영, 갈대, 받침대, 부족의 영토
msdt /*môsadātu*/ < **mawsadātu* 토대
기침하다 √*khp*(?) 말이 쇠약해지다, 재채기하다
기품 *yp*
기한 *ᶜdn*₂ 약속, 희열
기혼자 *trḫ* 혼인한, 기혼의
긴長 *arkt*
긷기 *šib*₍₁₎ /*šiᵓbu*/ 물 푸기, 물 뜨기
긷다 √*ḥsp* G 물/샘물을; 뜨다
√*šᵓb* G 물을 뜨다, 긷다, 푸다
길 *mrdmt*** /*mardimtu*/(?)
ntb /*natību*/ 오솔길, 좁은 길
ntbt /*natībatu*/ 오솔길, 좁은 길
길다 √*ᵓrk* G 길게 되다
길이 *amt*₂ /*ᵓammatu*/ 팔꿈치
urk /*ᵓurku*/
uṭ(?) 한 뼘, 반半 엘레
kmn /*kumānu*/ 넓이나 길이의 단위
*md*₃ /*ma/uddu*/(?) 기간, 시기
mtḥ /*mitḥu*/(?)
*šd*₂ /*šiddu*/ 밭, 들
깃털을 뜯다 √*ḫrṭ* G
깊은 *ᶜmq*₂(?) 슬기로운, 지혜로운, 강한
깊은 곳 *mhmr(t)** 낭떠러지, 웅덩이, 굴
깊이 스미다 √*nḥt*₂ D 떨어뜨리다, 낮추다, 내려보내다
까부리다 ☞ 흩뿌리다
…까지 *ᶜd*₃ /*ᶜadê*/(?) 전치사
깎는 이 *gzz** /*gāzizu*/ 양털을
깎다 √*gzz* G 양털을
√*nḥt*₁ D 돌이나 나무를
√*qṣṣ* Š 꺾다, 찍다, 베다
깔개 ☞ 천
깨끗하다 √*brr* G 맑다, 순결하다, 자유롭다
깨끗한 *ṭhr* /*ṭuhūru*/ < **ṭahūru* 청결한, 순수한
깨끗함 *brt* 순수함
ṣp /*ṣapû*/ < **ṣapw/yu* 눈, 눈빛
깨다 √*ᶜwr* N 깨워지다
√*prr* G 산산조각 내다
√*ṯny*₂ D(?) 맹세를; 바꾸다
깨무는 자/것 *nṯk*₁
깨물기 *nṯk*₂ 물림
깨물다 √*nṯk* G
깨어나다 √*ḫy/wṭ*; √*yḫṭ*, √*ḫṭy* G
깨어 있다 √*nqh* G(?) 일어나다, 주의하다
깨우다 √*ḫy/wṭ*; √*yḫṭ*, √*ḫṭy* Š
깨워지다 √*ᶜwr* N 깨다

깨지다 √*ḫtt* G 파괴하다(자동사)
꺼내가다 √*šdd* N(?)
꺾다 √*qṣṣ* Š 깎다, 찍다, 베다
껍데기 *ṣᶜ* /*ṣāᶜu*/(?)
껍질 *ǵlp* 과일의; 함, 통; 조개
꼬다 √*ᶜbt* G/D 새끼 따위를
꼬리 *ḏnb* /*ḏanabu*/
*ḏnbt** /*ḏanab(a)tu*/
꼬인 *ᶜqltn* /*ᶜaqalatānu*/ 감긴, 구불구불한
꼭대기 ap_2의 쌍수형 앞면, 겉면, 표면
gbl(?) 구릉, 산, 산맥, 정상, 비블로스
mrmt /*marâmatu*/
*mrym** /*marya/āmū*/ 정상
ṣrrt 차파누 산의 꼭대기, 정상, 성채
ṣrry(?) 정상
꽉 차다 √*mlʾ* G 충만하다, 채워지다
꽉 찬 *mlit*
꽉 참 *mlu* /*milʾu*/; /*milāʾu*/
mlat /*maliʾatu*/
꾐 *šrg** 속임
꾀다 √*kšd* G(?) 끌다, 추구하다
꾸며내다 √*bdy* 궁리하다, 고안하다
꿀 *nbt* /*nubtu*/
꿈 *ḥlm* /*ḥilmu*/; /*ḥulmu*/
끄떡없다 √*ʾnš* G 투지가 넘치다
끈 $a\underline{t}\underline{t}_2$ 가죽끈
gpn_2* 마소를 수레에 매는 가죽끈
ḥbš 띠, 허리춤에 차는 주머니, 지갑
kbl /*ka/iblu*/
*mizrt** 허리끈
*mᶜlt*** 줄
*nqbn** 밧줄, 안장끈
ybl_2 샌들의
끈으로 매다 *qblbl*(?)
끊다 √*qrṣ* G 진흙을 뚝
√*nṣl* N 인연을
끌게 하다 √*mšr* Š 수레를; 수레를 타고 가다
끌다 √*kšd* G(?) 꾀다, 추구하다
끌려오다 √*ybl* Gp
끌어당기다 √*q\underline{t}q\underline{t}* G 뼈를 바르다
√*q\underline{t}\underline{t}* G 추구하다, 좇다
끌어들이다 √*šrg* G/D 좋지 않은 일에; 유혹하다, 속이다
끌어오다 √*ybl* < **wbl* G 나르다
끓이다 √*bšl* G 익다, 익히다
끝 *aps* /*ʾapsu*/ 윗쪽
a\underline{t}ryt /*ʾa\underline{t}rīyatu*/ 종말, 운명
uḫry 막대기의; 후손
uḫryt /*ʾuḫrā/īyatu*/ 종말, 미래
ksm_2 경계
pnt /*pinnatu*/ 귀퉁이, 구석
$qṣ_1$
škllt(?) 완성
끝나다 √*kly* G
끝장내다 √*kly* D
…끼리 bn_2 /*bêna*/ < **bayna* … 사이에
끼얹다 √*prᶜ* Gt 스스로 물을; 목욕하다

ㄴ

나 an_1 /*ʾanā*/
ank /*ʾanāku*/
나가다 √*yṣʾ* < **wḏʾ* G 밖으로; 나오다, 물건이 전달되다
나가버리다 √*grš* G 떠나다
나감 *ṣat* /*ṣiʾatu*/ 솟음, 일출, 말하기
나그네 ☞ 이방인
나누는 자 *agzr** 잘라내는 자
나누다 √*ḥṣṣ* G 몫을; 몫을 받다, 취하다
나눠 먹다 √*spʾ* G 먹을 것을 권하다; 먹이를 주다
나란히 yd_2 /*yada*/ … 옆에, …와 함께
나르는 사람 *blbl** 인부, 조공을 바치는 자
나르다 √*ybl* < **wbl* G 데려오다
나머지 *mtrn* /*môtrānu*/ < **mawtrānu* 여분
나무 *almg* 나무의 종류
ᶜrᶜr /*ᶜarᶜaru*/ 위성류渭城柳 나무
ᶜṣ /*ᶜiṣṣu*/ 목재
bnt_2 위성류渭城柳
dprn /*diprānu*/ 노간주나무
hbn 흑단黑檀나무
*mswt*** /*mas(a)watu*/(?) 실측백나무
$šmn_2$ /*šamnu*/ 나무의 일종
tišr 나무의 일종, 실측백나무
tmr
*tt*** /*tittu*/ < **tintu* < **tiʾn(a)t*(?) 무화과, 무화과 나무

*ṯqb** 나무의 일종, 서양 물푸레나무
ṯqd /ṯuqdu/ 아몬드, 아몬드 나무
나무꾼 *ḥṭb /ḥāṭibu/; /ḥaṭṭābu/* 나무 패는 사람
나뭇가지들 *pilt* /paʾlatu/* (집합명사), 덤불숲
나쁜 짓 ☞ 불의
나쁜 짓을 하다 √*ʿšy* D/G 재촉하다, 압박하다
√*ʿwl* G(?) 공격하다
나아가다 √*qdm* G 앞으로
√*tbʿ* G 멀리 가다, 가버리다
나중에 *aṯr /ʾaṯ(a)ru/* 뒤로, 그다음에, 그러고 나서
나타나다 √*ʾmr*₂ Gt …처럼 보이다, 보다, 눈여겨보다
√*phy/w* N 보이다
나타남 *ru* /ruʾû/* 보임, 모습
낚아채다 √*ʾsp* Gt 뜯어/찢어내다, 빼앗다, 죽이다
난간 *ḫnpt*(?) 흉벽
날日 *ʿlm*₂ */ʿalû(m)mV/* 다음날
ʿšty /ʿaštiyV/; /ʿaštayV/ 첫날, 하루
*qdm*₁ */qadmu/* 지난날, 동쪽, 태초
*ym*₁ */yômu/* < **yawmu* 하루
날개 *diy*₂
knp /kanapu/
mknpt 성벽
날다 √*ʿwp* G
√*dʾw* G
√*rḫp* G
날아가 버리다 √*npr* G 새들이; 도망치다
√*nṣṣ* G(?)
날아다니다 √*rḫp* D 이리저리; 떠돌다
날이 빠진 √*pll* G 금이 간, 땅이 메마른
낡다 √*blw/y* D 다 먹다, 써버리다, 닳다
낡아빠지다 √*pw/yd*; √*pdd* Dp* 옷이; 소진하다, 다 써버렸다
남겨져 있다 ☞ 남아 있다
남아 있다 √*šʾr* Gt 남겨져 있다, 아직 그대로 있다
남자 *ġlm /ġalmu/* 젊은 남자, 종
*mt*₃ */mutu/* 사람
남자의 *dkr /dakaru/* < **ḏakaru* 수컷의
낫 *gml*(?) 초승달
ḫrmṯt /ḫarmiṯatu/ 초승달 모양의 낫
mʿṣd /maʿṣadu/ 도끼, 손도끼
*šhr** /šiharu/*(?) 초승달 모양의 낫
낭독 *mnt*₂(?) 셈, 암송, 주문
mspr /ma/isparu/ 이야기, 설명
낭독하다 √*spr* G 세다, 헤아리다
낭떠러지 *mhmr(t)** 웅덩이, 굴, 깊은 곳
낭송하다 √*bdd*; √*bdy* G 연주하다

낮다 √*špl* G 떨어지다
낮추다 √*nḥt*₂ D 떨어뜨리다, 내려 보내다, 깊이 스미다
낮추어 보다 √*ṯkḥ*₂ G(?); 시들다
낯선 사람 ☞ 사람
낳게 하다 √*yld* < **wld* Š
낳다 √*qny* G 얻다, 생산하다, 만들다
√*yld* < **wld* G
√*yld* < **wld* D 아기를 많이 낳다
낳음 *yld*(2)(?) 탄생
내 것이라 주장하다 √*yrṯ* < **wrṯ* Gt 차지하다
내달리다 √*ytḥ* < **wtḥ* D; √*yḥy* Gt 서두르다
내던지다 √*ndp* Š 던지다
√*šry/w* G 놓아주다, 던지다
내려가다 √*špl* G 떨어지다
√*yrd* < **wrd* G
내려놓다 √*ydy*₁ < **wdy* G 눕히다; 밭을 묵혀 두다
내려 보내다 √*nḥt*₂ D 떨어뜨리다, 깊이 스미다
내려앉다 √*mkk*; √*mwk* G 바닥으로; 가라앉다
내려오다 √*yrd* < **wrd* G
내리다 √*ġlw/y* < **ṣlw*(?) D 굽히다
√*pqd* G 명령을
√*ṭll* D* 이슬이; 맺히다
내몰다 √*ḥdw/y* G/D 동물을
√*ydn* 짐승을
내부 ☞ 내장
내부 장식 *ṯkt*(?) 화려한 장치, 전차戰車
내장 *ḏrq**(?) 내부
ggn 속
gngn /gVngVnu/ 속
*kbd*₂ */kabidu/* 간, 중심
klyt- /ki/ulyāt-/ 창자, 콩팥
krs 배腹, 창자
mmʿ 창자, 체액
msrr 새(?), 새장(?)
qrb /qarbu/ 내부
내쫓는 여성 *ydt*
내쫓다 √*grš* D/G
√*mrmr* G(또는 √*mrr*₁ R) 거룩한 나무토막을 옮기다; 정화하다
√*ṭrd* G
√*ydy*₄ < **wdy/w*(?) G 추방하다
√*trr* G
냄비 *ḫptr*
ḫbrṯ /ḫubruṯu/
냄새 ☞ 향

너, 당신 *at*$_1$ /*ᵓattă*/(남성형)
at$_2$ /*ᵓattĭ*/(여성형)
atm
너그럽다 √*ndb* G(?) 관대하다
√*rḥm* G 다정다감하다
너울 *mṯyn* 목도리
너희, 당신들 *atm*$_1$ /*ᵓattumŭ*/(남성형)
atm$_2$ 너희 두 명(통성 쌍수형)
넉넉하다 √*ḥnn* G 마음이; 자비롭다
넉넉한 수량 *ᶜdn*$_2$ 희열, 기한, 약속
넉넉히 가지고 있다 √*šbᶜ*$_1$ < **śbᶜ* G 배부르다, 만족하다
넓은 *rḥb*$_1$ 먼
넓적다리 *šq* /*šāqu*/다리, 짐승의 뒷다리
넘겨 주다 √*šlḥ* D 인도하다, 던지다
√*ytn* < **wtn*(?) Š 전하다, 맡기다
넘어뜨리다 √*mṣḫ* D 쳐서
√*ngḥ* D 찔러서
√*npl* Š 쳐서; 떨어뜨리다
넘어지다 √*qyl* G 떨어지다
넘치게 하다 √*ᶜdn* D 약속을 정하다, 즐겁게 하다
√*hlk* Š
넘치다 √*ᵓnš* G 투지가; 끄떡없다
네 번 *arbᶜtm* 네 곱절
네 번째로 하다 √*rbᶜ*$_1$ D
넷 *arbᶜ* /*ᵓarbaᶜu*/
넷째 *rbᶜ* /*rābiᶜu*/
넷째 부인/여인 *mrbᶜt* /*murabbaᶜ(a)tu*/
녀석 *nᶜr*$_1$ /*naᶜru*/ 젊은이, 소년, 사내아이, 종
년年 *šnt*$_1$ /*šan(a)tu*/ 해
노櫓 *mṯṯ**
노간주나무 *dprn* /*diprānu*/
노동자 *bᶜl*$_2$ /*bāᶜilu*/ < **pāᶜilu* 일하는 자
ḥrš$_1$ /*ḥarrāšu*/ 육체노동자, 물건, 배, 집 등을 짓는 자, 만드는 자
노란/녹색의 *yrqn*** /*yarqānu*/
노래 *bd*$_2$ /*biddu*/(?) 탄원 노래, 탄원의 외침
šr$_1$ /*šîru*/ 음악
노래하다 √*ᶜny*$_2$ G(?) 크고 날카롭게 소리치다, 슬픔에 겨워 울부짖다,
√*ḏmr*$_2$ < **zmr* G 연주하다, 읊다
√*šyr* G 읊다
노령 *šbt* /*šêbatu*/ < **śaybatu*; /*šîbatu*/ 흰머리
노예 *ᶜbd*$_1$ /*ᶜabdu*/ 종
bnš /*bu(n)nōšu*/(?) 사람, 공무원, '사람의 아들'
mšmᶜt /*ma/išmaᶜ(a)tu*/ 신하, 복종할 의무가 있는 자
ql$_2$ /*qallu*/ 전령
녹다 √*mss/ś*, √*mśś* Gp 녹아버리다, 용해되다
√*prš* Gp/N 흩어지다, 펴다
놀라게 하다 √*hkr* Š(?)
농담하다 ☞ 웃기다
농부 *ḥrṯ*$_2$ /*ḥarrāṯu*/; /*ḥāriṯu*/ 경작인
높고 거대한 건물 *mgdl* /*ma/igdalu*/ 탑
높다 √*rym* G 높여지다, 탁월하다, 일으켜지다
높은 *adr* 큰, 강한, 늙은
높은 곳 *np* /*nôpu*/ < **nawpu*
높은 이 *ᶜly* /*ᶜalīyu*/ 가장 높은 이, 지존
높은 장소 *ᶜly** 위, 윗사람, 위층, 단, 대
'높이는 제물'로 바쳐지다 √*nwp* Šp
높이다 √*nšᵓ* < **nśᵓ* G 목소리를
높이 들어 올리다 √*rbᶜ*$_2$ Š(?)
놓다 √*ᶜdb* G 세우다, 박다, 식탁을 차리다, 등을 펴다, 굽히다
√*nkr*/√*krr*(?) G 떼어 놓다
√*nṣb* G 정렬하다, 세우다
√*šyt* G 세우다, 고정하다, 설치하다
√*ṯᶜr* G 올려놓다; 세우다, 쌓아 올리다, 식탁을 차리다
√*ṯpd* G 발을 발걸이에; 얹다, 딛다
√*ydy*$_1$ < **wdy* G 내려놓다; 눕히다; 발을 묶혀 두다
√*yṣb** 세우다
놓아주다 √*šry/w* G 내던지다, 던지다
놓아줌 *ḫb/pṯ*$_1$ /*ḫupṯu*/ 후프쑤, 사회적으로 낮은 계급; 해방
놓이다 √*ᶜdb* Gp 세워지다
√*ᶜrk* Gp 똑바로; 세워지다
√*šyt* Gp
뇌 ☞ 골수
뇌석 ☞ 석기
뇌우 ☞ 폭풍우
누구? *mn*$_2$ /*mannu*/ 누구?
my$_2$ /*miya*/(?)
누구나 *kll* /*kalīlu*/ 전체, 총체, 전부, 완전한, 완성된
mnk$_2$ 무엇이나
mnm$_2$ 아무나
mnmn /*manman(n)u*/ 누군가
mnn(?) 아무나, 누군가
누군가 *mnk(-m)*$_1$

mnmn /manman(n)u/ 누구나
mnn(?) 누구나, 아무나
누르다 √ᶜšy G 압박하다
누워 있다 √rbṣ 야영하다, 쉬다
누이 aḫt /ʾaḫâtu/ < *ʾaḫawatu 자매
눈雪 glṯ /galṯu/ < *ṯalgu(?)
눈目 ᶜn₁ /ᶜênu/ < *ᶜaynu 샘, 원천
ᶜpᶜp- /ᶜapᶜapu/(?) 눈동자
눈가리개 ṯnt₂ 말 등 가축의 눈가리개로 쓰는 천조각(?)
눈먼 ᶜwr /ᶜawwiru/ 장님, 소경
눈물 udmᶜt /(ʾ)udmaᶜātu/
dmᶜt* /dimᶜatu/
눈물 흘리다 ☞ 울다
눈빛 ṣp /ṣapû/ < *ṣapw/yu 눈이 맑음/빛남
눈을 뜨다 √ḥy/wṭ; √yḥṭ, √ḥṭy G
눈이 멈 ᶜwrt /ᶜawwirtu/ 맹목
눌림 ṣr 억압, 근심, 공포, 적
눕다 √rbṣ 야영하다, 쉬다
√škb G 성적 교접을 하다
눕혀지다 √ydy₁ < *wdy Gp 때려
눕히다 √ydy₁ < *wdy G 때려; 밭을 묵혀 두다
늑골 bmt /bâmatu/ < *bahmatu(?) 소갈비, 뱃살, 등심
늘리다 √mʾd D 수를; 많게 하다
늙다 √yṯn G
늙은 adr 큰, 강한, 높은
yṯn* /yaṯanu/
능숙한 ☞ 재주 있는
늦추다 √ʾḫr D 말리다, 막다
√ʾḫr Š 말리다, 막다
늪의 풀 aḫ₂ /ʾaḫû/ < *ʾaḫwu 갈대

ㄷ

다가서다 √ngš G 접근하다, 압박하다, 괴롭히다
다듬은 돌 pslt 목상木像
다른 ṯn₃ /ṯanû/(?) 그 밖의
다리脚 išd- /ʾišdâ-/
rgl** /riglu/ 발
šq /šāqu/ 넓적다리, 짐승의 뒷다리

다리를 들다 √dᶜṣ D/G 높이 뛰려고
다발 iṣr(?)
다섯 ḫmš₁ /ḫamišu/
다섯 번째 ḫmš₂ /ḫāmišu/
다섯 번째로 하다 √ḫmš D
다섯째 부인/여인 mḫmšt /muḫammaš(a)tu/
다음날 ᶜlm₂ /ᶜalû(m)mV/
다음에 aḫr₁ /ʾaḫ(ḫa)ru/ 뒤에 (부사)
aḫr₃ /ʾaḫ(ḫa)rV/ …하고 난 다음 (접속사)
aphn 따라서, 그 때문에, 그 결과
aṯr /ʾaṯ(a)ra/ …을 따라, …의 결과로, …의 뒤에, …를 위하여
aṯr /ʾaṯ(a)ru/ 뒤로, 나중에, 그러고 나서
bkm; b km(?) 그래서
다음의 hnkt 저, 저기, 저기에, 저곳에
ṯn₂ /ṯānû/ 둘째의
다정다감하다 √rḥm G 너그럽다
다투다 ☞ 싸우다
다툼 ☞ 때림
단壇 ᶜd₂ 나무로 만든
ᶜly* 위, 윗사람, 높은 장소, 대, 위층
단단하다 √ʾmṣ G 강하다, 굳다
단단히 고정된 kn* 굳건한
단식 ṣm /ṣômu/
ẓm
단위 amt₂ /ʾammatu/ 길이의 단위, 팔꿈치
dd₂ /dūdu/ 곡식을 재는 단위
ḥmr₂ /ḥumru/ 부피의 단위, 당나귀 한 마리에 실을 수 있는 짐
ḥpn₂* /ḥupnu/ 양의 단위, 한 줌
lg /luggu/ 액체를 재는 작은 단위, 록
kd₂ 액체를 재는 단위, 대략 11리터
kkr 무게의 단위, 탈렌트, 약 28.2킬로그램
kmn /kumānu/ 넓이나 길이의 단위
kmsk 삼분의 이
krs/šu 기름을 재는 단위, ṯᶜt보다 크다
ksp 화폐의 단위, 은銀
kt₂ /kûtu/(?) 액체를 재는 단위
kṯ 부피의 단위, 작은 그릇
ltḥ /litḥu/ < *litku 부피의 단위
mn₃ /manû/ < *manayu 무게의 단위, 미나, 약 470그램
mtḥ /mitḥu/(?) 길이의 단위, 거리
mṯpd 길이의 단위, 보폭
nṣp /niṣpu/ 반半 세켈
prqt 단위의 일종

prs/ṡ /parīsu/ 곡식을 재는 단위, 반半 광주리

šir$_2$ 땅을 재는 넓이의 단위

šd$_2$ */šiddu/* 길이의 단위, 밭/들

št$_3$ */šūtu/* 식물 관련 단위; 마의학馬醫學

ṯᶜt 기름을 재는 단위, 작은 잔

ṯql /ṯiqlu/ 무게와 화폐의 단위, 세켈

단절 *pṭr*$_2$** /piṭru/* 해결, 해소, 분열

단지 *bk*$_1$

kd$_2$ 양쪽에 손잡이가 달린 잔, 동이

닫다 √*klᵓ* G(?) 문을

√*sgr* G 폐쇄하다

√*štm*(?)

√*ṭbq* G

닫음 *sgr* 자물쇠, 금속바늘

달月 *ḫyr* ° 달의 이름

nkl ° 달신月神의 부인

nyr /nayyāru/; /nay(y)īru/ 빛, 하늘의 빛

riš yn ° 달月의 이름 '포도주의 시작'

yrḫ /yariḫu/; /yarḫu/ 한 달

yrḫ ° */yariḫu/* 달의 신月神

달다 √*yzn* G 무게를; 달다, 재다, 검토하다

달다, 달콤하다 *mtq /matuqu/*

달려나가다 √*sᶜy* G 공격하다

달리다 √*qmṣ* G 뛰다, 가라앉다

닳다 ☞ 낡다

담 ☞ 벽

담그다 √*ğll* G 들이기다, 침투하다, 스며들다

√*my/wᶜ* Gt 물에; 씻다

답변하다 √*ᶜny*$_1$ G 대답하다

당기다 √*ᵓsr* G/D 고삐를; 가축을 묶다, 매달다, 메우다

√*drk* G 활을; 밟다

당나귀 *ḥmr*$_1$ */ḥimāru/*

☞ 수탕나귀, 암탕나귀

당나귀 울음소리 *nhqt /nahaqatu/*

대臺 *ᶜd*$_2$ 나무로 만든

*ᶜly** 위, 윗사람, 높은 장소, 단, 위층

mṣb$_1$ */maṣṣabu/* < **manṣabu* 저울의; 받침대

kt$_1$(?) 토대, 권좌의 받침대

대단한 *ᶜẓm*$_3$ */ᶜaẓūmu/; /ᶜaẓīmu/* 엄청난

대단히 아름다운 *ysmsm /yasamsVmu/*

ysmsmt

대답 *mᶜn /maᶜnû/* < **maᶜnayu* 응답

tᶜn(?) 응답

대답하다 √*ᶜny*$_1$ G 답변하다

√*ṯwb* Š 돌려보내다, 돌려주다

대리석 *br* 주석, 은

대리인 *rbṣ /rābiṣu/*

대부貸付 *ud*

대상隊商 *ᶜḏbt* 상품

ḫrn /ḫarrānu/

대야 *agn*

대용품 *rib /riᵓbu/*(?) 가격, 가치

대장장이 *nsk /nāsiku/* 쇳물을 붓는 사람

sbrdn /sabardinnu/(?) 구리; 쇠붙이를 만드는 일꾼

대접하다 √*ᶜšr* D 식사에 초대하다, 마실 것을 주다

√*lḥm*$_1$ Š 먹을 것/먹이를 주다

대지 ☞ 땅

대체물 *rib /riᵓbu/*(?) 가격, 가치

대표 *bdl** 협상대리인

rb /rabbu/ 큰, 커다란, 우두머리, 장

šr$_3$ */šarru/* 지도자, 우두머리

대화하다 √*dbr*$_2$ D 말하다

√*rgm* G 말하다, 알리다

더듬거림 *tᶜlgt*(?) 중얼거림

더러움 *rṯ* 진흙

ṯiṭ /ṯaᵓṭu/ 진흙

더럽다 √*lᵓy* G 더러워지다

더미 *ğrmn* 곡식의

ḥmr$_2$ */ḥumru/*(?)

더욱이 *ap*$_1$ */ᵓappV/* 또한, 역시, 심지어, 진실로

더위 ☞ 열기

더하여 *kbd*$_3$ 보태어, 그리고 - 경제문서에서

던지다 √*ğḏḏ* G 창槍을; 서두르다, 솟다, 쏘다

√*lᵓk* G 보내다

√*ndp* Š 내던지다

√*šlḥ* G 손을 뻗다

√*šlḥ* D 넘겨 주다, 인도하다

√*šry/w* G 놓아주다, 내던지다

√*yry* < **wry/w*(?) 쏘다

덜어내서 ☞ 빼서

덤불 *ğl /ğîlu/* 관목숲

pilt /paᵓlatu/* 나뭇가지들(집합명사), 덤불숲

sk$_2$

šḥt

yᶜr$_1$ */yaᶜru/* 숲

*yğl**

덥다 √*šḥn* G 뜨겁다

덧바르다 √*ṭw/yḫ* 회칠하다

덩어리 *qṣ*$_2$ 고기; 잘라진 것
rq$_2$ 귀금속 덩어리
rgbt(?) 흙덩어리, 흙
덮개 *ẖlpn* 옷감, 외투
kst /*ki/usûtu*/ 옷
mks /*ma/iksû*/ < **maksawu* 포장
mrbd /*marbadu*/(?)
yryt(?) 천막 덮개
덮다 √*ʾzr* G 두르다, 얼굴을 가리다
√*ksy/w* G 몸을; 옷을 입다
√*ksy/w* D
덮여 있다 √*nw/yb* G/Gp(?) 드리워 있다
덮이다 √*ʿmm* Dp* 푹 싸이다, 어두워지다
√*prš*(ʾ)(?) 풍부히 준비되어 있다
덮인 *ʿqšr* /*ʿaqšaru*/(?) 비늘로
덮치다 √*lʾw*$_1$ G 압도하다, 승리하다
데려다 주다 √*qry* D
데려오다 √*bʿr*$_3$ D 멀리; 데려가다, 치우다
√*ybl* < **wbl* G 나르다
데워지다 √*ḥmm* Šp 덥여지다
√*šẖn* N
도구 *hrt** 기구나 도구의 일종
krk /*kurêku*/ 도구의 일종, 곡괭이, 괭이
ulṯ 벽돌틀, 작은 괭이
nit /*niʾtu*/(?) 도구의 일종, 곡괭이
도끼 *mʿṣd* /*maʿṣadu*/ 낫, 손도끼
mšẖṭ 전쟁용; 무기의 일종
도둑 *ǧz** 약탈자
도랑 ☞ 물길
도랑을 파다 √*ṯlṯ* D 세 번째로 하다
도망치다 √*brḥ* G 피하다
√*dbr*$_1$ D 등을 돌리다
√*ẖbṯ* G(?) 풀려나다
√*ndd*$_1$ G
√*npr* G 새들이 날아가 버리다
√*nws* G 도망치다
도살 *nkt*
šẖṭ /*šāẖiṭu*/(?)
도살자 *šiy*(?)
šẖṭ /*šāẖiṭu*/(?)
도살하다 √*ẖrm* G 자르다
√*nkt* G
도살할 짐승 *mgṯ*
도시 *ʿr*$_1$ /*ʿîru*/ 거주지
bldn 장소
qrt, *qryt* /*qarîtu*/; /*qar(i)yatu*/
qrht /*qarahātu*/
도움 *ʿḏrt* /*ʿiḏiṛtu*/ < **ʿiḏratu*
*ḥw*** /*ḥuwwû*/ < **ḥuwwayu* 구원
tʿḏr
도예가 *yṣr* /*yāṣiru*/ 옹기장이
도착하다 √*mǧy* G 가다, 들어서다, 이르다
독 *ḥmt*$_3$ 뱀의
독수리 ☞ 맹금, 매
돌 *abn* /*ʾabnu*/ 돌멩이
algbṯ 돌의 종류, 동석凍石(?)
돌기둥 *skn*$_2$ 비문이나 부조 등을 새긴 전례용; 비석
ztr(?) 비문이나 부조 등을 새긴 전례용; 비석
돌다 √*hpk* G(?) 돌리다, 쓰러지다
√*sbb* G 방향을 바꾸다, 변하다
돌려보내다 √*ṯwb* Š 되갚다, 되풀이하다
돌려주다 √*ʿwd* D*(?) 되갚다
√*ṯwb* Š 돌려보내다
돌리다 √*ʿwy* G(?) 다른 쪽으로; 외면하다
√*dbr*$_1$ D 등을, 도망치다
√*hpk* G(?) 뒤집다, 쓰러지다
√*hpk* N(?) 외면하다
√*krkr* 손가락을, 손춤을 추다
√*nḥ/y* G 몸을, …를 향하다
√*pny* G 등을
√*sw/yr* G 등을
돌보다 √*ʿpp*; √*ʿwp* D*(?)
√*skn* G 신경쓰다
√*skn* Š …에게 …을 챙겨 주다, …을 위해 …을 신경 써 주다
돌봄 *znt* 양식지급, 부양, 치료, 공급
돌아서다 √*pny* G
돌아오다 √*ṯwb* G
돕다 √*ʿḏr* G
√*sʾd* G 봉사하다
동경하다 √*ṣby/w* 원하다, 희망하다
동등하게 *kmm* < *km*$_3$ + *-m* 같은 식으로, 똑같이, 위와 같이
동료 *ḥbr*$_1$ /*ḥab(i)ru*/ 벗, 친구
rʿ /*riʿû*/(?)
동물 ☞ 짐승
동산 ☞ 밭
동여매다 √*ḥgr* G
동이 *kd*$_2$ 단지, 잔, 대략 11리터
동지 ☞ 동료
동쪽 *qdm*$_1$ /*qadmu*/ 지난날, 태초
돛대 *trn* /*tarnu*/

돼지 *ḫzr*$_2$
*ḫnṣ*** 새끼
돼지기름 *šmn nḥ*
되갚다 √*ᶜwd* D*(?) 돌려주다
√*šlm* D 완전하게 하다
√*šlm* Š 강제노동의 형태로 배상하다
√*ṯwb* Š 돌려보내다
…(이) 되다 √*sbb* N 방황하다
되풀이하다 √*ṯwb* Š 말을; 되갚다, 돌려보내다
두 개/명/마리 *hm*$_2$ /*humâ*/
두 곱으로 *ṯnid* 두 번의
ṯnm$_1$ /*ṯinâ(m)ma*/(?) 두 번의
두꺼운 *gdl*$_1$ /*gadulu*/ 큰, 힘센
두꺼운 것 *gdlt*$_2$ /*gadul(a)tu*/ 큰 것, 센 것, 강한 것
두다 √*bᶜr*$_3$ D 멀리; 치우다
√*nkr*/√*krr* G(?) 거리를
두려워하다 √*dḥl* < *ḏḥl* G
√*ttᶜ* G
√*yqy* < **wqy* G 보호하다
√*yrʾ* < **wrʾ* G 무서워하다
두르다 ☞ 덮다
두 배 *ṯnnt* 두 곱
두 번의 *ṯnm*$_1$ /*ṯinâ(m)ma*/(?) 두 곱으로
두 번째로 *ṯnm*$_2$
두 번째로 하다 √*ṯny*$_1$ G/D 반복하다; 설명하다
두 손으로 *klatn-m* 받다, 잡다
둘의 *klat* /*kilʾatā*/ 둘, 두 개의
ṯn$_1$ /*ṯinā*/ 두 개의, 두 명의
ṯt$_1$ /*ṯittā*/ 두 개의, 두 명의(여성형)
둘째 것 *mṯn* /*maṯnû*/ < **maṯnayu* 그 밖의 것, 반복
둘째의 *ṯn*$_2$ /*ṯānû*/ 다음의
둥지 *udn*$_2$(?) 진영, 갈대, 기초, 받침대, 부족의 영토
뒤 *ẓr*$_{(1)}$ /*ẓûru*/ < **ẓuhru* 등
뒤돌아가다 √*pny* G
뒤따라 *bᶜd* /*baᶜda*/ …의 뒤에
뒤따르다 √*ᶜqb* G(?) 발이 잇닿다/접하다
뒤로 *aṯr* /*ʾaṯ(a)ru*/ 그다음에, 나중에, 그러고 나서
bᶜdn /*baᶜdānu*/(?) 뒤에서
뒤에 *aḫr*$_1$ /*ʾaḫ(ḫa)ru*/ 다음에(부사)
aḫr$_2$ /*ʾaḫ(ḫa)ra*/ 전치사
aṯr /*ʾaṯ(a)ra*/ …을 따라, …의 결과로, …의 다음에, …뒤에
뒤에 *bᶜd* /*baᶜda*/ …를 뒤따라
뒤에서 *bᶜdn* /*baᶜdānu*/(?) 뒤로
뒤에서 잡다 √*ᶜqb* D 말리다; 뒤꿈치에 바싹 따라붙다
뒤집다 √*hpk* G(?) 돌리다, 쓰러지다
√*ṯwb* D*
뒷다리 *šq* /*šāqu*/짐승의; 넓적다리, 다리
드러나다 √*nbṭ* G 분명하게 되다
드러내다 √*bǵy* G 찾다, 연구하다
드리워 있다 √*nw*/*yb* G/Gp(?) 덮여 있다
듣기 좋은 *ṭbn* /*ṭûbānu*/
듣다 √*ʾdn* G 유심히; 귀 기울이다
√*šmᶜ* G
들 *šd*$_1$ /*šadû*/ < **śadawu* 땅
들것 *ḥdg* 여성용 안장, 멜대
들소 *rum* /*ruʾumu*/; /*rûmu*/ < **riʾmu* 야생소
들어가다 √*bwʾ* G 입장하다, 오다
√*ǵll* G 침투하다, 스며들다, 담그다
들어서다 √*mǵy* G 도착하다, 가다, 이르다
√*ᶜrb* G
들어섬 *ᶜrb* 입장
들어오게 하다 √*ᶜrb* Š 안으로 이끌다
등 *ᶜṯqb** 낙타의 혹
ṯkm /*ṯikmu*/(?) 어깨, 목덜미
bmt /*bâmatu*/ < **bahmatu*(?) 늑골; 소살비, 뱃실, 등심
ẓr$_{(1)}$ /*ẓûru*/ < **ẓuhru* 뒤
등극하다 √*mlk* D 임금으로 만들다
등심 *bmt* /*bâmatu*/ < **bahmatu*(?) 소갈비, 뱃살, 늑골
mtnt 제물
등을 굽히다 √*ᶜdb* G 놓다, 세우다, 박다, 식탁을 차리다, 등을 펴다
등을 돌려! *pn*$_3$ 절대 아니! … 않도록, … 않게
등을 돌리다 √*dbr*$_1$ D 도망치다
√*pny* G
√*sw*/*yr* G
등을 펴다 √*ᶜdb* G 놓다, 세우다, 박다, 식탁을 차리다, 등을 굽히다
등잔 *nr* /*nûru*/ < **nuwru*; /*nêru*/ < **nawiru*(?) 빛
nrt$_1$ /*nûratu*/(?) 하늘의 빛
등장하다 √*qdm* G
딛다 √*ṯpd* G 발을 발걸이에; 놓다, 얹다
따다 √*ʾsp* G 줍다, 수확하다, 모으다
따라 *aṯr* /*ʾaṯ(a)ra*/ …의 결과로, …의 뒤에, …의 다음에, …를 위하여
k$_2$ /*ka*/ …처럼(전치사)

따라붙다 √^{c}*qb* D 뒤꿈치에 바싹; 뒤에서 잡다, 말리다
따라서 *aphn* 그다음, 그 때문에, 그 결과
apnk 그다음, 그 때문에, 그 결과
lp …에 상응하게, …처럼
따르다 √*yṣq* G 붓다, 쏟다, 쇳물을 붓다
따지다 ☞ 요구하다
딸 *bt*$_2$ /*bittu*/ < **bintu*
bnt
땀 *d*^{c}*t*$_3$ /*di/a*^{c}*atu*/ < **ḍi/a*^{c}*atu*
땀 흘리다 √*ḥyṣ* G
√*yd*$^{c}_{2}$ < **wḍ*^{c} G
땅 *arṣ* 대지, 지하의 저승
ḥmdrt 황폐한
ḥwt [ḥowwatu] < **ḥawwatu*
minš(?) 지역, 근처
mḥrṯt$_1$ /*maḥraṯ(a)tu*/ 밭, 경작지
mk$_2$ 구덩이, 분지
šd$_1$ /*šadû*/ < **śadawu* 들
ṯt 진흙, 점토
땅을 파서 묻다 √*kry/w* G 파서 구멍을 내다
땅의 소출 *ybl*$_1$ /*yabūlu*/ 수확
땅이 갈라진 곳 *ẖẖ*$_1$ 구멍, 땅이 갈라진 곳
땅이 메마른 √*pll* G 날이 빠진, 금이 간
땋은 머리 *mẖlpt* /*maẖlap(a)tu*/
때려 눕히다 √*nkt* G
때리다 √^{c}*mt*(?) 치다
√*ḥwy*$_3$ G/D 치다
√*mẖṣ* G 치다, 짜다, 엮다
√*mẖṣ* D 마구 세게; 반복해서 치다
때림 *ṯẖtṣb* 다툼
때문에 ☞ 따라서
떠나가다 √*šny/w* G(?)
떠나다 √*b*^{c}*r*$_4$ D 버리고
√*gly/w* G 멀리 가다
√*grš* G 멀리
떠나보내다 √*bhl* D(또는 G) 유산을 주지 않다
떠돌다 √*rẖp* D 이리저리 날아다니다
√*ṣw/yd* G 사냥하다
떠오름 *ṣbu*$_1$ /*ṣabīʾu*/ 일출; 일몰
떨게 만들다 √*nṯṯ* D* 덜덜; 공포스럽게 하다
떨다 √*hrr* D* 심하게/벌벌
√*nṯṯ* G 흔들리다
√*nǧṣ*(< **nǧḍ*) G 흔들리다
떨어뜨리다 √*dll* D* 품위나 도덕을
√*ngw/y* G 멀어지다
√*nẖt*$_2$ D 낮추다, 내려 보내다, 깊이 스미다
√*npl* Š 쳐서 넘어뜨리다
√*rḥq* D 격리하다
√*rḥq* Š 멀리 보내다
떨어져 있다 √*rḥq* G 멀리
떨어지다 √*mnn* D(?)
√*npl* G, Gt
√*ntk* N 눈물이 뚝뚝; 흘러나가다, 범람하다
√*qyl* G 넘어지다
√*špl* G 낮다
떨어짐 *srr* 해日가
ṣbu$_1$ /*ṣabīʾu*/ 일몰; 일출
떼 *irby* /*ʾirbĭyu*/ 큰 메뚜기 무리
bqr /*baqaru*/ 큰 가축 떼
ḥbl$_1$ /*ḥablu*/ 새 떼, 줄, 모임
ḥsn 메뚜기 떼
pẖd /*puẖādu*/(?) 작은 짐승의 무리, 양 떼
ṣin /*ṣaʾnu*/ < **ṣ̌aʾnu* 작은 가축
ṣbrt 무리, 공동체
떼다 √^{c}*dy* D/G 벗다, 제거하다
√*prq* G 갈기갈기 찢다, 해결하다, 해방하다
떼어 놓다 √*nkr*/√*krr*(?) G
또는 *im*$_2$ /*ʾim(ma)*/
u$_1$ /*ʾô*/ < **ʾaw*
hm$_1$ /*him(ma)*/ 만일 …한다면, …할 때
또한 *ap*$_1$ /*ʾappV*/ 역시, 심지어, 더욱이, 진실로
apn$_2$ /*ʾappVnV*/ 마찬가지로
똑같이 *kmm* < *km*$_3$ + *-m* 같은 식으로, 동등하게, 위와 같이
똑똑하다 √*lḥn*(?) 밀접하다, 가까운 친척이다
똑바로 놓이다 √^{c}*rk* Gp 세워지다
똑바로 일으키다 √*rym* D* 건물을 세우다, 향내 나는 제물을 바치다
뚫다 √*rtq*(?)
√*ṯ*^{c}*n* G(?)
뛰다 √*qmṣ* G 달리다, 가라앉다
뛰어가 버리다 √*ẖbṯ* G(?) 풀려나다
뛰어 오르다 √*ntr* G
뜨겁다 ☞ 덥다
뜨다 ☞ 긷다
뜯다 √*ḥrṭ* G 깃털을
뜯어내다 √*ʾsp* Gt 찢어내다, 낚아채다, 빼앗다, 죽이다
√*nsẖ* G 치워버리다, 지워버리다
띠 *ḥbš* 끈, 허리춤에 차는 주머니, 지갑
kbl /*ka/iblu*/ 옷에 달린
띠로 감다 √*ḥgr* G
qblbl(?) (칭칭) 매다

ㄹ

라피스라줄리 ☞ 청금석
레바논 lbnn º 레바논 산맥
레비아탄 ltn º /lôtānu/ 바다괴물의 이름, 해룡海龍
…로; …로부터 l$_1$ …위해, …의, …로부터, … 향해서
록 lg /luggu/ 액체를 재는 작은 단위
리톤 잔 dn$_2$ /dannu/(?)

ㅁ

마구馬具 mdl$_1$ 재갈
gpn$_2$*
마구간 ☞ 안뜰
마당 grn /gurnu/ 타작마당; 다진 바닥
ḥẓr /ḥaẓiru/ 사는 곳, 집, 울안, 안뜰
마르다 √ǵly < *ṣly(?) G 곡식이; 부패하다
√ḥrr G 바싹; 태우다
√ḫrb G 메마르다
√ṣḥrr G 붉다, 검붉다, 무덥다
마른 ḫrb 메마른
√pll G 땅이 메마른; 날이 빠진, 금이 간
마법사 dbb$_2$*(?) 주술자, 주문
mlḫš 주술자, 주문을 외는 이
마부 kzy* 직업의 일종, 말을 끄는 종
ṯlṯ$_3$ /ṯalūṯu/ 셋, 삼인조; 전차병
마술 kšp* /kišpu/ 요술
마술사 ḥbr$_2$* /ḥābiru/ 주술사
마시는 제물을 바침 tǵẓyt /taǵzīyatu/
마시다 √šty G
마실 것을 주다 √ʿšr D 식사에 초대하다, 대접하다
√šqy G/D
√šqy Š

마음 ☞ 심장
마음이 넉넉하다 √ḥnn G 자비롭다
마주치게 하다 √qry D
마주치다 √qry G
마주침 tant(?) 한숨, 신음, 만남
마차 ʿrq 바퀴 넷 달린 큰 수레
마차로 가다 √rkb G 올라타다, 가다, 말을 타다
마찬가지로 apn$_2$ /ʾappVnV/ 또한
마치다 √kly G
√tmm D* 모두; 완성하다
마흔 arbʿm /arbaʿūma/ 사십
막다 √ʾḫr D 말리다, 늦추다
√ʾḫr Š 말리다, 늦추다
막대기 ḫṭ 지팡이, 남성의 성기
mṭ /maṭṭû/ < *manṭawu(?) 지팡이
만萬 rbt$_2$ /rabbatu/ < *rababatu 무수
만나다 √mẓʾ G 찾다
√qry G
만남 tant(?) 한숨, 신음, 마주침
만드는 자 ḥdǵl 화살 만드는 사람
ḥrš$_1$ /ḥarrāšu/ 물건, 배, 집 등을 짓는 자, 육체노동자
sbrdn /sabardinnu/(?) 구리 대장장이, 쇠붙이를 만드는 일꾼
만들게 하다 √bʿl < *pʿl Š 만들다
만들다 √bʿl < *pʿl G 생산하다
√bn/y G 짓다
√kwn D*
√qny G 얻다, 생산하다, 낳다
만듦 bnwt /bunwatu/; /binwatu/ 창조
만일 …한다면 hm$_1$ /him(ma)/ …할 때, 또는
만족 npy /nôpāyu/ < *nawpāyu(?) 충족
šbʿ$_1$ /šubʿu/ < *śubʿu 배부름
만족시키다 √šbʿ$_1$ D 배불리다
만족하다 √šbʿ$_1$ < *śbʿ G 배부르다, 넉넉히 가지고 있다
만찬 qrat /qarīʾatu/ 초대
만취 škr$_2$ /šukru/
škrn /šakarānu/ 대취, 취함
많게 하다 √mʾd D 수를 늘리다
많은 mad /maʾadu/(?) 수많은
많은 양 ǵrm 무더기, 산더미
ḥpn$_1$(?) 대량, 가장자리, 경계, 극악무도, 사악함
mlu /milʾu/; /milāʾu/ 충만
많음 mid$_1$ /muʾdu/; /maʾdu/

많이 *mid*$_2$ /*maʾdu*/ 크게, 매우
맏이 *bkr* /*bukru*/ 맏이의, 장자, 첫째로 태어난
말馬 *ssw*, *śśw* /*sus(s)uw-*/(?)
pḥl /*paḥlu*/(?) 수말馬
pḥlt 암말馬
*tlmd** /*talmīdu*/ 말 등 타는 동물이 조련받는 중인
말다 √*glgl* G(?) 구르다
√*qw/yn* D* 전갈이 몸을 돌돌 말다, 전갈이 꼬리를 들고 일어나다
말 사육 *sswt* 말에 관한 것
말라 죽다 √*ṯkḥ*$_2$ G 무시하다
말리다 √*ʾḫr* D 막다, 늦추다
√*ʾḫr* Š 막다, 늦추다
√*ʿps* G/D(?) 참다
말씀 *amr* /*ʾamru*/ 알림, 선언
hwt$_1$ 표현
rgm /*rigimu*/ 소식, 알림
tʿlgt(?) 중얼거림, 더듬거림
'말씀'을 '듣는 이' *šmʿ(.)rgm* < **šāmiʿu* + **rigmu*
말에 걸치는 천 *ḫpn* 걸치는 옷, 깔개
말을 더듬다 √*ʿlg* D/G
말을 타다 √*rkb* G 올라타다, 마차로 가다
말의 콧등 *ap*$_2$ /*ʾappu*/ < **ʾanpu* 코, 분노, 화
말이 쇠약해지다 √*khp*(?) 기침하다, 재채기하다
말이 앓는 병 √*rʾš*
말이 울다 √*gʿr* G 크게 힝힝거리며
말하기 *hg* /*higû*/ < **higyu* 이름 부름, 언급, 발성
ṣat /*ṣiʾatu*/ 해가 솟음, 일출
말하다 √*ʾmr*$_1$ G
√*dbr*$_2$ D 대화하다
√*lšn* D 독설을 퍼붓다, 비방하다
√*rgm* G 대화하다, 알리다
말해지다 √*rgm* Gp 알려지다, 명명되다
맑다 √*brr* G 깨끗하다, 순결하다, 자유롭다
맑음 *ṣp* /*ṣapû*/ < **ṣapw/yu* 눈; 눈빛
망각하다 ☞ 잊다
망대 ☞ 파수대
망설이다 ☞ 머뭇거리다
망치 *mqb* /*maqqabu*/ < **manqabu*(?)
망토 *ḫlpn* 옷감, 덮개
망하다 √*ʾbd* G 멸망하다
맞서 일어나다 √*ypʿ* G
맞아 죽다 √*mḫṣ* Gp
맡기다 √*srr* Gt(?) 신뢰하다
√*ytn* < **wtn*(?) Š 넘겨 주다, 전하다

매 *nṣ* /*niṣṣu*/ 솔개
nšr /*našru*/(?) 맹금, 독수리
매다 √*ʿtk* G/D(?) 붙잡아 매다, 고정하다
√*ḥgr* G 동여매다
qblbl(?) 끈으로 (칭칭) 매다
√*rtq*(?)
√*ṣmd* G
매달다 √*ʾsr* G/D 가축을 묶다, 메우다, 고삐를 당기다
매매 ☞ 거래
매복하다 √*bṣr* G 찬찬히 검사하다, 시험하다
매부 *ybm* 죽은 남편의 형제; 시아주버니, 처남
매우 *mid*$_2$ /*maʾda*/ 심하게, 많이
매춘 *dnt* 음탕, 천함, 질낮음
맷돌 *rḥ*$_3$* /*riḥêmi*/ < **riḥayêmi*(?)
맹금 *diy*$_1$ 맹금의 일종
nšr /*našru*/(?) 독수리, 매
맹목 ☞ 눈이 멈
맹세 *ndr* /*nidru*/ 선서
ṣly /*ṣilyu*/ 기도
맹세를 깨다 √*ṯny*$_2$ D(?) 바꾸다
맹세코! *i*$_2$ /*ʾī*/ 반드시!
맹세하다 √*ndr* < **nḏr* G 서약하다, 약속하다
√*ṣl/y* 맹세하며 간청하다
머리 *mḫlpt* /*maḫlap(a)tu*/ 땋은 머리
pd /*pôdu*/ < **pawdu* 고수머리, 곱슬거리는 털, 털 북데기
riš /*raʾšu*/ 정수리, 우두머리, 시작
šbt /*šêbatu*/ < **śaybatu*; /*šîbatu*/ 흰머리, 나이듦, 노령
머물게 하다 √*ṯwy* G(?) 손님으로 받아들이다
머뭇거리다 √*bwš* G 망설이다, 주저하다
먹다 √*ʾkl* G
√*blʿ* G 게걸스럽게; 삼키다
√*blw/y* D 다 먹다, 써버리다, 낡다, 닳다
√*lḥk* G 핥다, 다 핥아 먹다
√*lḥm*$_1$ G 다 먹다, 처먹다
√*spʾ* G 나눠 먹다, 먹을 것을 권하다, 동물에게 먹이를 주다
√*spʾ* N(?)
√*ṯrm* G 고기를
먹어 치우다 √*kly* D
√*qṣy*; √*qṣṣ* G(?) 소비하다
먹을 것 *akl* /*ʾaklu*/ 음식, 식사, 곡식
aqhr 식량의 일종
nzl 저장된 빵/양식, 비축식량

mṣd$_1$ 비축식량

먹을 것을 권하다 √*sp*ʾ G 나눠 먹다, 동물에게 먹이를 주다

먹을 것을 주다 √*lḥm*$_1$ G/D 먹이다

√*lḥm*$_1$ Š 먹이를 주다, 대접하다

√*ṣyd* G 식량을 준비하다

먹을 것을 챙겨 주다 √*zw/yd*(?) 불을 붙이다 등

먹이다 ☞ 먹을 것을 주다

먹이를 주다 ☞ 먹을 것을 주다

√*sp*ʾ G 동물에게; 나눠 먹다, 먹을 것을 권하다

먼 *rḥb*$_1$ 넓은

rḥq /*raḥuqu*/(?) 멀리 있는

먼 것 *rḥbn*° /*raḥbān-*/ 라흐바누*Raḥbānu* 강江, 먼 강江

먼 곳 *mrḥq** /*marḥaqu*/

먼 시간 *ᶜlm*$_1$ /*ᶜālamu*/

먼지 *ᶜpr* /*ᶜaparu*/ 저승

멀다 √*rḥq* G 멀리 떨어져 있다

멀리 *mrḥqtm* 먼 곳에서, 멀리서

멀리 가다 √*gly/w* G 떠나다

√*tbᶜ* G 나아가다, 가버리다

멀리 사라지다 √*šql* G 가다, 철수하다

멀리 있는 *rḥq* /*raḥuqu*/(?) 먼

멀리하다 √*nsy/w* G 제거하다

√*ydy*$_4$ < **wdy/w*(?) G 추방하다

멀리함 *tgh*(?) 빛남, 일출, 일몰

멀어지다 √*ngw/y* G 떨어뜨리다

메다 ☞ 지다

메뚜기 떼 *irby* /ʾ*irbĭyu*/ 큰 메뚜기 떼

ḥsn

메마르다 ☞ 마르다

메우다 √ʾ*sr* G/D 가축을 묶다, 매달다, 고삐를 당기다

메워 주다 √*šlm* D 평안을 지키다

며느리 *klt*$_2$ /*kallatu*/ 신부, 약혼녀

멸망시키다 √*ḫlq* D 파괴하다

멸망하다 √ʾ*bd* G 망하다

√*ḫlq* G 없다, 빠지다, 부족하다, 잃어버리다

명령 *sprt* 글, 규정

명령을 내리다 √*pqd* G

명석한 *lṭpn* /*laṭ(a)pānu*/ 사려 깊은

모두 *kl* /*kullu*/ 전부, 저마다

klt$_1$ /*kullatu*/ 전체

모두 마치다 √*tmm* D* 완성하다

모레 *ṯlṯt*$_2$ /*ṯāliṯta*/(?) 셋째날에

모성애 *rḥm* /*raḥ(i)mu*/ 공감

모습 *ru** /*ru*ʾ*û*/ 나타남, 보임

tmnt /*tamûnatu*/ 형태, 사지四肢, 손발

모욕하다 √*ypṯ* < **wpṯ* D 욕설하다

모으다 √*ᶜbš*(?)

√ʾ*sp* G 줍다, 따다, 수확하다

√ʾ*sp* Š 합치다

모이다 √ʾ*sp* N(?) 모여지다

√*gbb* N 군대가

모임 *ᶜdt*$_1$ 회합, 합류

ḥbl$_1$ /*ḥablu*/ 밧줄, 새 떼

mpḫrt /*ma/ipḫar(a)tu*/ 집회

pḫr /*puḫru*/ 집회

qbṣ 회중, 씨족, 집안

모자란 *mḫsrn* /*maḫsirānu*/(?) 부족, 빠진 물질

목 *ḫlq** /*ḫilqu*/ 엉덩이, 궁둥이, 허리, 목구멍

목걸이 *ᶜnq*

목구멍 *ḫlq** /*ḫilqu*/ 엉덩이, 궁둥이, 허리, 목

npš$_1$ /*napšu*/ 욕심, 영혼, 생명, 사람, 종

목덜미 *ṯkm* /*ṯikmu*/(?) 어깨, 등

목도리 *mṯyn* 너울

목동 *nqd* /*nāqidu*/ 목자

rᶜy /*rāᶜiyu*/ 양치기

목록 *spr*$_2$ /*sıpru*/ 글, 문헌, 서류

sprn(?) 글, 서류

목마르다 √*ğm*ʾ < **ẓm*ʾ G

√*ẓm*ʾ D 매우 목마르다

목상木像 *pslt* 다듬은 돌

목소리 *g* /*gû*/

목수 *psl* /*pāsilu*/ 목공

목재 ☞ 나무

목적 ☞ 심장

목초지 *mrᶜ* /*marᶜû*/ 방목지

목탄 *pḥm* /*paḥmu*/ 밝은 빛을 내며 타는; 갈색, 염색한 갈색 양털

몫 *ksm*$_1$ 할당, 일부

mnt$_1$ /*manâtu*/ < **manayatu* 제사음식의; 할당량, 신체의 일부

몫을 나누다 √*ḥṣṣ* G 몫을 받다, 취하다

몫을 받다 √*ḥṣṣ* G 취하다, 몫을 나누다

몰다 √*ḥdw/y* G/D 동물을

√*ydn* 짐승을

몰아내다 √*ntr* Š

몰아넣다 √*ṣw/yq* Š 궁지에; 위협하다, 압박하다

몰약 *mr*$_1$ /*murru*/

šmn mr 몰약 기름

몸값을 치르다 √*pdy* G 해방시키다, 구원하다
몸에 상처를 내다 √*hdy* G/D 슬픔의 표시로
몸을 굽히다 √*hbr* G
몸을 기울이다 √*ǧlw/y* < **ṣlw*(?) G 숙이다, 엎드리다
몸을 깊이 굽히다 √*šḥy* Št(?)
몸을 누이는 곳 *mškb* /*ma/iškabu*/ 침대
몸을 덮다 √*ksy/w* G 옷을 입다
몸을 돌리다 √*nḥ/y* G …를 향하다
몸을 들다 √*nqh* G(?) 일어나다, 깨어 있다
몸을 말다 √*qw/yn* D* 전갈이; 꼬리를 들고 일어나다
몸을 숙이다 √*ǧlw/y* < **ṣlw*(?) G 기울이다, 엎드리다
몸을 일으키다 √*nšʾ* < **nśʾ* Gt, N
몸을 젖히다 √*gmḍ* G(?) 웃기 위해
몸통 *gb* /*gabbu*/ 신체
못 *brkt* /*birkatu*/ 연못
brky 연못
몽둥이 ☞ 곤봉
무궁 *dr(.)dr* /*dôr-dôr-*/; /*dār-dār-*/; /*dār-dôr-*/
무거운 *kbd*$_1$ /*kabidu*/
무게 *mzn*
무기 *aymr* º 무기의 이름
grgr 던지는 무기, 창槍
mḥṣ$_2$ /*miḫīṣu*/ 치는 무기, 곤봉
mšḫṭ 전쟁용 도끼
ntq 던지는 무기의 일종
qṣ^c*t*(?) 무기의 일종; 화살촉, 요리사, 활, 방패
šlḥ(?) 던지는 무기, 창, 도랑, 운하
ygrš º 무기의 일종
무더기 *ǧrm* 산더미, 많은 양
무덤에 묻다 √*qbr* G
무덥다 √*ṣḥrr* G 검붉다, 메마르다
무두장이 *kbs/ś* /*kābisu*/ 두드려 빨래하는 사람
무력함 *ǧlt* /*ǧalîtu*/(?) 나쁜 짓, 불의
무릎 *brk*$_2$ /*birku*/
무릎을 꿇다 √*brk*$_2$ G/tD
√*kms* tD
√*kr*^{c} G
무리 *hmlt* 집회, 군중
madt /*mVʾadātu*/ 인간의; 다수, 대중
tintṯ /*taʾniṯ(a)tu*/(?) 여인들의
☞ 떼
무서워하다 √*yrʾ* < **wrʾ* G 두려워하다
무수無數 *rbt*$_2$ /*rabbatu*/ < **rababatu* 만萬, 10,000
무시하다 √*nʾṣ* G
√*trp* 파렴치하게 행하다
√*ṯkḥ*$_2$ G(?); 시들다
무식한 자 *ǧmr* /*ǧamaru*/ 학생, 초년생, 초년병
무엇? *mat* /*maʾati*/ < **mahati*(?)
mh /*mah(a)*/
mhy
mn$_1$ /*mānu*/; /*mīnu*/ 왜? 얼마나 많이?
mn$_2$ /*mannu*/ 누구?
무엇이든 *klkl* /*kulkullu*/ 어느 것이나
mhk /*mahaka-*/ 어떤 것이든
mnk$_2$ 누구나
mnm$_1$
무장 *npṣ* 채비, 옷
무장하다 √*ngb* Gp 군대가 준비되다
무화과 *dblt* /*dabil(a)tu*/ 무화과 과자
*tt*** /*tittu*/ < **tintu* < **tiʾn(a)t*(?) 무화과 나무
묵다 √*byt* G 숙박하다
√*lyn* G 하룻밤을; 밤을 보내다
묵을 곳 *mswn* /*mVswānu*/(?) 밤을 보내는 숙소
묶혀 두다 √*ydy*$_1$ < **wdy* G
묶다 √^{c}*bt* G/D 새끼 따위를
√ʾ*sr* G/D 가축을; 매달다, 메우다, 고삐를 당기다
√*rks*
√*rtq*(?)
√*ṣmd* G
√*šns* D 허리를; 단단히 묶다
√*yṯq* < **wṯq* G 뱀이 튀어오르다, 고정하다
묶여 있다 *qblbl*(?)
묶음 *iṣr*(?)
묶이다 √*ḥgr* N/G
문門 *ptḥ* /*patḥu*/ 입구
ṯǧr$_1$ /*ṯaǧru*/ 성문
문을 닫다 √*klʾ* G(?)
문을 설치하다 √*šyt* G 놓다, 세우다, 고정하다
문지기 *ṯǧr*$_2$ /*ṯāǧiru*/
문지르다 √*mll* G/D* 손가락으로; 주무르다, 반죽하다
문질러 없애다 √*mḥy* G 지우다, 제거하다
문질러 없어지다 √*mḥy* Gp 제거되다
문짝 *dlt* /*daltu*/ 쌍여닫이문의
문헌 *spr*$_2$ /*sipru*/ 글, 서류, 목록
묻다 √*šʾl* G 질문하다
√*kry/w* G 땅을 파서; 파서 구멍을 내다
√*qbr* G 무덤에
물水 *my*$_1$ /*māyi*/

물가 *gp*$_1$ 강가, 바닷가, 해안
ḫp /*ḫuppu*/ 해안
물고기 *alpn** 물고기의 종류
anhb 보라색을 띤 조개속/고둥; 조개류
dg /*dagu*/
ǵlp 조개; 함, 통, 껍질
물 긷기 *šib*$_{(1)}$ /*šiʾbu*/ 물 푸기, 물 뜨기
물길 *plg* /*palgu*/ 운하
ṣnr 돌로 지은 수로水路, 도랑
šlḥ(?) 던지는 무기, 창, 도랑, 운하
yblt(?) 식물의 일종, 도랑, 강
물러나다 √*dbr*$_1$ D 도망치다
√*krr* G(?)
√*nḫš* G
√*npw/y* G 사라지다
√*nṣl* N 절교하다
√*nws* G 도망치다
√*pẓl* N(?)
물레 *tˤlt*(?) 스스로 도는; 쉬지 않고 도는 물레
물레가락 *plk* /*pilakku*/
물론! *k*$_4$ /*kī*/ 진실로! 정말로!
물리치다 √*mrr*$_1$ G 멀리, 쫓아내다
물림 ☞ 깨물기
뭉치 *mispt** /*ma/iʾsap(a)tu*/아마포 두루마리, 용기容器
미간 *uzˤrt*(?) 두 눈 사이에 털이 성기게 난 곳
미나 *mn*$_3$ /*manû*/ < **manayu* 무게의 단위, 약 470그램
미래 *uḫryt* /*ʾuḫrā/īyatu*/ 끝, 종말
미워하다 ☞ 싫어하다
미인 *ysmt*
ysmsmt
미혹하다 √*ḥgr* G
민족 *ˤm*$_1$ /*ˤammu*/ 씨족
민족명 *atry** ° 아시리아인들
hrnmy °
ḫr ° 후리인, 후리인의 땅
ḫry ° /*ḫurrīyu*/ 후리인의, 후리인
ḫty ° /*ḫattīyu*/ 핫트의, 핫트인(히타이트인)
ḫt 핫트(히타이트)땅
ṣrm ° 티로인
민첩함 *lsmt* 서두름, 빨리
믿음직하다 √*ˤkd* G(?) 열심이다, 진지하다
밀 *ḥṭt* /*ḥiṭṭatu*/ < **ḥinṭatu*
ks/šm$_3$ /*kus(s)umu*/ 밀Emmer, 곡식의 일종
nˤr$_2$ 곡식의 일종

밀가루 *qmḥ* /*qamḥu*/ 가루, 분말
밀기울 *drt*(?)
밀물 *mdb* 강, 개울
밀접하다 √*lḥn*(?) 가까운 친척이다, 똑똑하다
… 밑에 ☞ … 아래에

ㅂ

바가지 *dd*$_2$ /*dūdu*/ 곡식을 재는 단위로서
바꾸다 √*sbb* G 방향을; 돌다, 변하다
√*ṯny*$_2$ D(?) 맹세를 깨다
바다 *miyt* /*māʾīyatu*/(?) 태초의; 심연
ym$_2$ /*yammu*/ 바다
바다괴물 *arš* ° 신명, 아르슈Aršu, 해룡
ltn ° /*lôtānu*/ 레비아탄, 해룡海龍
tnn ° /*tunnanu*/ 용龍
바닥 *grn* /*gurnu*/ 다진 바닥; 타작마당
바닷가 *iy*$_2$* /*ʾiyu*/ 섬
gp$_1$ 물가, 강가, 해안
바람 ☞ 숨
바르다 √*mšḥ* G 기름을
바삐 지나기는 *brḥ* /*barīḥu*/(?) 피신하는
바쳐진 사람 *qdš*$_3$ /*qadišu*/(?) 봉헌된 자
바치다 √*pwq* Š
√*rbˤ*$_2$ Š(?) 선물로
√*ṯkr* Š 공물을
tǵzyt /*taǵzīyatu*/ 마시는 제물을 바침
☞ 제물을 바치다
바퀴 *apn*$_1$ /*ʾapannu*/(?)
박다 √*ˤdb* G 놓다, 세우다, 식탁을 차리다, 등을 펴다, 굽히다
반半 ☞ 절반
반드시! *i*$_2$ /*ʾī*/ 맹세코!
반목하다 √*gry* D/G 전쟁을 일으키다, 자극하다
반복 *mṯn* /*maṯnû*/ < **maṯnayu* 둘째 것, 그 밖의 것
'반복'하는 자 *mṯnn*(?) '재생'하는 자
반복하다 √*ṯny*$_1$ G/D 두 번째로 하다, 설명하다
반복해서 치다 √*mḫṣ* D 마구 세게 때리다
반半 엘레 *uṭ*(?) 한 뼘, 길이의 단위

반죽하다 √*mll* G/D* 손가락으로 문지르다, 주무르다

받다 √*ʿny*$_1$ G 말을; 대답하다

√*ḥṣṣ* G 몫을; 취하다, 몫을 나누다

√*mrr*$_2$ N 축복을

√*qbʾ* Gp 부름을

√*qrʾ* Gp 부름을

√*šʾl* Gp 질문을

받아들이다 √*hry* G 임신하다

받침대 *udn*$_2$(?) 둥지, 진영, 갈대, 기초, 부족의 영토

kt$_1$(?) 권좌의; 대臺, 토대,

mṣb$_1$ */maṣṣabu/* < **manṣabu*

발 *pʿn /paʿnu/* < **paʿmu*

*rgl*** */riglu/* 다리

발견되다 √*škḥ* N

발견 장소 *mqm /maqâmu/* 장소, 광산(?)

발견하다 √*pwq* G 찾다, 얻다

발라지다 √*mrḫ* Šp 칠해지다

발바닥 *ḫrṣp*(?) 발뼈, 앞발, 발가락들

ḫrẓp

발성 *hg /higû/* < **higyu* 말하기, 명명, 언급

발판 *hdm*

ksan /kussiʾānu/(?) 의자

밝다 √*ʾwr* G 빛나다

√*nwr* G

밝음 *nr /nûru/* < **nuwru*; */nêru/* < **nawiru*(?) 빛

밟다 √*drk* G 활을 당기다

밟아 으깨지다 √*dwk* Gp

밤夜 *ll /lêlu/* < **laylu*

밤에 방랑하다 √*ʿws* G 밤에 헤매다

밤을 보내는 곳 *mswn /mVswānu/*(?) 숙소, 묵을 곳

밤을 보내다 √*lyn* G 밤을; 하룻밤 묵다

발가벗다 √*ʿrw* G 비어 있다, 파괴되다

발가벗은 *ʿrm*

발굽 *ʿqb** */ʿaqibu/*

밧줄 *ḥbl*$_1$ */ḥablu/* 줄, 모임, 새 떼

ḥbl$_{(2)}$ 배의, 삭구

*nqbn** 끈

방 *ḥdr /ḥidru/* 실室

qrš(?) 거주지

sgrt(?) 닫힌 실내

방랑하다 √*ʿws* G 밤에; 헤매다

√*hlk* Gt 이리저리 걷다

방목지 ☞ 목초지

방어시설 *mknpt* 날개

방패 *art**(?)

qlʿ /qilʿu/(?)

qṣʿt(?) 무기의 일종; 화살촉, 요리사, 활

방향을 바꾸다 √*sbb* G 돌다, 변하다

방황하다 √*sbb* N …이 되다

밭 *gn /gannu/* 동산, 정원

gt /gittu/ < **gintu* 임금에게 속한; 흔히 포도밭

mdrʿ /midarʿu/ < **midraʿu* < **maḏraʿu* 씨 뿌리는 밭, 파종지播種地

mḥrṯt$_1$ */maḥraṯ(a)tu/* 땅, 경작지

밭 갈기 *ḥrṯ*$_1$ */ḥarṯu/* 쟁기질, 경작

밭고랑 *ʿn*$_2$*, *ʿnt**

tlm /talmu/

밭을 갈다 √*ḥrṯ* G 쟁기질하다, 경작/개간/재배하다

밭이 잇닿다 √*ʿqb* G(?) 밭이 접하다; 뒤따르다

배 *any /ʾan(a)yu/* 선단

배腹 *krs* 내장, 창자

배고프다 ☞ 굶주리다

배부르다 √*šbʿ*$_1$ < **śbʿ* G 만족하다, 넉넉히 가지고 있다

배부름 *šbʿ*$_1$ */šubʿu/* < **śubʿu* 만족

배불리다 √*šbʿ*$_1$ D 만족시키다

배상하다 √*šlm* D 완전하게 하다

√*šlm* Š 강제노동의 형태로; 되갚다

배설물 *ḫru** */ḫurʾu/* 똥

ẓu 입구, 고둥이 나는 곳/원산지, 분비물

배설하다 √*ḫrʾ* G 장을 비우다

백百 *mit /miʾtu/*

백리향 기름 *ḫs/śwn*(?)

백성 *lim /liʾmu/*

뱀 *apʿ /ʾapʿû/* < **ʾapʿay/wu* 살모사(?)

bṯn /baṯ(a)nu/

nḥš /naḥašu/

뱀의 독 *ḥmt*$_3$

뱀이 튀어오르다 √*yṯq* < **wṯq* G 고정하다, 묶다

버려지다 √*pny* Dp(?) 치워지다

버리다 √*bʿr*$_4$ D 떠나다

버터 *ḫmat /ḫimʾatu/* 엉긴 젖

번 *-id* 회, 곱

pamt 회

번개 *brq /bar(a)qu/* 벼락

번쩍임 *tgh*(?) 일출, 일몰

범람하다 √*ntk* N 흘러나가다, 눈물이 뚝뚝 떨어지다

범죄 ☞ 불의

법을 어기다 √*ǵwy*(?) G 규칙을 어기다, 죄를 짓다

벗 *ḥbr*$_1$ */ḥab(i)ru/* 동료, 친구

벗다 √*ʿdy* D/G 떼다, 제거하다
베다 √*qṣṣ* Š 꺾다, 찍다, 깎다
베어내다 √*bṣʿ* G 잘라내다
베어냄 *šmtr* 잘라냄
베짜는 사람 *mḫṣ*$_1$ */māḫiṣu/* 직공
벼락 *brq /bar(a)qu/* 번개
벽 *gdrt* 담
ḥmt$_1$ */ḥāmîtu/* 담
벽돌 *lbnt /labinātu/* 흙벽돌
벽돌공 *lbn*$_3$**
벽돌을 빚다 √*lbn* D
벽돌을 포개 쌓다 √*ʿms* D 한 줄씩 쌓다, 짐을 싣다, 지다, 메다, 지탱하다
벽돌틀 *ulṯ* 작은 괭이
벽의 구멍 *ḥln /ḥallānu/* 창문
변하다 √*sbb* G 돌다, 방향을 바꾸다
변화 *thpk*** */tuhappiku/*(?) 변동, 전복
별 *kbkb /kabkabu/*
*kkb** */kakkabu/* < **kabkabu*; */kôkabu/* < **kawkabu* < **kabkabu*
병 *ḫl* 질병
kknt
kt$_2$ */kûlu/*(?) 큰
mdw /madwû/ < **madwayu* 질병
mrṣ 질병
qš /qašû/ < **qaśwu*
√*rʾš* 말이 앓는 병
병든 *dw*** */dawû/* < **dawVyu* 아픈
zbl$_3$ 아픈, 쇠약한, 병자
병들다 √*mrṣ* G 아프다
병을 예방하다 *šʿtqt* º 여성형 신명, 질병을 일시적으로 지나가게 하다
병病이 낫다 √*prʿ* G
병자 *zbl*$_3$ 아픈, 병든, 쇠약한
…(을) 보고 *pn*$_2$ */pan-/* …앞에
보내다 √*lʾk* G 던지다
√*lyn* G 하룻밤 묵다
√*rḥq* Š 멀리; 떨어뜨리다
보다 √*ʾmr*$_2$ Gt 눈여겨보다, …처럼 보이다, …처럼 나타나다
√*ḥdy*$_1$ < **ḥḏy*(?) 엿보다, 관찰하다, 점검하다
√*phy/w* G 관찰하다, 경험하다
√*ʿyn* G
보답 *šlm*$_4$ */šu/illūmu/* 지불
보답하다 √*šlm* D 평안을 지키다

보따리 *iṣr*(?)
보라! *hl /hallV/* 자!
hlk$_2$ 저자를 보라!
hlm /hallu(m)ma/(?) …하자마자
hln(-y)
hn$_1$ */ha/inna/*
mk$_1$ 그래서, 결국, 자!
보리 *šʿrm /šuʿāru/*(?) < **suʿāru*(?)
보배 *mḥmd /maḥmadu/* 가치 있는, 귀중한 것
보상한 *šlm*$_5$ */šalimu/*(?) 완전히 지불한
보석 *ilqṣm*(?) 매우 값진 재료
보석으로 치장하다 √*ṣpy* Gp/상태동사의 G 장식하다
보여 주다 √*qdm*D
보이다 √*ʾmr*$_2$ Gt …처럼; …처럼 나타나다, 보다, 눈여겨보다
√*phy/w* N 나타나다
보임 *ru** */ruʾû/* 나타남, 모습
보조 *tʿḏr* 도움
보조자 *ʿnn* 종
ḫnzr 종, 조수
qym /qayyāmu/ 보조자
s/šğr 종
보증 *ʿrbn /ʿurub(b)ānu/*
보증하다 √*šʾl* Š 빌려 주다
√*ʿrb* G
보통 사람 *blmlk*
보폭 *mtpd* 길이의 단위
보행하다 ☞ 걷다
보호 *ḏmr*$_2$ */ḏimru/* 힘
보호자 *adn /ʾadānu/* 아버지, 주인
dmrn º < **ḏmrn* 용사, 용자勇者
ḏmr /ḏāmiru/ 지킴이
보호하다 √*ḏmr*$_1$ G 지키다
√*nğr* < **nẓr* G 지키다
√*yqy* < **wqy* G 두려워하다
복 *brkn /bi/urkānu/* 축복
복받은 *brk*$_1$* */barī/ūku/* 축복된
복받은 자 *ḥwy*$_1$; *ḥzy* 생생하게 살아 있는 자, 삶의 기운이 넘치는 자
복사뼈 *qṣrl/n*
복수하다 √*ṯʾr*$_1$(?) 피의; 앙갚음하다
복종 *mdnt /madnîtu/*; */madnûtu/* 지배, 제압, 항복한
볼 ☞ 턱, 뺨
봄 *ṣp /ṣapû/* < **ṣapw/yu* 눈빛, 눈이 빛남
봉사하다 √*ʿbd* G/D 일하다

√*ǧẓy/w* D(?)

√*sʾd* G 돕다

봉헌된 자 *qdš*$_3$ /*qadišu*/(?) 바쳐진 사람

봉헌된 여성 *qdšt*$_1$ /*qadiš(a)tu*/ 여사제

봉헌물 *trmt* /*tarû/îmatu*/

☞ 선물, 제물

봉헌하다 √*qdš* Š

부근 *minš*(?) 땅, 지역

부끄러움 *bṯt* 치욕

부끄러워하다 √*bwṯ* G(?)

부대 *ḥmt*$_2$ /*ḥimtu*/ 포도주

*krsn** 액체를 담는 가죽부대

nad 물을 담는 가죽부대

부르다 √*ṣy/wḥ* G 외치다

부름을 받다 √*qbʾ* Gp

√*qrʾ* Gp

부리 ☞ 입

부리다 √*škr* < **śkr* G 종/품팔이꾼을 고용하다, 빌리다

부서지다 √*ḫtʾ* Gp 으스러지다

부수는 것 *ṯbr* 이, 부숨, 잘게 씹음

부수다 √*ṯḥn* G 갈아; 잘게 갈다

√*ṯbr* G 산산조각 내다

부숨 *ṯbr* 부수는 것, 이, 잘게 씹음

부숴버리다 √*nts*(?) 쳐서; 허물다

부양 *ḥpr* /*ḥipru*/ 하루치 곡식 할당량, 급식

znt 양식지급, 돌봄, 치료, 공급

부어버리다 √*špk* G 쏟다, 붓다, 쏟아버리다, 비우다

부어지다 √*ntk* Gp

√*yṣq* Gp 쏟아지다

부인婦人 ☞ 여성, 아내

부인하다 √*kḥd* D(?) 부정하다

부정하다 ☞ 부인하다

부족 *mḫsrn* /*maḫsirānu*/(?) 모자란 분량, 빠진 물질

부족의 영토 *udn*$_2$(?) 둥지, 진영, 갈대, 기초, 받침대

부족하다 √*ḫlq* G 멸망하다, 없다, 빠지다, 잃어버리다

√*ḫsr* G 빠지다, 결핍되다

√*ṣrk* G(?) 없다, 약하다, 쇠약하다

부탁하다 ☞ 청하다

부패하다 √*ǧly* < **ṣly*(?) G 곡식이; 마르다

√*trp* 무시하다

부패한 *ḫlq*

부풀다 √*ǧdd* G/D*

분기하다 ☞ 갈라지다, 흩어지다

분노 ☞ 화

분명하게 되다 ☞ 드러나다

분비물 *ẓu* 입구, 고둥이 나는 곳/원산지, 배설물

분열 *pṭr*$_2$* /*piṭru*/ 해결, 해소, 단절

분지 *ʿmq*$_1$* /*ʿi/amqu*/ 골짜기

mk$_2$ 구덩이

붇다 *šrʿ*(?) 물이; 솟다, 일어나다

불火 *iš*

išt /*iš(a)tu*/; /*ʾišitu*/

ur$_2$* /*ʾûru*/(?) 화덕

불꽃 *nblu* 불길

불다 √*npḫ* D

불사不死 *blmt* 영생

불쌍하다 √*dwy* G 약하다, 힘들다

불을 붙이다 √*bʿr*$_1$ D 불사르다, 태워버리다

√*nšq*$_2$ < **nśq* G/D 태우다

√*zw/yd*(?) 흥분하다 등

불의 *ǧlt* /*ǧalîtu*/(?) 나쁜 짓, 무례함

pšʿ /*pa/išʿu*/ 범죄, 유혹

불의를 행하다 √*ršʿ* G 악행을 저지르다

불행 *un*$_2$

붉게 되다 √*ʾdm* G 붉다

붉게 칠하다 √*ʾdm* N 붉게 화장하다, 붉게 물들이다

√*nkǧ* G(?)

붉게 화장하다 √*ʾdm* N 붉게 칠하다

붉다 √*ʾdm* G 붉게 되다

√*ṣḫrr* G 검붉다, 메마르다, 무덥다

붉은 *admn***

붉은 돌 *šmt*$_1$ 붉은 색, 붉은 빛이 도는 양털

붉은 색 *ṣrp*

šmt$_1$ 붉은 돌, 붉은 빛이 도는 양털

붉은 양털 ☞ 양털

붉은 즙 *dm*$_2$ /*damu*/

붓다 √*nsk* G

√*nsk* D 제물로 바치는 음료를

√*ntk* G 쏟다, 엎지르다

√*ntk* Š 뿌리다

√*yṣq* G 따르다, 쏟다, 쇳물을 붓다

√*špk* G 쏟다, 쏟아버리다, 부어버리다, 비우다

붙잡다 √*ʾḫd/ḏ* G 잡다, 쥐다, 취하다

√*mṯk* G 단단히 잡다, 움켜쥐다

붙잡아 매다 √*ʿtk* G/D(?) 고정하다

붙잡히다 √*ʾḫd/ḏ* Gp 정복당하다

√*ʾḫd/ḏ* N(?) 꽉

비雨 *gšm* /*ga/išmu*/

mṭr /*maṭaru*/

rbb 이슬비
비가 오다 √mṭr G
비계 šmn$_1$ /šamnu/ 기름, 지방
šmn nḥ 돼지기름
비꼬다 ☞ 웃기다
비난하다 √gʿr G
비늘 갑옷 ṯryn(?) 투구
비늘로 덮힌 ʿqšr /ʿaqšaru/(?)
비대, 비만 gbṯt 낙타의 혹, 돌기
비둘기 ynt /yônatu/ < *yawnatu
비를 내리게 하다 √mṭr Š 비를 선사하다
비명 tnqt 큰 소리, 울부짖음
비밀 prṯt(?)
비방하다 √lšn D 독설을 퍼붓다
비블로스 gbl(?) 구릉, 정상, 산, 산맥
비서 ṯʿy
비석 ☞ 돌기둥
비어 있다 √ʿrw G 발가벗다, 파괴되다
비우다 √ʿrw D
√ḫrʾ G 장을; 배설하다
√špk G 쏟다, 붓다, 쏟아버리다, 부어버리다
비웃다 √qlṣ D/G 경멸하다
비웃음 qlṣ(?)
비육하다 ☞ 살지다
비장脾臟 ṭḥl /ṭiḥālu/
비참 ʿdmt (큰) 손실, 비탄
비추다 ☞ 빛나다
비축식량 mṣd$_1$
비축품 ḥrṣ$_1$(?) 따로 하나 더 있는; 예비품
비탄 ☞ 슬픔, 비참, 한탄
비탈길 mslmt 경사
비틀거리다 √dlp G 형체가; 소란스럽게 되다
√nǵṣ(< *nǵḏ) G 떨다, 흔들리다
비파 knr /kinnāru/ 현악기, 칠현금
비품 ☞ 가구
빌려 주다 √ʾgr* G 돈을 주고 고용하다, 빌리다
√šʾl Š 보증하다
빌려 준 여성 agrt 고용된/빌린 여성
빌려 줌 ud
빌리다 √ʾgr* G 돈을 주고 고용하다, 빌려 주다
√ʾwd G(?) 돈을; 돈을 요청하다
√škr < *śkr G 종/품팔이꾼을 고용하다, 부리다
빌린 여성 agrt 고용된/빌려 준 여성
빗장 sgr 닫음, 금속바늘
빚다 √lbn D (흙)벽돌을
빚지다 √ʾṯm Gt 죄가 있다, …의 탓이다
빛 ar °(?) 여신의 이름
nr /nûru/ < *nuwru; /nêru/ < *nawiru(?) 등잔
nrt$_1$ /nûratu/(?) 등잔, 하늘의 빛
nyr /nayyāru/; /nay(y)īru/ 하늘의(해, 달)
빛나다 √ʾwr G 밝다
√ʾwr N(?) 눈부시게/환히 빛나다
√nwr G
√ṣhl G 비추다, 환하다
빛남 ṣp /ṣapû/ < *ṣapw/yu 눈; 눈빛
tgh(?) 일출, 일몰
빠지다 √ḫsr G 결핍되다, 부족하다
빠진 물질 mḫsrn /maḫsirānu/(?) 부족, 모자란 분량
빨다 √mṣṣ G 젖을
√ynq G 흡입하다
빨래하는 사람 kbs/ś /kābisu/ 두드려; 무두장이
빨리 ☞ 서두름
빵 dqt /daqqatu/ 제물, 얇은 빵
gdlt$_1$ /gadul(a)tu/ 제물, 큰 빵
lḥm /laḥmu/ 음식
빵 굽는 이 apy /ʾāpiyu/
빵을 굽다 √ʾpy G
빵 저장소 ʿdn$_3$ 빵을 저장하는 용기/저장소
빼서 ḫsr 덜어내서
빼앗기다 √lqḥ N
√ṯkl Dp 후손을
빼앗다 √ʾsp Gt 뜯어/찢어내다, 낚아채다, 죽이다
√ʾsp D 근절하다
√ḥbt G 억압하다
√šll G
빼앗음 bz /baʾizzu/
뻗다 √ḫwr G; √ḫrr G 말馬이; 지치다
√šlḥ G 손을; 던지다
뼈 ʿẓm$_1$ /ʿaẓmu/
뼈를 바르다 √qṯqṯ G 잡아당기다
뼘 uṭ(?) 반 엘레, 길이의 단위
뽑아버리다 √nsʿ$_1$ G
뿌리 šrš /šuršu/ 후손
뿌리다 √npp Gt 향수 등을 자신에게; 치장하다
√ntk Š(?) 붓다
뿔 qrn /qarnu/

ㅅ

사내아이 n^{c}r$_1$ /na^{c}ru/ 젊은이, 소년, 녀석, 종
사냥감 mṣd$_1$
ṣd /ṣêdu/ < *ṣaydu
사냥하다 √ṣw/yd G 떠돌다
사는 곳 ḏd$_1$(?) 천막
ḥẓr /ḥaẓiru/ 집, 울안, 마당, 안뜰
ḫym(?) 천개天蓋, 천막
mšknt /ma/iškan(ā)tu/
mṯb 집
qrš(?) 방, 창고
ṯbt$_2$ /ṯub(a)tu/ 왕좌
사돈(집) ḫtn$_1$ /ḫatanu/ 사위
사돈 맺기 ḫtn$_2$ 혼인
사라지다 √hlk G 가다, 시냇물이 흐르다, 지나가 버리다
√npw/y G 물러나다
√šql Gt 멀리; 가다, 착수하다
사람 adm /^{ɔ}adamu/ 인간, 인류
inš /^{ɔ}ināšu/; /^{ɔ}inšu/ 종
blmlk 보통 사람
bnš /bu(n)nōšu/(?) 공무원, 노예, '사람의 아들'
mt$_3$ /mutu/ 남자
nkr /nukrî/(?) < *nukrīyi; /nakaru/ 낯선 사람, 외국인, 이방인
npš$_1$ /napšu/ 목구멍, 욕심, 식욕, 영혼, 생명, 종
nš* /nāšūma/
사랑 ahbt
dd$_1$ /dôdu/ < *dawdu
yd$_3$ /yaddu/
사랑받는 이 mdd /môdādu/ < *mawdādu
ydd$_{(1)}$ /yadīdu/ < *wadīdu
사랑스러운 nat(?)
n^{c}m$_1$ /na^{c}īmu/ 좋은, 즐거운, 유쾌한
n^{c}mn /na^{c}mānu/ 사랑스러운 이
ṭbn /ṭûbānu/
ysm
ysmt
ysmsmt
사랑스러운 이 ☞ 사랑스러운
사랑스러움 n^{c}mt /ni^{c}matu/(?) 호의
n^{c}m$_2$ /nu^{c}mu/ 아름다움, 우아함
n^{c}my /nu^{c}māyu/ 몹시 아름다운 이
ṭbn /ṭûbānu/
사랑하는 이 mddt /môdādatu/ < *mawdādatu ☞ 애인
사랑하다 √^{ɔ}hb G
사려 깊은 lṭpn /laṭ(a)pānu/ 명석한
사막 mdbr /ma/idbaru/ 초원
사발 qš /qašû/ < *qaśwu
사분의 일 1/4 mrb^c
사분의 일 세켈 rb^{c}t
사슬 ššrt /šaššar(a)tu/(?)
사슴 ayl* /^{ɔ}ayyalu/
사십 arb^{c}m /arba^{c}ūma/ 마흔
사악함 ḥpn$_1$(?) 대량, 가장자리, 경계, 극악무도
사용되다 √kly N
사위 ḫtn$_1$ /ḫatanu/ 사돈(집)
… 사이에 bn$_2$ /bêna/ < *bayna … 끼리
사자使者 ☞ 전령
사자獅子 arw /^{ɔ}arwû/ < *^{ɔ}arwayu(?)
lbu /lab^{ɔ}u/ 수사자
사제 khn /kāhinu/
prln 사제 직무의 일종
qdšt$_1$ /qadiš(a)tu/ 봉헌된 여성, 여사제
qdšt$_2$** /qadšūtu/ < *qadišūtu 사제직, 사제의 신분
ṯ^{c}y 제물 담당
사지四肢 tmnt /tamûnatu/ 형태, 모습, 손발
삭구索具 ḫbl$_{(2)}$ 밧줄
삭제 pṭr$_1$ 틈, 균열, 해소, 해결
삯 mqd$_1$ /maqqadu/ < *manqadu(?) 양을 치는 삯, 양을 칠 권리
삯꾼 škr$_1$ /šakīru/ < *śakīru 하루품팔이꾼
산 inbb ° 산의 이름, 아나투가 사는 곳
gbl(?) 구릉, 정상, 산맥, 비블로스
ǧr$_1$ /ǧûru/ < *ǧuwru < *ẓuwru
hr$_1$* /harru/
ks ° 바알루가 사는 산꼭대기
lbnn ° 레바논, 레바논 산맥
q^{c}l 산, 산맥
ṣpn ° /ṣapānu/ 차파누 산

ṣrrt 차파누 산의 꼭대기, 정상, 성채
št$_1$ 산기슭
산고產苦 *ḫllt* 해산
산기슭 *št*$_1$
산더미 *ǵrm* 무더기, 많은 양
산등성이 *bmt*$_2$ 산
산맥 ☞ 산
산비탈 *gpt* 깊은 산속, 언덕
산산조각 내다 √*prr* G 깨다
√*ṯbr* G 부수다
산속 *gpt* 깊은; 산비탈, 언덕
산양 *y*^{c}*l* /*ya*^{c}*ilu*/ 산염소
산통을 겪다 ☞ 고통을 겪다
살다 √*ḥwy*$_1$ G
√*ḥyy* G
√*škn* G 거주하다
살라 바치는 제물 *dǵṯ*
살모사 *ap*^{c} /ʾ*ap*^{c}*û*/ < *ʾ*ap*^{c}*ay*/*wu*(?) 뱀
살아 있는 자 *ḥwy*$_1$; *ḥẓy* 생생하게; 삶의 기운이 넘치는 자, 복받은 자
살아 있다 √*ḥwy*$_1$ D 생명을 유지하다, 살게 하다
살육되다 √*ṭbḫ* Gp
살육하다 √*ṭbḫ* G 잡다
살인자 *šiy*(?)
šḫṭ /*šāḫiṭu*/(?)
살진 *mru*$_2$ /*marīʾu*/; /*marūʾu*/ 비육된
šmn$_3$ /*šaminu*/; /*šam*(*m*)*īnu*/ 기름진
살진 것 ☞ 지방
살찌우다 √*mrʾ* D/G 비육하다
삶 *ḥy* /*ḥayyu*/ 생명
ḥyt(?) 선포, 알림, 생명
삼나무 *arz* /ʾ*arzu*/ 송백나무, 창檜
삼분의 이 *kmsk* 단위
삼분의 일 *mṯlṯ* /*maṯli*/*aṯu*/
삼분의 일 세켈 *ṯlṯt*$_1$
삼십 *ṯlṯm* /*ṯalāṯūma*/ 서른
삼인조 *ṯlṯ*$_3$ /*ṯalūṯu*/ 셋, 마부/전차병
ṯlṯt$_4$ /*ṯalāṯatu*/ 셋이 이룬 무리
삼키다 √*bl*^{c} G 게걸스럽게 먹다
상속자 *nḥl* /*naḥḥālu*/; /*nāḥilu*/ 유산 상속인
상아 *šn* /*šinnu*/ 이, 치아
…(에) 상응하게 *km*$_1$ …처럼
lp …에 따라서, …처럼
상인 *mkr*$_1$ /*makkāru*/ 점원
상자 ☞ 궤
상처 *pẓǵ* 생채기
상처를 내다 √*hdy* G/D 슬픔의 표시로 몸에
상품 ^{c}*ḏbt* 대상隊商
상한 ☞ 부패한
상한 것 *qlt*(?) 질이 낮은 것, 굴욕, 치욕
새 ^{c}*ṣr* /^{c}*iṣṣūru*/ < *^{c}*iṣpūru*
diy$_1$ 맹금의 일종
hrgb ° 새의 이름
msrr 새장(?), 내장(?)
npr
nṣ /*niṣṣu*/ 매, 솔개
nšr /*našru*/(?) 맹금, 독수리
snnt 제비, 여신들의 별칭
tr$_1$ /*tur*(*r*)*u*/ 잉꼬비둘기, 자고새
ynt /*yônatu*/ < **yawnatu* 비둘기
새끼 *irn* 강아지
^{c}*gl* /^{c}*iglu*/ 수송아지
^{c}*glt* /^{c}*iglatu*/ 암송아지
^{c}*l*$_3$ /^{c}*ûlu*/ < *^{c}*uwlu* 짐승의 새끼, 아기
gdy /*gadyu*/ 숫염소
*ḥnṣ*** 돼지
ḫprt /*ḫupār*(*a*)*tu*/; /*ḫapūr*(*a*)*tu*/ 새끼 양
kr$_1$* /*karru*/ 숫양
llu /*laliʾu*/ 염소
pr$_2$ /*parru*/ 짐승의; 수송아지
šgr(?) 작은 가축들의
yld$_1$ 아기, 어린이
새 떼 *ḥbl*$_1$ /*ḥablu*/ 떼, 줄, 모임
새로운 *ḥdṯ*$_1$ /*ḥadaṯu*/ 새것의
새롭게 되다 √*ḥdṯ* Šp(?)
새롭다 √*ḥdṯ* G 새것이다
새 사냥꾼 *yqš**
새싹 *ib*$_2$ 어린 줄기
ur$_1$ /ʾ*ôru*/(?) < *ʾ*awru*(?) 채소, 식물, 새순
bṣql 곡식의; 새순, 이삭
샘 ^{c}*n*$_1$ /^{c}*ênu*/ < *^{c}*aynu* 눈目, 원천
mbk /*mabbaku*/ < **manbaku* 원천, 우물
mqr /*maqâru*/ 원천
nb/*pk* /*nab*/*pku*/ 원천, 우물
샛길 *m*^{c}*br* /*ma*^{c}*baru*/ 개울
생각을 가다듬다 √ʾ*pq* N/D(?) 참다, 자제할 것을 요청받다
생각하다 √*ḫss* G/D* 기억하다
생명 *brlt* 욕심, 영혼, 탐욕
ḥy /*ḥayyu*/ 삶
ḥyt(?) 선포, 알림, 삶
npš$_1$ /*napšu*/ 목구멍, 욕심, 식욕, 영혼,

사람, 종
생명을 유지하다 √*ḥwy*₁ D 살아 있다, 살게 하다
생산품 *bnt*₁ 산출물
생산하다 √*bˁl* < **pˁl* G 만들다
√*qny* G 얻다, 만들다, 낳다
서기관 *spr*₃ /*sāpiru*/
서두르다 √*ˁbṣ* G(?) 조급히 굴다
√*ˁṣṣ*(?) 재촉하다
√*ǵḏḏ* G 솟다, 쏘다, 창槍을 던지다
√*ḥwš* G
√*ytḥ* < **wtḥ* D; √*yḥy* Gt 내달리다
서두름 *lsmt* 빨리, 민첩함
서로 *aḥdh* /*ʾaḥ(ḥ)adah*/ 함께
서로 묻다 √*nṯk* N
서로 밀치다 √*ngḥ* N 서로 찌르다
서로 잡고 흔들다 √*nwˁ* Gt
서로 잡아당기다 √*msḥ* N
서로 치다 √*mḫṣ* Gt 싸우다
서류 *spr*₂ /*sipru*/ 글, 문헌, 목록
sprn(?) 글, 목록
서른 *ṯlṯm* /*ṯalāṯūma*/ 삼십
서약문 *ḥrš*₃*(?) 주문
서약하다 √*ndr* < **nḏr* G 약속하다, 맹세하다
서양 물푸레나무 *ṯqb** 나무의 일종
서 있다 √*ndd*₂ < **nḏḏ* G; √*dwd* N …을 향해 가다, …에 서 있다
√*ndd*₂ N (또는 '강변화'의 G) 어떤 상황에 처하다
석기 *mdl*₂(?) 뇌석, 전석, 화석
석류 *lrmn** /*lurmānu*/
석상 *ṣlm* /*ṣalmu*/ 신의 그림, 우상
석판 *lḥ*₂* /*lûḥu*/; /*lôḥu*/ 편지 석판
섞기 *msk* /*misku*/; /*masku*/ 포도주에 섞는 양념, 향료, 혼합
섞다 √*msk* G 양념과 향료 등의 첨가물과 포도주를
선단 *any* /*ʾan(a)yu*/ 배
선물 *itnn* /(*ʾ*)*itnānu*/ < **yitnānu*
ušn /*ʾôšānu*/ < **ʾawšānu*
mǵz /*ma*/*iǵzû*/ < **maǵzayu*
mnḥt /*minḥatu*/
*mtn*₂ /*mâtanu*/
*šlm*₃*
*ṯmn*₃(?)
선물하다 √*mgn* D
선서 *ndr* /*nidru*/ 맹세
선언 *amr* /*ʾamru*/ 말씀, 알림
선포 *ḥyt*(?) 알림, 생명, 삶
선포하다 √*pˁr* 크게 외치다, 알리다
설명 *mspr* /*ma*/*isparu*/ 이야기, 낭독
설명하다 √*ṯny*₁ G/D 두 번째로 하다; 계속 말하다
설치하다 √*šyt* G 문/창을; 놓다, 세우다, 고정하다
섬 *iy*₂* /*ʾiyu*/ 바닷가
성, 성채 *ḥl*₁ /*ḥêlu*/; /*ḥîlu*/
*mṣd*₂
ṣrrt 차파누 산의 꼭대기, 정상
성공 *kṯr* 좋은 상태, 건강함
tšyt 승리
성기 *ušk** /*ʾušku*/ 고환, 불알
ušr 남성의 성기
ḫṭ 막대기, 지팡이, 남성의 성기
*yd*₁ /*yadu*/ 남근, 손, 팔
성문 ☞ 문
성배聖杯 *krpn* /*karpānu*/(?)
성벽 *mknpt* 날개
성소 *mqdšt* /*ma*/*iqdaš(a)tu*/ 신전
*qdš*₂ /*qidšu*/; /*qudšu*/ 거룩한 곳, 신전
성작聖酌 *bk*₁
성적 교접을 하다 √*škb* G 눕다
성적으로 흥분되다 √*ṯkḥ*₁ G(?)
세 개의 *ṯlṯ*₁ /*ṯalāṯu*/ 셋의
세 곱으로 *ṯlṯid* 세 번의
세 곱절 *ṯlṯt*₃ 세 배
세관 ☞ 세리
세다 √*spr* G 헤아리다
세력 ☞ 힘
세리 *mḫr*₂(?) 직업의 일종, 점원, 손님, 고객, 세관
세 배 *ṯlṯt*₃ 세 곱절
세 번째로 하다 √*ṯlṯ* D 도랑을 파다
세속적이다 √*ḥll* G 신성모독하다
세속적인 *ḥl*₃ /*ḥullu*/ 제의적 의무에서 자유로운
세우는 자 *bny* /*bāniyu*/ 짓는 자, 창조자
세우다 √*ˁdb* G 놓다, 박다, 식탁을 차리다, 등을 펴다, 굽히다
√*nṣb* G 놓다, 정렬하다
√*rym* D* 건물을; 똑바로 일으키다, 향내 나는 제물을 바치다
√*šyt* G 놓다, 고정하다, 문/창을 설치하다
√*ṯˁr* G 올려놓다, 쌓아 올리다, 식탁을 차리다
√*yṣb** 놓다
세워지다 √*ˁdb* Gp 놓이다

√ʿ*rk* Gp 똑바로 놓이다
세자 ☞ 왕자
세켈 *ṯql* /*ṯiqlu*/ 무게와 화폐의 단위
☞ 삼분의 일
센 ☞ 힘센
셈 *ḥṯb* 계산, 회계
ḥṯbn /*ḥi/uṯbānu*/ 계산, 회계
mnt$_2$(?) 계산 낭독 암송, 주문
spr$_1$ 헤아림, 수
셈해지다 √*spr* N 헤아려지다
셋 *ṯlṯ*$_3$ /*ṯalūṯu*/ 삼인조, 마부/전차병
셋의 *ṯlṯ*$_1$ /*ṯalāṯu*/ 세 개의
셋이 이룬 무리 *ṯlṯt*$_4$ /*ṯalāṯatu*/ 삼인조
셋째날에 *ṯlṯt*$_2$ /*ṯāliṯta*/(?) 모레
셋째 부인/여인 *mṯlṯt* /*muṯallaṯ(a)tu*/(?)
셋째의 *ṯlṯ*$_2$ /*ṯāliṯu*/
소경 ☞ 장님
소금 *mlḥ(t)*$_1$ /*milḥ*/
소금밭 *mlḥt*$_2$ 염전
ṣṣ /*ṣîṣu*/(?)
소금에 절인 *mlḥ*$_2$ /*malīḥu*/ 오래 보관할 수 있는 고기, 염장한
소녀 *ġlmt*$_1$ /*ġalmatu*/ 젊은 여성
mṯt 처녀
*n*ʿ*rt* /*na*ʿ*ratu*/ 처녀, 계집아이
pġt 처녀
소년 *n*ʿ*r*$_1$ /*na*ʿ*ru*/ 젊은이, 사내아이, 녀석, 종
소들의 울부짖음 *g*ʿ*t* /*ga*ʿ*âtu*/ < **gu*ʿ*uyatu*
소란스럽게 되다 √*dlp* G 형체가 비틀거리다
소량 ☞ 조각
소리 *g* /*gû*/ 목소리
nhqt /*nahaqatu*/ 당나귀 울음소리
ql$_1$ /*qâlu*/(?) < **qawalu*; /*qôlu*/ < **qawlu* 소음, 울림
qr 짐승 우는 소리; 소음, 잡음
*r*ʿ*t* 우렛소리, 천둥
tnqt 큰 소리, 울부짖음, 비명
ṭbn /*ṭûbānu*/ 좋은 소리
ṯigt ṯiqt /*ṯa*ʾ*g/qatu*/ < **ṯa*ʾ*agatu* 큰 소리; 울부짖음
zġt /*zaġâtu*/ < **zaġawatu* 거친소리, 짖음
소리가 크다 *ghr**(?) 약하다, 어리석다
소리치다 √ʿ*ny*$_2$ G(?) 크고 날카롭게; 슬픔에 겨워 울부짖다, 노래하다
√ʿ*tq*$_2$ 크게; 울부짖다, 탄원하다
√*zġw* G 개가 짖다, 암소가 울다

소망 *iršt* /ʾ*irištu*/ < *ʾ*arištu* 소원, 청원
소망하다 √ʾ*rš* D 갈망하다, 청하다
소비 *qṣ*$_3$
소비하다 √*qṣy*; √*qṣṣ* G(?) 먹어치우다
소식 *bšrt* 기쁜
rgm /*rigimu*/말씀, 알림
tḥm 알림, 지혜로운 결정
소용돌이치다 √*glṯ* G(?) 흐르는 물이
소원 ☞ 소망
소유 *sglt* /*sugul(la)tu*/(?) 소유물
소유하다 √*rṯy* G(?) 얻다, 취하다
소음 *mṣlt* 끊임없이 덜컹거리는 소음
ql$_1$ /*qâlu*/(?) < **qawalu*; /*qôlu*/ < **qawlu* 소리, 울림
qr 잡음, 짐승 우는 소리
소진하다 √*pw/yd*; √*pdd* Dp* 다 써버렸다, 옷이 낡아빠지다
소출 *ybl*$_1$ /*yabūlu*/ 땅의; 수확
속 *gngn* /*gVngVnu*/ 내장
ggn 내장
속박 *mdl*$_1$ 재갈
속이다 √*šrg* G/D 유혹하다
속임 *šrg** 꾐, 유혹
손 *kp* /*kappu*/ 손바닥
yd$_1$ /*yadu*/ 팔, 남근
손가락 *uṣb*ʿ /ʾ*uṣba*ʿ*u*/ < **ṣVba*ʿ*u*
손가락으로 문지르다 √*mll* G/D* 주무르다, 반죽하다
손님 *mḫr*$_2$(?) 직업의 일종, 점원, 고객, 세관, 세리
손님으로 받아들이다 √*ṯwy* G(?) 머물게 하다
손도끼 *m*ʿ*ṣd* /*ma*ʿ*ṣadu*/ 낫, 도끼
손바닥 *kp* /*kappu*/ 손
*rḥt** /*raḥtu*/(?)
손발 *tmnt* /*tamûnatu*/ 형태, 모습, 사지四肢
손북 *tp*$_1$ /*tuppu*/ 작은북, 탬버린
손실 ʿ*dmt* 큰 손실, 비참, 비탄
… 손에서 *bd*$_1$ /*bâdi*/ … 손 안에, … 손 안으로
손을 뻗다 √*šlḥ* G 던지다
손잡이 *mṣbṭ** /*maṣbaṭu*/ 쥠, 파악, 연장
손춤을 추다 √*krkr* 손가락을 돌리다
솔개 ☞ 매
솜씨 있는 ☞ 재주 있는
솟다 √*ġḏd* G 서두르다, 쏘다, 창槍을 던지다
*šr*ʿ(?) 일어나다, 물이 붇다
솟아오르다 √*ntr* G
솟음 *ṣat* /*ṣi*ʾ*atu*/ 나감, 일출, 말하기
송백나무 ☞ 삼나무

송아지 *ʿgl* /*ʿiglu*/ 새끼 황소
ʿglt /*ʿiglatu*/ 새끼 암소
pr$_2$ /*parru*/ 수송아지
prt /*parratu*/ 암송아지
ypt /*yapattu*/ < **yapantu* 암송아지
송진 *ẓrw* /*ẓurwu*/ 향내를 피우는
솥 *dd*$_2$ /*dūdu*/ 깊은
ḫbrṯ /*ḫubruṯu*/
ḫptr
쇠 *brḏl* 철
쇠붙이 *yrq* 노란; 황금
쇠약하다 √*ṣrk* G(?) 부족하다, 없다, 약하다
쇠약한 *zbl*$_3$ 아픈, 병든, 병자
쇠약해지다 √*khp*(?) 말이; 기침하다, 재채기하다
쇳물을 붓는 사람 *nsk* /*nāsiku*/ 대장장이
쇳물을 붓다 √*yṣq* G 붓다, 따르다, 쏟다
수數 *spr*$_1$ 셈, 헤아림
수금 *rimt*(?) 현악기의 일종
수노루 *yḥmr** /*yaḥmūru*/
수레 *ʿrq* 바퀴 넷 달린 큰; 마차
mrkbt /*markabtu*/ 전차
rkb$_2$ /*rakbu*/ 전차
수레를 타고 가다 √*mšr* Š 수레를 끌게 하다
수레의 채 *tr*$_2$(?)
수레의 채에 매이다 √*twr*$_2$ Dp*(?)
수렵물 *mṣd*$_1$
ṣd /*ṣêdu*/ < **ṣaydu*
수로 ☞ 물길
수를 늘리다 √*mʾd* D 많게 하다
수말馬 *pḥl* /*paḥlu*/(?)
수사자 *lbu* /*labʾu*/ 사자
수송아지 *pr*$_2$ /*parru*/ 짐승의 새끼
수숙혼嫂叔婚을 올리다 √*ybm* D(?)
수염 *dqn* /*daqanu*/ < **ḏaqanu* 구렛나루와 턱수염, 턱
수조 *agn*
수채 *kbrt* 체
수캐 ☞ 개
수컷의 ☞ 남자의
수탕나귀 *ḥmr*$_1$ /*ḥimāru*/
ʿr$_2$ /*ʿêru*/ < **ʿayru*
수행원 *lyt* /*lâyāti*/(?) < **lawayāti* 화관, 화환, 종
수확 *ybl*$_1$ /*yabūlu*/ 땅의; 소출
수확하다 √*ʾsp* G 줍다, 따다, 모으다
숙녀 *št*$_2$ 부인
숙련된 사람 ☞ 학생

숙박하다 ☞ 묵다
숙소 *mswn* /*mVswānu*/(?) 밤을 보내는; 묵을 곳
숙이다 √*ǵlw*/*y* < **ṣlw*(?) G 몸을; 기울이다, 엎드리다
순간 *ʿdt*$_2$ 시각
순결하다 √*brr* G 깨끗하다, 맑다, 자유롭다
순수한 *ib*$_3$
ṭhr /*ṭuhūru*/ < **ṭahūru* 깨끗한, 청결한
순수함 *brt* 깨끗함
술 *sin* /*suʾnu*/ 옷자락
술을 부어 바침 *mtk* /*mattaku*/ < **mantaku*
šqy$_2$*
술자리 *ʿšrt*$_3$ 향연, 주연
숨 *rḥ*$_1$ /*rūḥu*/ 바람
숫양 *il*$_2$* /*ʾêlu*/ < **ʾaylu*
kr$_1$* /*karru*/ 새끼
숫염소 *gdy* /*gadyu*/ 새끼 염소
숭고함 *šnt*$_3$(?) 고결함, 용기
숭배하는 *knyt* 마음에 모신, 신뢰하는
숭배하다 √*kbd* D 존경을 표현하다
숲 *yʿr*$_1$ /*yaʿru*/ 덤불
쉬는 곳 *mnḫ*(?)
tbṯḫ 침대
쉬다 √*nwḫ* G 편히
√*rbṣ* 눕다, 야영하다
√*šlw* 근심 없다, 휴식하다
쉬리온 산맥 *šryn* º
스며들다 √*ǵll* G 들어가다, 침투하다, 담그다
스물 *ʿšrm* /*ʿašrūma*/ 이십
스스로 규정하다 √*kwn* Št 요구하다
스스로 도는 물레 *tʿlt*(?) 쉬지 않고 도는 물레
스스로 물을 끼얹다 √*prʿ* Gt 목욕하다
슬기로운 *ʿmq*$_2$(?) 지혜로운, 강한, 깊은
슬기롭다 √*ḥkm* G 지혜롭다
슬퍼하다 √*bky* N 울게 되다, 눈물 흘리다
슬프게 하다 √*šqp* G(?) 괴롭히다
슬프다 √*rǵn* G(?) 억눌리다, 기가 막히다
슬픔 *un*$_1$ 비탄, 비애
*ʿgm** 비탄
승리 *tliyt* /*talʾīyatu*/ 이김
tšyt 성공
승리하는 *lan* /*laʾânu*/ < **laʾawānu* 힘, 권력, 강한
승리하다 √*lʾw*$_1$ G 압도하다, 덮치다
시간 *ʿd*$_1$ /*ʿôdu*/ < **ʿawdu*
시간을 정하다 √*yʿd* G
시기 *md*$_3$ /*ma*/*uddu*/(?)

시내 *apq* /ʾ*apīqu*/(?) 개울, 강바닥
*nḫl*₁ /*naḫlu*/
시냇물이 흐르다 √*hlk* G 가다, 지나가 버리다, 사라지다
시들다 √*ṯkḥ*₂ G/무시하다
√*ḫsp* G 가라앉다
시아주버니 *ybm* 죽은 남편의 형제; 처남, 매부
시작 *riš* /*raʾšu*/ 머리, 정수리, 우두머리
rišyt /*rVʾšīyatu*/
시작하다 √*sw/yr* G
시중 ☞ 종
시험하다 ☞ 검사하다
식구 ☞ 가족
식량 ☞ 먹을 것
식물 *aḫ*₂ /ʾ*aḫû*/ < *ʾ*aḫwu* 갈대, 늪의 풀
*ur*₁ /ʾ*ôru*/(?) < *ʾ*awru*(?) 채소, 싹, 새순
ʿ*dt*₃ 식물의 이름
ʿ*qrbn* 식물의 종류
kmn 애기회향
kpr /*kupru*/ 헨나꽃
qlql 약초의 일종
*qṣḥ** 회향풀의 일종
sbbyn 검은 애기회향
tyt 아위
yblt(?) 식물의 일종(?); 물길, 도랑, 강
식사 *akl* /ʾ*aklu*/ 먹을 것, 음식, 곡식
ikl /ʾ*iklu*/
dbḥ
ǧdyn /*ǧu*/*idyānu*/(?)
*mṣd*₁
*qṣ*₃
식사에 초대하다 √ʿ*šr* D 마실 것을 주다, 대접하다
식사하다 √*ṣḥy*, √*ṣḥḥ*, √*ṣwḥ*, √*nṣḥ*(?)
식욕 ☞ 욕심
식초 ☞ 초
식탁을 차리다 √ʿ*db* G 놓다, 세우다, 박다, 등을 펴다, 굽히다
√*ṯʿr* G 세우다, 올려놓다, 쌓아 올리다
신神 *il*₁ /ʾ*ilu*/
iln /ʾ*ilānu*/ 신적 존재
ilt /ʾ*il(a)tu*/ 여신들
신경쓰다 ☞ 돌보다
신뢰하는 *knyt* 숭배하는, 마음에 모신
신뢰하는 여성 *anšt* 친근한 여성
신뢰하다 √*srr* Gt(?) 맡기다
신명神名 *amrr* °
arṣy ° 여신의 이름, 아르차유
aṯrt ° /ʾ*aṯiratu*/ 여성형 신명, 아씨라투
il ° /ʾ*ilu*/ 신명, 일루
ilh ° /ʾ*ilāhu*/ 신명, 일라후
ilhm ° /ʾ*ilāhūma*/ 신명, 일라후마
išt ° 여성형 신명, 불
ugr ° 들
ušḫry ° 여신의 이름, 우슈하라(이)
ʿ*nt* ° /ʿ*anatu*/ 여성형 신명, 아나투
bʿl ° /*baʿlu*/ 신명, 바알루
dgn ° /*dagānu*/ 신명, 다가누
ḏbb ° 신명
gpn ° 신명
hd ° 신명, 핫두
hll ° 신명, 힐랄루
ḫss ° 신명
kṯr w ḫss ° 신명, 코싸루와하시수
kṯrt ° /*kôṯarātu*/ 여성형 신명, 코싸라투
kṯy 카슈*Kaššu*의(신명 또는 인명)
mt ° /*môtu*/ 신명, 모투
nhr ° /*nah(a)ru*/ 신명, 나하루
pdry ° 여신의 이름, 피드라유
*qdš*₂ ° /*qudšu*/ 신명, 쿠드슈
rb ° 신명(?)
rḥmy °, *rḥm* ° 여신의 이름, 라흐마(야)
ršp ° 신명, 라샤푸
šʿtqt ° 여성형 신명, 질병을 예방하다, 일시적으로 지나가게 하다
šḫr ° 신명
šlm ° 신명, 샬리무
špš ° 여신의 이름, 샵슈
ṭly ° 여신의 이름
ṯkmn ° 신명, 쑤카무나와슈나마
yʿbdr ° 신명(?)
ym ° /*yammu*/ 신명, 얌무
신발 *nʿl*(?) 샌들, 가구의 일종
*šin** 샌들 한 켤레
신부 *klt*₂ /*kallatu*/ 약혼녀, 며느리
신부값 *trḫt* 혼인 지참금
신부값을 지불하다 √*trḫ* G 혼인하다
신성神性 *ilny** /ʾ*ilānīyu*/ 신적인, 거룩한
신성모독하다 √*ḥll* G 세속적이다
*ḥrm*** /*ḥarīmu*/(?)
신성한 ☞ 거룩한
신을 부정함 ☞ 사악함
신음 *tant*(?) 한숨, 마주침, 만남

신적인 *ilny** /*ʾilānīyu*/ 거룩한, 신성神性
신적 존재 *iln* /*ʾilānu*/ 신神
신전 *hkl* /*hêkalu*/ 궁전
ḫšt 죽은 이를 위한 신전
mqdšt /*ma*/*iqdaš*(*a*)*tu*/ 성소
qdš$_2$ /*qidšu*/; /*qudšu*/ 성소, 거룩한 곳
신체 *gb* /*gabbu*/ 몸통
신체의 일부 *mnt*$_1$ /*manâtu*/ < **manayatu* 제사음식의 부분, 몫, 할당량
신하 *mšm*^{c}*t* /*ma*/*išma*^{c}(*a*)*tu*/ 노예, 복종할 의무가 있는 자
싣다 ☞ 지다
실내 *sgrt*(?) 닫힌; 방
실 잣는 사람 *ǧzl** /*ǧāzilu*/
실측백나무 *mswt*** /*mas*(*a*)*watu*/(?)
tišr 나무의 일종, 실측백나무
싫어하다 √*šn*ʾ G 미워하다
심벌즈 *mṣlt** /*maṣillatu*/ 자바라
심벌즈 연주가 *mṣl* /*maṣillu*/ 자바라 연주가
심연 *miyt* /*māʾīyatu*/(?) 태초의 바다
thm /*tahāmu*/ < **tihāmu* 태초의; 지하수
심장 *lb* /*libbu*/ 마음, 의미, 목적, 애정, 애착, 열망, 갈망, 의도, 의지
pid 마음, 의미
심지어 ☞ 더욱이
심하게 ☞ 매우
십+ ☞ 열
십분의 일 1/10 *m*^{c}*šr*** /*ma*^{c}*šaru*/
십인조 ^{c}*šrt*$_2$ /^{c}*ašaratu*/ < *^{c}*aśaratu* 십 단위
싸우다 √*ḫṣb* Gt
√*lḥm*$_2$ G(?)
√*lḥm*$_2$ Gt 싸우다, 다투다
√*lḥm*$_2$ N …와 싸우다
√*mḫṣ* Gt 서로 치다
√*šry*$_{(2)}$ < **śry* G
싸움 *tmtḫṣ* 전투
싸움을 걸다 √*gry* D/G 전쟁을 일으키다, 자극하다, 반목하다
싹 ☞ 새싹
쌍 *aḥdm* 한 쌍
ṣmd$_1$ /*ṣimdu*/ 바퀴 등의
쌓다 √^{c}*ms* D 벽돌을 포개어 쌓다, 짐을 싣다, 지다, 메다
쌓아 올리다 √*ṯ*^{c}*r* G 세우다, 올려놓다, 식탁을 준비하다
써버려지다 √*kly* N
써버렸다 √*pw*/*yd*; √*pdd* Dp* 소진하다; 옷이 낡아빠지다
써버리다 √*blw*/*y* D 낡다, 닳다, 다 먹다
√*kly* Gp
썩다 √*ḥmṣ* G(?) 곡식이
썰다 √*ṯrm* G 고기를
쏘다 √*ǧḏd* G 서두르다, 솟다, 창槍을 던지다
√*yry* < **wry*/*w*(?) 던지다
쏟다 √*ntk* G 붓다, 엎지르다
√*špk* G 붓다, 쏟아버리다, 부어버리다, 비우다
√*yṣq* G 붓다, 따르다, 쇳물을 붓다
쏟아버리다 √*nsk* G
√*šdy*/*w* G
√*špk* G 쏟다, 붓다, 부어버리다, 비우다
쏟아지다 √*nsk* Gp
√*šdy*/*w* Gt(?)
√*yṣq* Gp 부어지다
쓰다 √*ktb* G 적다
쓰다듬다 √*nšq*$_1$ D 친밀히 입맞추다
쓰러뜨리다 √*hbṭ* G/D 쳐서
쓰러지다 √*hpk* G(?) 돌리다, 뒤집다
√*hpk* Gt
쓴 (맛) *mr*$_2$ /*marru*/ 고통
씌우다 √*lwy* Š(?) 감싸다
씨 뿌리는 밭 *mdr*^{c} /*midar*^{c}*u*/ < **midra*^{c}*u* < **maḏra*^{c}*u* 파종지播種地
씨 뿌리다 √*dr*^{c} < **ḏr*^{c} G
씨앗 *dr*^{c} 곡식, 종자
ḏr^c
m^c*t* 종자
씨족 *umt* /*ʾummatu*/ 가족
^{c}*m*$_1$ /^{c}*ammu*/ 민족
qbṣ 모임, 회중, 집안
šph /*šapḥu*/ 대가족, 후손
씹음 *ṯbr* 잘게; 부수는 것, 이, 부숨
씻다 √*ḥll* D* 제의적으로; 정결하게 하다
√*my*/*w*^{c} Gt 물에 담그다
√*rḥṣ* G
√*rḥṣ* Gt 자신을 씻다
√*rḥṣ* D(?)

ㅇ

아! *aḥl* /*ʾaḥVlê/ū*/ …이라면, …하다면!
an$_4$ /*ʾannă*/ 제발!
l$_3$ /*lV*/ 오!
y$_1$ /*yā*/; /*yê*/ 한탄의; 오!
y$_2$ /*yā*/ 오! 야!
아기 ^{c}*l*$_3$ /^{c}*ûlu*/ < *^{c}*uwlu* 짐승의 새끼
kdd /*ku/idādu*/(?) 아들
yld$_1$ 어린이, 새끼
아기가 없다 √*ṯkl* G
아내 *mtrḫt* /*matrVḫ(a)tu*/; /*mutarraḫ(a)tu*/ 부인
아는 사람 *d*^{c}*t*$_2$ 안면, 면식, 관계
아니다 *al*$_1$ /*ʾal*/ …을 하지 않는다(부정)
bl$_1$ …을 하지 않는다(부정)
blt /*bal(V)ti*/(?) 단지, 오직, … 밖에는 아무도 (부정)
l$_2$ /*lā*/ …하지 않는다(부정)
아들 *bn*$_1$ /*binu*/
kdd /*ku/idadu*/(?) 아기
mr$_4$
nḥl /*naḥḥālu*/; /*nāḥilu*/ 상속받는; 유산 상속인
아래 *tḥ<t>yt* 입술
아래로 향하다 √*mnn* D(?) 떨어지다
아래에 *tḥt* /*taḥta*/ … 밑에
아래턱 *lḥt* /*la/iḥîtu*/
아래팔 *ḍr*^{c} /*ḍirā*^{c}*u*/ 하박下膊
아르슈Aršu *arš* ° 신명, 바다괴물, 해룡
아름다운 ☞ 대단히 아름다운
아름다운 이 *n*^{c}*my* /*nu*^{c}*māyu*/ 몸시; 사랑스러움
아름다움 *n*^{c}*m*$_2$ /*nu*^{c}*mu*/ 사랑스러움, 우아함
ysmt
(?) *tp*$_2$ /*tôpû*/ < **tawpayu*
tsm /*tôsVmu*/
yp
아마亞麻,아마포 *ktn* /*kut(t)ānu*/(?) 옷감이나 옷
*mispt** /*ma/iʾsap(a)tu*/ 아마포 두루마리, 뭉치, 용기
pṯt /*piṯtu*/ 옷
qṭ /*qiṭû*/ < **qiṭawu*
아마도 *mnd*^{c} /*mVn(nV)da*^{c}/ 경우에 따라
아몬드 *ṯqd* /*ṯuqdu*/ 아몬드 나무
아무나 ☞ 누구나
아버지 *ab* /*ʾabu*/
ad /*ʾadu*/
adn /*ʾadānu*/ 주인, 보호자
아위 *tyt*
아침비 *yr* /*ya/ārû*/(?) 가을의
아프다 √*mrṣ* G 병들다
아픈 *dw*** /*dawû*/ < **dawVyu* 병든
zbl$_3$ 병든, 쇠약한, 병자
아홉, 9 *tš*^{c} /*tiš*^{c}*u*/
아홉째 *tš*^{c} /*tāši*^{c}*u*/(?)
악기 *knr* /*kinnāru*/ 비파, 현악기, 칠현금
rimt(?) 현악기의 일종, 수금
악담 ☞ 저주
악인 *rš*^{c} /*raša*^{c}*u*/(?) 악한惡漢
악행을 저지르다 √*rš*^{c} G 불의를 행하다
안녕 ☞ 인사
안다 √*ḥbq* G/D …를 팔로 감싸다
√*ḥbq* D 품에; 함께 자다
안뜰 *ḥẓr* /*ḥaẓiru*/ 사는 곳, 집 울안, 마당
trbṣ /*tarbaṣu*/ 우리, 외양간, 마구간
안면 ☞ 아는 사람
안에 *b* … 함께, … 통해
… 안으로 *pnm* /*panîmä*/
안으로 들어오다 √^{c}*rb* G
안으로 이끌다 √^{c}*rb* Š
안장 *ḥdg* 여성용; 들것, 멜대
안장끈 *nqbn** 밧줄
안전하게 되다 √*plṭ* N 구원되다
안전하게 하다 √*plṭ* D 해방하다, 구원하다
안전한 *ṯrr**(?) 굳건한, 강한, 작은, 물이 풍부한
앉다 √*yṯb* < **wṯb* G
√*yṯb* < **wṯb* Šp 권좌에; 추대되다, 즉위하다
…않게 *pn*$_3$ 절대 아니! 등을 돌려! …않도록
알다 √*byn* G 인지하다, 주의하다, 이해하다
√*yd*$^c{}_1$ < **wd*^{c}(?) G
알려지다 √*rgm* Gp 말해지다, 명명되다
알리다 √*p*^{c}*r* 선포하다, 크게 외치다
√*rgm* G 말하다, 대화하다
알림 *amr* /*ʾamru*/ 선언, 말씀

ḥyt(?) 선포, 생명, 삶
rgm /rigimu/ 말씀, 소식
tḥm 소식, 지혜로운 결정
앎 d^{c}t$_1$ /di/a^{c}(a)tu/ 지식
암말馬 pḥlt
암사슴 aylt /ʾayyal(a)tu/
암소 arẖ /ʾarẖu/
암소가 울다 √zǧw G 소리치다, 개가 짖다
암송 mnt$_2$(?) 셈, 주문
암송하다 √spr G 세다, 헤아리다
암캐 ☞ 개
암탕나귀 atn* /ʾatānu/
압도하다 √lʾw$_1$ G 덮치다, 승리하다
압박하다 √^{c}šy G 누르다
√^{c}šy D/G 재촉하다, 나쁜 짓을 하다
√ngš G 다가서다, 접근하다, 괴롭히다
√ṣw/yq Š 궁지에 몰아넣다, 위협하다
앙갚음하다 ☞ 피의 복수를 하다
앞뒤로 늘어서서 aẖrm /ʾaẖ(ẖa)rumma/ 서로 전후해서, 차례차례로
앞면 ap$_2$의 쌍수형 겉면, 표면, 꼭대기
앞발 ẖrṣp(?) 발바닥, 발뼈, 발가락들
… 앞에 pn$_2$ /pan-/ …을 보고
lpn … 앞으로, … 앞에서 나와
qdm$_2$ /qudāma/(?) 앞으로
앞으로 나아가다 √qdm G
애기회향 kmn
애도 bk$_2$ 눈물 흘림
애원하다 √ṣl/y D 맹세하다, 간청하다
애인 mddt /môdādatu/ < *mawdādatu
애정, 애착 ☞ 심장
야! y$_2$ /yā/ 오! 아!
야생짐승 ṣd /ṣêdu/ < *ṣaydu 사냥감으로서
야영지 ḥwy$_2$ 천막
야영하다 √rbṣ 눕다, 쉬다
야자나무 tmr
약속 ^{c}dn$_2$ 희열, 기한
약속되다 √ndr Gp
약속을 정하다 √^{c}dn D 즐겁게 하다, 넘치게 하다
약속하다 √ndr < *nḏr G 맹세하다, 서약하다
약초 qlql
약탈 bz /ba/izzu/
약탈자 ǧr$_4$*
ǧz* 도둑
ṯš*
약탈하다 √ḥbt G 억압하다

√šll G
약하다 √dwy G 힘들다, 불쌍하다
ghr*(?) 소리가 크다, 어리석다
√lʾw/y G 힘을 잃다, 지치다
√ṣrk G(?) 부족하다, 없다, 쇠약하다
약한 dl 작은, 가난한
dq /daqqu/ 얇은, 작은, 가는
약혼녀 klt$_2$ /kallatu/ 며느리, 신부
얇게 눌린 판 rq$_2$
얇다 rq$_1$ /raqqu/ 가늘다
얇은 dq /daqqu/ 작은, 가는, 약한
qṭn /qaṭūnu/ 가는, 작은
얇은 빵 dqt /daqqatu/ 제물
양羊 il$_2$* /ʾêlu/ < *ʾaylu 숫양
imr /ʾimmĭru/ < *ʾammĭru
ẖprt /ẖupār(a)tu/;/ẖapūr(a)tu/ 새끼 암양
kr$_1$* /karru/ 새끼 숫양
š /šû/ < *śuwu(?)
ṯat /ṯaʾâtu/ < *ṯaʾawatu 어미양
y^{c}l /ya^{c}ilu/ 산양, 산염소
양념 aqhr 어떤 양념
msk /misku/; /masku/ 포도주에 섞는; 향료, 섞기, 혼합
sm*, smm /sammūma/ 향료, 향
양 떼 pẖd /puẖādu/(?) 작은 짐승의 무리
양식 mǧd /ma/iǧdû/ 음식
양식지급 znt 부양, 돌봄, 치료, 공급
양을 치는 삯 mqd$_1$ /maqqadu/ < *manqadu(?) 양을 칠 권리
양치기 r^{c}y /rā^{c}iyu/ 목동
양털 iqnu /ʾiqnaʾu/ 푸른빛이 도는; 라피스라줄리, 청금석
npš$_2$ /napāšu/ 붉은 빛이 도는
pḥm /paḥmu/ 염색한 갈색 양털, 밝은 빛을 내며 타는 목탄, 갈색
š^{c}r /ša^{c}ru/ < *śa^{c}ru 털, 양피
š^{c}rt [ša^{ca}ṛtu] < *śa^{c}ratu 털, 생양털
šmt$_1$ 붉은 빛이 도는 양털, 붉은 색, 붉은 돌
어구漁具 mṯẖṭ* /maṯẖaṭūma/
어기다 √ǧwy(?) G 법/규칙을; 죄를 짓다
어깨 ktp /katipu/ 어깨뼈
ṯkm /ṯikmu/(?) 목덜미, 등
어깨에 짊어지다 √ṯkm G
어느 것이나 ☞ 무엇이든
어두워지다 √^{c}mm Dp* 덮이다, 푹 싸이다

어둠 *ğlmt*$_2$ */ğulmatu/*

ẓlmt

어둡다 *√ğlm* G 컴컴하다

어디? *an*$_3$ */ʾânV/*

i$_1$ */ʾê/*

iy$_1$ */ʾeyya/u/*(?)

어떤 *ay /ʾayyu/* 어떤 것이나

어떤 것이든 *mhk /mahaka-/* 무엇이든

어떻게? *ik /ʾêkā/* 왜? 무슨 이유로?

ikm(y)

iky

어리석다 *ghr**(?) 소리가 크다, 약하다

어린 나이 *ṣğrt* 어린 시절

어린 남자 *bḥr/bḫr** /baḥḥ/ḫḫūru/* 젊은이

어린이 *mṯ* 젊은이

yld$_1$ 아기, 새끼

어린 줄기 *ib*$_2$ 새싹, 싹

어미양羊 *ṯat /ṯaʾâtu/ < *ṯaʾawatu*

어부 *dgy /dagīyu/*(?)

어부의 그물 *rṯt /riṯṯu/*(?)

억눌리다 *√rğn* G(?) 슬프다, 기가 막히다

억압 *ṣr* 눌림, 공포, 근심, 적

억압하다 *√ḫbt* G 약탈하다

억제하다 *√dll* D*

언급 *hg /higû/ < *higyu* 말하기, 발성, 명명

언덕 *gbᶜ /gibᶜu/*

gpt 깊은 산속, 산비탈

*np /nôpu/ < *nawpu*

tl

언제나 *ᶜd*$_6$ */ᶜôda/*(?) 오래

얹다 *√ṯpd* G 발을 발걸이에; 놓다, 딛다

얻다 *√pwq* G 찾다

√pwq Gt 가지다

√qny G 생산하다, 만들다, 낳다

√rṯy G(?) 취하다, 소유하다

얼굴 *pn*$_1$* */panû/ < *panawu* 이마

얼굴을 가리다 *√ʾzr* G 두르다, 덮다

얼마나 많이? *mn*$_1$ */mānu/; /mīnu/* 무엇? 왜?

엄마 *um /ʾummu/ < *ʾimmu* 어머니

엄청난 ☞ 대단한

업신여겨지다 *√ᶜnw/y* Dp

업신여기다 *√ᶜnw/y* D

√nʾṣ G

업신여김 *qlṣ*(?)

없다 *in /ʾêna/ < *ʾayna* …이 없다, 없음

inn < in + -n …이 없다

√ṣrk G(?) 부족하다, 약하다, 쇠약하다

없음無 *in /ʾêna/ < *ʾayna* …이 없다

bl$_2$ */balû/ < *balayu*

엉덩이 *anš*(?) 좌골부의 힘줄, 좌골신경

ḥlq /ḥilqu/* 궁둥이, 허리, 목, 목구멍

mtn$_1$* *mtnm /matnāmi/* 허리, 엉덩이 윗쪽을 받치는 두 근육

엎드리다 *√ğlw/y < *ṣlw*(?) G 몸을 숙이다, 기울이다

엎지르다 *√ntk* G 붓다, 쏟다

엘레 *amt*$_2$ */ʾammatu/* 길이의 단위

여기 *hn*$_2$ */ha/innV/*

hndt 여기로

hnn(y)

p$_3$ 이곳

여기로 *hndh*(?)

여기 있는 것의 *hn*$_3$ 이것의

여덟 개를 만들다 *√ṯmn(y)* tD/Š

여덟의, 팔의 *ṯmn*$_1$ */ṯamānû/*

여덟째의 *ṯmn*$_2$

여든, 팔십 *ṯmnym /ṯamāniyūma/*

여름 *qẓ /qêẓu/ < *qayẓu* 여름의 수확, 여름 과일

여분 ☞ 나머지

여사제 *qdšt*$_1$ */qadiš(a)tu/* 봉헌된 여성

여섯 *ṯdṯ*$_2$ */ṯadūṯu/* 육

여섯 번째 *ṯdṯ*$_1$ */ṯādiṯu/*

여섯 번째로 하다 *√ṯdṯ* D

여섯이 이룬 무리 *ṯṯṯ* /ṯi/aṯṯatu/* 육인조

여섯의 *ṯṯ /ṯiṯṯu/ < *ṯidṯu*

여섯째 부인/여인 *mṯdṯt /muṯaddaṯ(a)tu/*

여성(들) *aṯt*$_1$ */ʾaṯṯatu/ < *ʾanṯatu* 부인, 아내

bkyt /ba/ikkīyatu/*(?); */bākiyātu/* 우는 여자(들)

ḫpšt /ḫāpiš(a)tu/ 갈대를 거두는/수확하는 여인

mḫmšt /muḫammaš(a)tu/ 다섯째 부인/여인

mrbᶜt /murabbaᶜ(a)tu/ 넷째 부인/여인

mšbᶜt /mušabbaᶜ(a)tu/* 일곱째 부인/여인

mštᶜltm /muštaᶜlîtêma/ (사격) 두 창녀(?)

mtrḫt /matrVḫ(a)tu/; /mutarraḫ(a)tu/ 아내

mṯdṯt /muṯaddaṯ(a)tu/ 여섯째 부인/여인

mṯlṯt /muṯallaṯ(a)tu/ 셋째 부인/여인

ṣrdt 자유인의 부인

št$_2$ 부인, 숙녀

tint̲t /*taʾnit̲(a)tu*/(?) 무리, 여인들
여성 구마사驅魔士 *gršt* 여성 퇴마사退魔士
여성 사냥꾼 *ṣwdt* /*ṣawwādatu*/(?)
여성 사자 *ngrt* /*nāgir(a)tu*/ 여성 포고자
여성 영도자 *rbt*$_1$ /*rabbatu*/ 여주인
여성용 안장 *ḥdg* 들것, 멜대
여신들 *ilt* /*ʾil(a)tu*/
여왕 *mlkt* /*malkatu*/ 왕비
여종 *amt*$_1$ /*ʾam(a)tu*/ 하녀
여주인 *adt* /*ʾadattu*/ < **ʾadāntu*
bˤlt /*baˤlatu*/
rbt$_1$ /*rabbatu*/ 여성 영도자
여학생 *lmdt* /*lu/immūdatu*/(?)
여행하다 √*t̲ǧy* G 이리저리 헤매다/거닐다
역병 *zbln* 전염병
역시 *ap*$_1$ /*ʾappV*/ 또한, 심지어, 더욱이, 진실로
엮다 √*mḫṣ* G 치다, 때리다, 짜다
연구하다 √*bǧy* G 드러내다
연기 ☞ 향
연기하다 ☞ 미루다
연못 ☞ 못
연장 *mṣbṭ** /*maṣbaṭu*/ 쥠, 파악, 손잡이
연주가 *mṣl* /*maṣillu*/ 심벌즈/자바라 연주가
연주하다 √*bdd*; √*bdy* G 낭송하다
√*d̲mr*$_2$ < **zmr* G 노래하다, 읊다
열, 십 *ˤšr*$_2$ /*ˤašūru*/ < **ˤaśūru*
ˤšrh 11-19에 사용됨
열, 열기 *ḥm* /*ḥummu*/ 더위
ḥmḥmt 더위, 고난
열 개의, 10의 *ˤšr*$_1$ /*ˤaš(a)ru*/ < **ˤaśaru*
ˤšrt$_1$ /*ˤaš(a)ratu*/
열다 √*ptḥ* G
√*sw/yr* G
열리다 √*ptḥ* Gp
열망 *lb* /*libbu*/ 심장, 마음
열망하다 √*ḥmd* D/G 요구하다
열 배 *ˤšrid* 열 곱
열심이다 √*ˤkd* G(?) 진지하다, 믿음직하다
염료 *pwt* /*puwwatu*/ 꼭두서니에서 추출한 자주색
염색공 *qnuym* 푸른색으로 물들이는 사람, 청금석장이
yṣḥ /*yāṣiḥu*/(?) 직업의 일종
염색한 갈색 양털 *pḥm* /*paḥmu*/ 밝은 빛을 내며 타는 목탄, 갈색
염소 *ˤz*$_3$ /*ˤizzu*/ < **ˤinzu*
gdy /*gadyu*/ 숫염소, 새끼 염소
llu /*laliʾu*/ 새끼
yˤl /*yaˤilu*/ 산양, 산염소
염전 ☞ 소금밭
영광 *udr* /*ʾudru*/ 화려함
영도자 *zbl*$_1$ /*zub(b)ulu*/(?)
영도자의 나라 *zbl*$_2$
영도자의 지위 *zbl*$_2$
영생 *blmt* 불사不死
영양羚羊 *ẓby** /*ẓabyu*/
영웅 *ǧzr* /*ǧāziru*/(?) 힘센 자, 강한 자
qrd /*qarrādu*/(?) 전사
mhr$_1$ 전쟁 영웅, 군인
영원 *ˤlm*$_1$ /*ˤālamu*/
dr(.)dr /*dôr-dôr-*/; /*dār-dār-*/; /*dār-dôr-*/
영혼 *brlt* 생명, 욕심, 탐욕
npš$_1$ /*napšu*/ 목구멍, 욕심, 식욕, 생명, 사람, 종
… 옆에 *ˤd*$_4$ /*ˤadê*/(?) … 근처에, … 곁에(전치사)
yd$_2$ /*yada*/ …와 나란히, …와 함께
옆에서 *ˤm*$_2$ /*ˤimma*/ …와 함께
예비품 ☞ 비축품
예순 *t̲t̲m* /*t̲it̲t̲ūma*/ 육십
오! *y*$_1$ /*yā*/; /*yê*/ 한탄의; 아!
u$_2$ /*ʾô*/(?) 흑!
uk /*ʾuk(kV)*/ 오호! 정말로!
l$_3$ /*lV*/ 아!
mˤ$_2$ /*maˤˤa*/(?) 그럼! 제발!
y$_2$ /*yā*/ 아! 야!
오다 √*ʾtw/y* G 가다
√*bwʾ* G 들어가다, 입장하다
√*t̲wb* G 돌아오다
오래 *ˤd*$_6$ /*ˤôda*/(?) 언제나
오래되다 √*yt̲n* G
오래된 *yt̲n** /*yat̲anu*/
오르다 √*ˤlw/y* G
오른편 *ymn* /*yamīnu*/ 오른편, 오른팔, 오른쪽으로
오분의 일 세켈 *ḫmšt*
오솔길 ☞ 길
오십, 쉰 *ḫmšm* /*ḫam(i)šūma*/
오이 *kš*(?)
오줌 *t̲nt*$_1$ /*t̲înatu*/ < **t̲iynatu*
오줌을 누다 √*t̲yn* Gt
오직 *blt* /*bal(V)ti*/(?) …이 아니다 (부정), 단지, … 밖에는 아무도

옥상 *gg /gaggu/* 지붕
올라가다 √*ˁlw/y* G
올라타다 √*rkb* G 마차로 가다, 말을 타다
올려놓다 √*t̠ˁr* G 세우다, 쌓아 올리다, (식탁을) 준비하다
올려보내다 √*ˁlw/y* Š
올리다 √*ˁlw/y* Š
√*ǵzy/w* D(?)
올리브 *zt mm* 흐르는 올리브, 올리브 기름
zt h̠rpn 가을 올리브, 신선한 (초록) 올리브
zt /zêtu/ < **zaytu*
올리브나무 *zt /zêtu/* < **zaytu*
올바른 *ṣdq*$_2$ */ṣaddīqu/*; */ṣadu/ūqu/* 정의로운
올바름 *dn*$_1$ */dînu/* 정의
ṣdq$_1$ */ṣidqu/* 정의
yšr /yušru/ 적절함, 딱 맞음
옮기다 √*mrmr* G; √*mrr*$_1$ R 거룩한 나무토막을; 흔들어; 정화하다, 내쫓다
옷 *all* 겉옷의 일종
ipd 화려한 겉옷
ušpǵt 겉옷의 일종
*uṯb** 화려한 겉옷의 일종
h̠pn 걸치는; 맘에 걸치는 천, 깔개
kdwt̠, *kndwt̠* 옷의 일종
kst /ki/usûtu/ 덮개
ktn /kut(t)ānu/(?) 아마포로 만든
lbš /labūšu/
lpš /lu/ipšu/
md$_1$ */maddu/* 윗도리
mlbš /malbašu/ 외투, 겉옷
npṣ 갑옷, 채비
npyn 옷감
pld 옷의 일종
pt̠t /pit̠tu/ 아마포
sk$_1$ 옷의 일종
ṣt 옷의 일종
옷감 *h̠lpn* 덮개, 외투
ktn /kut(t)ānu/(?) 아마포로 만든
npyn 옷
옷을 입다 √*ksy/w* G 몸을 덮다
√*lbš* G
옷을 입히다 √*lbš* Š
옷자락 *qṣ*$_1$
*sin /su*ˀ*nu/*
옹기장이 *yṣr /yāṣiru/* 도예가
완성 *škllt*(?)
완성된 *kll /kalīlu/* 전체, 총체, 전부, 완전한, 누구나(?)
tm /tammu/* 완전한
완성자 *gmr*$_1$ 집행자, 파괴자
완성하다 √*kll* D* 완전하게 하다
√*tmm* D* 모두 마치다
완전하게 하다 √*kll* D* 완성하다
√*šlm* D 되갚다
완전하다 √*šlm* G 거룩하다, 평안하다
완전한 *kll /kalīlu/* 전체, 총체, 전부, 완성된, 누구나(?)
tm /tammu/* 완성된
완전히 멸망하다 √ˀ*bd* Gt
왕 ☞ 임금
왕관 *ˁṭrṭrt* 왕관/화관을 씌우기, 화관
왕국 *mlk*$_2$ */mulku/* 왕권, 지배
왕비 *mlkt /malkatu/* 여왕
왕위王位 *ksu*
t̠bt$_2$ */t̠ub(a)tu/* 거주지
왕자 *ut̠ryn /*ˀ*ut̠riyānu/* 히타이트 왕족의; 세자
왕좌 *t̠bt*$_2$ */t̠ub(a)tu/* 거주지
t̠bt$_1$ */t̠ib(a)tu/* 자리, 좌석
왜? *ik /*ˀ*êkā/* 어떻게? 무슨 이유로?
lm$_1$ */li/umā/*
*md*ˁ
mn$_1$ */mānu/*; */mīnu/* 무엇? 얼마나 많이?
왜냐하면 *dm*$_1$ 진실로! 정말로! 그래서, 그리고
k$_3$ */kī/* 그래서, …할 때, …하자마자, …한 경우에, …한다면, …처럼
kd$_1$ 그래서, …한다면, …할 때
외국인 ☞ 사람
외면하다 √*ˁwy* G(?) 다른 쪽으로 돌리다
√*hpk* N(?) 돌리다
외양간 ☞ 안뜰
외치는 *ˁtq /ˁataqu/*(?) 탄원하는, 큰 외침, 함성
외치다 √*gwl* G 환호하다
√*nṣr* G 날카롭게; 소리 높여 탄원하다
√*pˁr* 크게; 알리다, 선포하다
√*rnn* D* 크게; 환호하다
√*ṣy/wḥ* G 부르다
외침 *ˁtq /ˁataqu/*(?) 큰; 외치는, 탄원하는, 함성
외투 ☞ 겉옷
왼쪽 *šmal /ša/im*ˀ*alu/* 왼쪽으로, 왼손
요구 *ša/il*$_2$** šil /ši*ˀ*lu/*; *šal /ši*ˀ*ālu/* 법적 요청
요구하다 √*bqt̠* D 찾다
√*ḥmd* D/G 열망하다

√kwn Št 따지다
√pty G/D 원하다, 유혹하다
요리사 utpt /(ʾ)utpatu/ 주방장
qṣ^{c}t(?) 무기의 일종; 화살촉, 활, 방패
요새 mknpt 날개
요술 kšp* /kišpu/ 마술
요술쟁이 kšp*/kaššāpu/ 마술
요청 ša/il$_2$* šil /šiʾlu/; šal /šiʾālu/ 법적 요구
요청자 ša/il$_2$* /šaʾʾālūma/
요청하다 √ʾwd G 돈을; 돈을 빌리다
욕설하다 √ypṯ < *wpṯ D 모욕하다
욕심 brlt 영혼, 생명, 탐욕
npš$_1$ /napšu/ 목구멍, 식욕, 영혼, 생명, 사람, 종
용龍 ☞ 바다괴물
용기 ☞ 숭고함
용기容器 mispt* /ma/iʾsap(a)tu/ 아마포 두루마리, 뭉치
용사 dmrn º < *ḍmrn 보호자, 용자勇者
mhr$_1$ 전사, 전쟁 영웅, 군인
용해되다 ☞ 녹다
우는 bkt /bākîtu/ < *bākiytu 눈물 흘리는
우는 소리 qr 소음, 잡음
우는 여자(들) bkyt* /ba/ikkīyatu/(?); /bākiyātu/ 한탄하는 여인(들)
우두머리 riš /raʾšu/ 머리, 정수리, 시작
rb /rabbu/ 큰, 커다란, 대표, 장
šr$_3$ /šarru/ 지도자, 대표
우렛소리 ☞ 천둥
우리 ☞ 안뜰
우물 ☞ 샘
우상 ☞ 석상
우아한 ṯ$^c_2$ 귀족, 지배자, 주인, 임금
n^{c}m$_2$ /nu^{c}mu/ 사랑스러움, 아름다움
우유 ḥlb /ḥalabu/
운명 aṯryt /ʾaṯrīyatu/ 끝, 종말
ḥẓt /ḥi/uẓûtu/ 좋은 운명, 행운
운반인 blbl* 인부, 조공을 바치는 자
운하 ☞ 물길
울게 되다 √bky N 슬퍼하다, 눈물 흘리다
울다 √bky G 눈물 흘리다
√dm^c G 눈물 쏟다
√ntk N 눈물이 뚝뚝 흐르다; 흘러나가다, 범람하다
√nwḥ G 탄원하다, 한숨 쉬다
√zǵw G 암소가; 소리치다, 개가 짖다
울부짖다 √^{c}ny$_2$ G(?) 슬픔에 겨워; 크고 날카롭게 소리치다, 노래하다
√^{c}tq$_2$ 크게 소리치다, 탄원하다
√dmm$_2$ G 탄원하다
울부짖음 g^{c}t /ga^{c}âtu/ < *ga^{c}ayatu 소들의 울부짖음
tnqt 큰 소리, 비명
ṯigt ṯiqt /ṯaʾg/qatu/ < *ṯaʾagatu 큰 소리
울음 bk$_2$ 눈물 흘림, 애도
bky 눈물 흘림, 비탄, 한탄
nhqt /nahaqatu/ 당나귀 울음소리
움직이다 √gly/w G 떠나다
√rqṣ Gt 날렵하게; 춤추다
움켜쥐다 √mṯk G 단단히 잡다, 붙잡다
웃기다 √ṣḥq Š 농담하다, 비꼬다
웃다 √ṣḥq G 재미있다
√ẓḥq
웅덩이 mhmr(t)* 굴, 깊은 곳, 낭떠러지
원산지 ẓu 고동이 나는 곳; 입구, 분비물, 배설물
원수 ☞ 적
원천 ☞ 샘
원하다 √ʾrš G 갈망하다
√ṣby/w 동경하다
√pty G/D 유혹하다
위 ^{c}ly* 윗사람, 위층, 높은 장소, 단, 대
위기 ☞ 위험, 곤경
위대한 자 aliyn 월등히 강한 자/권력자
위로 ^{c}l$_2$ /^{c}alû/(?) 위쪽으로
^{c}ln /^{c}alânu/ 위쪽으로
위성류渭城柳 ^{c}r^{c}r /^{c}ar^{c}aru/ 나무
bnt$_2$
위에 ^{c}l$_1$ /^{c}alê/â/ …에 짐을 지우는
위와 같이 kmm < km$_3$ + -m 같은 식으로, 똑같이, 동등하게
위층 ^{c}ly* 위, 윗사람, 높은 장소, 단, 대
…위해 l$_1$ …의, …로부터, … 향해서, …로,
aṯr /ʾaṯ(a)ra/ …의 결과로, …의 뒤에, …의 다음에, …를 위하여
위험 mṣqt /maṣûqatu/ 위기, 곤경
skn$_3$
위협하다 √ṣw/yq Š 궁지에 몰아넣다, 압박하다
윗도리 kst /ki/usûtu/ 덮개
md$_1$ /maddu/옷
유두 zd 젖꼭지
유령 ☞ 혼
유리의 일종 spsg, ṡpṡg
유린하다 √dwṯ < *dwš' G 마구 짓밟다

　　√rps G 짓밟다
유모 노릇을 하다 *√ynq* Š 젖을 물리다
유산 *nḥlt /ni/aḥlatu/*
　　yrṯ /yirṯu/(?)
유산 상속인 *nḥl /naḥḥālu/*; */nāḥilu/* 상속자
유쾌한 *nʿm*$_1$ */naʿīmu/* 좋은, 즐거운, 사랑스러운
유혹 *pšʿ /pa/išʿu/* 범죄, 불의
　　*šrg** 속임
유혹하다 *√kšd* G(?) 끌다, 추구하다
　　√pty G/D 요구하다, 원하다
　　√šrg G/D 속이다
육 *ṯdṯ*$_2$ */ṯadūṯu/* 여섯
육십 *ṯṯm /ṯiṯṯūma/* 예순
육인조 *ṯṯ** */ṯi/aṯṯatu/* 여섯이 이룬 무리
육체노동을 하다 *√ḥrš* Gt
육체노동자 *ḥrš*$_1$ */ḥarrāšu/* 물건 등을 만드는 자, 배, 집 등을 짓는 자
융단 *išpr**(?) 직물
으깨지다 *√dwk* Gp 밟아서
으스러지다 ☞ 부서지다
은銀 *br* 대리석, 주석
　　ḥṯṯ /ḥattuṯu/
　　ksp 화폐 단위
읊다 *√ḏmr*$_2$ < **zmr* G 노래하다, 연주하다,
　　√šyr G 노래하다
음료 담당관 *šqy*$_1$* 궁정의
음료 할당량 *mštt /maštîtu/* < **maštiytu*
음식 *akl /ʾaklu/* 먹을 것, 식사, 곡식
　　ikl /ʾiklu/
　　ǧdyn /ǧu/idyānu/(?)
　　lḥm /laḥmu/ 빵
　　mǧd /ma/iǧdû/ 양식
　　mṣd$_1$
음악 *šr*$_1$ */šîru/* 노래
음탕 *dnt* 매춘, 천함, 질 낮음
응답 *mʿn /maʿnû/* < **maʿnayu* 대답
　　tʿn(?) 대답
응답하다 *√ʿwd* tD*
…의 *bd*$_1$ */bâdi/* … 손 안에, … 손 안으로, … 손에서,
　　l$_1$ …로부터, … 향해서, …로, … 위해
의도/의미 ☞ 심장
의례 *mrzḥ /marziḥu/* 어떤 의례의 축제; 그 무리
의례를 행하는 곳 *aṯr /ʾaṯru/* 장소
의례실 *ḥmn* 전례실
의류 ☞ 옷, 옷감
의심하다 *√yḥl* < **wḥl* D(?) 걱정하다
의자 *ksan /kussiʾānu/*(?) 발판
　　ksu 왕위王位
　　nḫt /nûḫatu/ < **nuwḫatu* 휴식처
의지 ☞ 심장
이 *abn p-* 입의 돌들
　　šn /šinnu/ 치아, 상아
　　ṯbr 부수는 것, 부숨, 잘게 씹음
이, 이것 *hnd /hannadī/ā/*(?)
이가 곯다 *√ply*(?) 이를 찾다
이것의 *hn*$_3$ 여기 있는 것의
이곳 *p*$_3$ 여기
이끌다 *√ʿrb* Š 안으로; 들어오게 하다
　　√qrb D 가까이; 가까이 가져오다
　　√yṣʾ < **wḏʾ* Š 밖으로; 데리고 가다/오다
이마 *lṣb*(?) 관자놀이
　　pit /puʾtu/(?)
　　pn$_1$* */panû/* < **panawu* 얼굴
…이라면 *aḥl /ʾaḥVlê/ū/* 아! 하다면!
이렇게 *km*$_3$ 그래서
　　kmt 그래서
　　kn 그래서
이르다 ☞ 도착하다
이름 *hg /higû/* < **higyu* 말하기, 언급, 발성, 이름 부름
　　šm /šu/imu/
이리저리 거닐다 *√tǧy* G 이리저리 헤매다, 여행하다
이리저리 걷다 *√hlk* Gt 방랑하다
이리저리 돌아다니다 *√twr*$_1$ G
이리저리 헤매다 *√tǧy* G 이리저리 거닐다, 여행하다
이방인 *gr /gêru/* < **gawiru* 나그네
이방인으로 살다 *√grgr* G
　　√gwr(1) G 나그네살이하다
이삭 *bṣql* 곡식의; 새싹, 새순
　　šblt /šub(b)ul(a)tu/
이성 ☞ 이해
이슬 *ṭl /ṭallu/*
이슬비 *rbb*
이슬이 맺히다 *√ṭll* D* 내리다
이십 *ʿšrm /ʿašrūma/* 스물
이야기 *mspr /ma/isparu/* 설명, 낭독
이 여자 *hy /hiya/* 그녀
이자 *ḥbl*$_2$
　　trbyt /tarbīyatu/ 웃돈
이제 ☞ 지금

이집트 *mṣrm* ° /*miṣrâmi*/

이집트의, 이집트인 *mṣry* /*mi/uṣrīyu*/

이해 *hyn* ° /*hayyānu*/(?) 신명; 이성, 지혜

이해하다 √*byn* G 알다, 인지하다, 주의하다

익다 √*bšl* G 끓이다, 익히다

인간, 인류 ☞ 사람

인도하다 √*šlḥ* D 넘겨 주다, 던지다

인부 *blbl** 운반인, 조공을 바치는 자

인사 *bhṯ* 안녕, 축하, 치욕, 굴욕

인원 *inšt*(?) 종

인장 *mišmn*

인지하다 √*byn* G 주의하다, 이해하다, 알다
√*byn* tD* 주의하다, 조심하다

일가 *yly** /*yalīyu*/ 구성원, 친척

일곱 *šb*$^c_4$ /*šabū*^{c}*u*/

일곱 번 *šb*^{c}*id* 일곱 배

일곱 번째로 하다 √*šb*$^c_2$ D

일곱의 *šb*$^c_2$ /*šab*^{c}*u*/

일곱째 부인/여인 *mšb*^{c}*t** /*mušabba*^{c}*(a)tu*/

일곱째의 것 *šb*$^c_3$ /*šābi*^{c}*u*/ 일곱째 사람

일꾼 ^{c}*bd*$_2$ /^{c}*ābidu*/(?) 일하는 사람

일몰 ☞ 해넘이

일부 ☞ 몫

일어나다 √*nqh* G(?) 몸을 들다, 깨어 있다
√*nš*ʾ < **nś*ʾ Gt, N
√*qwm* G
√*qw/yn* D* 전갈이 꼬리를 들고; 전갈이 몸을 돌돌 말다
šr^c(?) 솟다, 물이 붇다
√*yp*^{c} G …에 맞서
√*yp*^{c} N

일으켜지다 √*rym* G 높다, 높여지다, 탁월하다

일으키다 √*nš*ʾ < **nś*ʾ Gt/N 몸을
√*rym* D* 똑바로; 건물을 세우다, 향내 나는 제물을 바치다

일출 ☞ 해돋이

일치하여 *aḥd*$_1$ /ʾ*aḥ(ḥ)adu*/ 하나, 일一, 함께

일하는 자 ^{c}*bd*$_2$ /^{c}*ābidu*/(?) 일꾼, 일하는 사람
b^c*l*$_2$ /*bā*^{c}*ilu*/ < **pā*^{c}*ilu* 노동자

일하다 √^{c}*bd* G/D 봉사하다

일흔 *šb*^{c}*m* /*šab*^{c}*ūma*/ 칠십

잃어버리다 √*ḫlq* G 멸망하다, 없다, 빠지다, 부족하다

임금 *mlk*$_1$ /*malku*/
ṯ$^c_2$ 귀족의, 우아한, 지배자, 주인

임금에게 속한 밭 *gt* /*gittu*/ < **gintu* 흔히 포도밭

임금으로 만들다 √*mlk* D 등극하다

임금의 종 *ḫzr*$_1$(?) 시중

임금이 되다 √*mlk* G

임신 *hr*$_2$ /*hirû*/ 수태

임신하다 √*hry* G 받아들이다

입 *p*$_2$ /*pû*/ 부리, 주둥이

입구 *urbt* /ʾ*urubbatu*/ < *ʾ*arubbatu* 천장으로 난 창, 창문
ptḥ /*patḥu*/ 문
ẓu 고둥이 나는 곳/원산지, 분비물, 배설물

입다 ☞ 덮다

입맞추다 √*nšq*$_1$ G
√*nšq*$_1$ D 친밀히; 쓰다듬다

입술 *špt* /*šap(a)tu*/ < **śap(a)tu*
tḥ<t>yt 아래

입장 ^{c}*rb* 들어섬

입장하다 √^{c}*rb* G
√*bw*ʾ G 들어가다, 오다

있다 √*kwn* G 굳건하다
√ʾ*ṯ(y)* G
iṯ /ʾ*iṯê*/; /ʾ*iṯâ*/ < *ʾ*iṯay(a)* 존재하다

잊게 하다 √*nšy* Š

잉곳 *rq*$_2$

잉꼬비둘기 *tr*$_1$ /*tur(r)u*/ 자고새

잊다 √*nšy* G 망각하다

ㅈ

자! ☞ 보라!

자고새 *tr*$_1$ /*tur(r)u*/ 잉꼬비둘기

자극되다 √^{c}*wr* Dp*

자극하다 √^{c}*wr* D*
√*gry* D/G 전쟁을 일으키다, 반목하다
√*ḫws* D* 화를 돋우다

자기 몫을 다하다 √*dlw* G(?) 자청하다

자루 *izml* 자루모양으로 생긴 것
ṯq 천으로 만든 제품의 일종

자르다 √*bq*^{c} G
√*brd* G/D 고기를 잘게
√*gzz* G 머리카락을
√*ḫrm* G 도살하다

√*nḥt*$_1$ D 돌이나 나무를
√*qrṣ* G 진흙을
√*qṣṣ* Š 깎다, 꺾다, 찍다
√*ṯrm* G 고기를
자리 *ṯbt*$_1$ /*ṯib(a)tu*/ 왕좌
mknt /*makânatu*/ 지위
자매 ☞ 누이
자물쇠 *m*ᶜ*lt***(?) 문門의
sgr 닫음, 금속바늘
자바라 ☞ 심벌즈
자비 *ḥnt* /*ḥinnatu*/(?)
자비롭다 √*ḥnn* G 마음이 넉넉하다
자유 *ḫpṯt* 매여 있지 않음, 도망친/풀려난 상태
자유로운 *brr*$_1$ /*barī/ūru*/ 제의적 의무에서 벗어난
ḥl$_3$ /*ḥullu*/ 제의적 의무에서
자유롭다 √*brr* G 깨끗하다, 맑다, 순결하다
자유인의 부인 *ṣrdt*
자제할 것을 요청받다 √ʾ*pq* N/D(?) 생각을 가다듬다, 참다
자존심 *gan* /*gaʾânu*/ < **gaʾayă̆nu* 자부심
자주색 염료 *pwt* /*puwwatu*/ 꼭두서니에서 추출한
자청하다 √*dlw* G(?) 자기 몫을 다하다
작은 *ṯrr**(?) 군건한, 강한, 안전한, 물이 풍부한
dl 약한, 가난한
dq /*daqqu*/ 얇은, 가는, 약한
qṭn /*qaṭūnu*/ 얇은, 가는
ṣǧr /*ṣaǧīru*/(?)
작은 가축 *ṣin* /*ṣaʾnu*/ < **ṣaʾnu* 떼
šgr(?) 한 배의 새끼
작은 괭이 *ulṯ* 벽돌틀
작은북 ☞ 손북
잔 *bk*$_1$
dn$_2$ /*dannu*/ 리톤 잔(?)
gl /*gullu*/
kd$_2$ 큰, 단지, 동이
kknt 작은
krpn /*karpānu*/(?)
ks /*kāsu*/
mmskn /*ma/imsakānu*/ (술이나 약을) 섞는
mšq /*ma/išqû*/ < **mašqayu* 일상용/제의용
*qb*ᶜ*t*
qš /*qašû*/ < **qaśwu*
rḥb$_2$*; *rḥbt** 양쪽에 손잡이가 달린
sknt(?)
*ṯ*ᶜ*t* 작은, 기름을 재는 단위

잔교棧橋 *kpṯ* < **kbṯ*
잔에 따른 *ḥsp* 포도주
잔치 *kr*$_2$(?) 진수성찬, 축제
mšt /*ma/ištû*/ < **maštayu* 향연
잘게 갈다 √*ṯḥn* G 갈아 부수다
잘게 씹음 *ṯbr* 부수는 것, 이, 부숨
잘게 자르다 √*brd* G/D 고기를
잘게 쪼개진 *ktt* /*katītu*/(?) 비싼 구리의 좋은 질
잘라내는 자 *agzr** 나누는 자
잘라내다 √*bṣ*ᶜ G 베어내다
잘라냄 *qṣ*$_3$ 고기 덩어리를
šmtr 베어냄
잘라진 것 *gdt* 절단된 것
qṣ$_2$ 고기 덩어리
잘못을 고백하다 √*ydy*$_3$ < **wdy/w*(?) G 칭송하다
잘못을 저지르다 √*ḫṭ*ʾ G 죄짓다
잠 *nhmmt* /*nahamâmatu*/(?) 수면
šnt$_2$ /*šinatu*/ 수면, 죽음의 잠
잠들다 √*yšn* < **wšn* G
잠자리 *mṭt* /*ma/iṭṭâtu*/ < **manṭawatu* 침대
잠잘 준비가 되다 √*rbd* Gp 침대가 펼쳐지다
잡다 √ʾ*ḫd/ḏ* G 붙잡다, 쥐다, 취하다
√ᶜ*qb* D 뒤에서; 말리다, 뒤꿈치에 바싹 따라붙다,
√*mṯk* G 단단히; 움켜쥐다, 붙잡다
√*lqḥ* G
√*ṭbḫ* G 살육하다
잡아당기다 √*msh* N 서로
√*qṯqṯ* G 뼈를 바르다
√*qṯṯ* G 추구하다, 좇다
장님 ᶜ*wr* /ᶜ*awwiru*/ 눈먼, 소경
장소 *aṯr* /ʾ*aṯru*/ 의례를 행하는 곳
bldn 도시
mqm /*maqâmu*/ 발견 장소, 광산(?)
장식하다 √*ṣpy* Gp/상태동사의 G 보석으로 치장하다
장식한 *ṣpy** /*ṣapī/ūyu*/ 치장한
장자 *bkr* /*bukru*/ 맏이, 맏이의, 첫째로 태어난
장자권을 부여하다 √*bkr* D
재갈 *mdl*$_1$ 마구
šbm
재갈을 물리다 √*mdl* G
√*ṣmd* G 묶다
√*šbm* Gt
재다 √*yzn* G 무게를 달다, 재다, 검토하다
재미있다 ☞ 웃다
재배 ☞ 경작

재앙 *dbr* 초원, 전염병
재주 있는 *ḥrš*$_2$ 솜씨 있는, 능숙한
재채기하다 √*khp*(?) 말이 쇠약해지다, 기침하다
재촉하다 √*ʿṣṣ*(?) 서두르다
√*ʿšy* D/G 압박하다, 나쁜 짓을 하다
재판하다 √*dyn* G 정의를 펴다, 판결하다
쟁기 *mḥrṯt*$_2$ /*maḥriṯ(a)tu*/ 가래
쟁기질 *ḥrṯ*$_1$ /*ḥarṯu*/ 밭 갈기, 경작
쟁기질하다 √*ḥrṯ* G 밭을 갈다, 경작/개간/재배하다
저 *hnhmt* 그
저, 저것 *hnk*$_1$(?)
hw /*huwa*/ 그, 그것
저기 *hnk*$_2$ 저곳
hnkt 저, 저기, 저곳에, 다음의
저기에 *hnkt* 저, 저기, 저곳에, 다음의
저마다 *kl* /*kullu*/ 전부, 모두
저승 *ʿpr* /*ʿaparu*/ 먼지
arṣ 지하의; 땅, 대지
저울의 대 *mṣb*$_1$ /*maṣṣabu*/ < **manṣabu* 받침대
저울의 지침 *mšrr** /*mušarrir*/ 저울의 안정기
저장된 빵/양식 *nzl* 비축식량
저장 창고 *ibsn* /*ʾibVsānu*/(?)
저주 *alt*$_2$ /*ʾalâtu*/ < **ʾalayatu* 악담
저주하다 √*yṣm* G
저지르다 √*ḥṭʾ* G 잘못을; 죄짓다
√*ršʿ* G 악행을; 불의를 행하다
적 *ib*$_1$ /*ʾêbu*/ < **ʾaybu* 원수
ṣr 억압, 공포
ṣrt /*ṣarratu*/ 적수, 원수
*šnu** /*šāniʾu*/(?) 적, 적수
적개심 *ibt* 적대행위(?)
적다 ☞ 쓰다
적대 *ṣr* 억압, 공포
ibt 적개심, 적대행위(?)
적절함 *yšr* /*yušru*/ 올바름, 딱 맞음
전갈 *ʿqrb* /*ʿaqrabu*/
전갈이 몸을 말다 √*qw/yn* D* 꼬리를 들고 일어나다
전달되다 √*yṣʾ* < **wḍʾ* G 물건이; 밖으로 나가다, 나오다
전달자 *dll* /*dallālu*/ 중개자, 전령
전령 *ʿdd* 사자
dll /*dallālu*/ 전달자, 중개자
mlak /*malʾaku*/
mlakt /*malʾak(a)tu*/ 호위대를 동반한 전령
ngr /*nāgiru*/ 사자, 포고자
ngrt /*nāgir(a)tu*/ 여성 사자/포고자
ql$_2$ /*qallu*/ 노예
tʿdt /*taʿûdatu*/ 증거, 증언, 증인
전령을 보내다 √*lʾk* D 전령을 많이/반복해서 보내다
전례실 *ḫmn* 의례실
전리품을 챙기다 √*šll* G 약탈하다
전복 ☞ 변화
전부 *kl* /*kullu*/ 모두, 저마다
kll /*kalīlu*/ 전체, 총체, 완전한, 완성된, 누구나(?)
전사 *ḫrd* 일종의 근위대(?) 군인, 군대
mhr$_1$ 용사, 전쟁 영웅, 군인
qrd /*qarrādu*/(?) 영웅
전석 ☞ 석기
전염병 *dbr* 초원, 죽음
zbln 역병
전쟁 *mlḥmt*
전쟁 영웅 *mhr*$_1$ 전사, 용사, 군인
전쟁용 도끼 *mšḫṭ* 무기의 일종
전쟁을 일으키다 √*gry* D/G 자극하다, 반목하다
전차戰車 *mrkbt* /*markabtu*/ 수레
rkb$_2$ /*rakbu*/ 수레
ṯkt(?) 내부 장식, 화려한 장치
전차병 *ṯlṯ*$_3$ /*ṯalūṯu*/ 셋, 삼인조; 마부
전차의 궁수弓手 *ṯnn* /*ṯanānu*/; /*ṯanannu*/
전체 *kll* /*kalīlu*/ 총체, 전부, 완전한, 완성된, 누구나(?)
klny-
klt$_1$ /*kullatu*/ 모두
전투 *tmtḫṣ* 싸움
전하다 √*ytn* < **wtn*(?) Š 넘겨 주다, 맡기다
절교하다 √*nṣl* N 물러나다
절단 *qṣ*$_3$ 고기 덩어리를
절단된 것 *gdt* 잘라진 것
절대 아니! *pn*$_3$ 등을 돌려! … 않도록, … 않게
절뚝거리다 √*mzl* < **zml* G 뒤를 좇다
절반, 반 *mltḥ* /*ma/iltaḥu*/(?)
젊은 여성 *btlt* /*batūl(a)tu*/ 처녀
ǧlmt$_1$ /*ǧalmatu*/ 소녀
젊은이(남성) *bḥr/bḫr*** /*baḥḥ/ḫḫūru*/ 어린 남자
ǧlm /*ǧalmu*/ 종
mṯ 어린이
nʿr$_1$ /*naʿru*/ 소년, 사내아이, 녀석, 종
pǧy 청년
점검하다 ☞ 관찰하다
점원 *mḫr*$_2$(?) 직업의 일종, 손님, 고객, 세관, 세리
mkr$_1$ /*makkāru*/ 상인

점토 ☞ 진흙
접근하다 √*ngš* G 다가서다, 압박하다, 괴롭히다
√*qrb* G 가까이 있다/오다
접시 *qš* /*qašû*/ < **qaświu*
rq$_2$
정결하게 하다 √*ḥll* D* 제의적으로 씻다
정렬하다 √*nṣb* G 놓다, 세우다
정말로! *al*$_2$ 진실로!
imt /*ʾimitta*/ < **ʾaminta* 진실로!
uk /*ʾuk(kV)*/ 오호!
dm$_1$ 진실로! 그래서, 그리고, 왜냐하면
k$_4$ /*kī*/ 물론! 진실로!
l$_4$ /*la*/; /*lū*/ 진실로!
mt$_4$ /*mitta*/ < **ʾimitta*(?) 진실로!
정복당하다 √*ʾḫd/ḏ* Gp 붙잡히다
정상 ☞ 꼭대기
정수리 *qdqd* /*qudqudu*/; /*qadqadu*/ 해골
riš /*raʾšu*/ 머리, 우두머리, 시작
정신 ☞ 혼
정예군 *bḥr*** /*biḥīrū*/(?) 선발된 군인
정원 ☞ 밭
정의 *dn*$_1$ /*dînu*/ 올바름
ṣdq$_1$ /*ṣidqu*/ 올바름
정의로운 *ṣdq*$_2$ /*ṣaddīqu*/; /*ṣadu/ūqu*/ 올바른
정의를 펴다 √*dyn* G 판결하다, 재판하다
정하다 √*ʿdn* D 약속을; 즐겁게 하다, 넘치게 하다
√*ḥtk* D 결정하다, 지배하다
√*yʿd* G 시간을
정화하다 √*mrmr* G(또는 √*mrr*$_1$ R) 거룩한 나무토막을 옮기다, 내쫓다
젖 *ḫmat* /*ḫimʾatu*/ 엉긴 젖, 버터
ṯd /*ṯadû*/ 가슴
젖꼭지 *zd* 유두
젖먹이 *ʿl*$_3$ /*ʿûlu*/ < **ʿuwlu* 짐승의 새끼
젖을 물리다 √*ynq* Š 유모 노릇을 하다
젖을 빨다 √*mṣṣ* G
젖히다 √*gmḏ* G(?) 웃기 위해 몸을
제거되다 √*mḥy* Gp 문질러 없어지다
제거하다 √*ʿdy* D/G 벗다, 떼다
√*mḥy* G 지우다, 문질러 없애다
√*nsy/w* G 멀리하다
제단 *mdbḥ* /*madbiḥu*/ < **maḏbiḥu*
제물 *arbdd* 제물의 일종
argmn
uzr(?) 제물의 일종
ddym 합환채
dǵṯ 살라바치는 제물
dqt /*daqqatu*/ 얇은 빵
gdlt$_1$ /*gadul(a)tu*/ 큰 빵
gmn(?) 제물의 일종
mǵẓ /*ma/iǵẓû*/ < **maǵẓayu*
mlḥmt 음식 제물/빵제물
mnḥ /*minḥu*/
mnḥt /*minḥatu*/
mtnt 허리고기/등심
rmṣt 구워 바치는 제물
šlm$_2$ 제물의 일종
šnpt 올리는 제물
šrp /*šurpu*/(?) < **śurpu* 태워 바치는 제물
trmmt /*turāmim(a)tu*/(?) 제물의 일종
tzǵ 제물의 일종
ṯʿ$_1$ 제물의 일종
ṯmn$_3$(?)
ytnt /*yatīnatu*/
제물담당 사제 *ṯʿy*
제물로 바쳐지다 √*nwp* Šp '높이는 제물'로
제물을 바치다 √*ʿlw/y* Š
√*ǵzy/w* D(?)
√*rym* D* 향내 나는; 똑바로 일으키다, 건물을 세우다
√*ṯkr* Š
√*ṯʿy* D(또는 G) *ṯʿ*-제물을
제물을 준비하는 이 *ʿrk** /*ʿāriku*/
제발! *an*$_4$ /*ʾannă*/ 아!
mʿ$_2$ /*maʿʿa*/(?) 그럼! 오!
제비 *snnt* 여신들의 별칭
제사음식의 몫 *mnt*$_1$ /*manâtu*/ < **manayatu* 할당량, 신체의 일부
제수 *ybmt* /*yabam(a)tu*/(?) 죽은 형제의 부인
제압 ☞ 복종
제의를 행하다 √*šrd* D
제자 ☞ 학생
조각 *gzr* 잘린; 한입, 소량
조개 *ǵlp* 껍질, 함, 통
☞ 물고기
조개속 *anhb* 보라색을 띤; 고둥
조공을 바치는 자 *blbl** 나르는 사람, 인부
조급함 *qṣrt* /*quṣratu*/(?) 짧음
조급히 굴다 √*ʿbṣ* G(?) 서두르다
조력자 ☞ 보조자
조련받는 중인 *tlmd** /*talmīdu*/ 말 등 타는 동물이
조류 ☞ 새

조수 ☞ 보조자

조심하다 ☞ 주의하다

조용히 처신하다 √*dmm*$_1$ G 꼼짝하지 않다, 가만히 있다

족집게 ☞ 집게

존경을 표현하다 √*kbd* D 숭배하다

졸음 *nhmmt* /*nahamâmatu*/(?)

좁다 √*ṣrr*$_1$ G 비좁다, 포함하다, 포위하다

종 *inš* /*ʾināšu*/; /*ʾinšu*/ 사람
inšt(?) 인원
^{c}bd$_1$ /*^{c}abdu*/ 노예
^{c}nn 보조자
ğlm /*ğalmu*/ 젊은 남자
*hbṭn** 임금의 시중을 드는 하인 계급
ẖnzr 조수, 보조자
ẖzr$_1$(?) 임금의; 시중
*kzy** 말을 끄는 종, 마부
lyt /*lâyāti*/(?) < **lawayāti* 화관, 화환, 수행원
n^{c}r$_1$ /*na^{c}ru*/ 젊은이, 소년, 사내아이, 녀석,
npš$_1$ /*napšu*/ 목구멍, 욕심, 식욕, 영혼, 생명, 사람
s/śğr 보조자

종種 *mn*$_4$ /*mînu*/ 짐승의

종말 *aṯryt* /*ʾaṯrīyatu*/ 끝, 운명
uẖryt /*ʾuẖrā/īyatu*/ 끝, 미래

종아리 *kr^c*/*ku/irā^{c}u*/ 팔, 아래팔

종양 ☞ 혹

종을 고용하다 √*škr* < **śkr* G 부리다, 빌리다

종자 ☞ 씨앗

좇다 √*qṯṯ* G 추구하다, 잡아당기다

좋은 *n^{c}m*$_1$ /*na^{c}īmu*/ 즐거운, 유쾌한, 사랑스러운
ṭb /*ṭâbu*/ < **ṭayabu*

좋은 소리 *ṭbn* /*ṭûbānu*/

좌골부 *anš*(?) 엉덩이, 좌골부의 힘줄

좌석 *kḥṯ* 권좌
ṯbt$_1$ /*ṯib(a)tu*/ 왕좌

죄가 있다 √*ʾṯm* Gt …의 탓이다, 빚지다

죄를 고백하다 √*ydy*$_3$ < **wdy/w*(?) G 칭송하다

죄짓다 √*ğwy*(?) G 규칙/법을 어기다
√*ḥṭʾ* G 잘못을 저지르다

죄수 *asr* /*ʾasīru*/ 포로
šb /*ši/abû*/(?) < **ši/ab(ī)yu* 포로

주다 √*^{c}šr* D 마실 것을; 식사에 초대하다, 대접하다
√*^{c}zz* D* 권능을; 힘을 주다
√*lḥm*$_1$ G/D 먹을 것을; 먹다, 다 먹다, 먹이다, 대접하다
√*lḥm*$_1$ Š 먹이/먹을 것을; 대접하다
√*ndb* Gt 기부하다
√*rb^c*$_2$ Š(?) 선물로
√*spʾ* G 동물에게 먹이를; 나눠 먹다, 먹을 것을 권하다
√*ṣyd* G 먹을 것을; 식량을 준비하다
√*šqy* G/D 마실 것을
√*šqy* Š 마실 것을
√*ytn* < **wtn*(?) G

주둥이 ☞ 입

주름을 내다 √*ḥrṯ* G/D 피부에; 긁어 찢다

주머니 *nšg*(?) 직물, (단검의) 칼집
ḥbš 허리춤에 차는; 끈, 띠
t^{c}rt 칼집

주목하다 √*qğw/y* G (귀를) 기울이다, 구부리다

주무르다 √*mll* G/D* 손가락으로 문지르다, 반죽하다

주문呪文 *dbb*$_2$*(?) 마법사, 주술자
ḥrš$_3$*(?) 서약문
mnt$_2$(?) 셈, 낭독, 암송

주문을 외는 이 *mlẖš* 주술자, 마법사

주방장 ☞ 요리사

주변 ☞ 가장자리

주석朱錫 *br* 대리석, 은
brr$_2$

주술자 *dbb*$_2$*(?) 주문, 마법사
ḥbr$_2$* /*ḥābiru*/ 마술사
mlẖš 마법사, 주문을 외는 이

주어지다 √*ytn* < **wtn*(?) N

주연 *^{c}šrt*$_3$ 술자리, 향연

주의를 집중하다 √*šm^c* Gt 귀 기울이다

주의하다 √*byn* G 이해하다, 알다, 인지하다
√*byn* tD* 조심하다, 인지하다
√*nğr* < **nẓr* Gt 조심하다
√*nqh* G(?) 일어나다, 깨어 있다

주인 *adn* /*ʾadānu*/ 보호자 아버지
b^{c}l$_1$ /*ba^{c}lu*/ 지배자, 소유자
ḥtk$_1$ /*ḥātiku*/; /*ḥattāku*/ 지배자
ṯ^c$_2$ 귀족의, 우아한, 지배자, 임금

주전자 *kt*$_2$ /*kûtu*/(?)

죽다 √*mẖṣ* Gp 맞아
√*mwt* G
√*npl* Gt 떨어지다

죽은 *mt*$_2$ /*mêtu*/ < **mawitu*

죽은 이 *mt*$_2$ /*mêtu*/ < **mawitu*

죽은 이를 위한 신전 *ḫšt*
죽음 *dbr* 초원, 전염병
*mt*₁ /*môtu*/ < **mawtu*
죽음의 가장자리 *šḫlmmt*(?) 죽음의 강가
죽음의 잠 *šnt*₂ /*šinatu*/
죽이다 √*ʾsp* Gt 뜯어/찢어내다, 낚아채다, 빼앗다
√*dbḥ* G
√*ǵtr*₂(?); √*ǵwr*₂; √*ǵyr* Gt
√*hrg*
√*ṭʿn* G(?)
죽임 *šḫṭ* /*šāḫiṭu*/(?)
준비되다 √*ngb* Gp 군대가; 무장하다
√*kwn* Šp
√*rbd* Gp 잠잘; 침대가 펼쳐지다
준비되어 있다 √*prš*(ʾ)(?) 풍부히; 덮이다
√*kwn* G 굳건하다
준비하는 이 *ʿrk** /*ʿāriku*/ 제물을
준비하다 √*kwn* Š 하다, 규정하다
√*ṣyd* G 식량을; 먹을 것을 주다
줄 *ḥbl*₁ /*ḥablu*/ 밧줄, 모임, 새 떼
*mʿlt*** 끈
*nqbn** 밧줄, 끈
줌 *ḥpn*₂* /*ḥupnu*/ 양의 단위
tn /*tinu*/ 주기
ttn /*tâtVn*/ 주기
줍다 √*ʾsp* G 따다, 수확하다, 모으다
중개자 *dll* /*dallālu*/ 전달자, 전령
중단하다 √*štk* G
중심 *kbd*₂ /*kabidu*/ 간, 내장
중얼거리다 √*ʾgg* G(?) 낮게; 투덜거리다
중얼거림 *tʿlgt*(?) 더듬거림
쥐다 √*ʾḫd/ḏ* G 잡다, 붙잡다, 취하다
쥠 *mṣbṭ** /*maṣbaṭu*/ 파악, 연장, 손잡이
즉위하다 √*yṯb* < **wṯb* Šp 권좌에 앉다, 추대되다
즐거운 *nʿm*₁ /*naʿīmu*/ 좋은, 유쾌한, 사랑스러운
즐거워하다 √*ḥdy*₂ 기뻐하다
즐겁게 하다 √*ʿdn* D 넘치게 하다, 약속을 정하다
√*šmḫ* Š 기쁘게 하다, 행복하게 하다
즐겁다 √*ʿrs*(?) 축하하다, 환영하다
증거 ☞ 증인
증언 ☞ 증인
증인 *tʿdt* /*taʿûdatu*/ 증거, 증언, 전령
ypḥ /*yapiḥu*/; /*yāpiḥu*/ 증거
지금 *ʿnt* /*ʿan(V)ta*/ 이제
ht /*hitta*/ < **hinta*(?) 이제
지급하다 √*ṯwb* Š 돌려보내다
지나가다 √*ʿbr* G 지나치다, 가로질러 가다
지나가 버리다 √*ʿtq*₁ G 지나쳐 가다; 하루가 지나가다
√*hlk* G 가다, 시냇물이 흐르다, 사라지다
지난날 *qdm*₁ /*qadmu*/ 동쪽, 태초
지다 √*ʿms* D 짐을; 싣다, 메다, 벽돌을 포개어 쌓다
지도자 *šr*₃ /*šarru*/ 우두머리, 대표
지명 *udm* °
ugrt ° 우가릿
hmry °
ḥkpt ° 멤피스
kptr ° /*kaptur-*/ 크레타
lbnn ° 레바논, 레바논 산맥
mṣrm ° /*miṣrâmi*/ 이집트
nḫl ° [naḫ͑ᵃl-] < **naḫli*
ṣdynm ° 시돈
ṣr ° 티로
ṣrm ° 티로
šryn ° 쉬리온 산맥(안티레바논 지역)
yman °
지방 *šmn*₁ /*šamnu*/ 기름, 비계
*šmt*₂ /*šamittu*/(?)(< **šamintu*) 기름, 살진 것
지배 *drkt* 권력
*ḥtk*₂ /*ḥitku*/(?)
mdnt /*madnîtu*/; /*madnûtu*/ 제압, 항복한, 복종
*mlk*₂ /*mulku*/ 왕국, 왕권
지배인 *skn*₁ /*sākinu*/ 고위직 관리
지배자 *bʿl*₁ /*baʿlu*/ 소유자, 주인
*ḥtk*₁ /*ḥātiku*/; /*ḥattāku*/ 주인
*ṯʿ*₂ 귀족의, 우아한, 주인, 임금
ṯpṭ /*ṯāpiṭu*/ 판관, 판사
지배하다 √*ḥtk* D 정하다, 결정하다
지불 *šlm*₄ /*šu/illūmu*/ 보답
*tpdt*** /*tapdêtu*/ < **tapdaytu* 값을 치름, 교환
지불하다 √*ns/šʿ*₂ G 값을 치르다
√*ns/šʿ*₂ Š 값을 치르게 하다
√*trḫ* G 혼인 지참금/신부값을 지불하다, 혼인하다
지불한 *šlm*₅ /*šalimu*/(?) 보상한
지붕 *gg* /*gaggu*/ 옥상
mẓll /*ma/iẓlālu*/ 천장, 집
지속 *ʿd*₁ /*ʿôdu*/ < **ʿawdu*
지시하다 ☞ 가르치다

지식 ☞ 앎
지어지다 √*bnw/y* Gp
지역 *ˤps/ś*, *ˤb/s* 경계선 안의 영토; 경계
minš(?) 땅, 부근
지우다 √*mḥy* G 문질러 없애다, 제거하다
지워버리다 √*nsḫ* G 뜯어내다, 치워버리다
지위 *mknt* /*makânatu*/ 자리
지존 *ˤly* /*ˤalīyu*/ 가장 높은 이
지주 *alt*$_1$ 기둥
지지다 √*ḥrk* G 굽다
지치다 √*ḫwr* G; √*ḫrr* G 말馬이; 뻗다
√*lˀw/y* G 힘을 잃다, 약하다
지친 *anḫ* /*ˀanḫu*/ 패배한
지침 *mšrr** /*mušarrir*/ 저울의; 안정기
지키다 √*ḏmr*$_1$ G 보호하다
√*nğr* < **nẓr* G 보호하다
지킴 *nğr*$_1$** /*niğru*/ 감시
지킴이 *ḏmr* /*ḏāmiru*/ 보호자
nğr$_2$ /*nāğiru*/ 지킴이
지팡이 ☞ 막대기
지하수 *thm* /*tahāmu*/ < **tihāmu* 태초의 심연
지하의 저승 *arṣ* 땅, 대지
지혜 *hyn* ° /*hayyānu*/(?) 신명; 이해 이성
ḥkm /*ḥukmu*/ 슬기로운 결정,
지혜로운 판결
지혜로운 *ˤmq*$_2$(?) 슬기로운, 강한, 깊은
√*ḥkm* G 슬기롭다
직공 ☞ 베짜는 사람
직물 *išpr**(?) 융단
ḫlpn 천, 옷감, 덮개, 외투
nšg(?) 주머니, (단검의) 칼집
šślmt 직물의 일종
직물 짜는 직업(?) *ksd*(?)
진수성찬 ☞ 잔치
진실로 *ap*$_1$ /*ˀappV*/ 또한, 역시, 심지어, 더욱이
진실로! ☞ 정말로!
직업 *ˤšr*$_3$*(?) 직업의 일종, 감시자, 감독
*drk** 직업의 일종; 사회적 계급의 일종
ḫsn 직업의 일종
ksd(?) 직물 짜는 직업
*kzy** 직업의 일종, 말을 끄는 종, 마부
mḏrğl 군인의 일종, 초병, 경비병
mḫr$_2$(?) 직업의 일종, 점원, 손님, 고객,
세관, 세리
mru$_3$ /*murˀu*/ 직업의 일종
*trr** 직업의 일종
*ṯrtn** 직업의 일종이거나 사회적 계급의 일종
yṣḥ /*yāṣiḥu*/(?) 직업의 일종, 염색공
진영 *udn*$_2$(?) 둥지, 갈대, 기초, 받침대,
부족의 영토
진지하다 √*ˤkd* G(?) 열심이다, 믿음직하다
진흙 *ḫḫ*$_2$*(?) 침, 가래, 가시, 가시덤불
rgbt(?) 흙덩어리, 흙
rṯ 더러움
ṭt 땅, 점토
ṭiṭ /*ṭaˀṭu*/ 더러움
질문 *šal*$_1$ /*šaˀālu*/
*šil** /*šiˀlu*/
질문하다 √*šˀl* G 묻다
질문을 받다 √*šˀl* Gp
질병 ☞ 병
질이 낮은 것 *qlt*(?) 상한 것, 굴욕, 치욕
질투하다 √*ğtr*$_2$(?); √*ğwr*$_2$; √*ğyr*
짊어지다 √*ṯkm* G 어깨에
짐 *ˤmsn* 신기, 메기
srr 해日가
짐승 *anḫr* 고래
*ayl** /*ˀayyalu*/ 사슴
aylt /*ˀayyal(a)tu*/ 암사슴
uz /*ˀûzu*/; /*ˀôzu*/ 거위
ˤqrb /*ˤaqrabu*/ 전갈
diy$_1$ /*daˀyu*/(?) 맹금의 일종
db 곰
dbb$_1$
gmr$_2$*
*lsm**
mgṯ 도살할 짐승
mru$_1$* /*marīˀu*/ 비육하는; 가축
mrğṯ /*murağğiṯu*/ 젖을 빠는
msrr(?) 새, 조류
nṣ /*niṣṣu*/ 매, 솔개
nšr /*našru*/(?) 맹금, 독수리, 매
pḥl /*paḥlu*/(?) 수말
pḥlt 암말
pḫd /*puḫādu*/(?) 작은 짐승의 무리, 양 떼
rum /*ru*^{ˀu}*mu*/; /*rûmu*/ < **riˀmu* 들소,
야생소
ssw, *śśw* /*sus(s)uw-*/(?) 말馬
snnt 제비, 여신들의 별칭
ṣd /*ṣêdu*/ < **ṣaydu* 야생짐승, 사냥감
*yḥmr** /*yaḥmūru*/ 수노루
*ẓby** /*ẓabyu*/ 영양羚羊

짐을 지우는 *ʿl*₁ /*ʿalê/â*/ … 위에
집 *bt*₁ /*bêtu*/ < **baytu*
ḥẓr /*ḥaẓiru*/ 사는 곳, 울안, 마당, 안뜰
mṯb 거주지
mẓll /*ma/iẓlālu*/ 천장, 지붕
집게 *mqḥm* /*maqqaḥā(mi)*/ < **malqaḥ-* 족집게
집행자 ☞ 완성자, 파괴자
집회 *hmlt* 군중, 무리
mpḫrt /*ma/ipḫar(a)tu*/ 모임
pḫr /*puḫru*/ 모임
짓는 자 *bny* /*bāniyu*/ 세우는 자, 창조자
*ḥrš*₁ /*ḥarrāšu*/ 물건, 배, 집 등을 만드는 자, 육체노동자
짓다 √*bnw/y* G 만들다
√*ğṣr* G 경계를
√*ğwy*(?) G 죄를; 규칙/법을 어기다
짓밟다 √*dwṯ* < **dwš*ˡ G 마구; 유린하다
√*rps* G 유린하다
√*rps* tD(?)
짓밟히다 √*dwṯ* < **dwš*ˡ Gp 매우
짖다 √*zğw* G 개가; 소리치다, 암소가 울다
짖은 *zğt* /*zağâtu*/ < **zağawatu* 거친 소리
짜다 √*mḫṣ* G 치다, 때리다, 엮다
짝짜기 *mrqd** 캐스터네츠
짧다 √*qṣr* G
짧은 *qṣr* /*qaṣīr*/(?)
짧음 *qṣrt* /*quṣrulu*/(?) 조급한
쫓겨나다 √*npw/y* Gp
쫓겨 몰리다 √*ˀṣl* Gp
쫓다 √*mzl* < **zml* G 뒤를, 흔적을, 절뚝거리다
쫓아내다 √*mrr*₁ G
√*nṣṣ* Š 위협하여 쫓다
√*ntr* Š
쫓아냄 *šmrr*(?)
찌르다 √*rtq*(?)
√*ṯʿn* G(?)
찍다 √*lbn* D (흙)벽돌을
√*qṣṣ* Š 깎다, 꺾다, 베다
찔러 넘어뜨리다 √*ngḥ* D
찔러 넣다 √*ğll* D*
찢기다 √*mzʿ* tD(자동사)
찢긴 *prq** /*parīqu*/(?)
찢다 √*mzʿ* tD(자동사)
☞ 갈기갈기 찢다, 긁어 찢다
찢어내다 √*ˀsp* Gt 뜯어내다, 낚아채다, 빼앗다, 죽이다

ㅊ

차례차례로 *aḫrm* /*ˀaḫ(ḫa)rumma*/ 앞뒤로 늘어서서, 서로 전후해서
차리다 ☞ 식탁을 차리다
차양 *ḫym*(?) 천막, 거주지
차지하다 √*yrṯ* < **wrṯ* G
√*yrṯ* < **wrṯ* Gt 내 것이라 주장하다
착수하다 √*šql* Gt 멀리 사라지다, 가다
참깨 *links* *ššmn*
참다 √*ˀpq* N/D(?) 생각을 가다듬다, 자제할 것을 요청받다
√*ʿps* G/D(?) 말리다
창槍 *arz* /*ˀarzu*/ 삼나무, 송백나무
grgr 던지는 무기, 창槍
mrḥ /*murḥu*/ < **rumḥu*
šlḥ(?) 던지는 무기, 물길, 운하
창, 창문 *urbt* /*ˀurubbatu*/ < **ˀarubbatu* 천장으로 난; 입구
ḥln /*ḥallānu*/ 벽의 구멍
ḫrk 격자창, 창살 있는 창
창고 *asm* /*ˀasamu*/ 곳간
ibsn /*ˀibVsānu*/(?) 저장 창고
qrš(?) 거주지
창槍을 던지다 √*ğdd* G 서두르다, 솟다, 쏘다
창窓을 설치하다 √*šyt* G 놓다, 세우다, 고정하다
창자 ☞ 내장
창조 *bnwt* /*bunwatu*/; /*binwatu*/ 만듦
창조자 *bny* /*bāniyu*/ 짓는 자, 세우는 자
찾다 √*bğy* G 드러내다
√*bqṯ* D 요구하다
√*mẓˀ* G 만나다
√*ngṯ* G/D 추구하다
√*pwq* G 얻다
√*ply*(?) 머리카락 사이에서 이를; 이가 끓다
√*škḥ* G
채 *tr*₂(?) 수레의 채
채비 *npṣ* 무장, 갑옷
채소 *ur*₁ /*ˀôru*/(?) < **ˀawru*(?) 식물, 싹, 새순

채에 매이다 √*twr*$_2$ Dp*(?) 수레의 채에 매이다

채우다 √*mlʾ* D 채워 넣다, 해결하다

채워지다 √*mlʾ* G 꽉차다, 충만하다

책상 *ṯlḥn* /*ṯulḥānu*/ 탁자

챙겨 주다 √*skn* Š 돌보다, …을 위해 …을 신경 써 주다

√*zw/yd*(?) 먹을 것을; 불을 붙이다

처남 *ybm* 죽은 남편의 형제, 시아주버니, 매부

처녀 *btlt* /*batūl(a)tu*/ 젊은 여성

mṯt 소녀

pğt 소녀

nʿrt /*naʿratu*/ 소녀, 계집아이

…처럼 *km*$_1$ …에 상응하게

k$_2$ /*ka*/ …에 따라(전치사)

k$_3$ /*kī*/ 그래서, 왜냐하면, …할 때, …하자마자, …한 경우에, …한다면

lp …에 따라서, …에 상응하게

처먹다 √*lḥm*$_1$ G 먹다, 다 먹다

처하다 √*ndd*$_2$ N(또는 '강변화'의 G) 서 있다

천千 *alp*$_2$ /*ʾalpu*/ 1,000

천 *ḫpn* 말에 걸치는; 깔개, 옷

ṯq 천으로 만든 제품의 일종, 자루

☞ 옷감

천개天蓋 *ḫym*(?) 천막, 거주지

천둥 *rʿt* 우렛소리

천막 *ahl* /*ʾahlu*/(?) 거주지

ḍd$_1$(?) 거주지

ḫwy$_2$ 야영지

ḫmt /*ḫêmatu*/ < *ḫaymatu

ḫym(?) 천개天蓋, 거주지

천막 덮개 *yryt*(?)

천장 *mẓll* /*ma/iẓlālu*/ 지붕, 집

천함 *dnt* 음탕, 매춘, 질낮음

첫날 *ʿšty* /*ʿaštiyV*/; /*ʿaštayV*/ 하루

첫째 가는 것 *prʿ* 최고

첫째로 태어난 *bkr* /*bukru*/ 맏이, 맏이의, 장자

청결한 ☞ 깨끗한

청구 *ud*

청금석 *iqnu* /*ʾiqnaʾu*/ 라피스라줄리, 푸른빛이 도는 양털

청금석장이 *qnuym* 푸른색으로 물들이는 사람

청년 ☞ 젊은이

청원 ☞ 소망

청하다 √*ʾrš* D 소망하다, 갈망하다

√*ğtr*$_1$ 부탁하다, 구걸하다

체 *ḫṯr* 키, 키질

kbrt 체, 수채

체로 쳐서 거르다 √*npy* 곡식을

체액 *mmʿ* 내장, 창자

쳐부수다 √*qyl* Š 학살하다

쳐서 부숴버리다 √*nts*(?) 허물다

쳐서 쓰러뜨리다 √*hbṭ* G/D

초醋 *ḥmṣ* 식초

초년생 ☞ 무식한 자

초대 *qrat* /*qarīʾatu*/ 만찬

초대하다 √*ʿšr* D 식사에; 마실 것을 주다, 대접하다

초병 *mḍrğl* 군인의 일종, 경비병

초승달 *gml*(?) 낫

ḥdṯ$_2$ /*ḥudṯu*/

초원 *dbr* 재앙, 전염병

mdbr /*ma/idbaru*/ 사막

총애받는 이 *mdd* /*môdādu*/ < *mawdādu

ydd$_{(1)}$ /*yadīdu*/ < *wadīdu

최고 *prʿ* 첫째 가는 것

추구하다 √*bqṯ* D 찾다, 요구하다

√*kšd* G(?) 꾀다, 끌다

√*ngṯ* G/D 찾다

√*qṯṯ* G 좇다, 잡아당기다

추대되다 √*yṯb* < *wṯb Šp 권좌에 앉다, 즉위하다

추락하다 √*prsḥ* G

추방 *šmrr*(?)

추방되다 √*npw/y* Gp

추방하다 √*ydy*$_4$ < *wdy/w(?) G 내쫓다

추행 ☞ 간음

축복 *brkn* /*bi/urkānu*/ 복

축복된 *brk*$_1$* /*barī/ūku*/ 복받은

축복받다 √*mrr*$_2$ N

축복하다 √*brk*$_1$ D/G

√*mrr*$_2$ G 힘을 주다

축제 ☞ 잔치

축하 *bhṯ* 인사, 안녕, 치욕, 굴욕

축하하다 √*ʿrs*(?) 즐겁다, 환영하다

춤추다 √*rqṣ* Gt 날렵하게 움직이다

충만 *mlu* /*milʾu*/; /*milāʾu*/

mlat /*maliʾatu*/

mlit

충만하다 √*mlʾ* G 꽉차다, 채워지다

충성을 표시하다 √*ḥwy*$_2$ Št 경의를 표시하다

충족 ☞ 만족

취하다 √*ʾḫd/ḍ* G 잡다, 붙잡다, 쥐다

√*ḫṣṣ* G 몫을 받다, 몫을 나누다

√*lqḥ* G

√*rṯy* G(?) 얻다, 소유하다
취함 *škr*$_2$ /*šukru*/
škrn /*šakarānu*/ 만취, 대취
치다 √*ᶜmt*(?) 때리다
√*hlm* G
√*ḥwy*$_3$ G/D 때리다
√*mḫṣ* G 때리다, 짜다, 엮다
√*mḫṣ* Gt 서로; 싸우다
√*mḫṣ* D 반복해서; 마구 세게 때리다
√*rṯm*(?)
√*zbr* < **zmr* G(?) 포도나무 가지를
치료 *znt* 양식지급, 부양, 돌봄, 공급
치르다 √*pdy* G 몸값을, 해방시키다, 구원하다
치아 ☞ 이
치욕 *bhṯ* 인사, 안녕, 축하, 굴욕
bṯt 부끄러움
qlt(?) 상한 것, 질이 낮은 것, 굴욕
치우다 √*bᶜr*$_3$ D 멀리 두다, 멀리 데려가다
치워버리다 √*nsḫ* G 뜯어내다, 지워버리다
치워지다 √*pny* Dp(?) 버려지다
√*ydy*$_4$ < **wdy*/*w*(?) Gp(?) 불이
치유 *rpu* /*rapīʾu*/; /*rāpiʾu*/ 치유자
šlm$_1$ /*šalāmu*/; /*šulmu*/ 평화, 거룩함
치유자 *rpu* /*rāpiʾu*/; /*rapīʾu*/ 치유
치유하다 √*rpʾ* G
치장하다 √*npp* Gt 향수 등을 자신에게 뿌리다
√*ṣpy* Gp/상태동사의 G 보석으로; 장식하다
치장한 *ṣpy** /*ṣapī*/*ūyu*/ 장식한
친구 *ḫbr*$_1$ /*ḫab(i)ru*/ 벗, 동료
rᶜ /*riᶜû*/(?)
친근한 여성 *anšt* 신뢰하는 여성
친절 ☞ 자비
친척 *ary* /*ʾaryu*/ 피붙이
*yly** /*yalīyu*/ 구성원, 일가
친척이다 √*lḥn*(?) 가까운; 똑똑하다, 밀접하다
침 *iṯl*
ḫḫ$_2$*(?) 가래, 진흙, 가시, 가시덤불
침대 *ᶜrš* /*ᶜaršu*/ < **ᶜarśu*
mškb /*ma*/*iškabu*/ 몸을 누이는 곳
mṭt /*ma*/*iṭṭâtu*/ < **manṭawatu* 잠자리
tbṯḫ 쉬는 곳
침대가 펼쳐지다 √*rbd* Gp 잠잘 준비가 되다
침략전쟁을 하다 √*ǵzw* G
침몰하다 √*ǵwr*$_1$ G 가라앉다
침묵시키다 √*ṣmt* D
침투하다 √*ǵll* G 들어가다, 스며들다, 담그다
칠십 *šbᶜm* /*šabᶜūma*/ 일흔
칠해지다 √*mrḫ* Šp 발라지다
칠현금 *knr* /*kinnāru*/ 비파, 현악기
칭송하다 √*nwy* Š(?) 가버리다
√*ydy*$_3$ < **wdy*/*w*(?) G 죄/잘못을 고백하다

ㅋ

칼 *ḥrb* /*ḥarbu*/ 단도, 장검
*mmṣr***
mlḫ$_1$* 뽑은
lṭš /*laṭī*/*ūšu*/ 벼린, 날카로운
칼날 *yᶜr*$_2$(?)
칼집 *nšg*(?) 단검의; 직물, 주머니
tᶜrt 주머니
캐묻다 √*šʾl* Gt 꼬치꼬치; 탐색하다
캐스터네츠 ☞ 짝짜기
컴컴하나 ☞ 어둡다
컵 *krpn* /*karpānu*/(?)
ks /*kāsu*/
qbᶜt
sknt(?)
코 *ap*$_2$ /*ʾappu*/ < **ʾanpu* 말의 콧등, 분노, 화
콩팥 *klyt-* /*ki*/*ulyāt-*/ 내장, 창자
쾌적한 *qblbl*(?) 아주 기분 좋은
ysm
크게 *mid*$_2$ /*maʾdu*/ 많이, 매우
크다 *ghr**(?) 소리가; 약하다, 어리석다
√*rby*; √*rbb*
큰 *adr* 강한, 높은, 늙은
gdl$_1$ /*gadulu*/ 두꺼운, 힘센
mᶜ$_1$(?) 강한, 강함, 큼
rb /*rabbu*/ 커다란, 대표, 우두머리, 장
큰 가축 *bqr* /*baqaru*/ 떼
큰 것 *gdlt*$_2$ /*gadul(a)tu*/ 두꺼운 것, 센 것, 강한 것
큰 무리 *ṣbu*$_2$ /*ṣabaʾu*/ 군대
큼 *mᶜ*$_1$(?) 강한, 큰, 강함
키, 키질 *ḫṯr* 체
키우게 하다 √*bhl* D(또는 G) 유산을 주지 않고

ㅌ

타다 √*rkb* G 말을; 올라타다, 마차로 가다
√*mšr* Š 수레를 타고 가다
타작마당 *grn* /*gurnu*/ 다진 바닥
탁자 ☞ 책상
탁월하다 √*rym* G 높다, 높여지다, 일으켜지다
탄생 *yld*(2)(?) 낳음
탄식하다 √*ʾny* G 통곡하다
탄원 노래 *bd*$_2$ /*biddu*/(?) 탄원의 외침
탄원의 외침 *bd*$_2$ /*biddu*/(?) 탄원 노래
탄원하는 *ʿtq* /*ʿataqu*/(?) 외치는, 큰 외침, 함성
탄원하다 √*ʿtq*$_2$ 크게 소리치다, 울부짖다
√*dmm*$_2$ G 울부짖다
√*nṣr* G 소리 높여; 날카롭게 외치다
√*nwḥ* G 울다, 한숨 쉬다
√*spd* Š
√*ybb* G
탈렌트 *kkr* 약 28.2킬로그램
탐색하다 √*šʾl* Gt 꼬치꼬치 캐묻다
탐욕 ☞ 욕심
탑 *mgdl* /*ma/igdalu*/ 높고 거대한 건물
태양 *špš* 해
태어나다 √*yld* < **wld* Gp
태우다 √*bʿr*$_1$ D 태워버리다, 불붙이다, 불사르다
√*ḥrr* G 바싹 마르다
√*nšq*$_2$ < **nśq* G/D 불을 붙이다
√*šrp* < **śrp* G 태워버리다
태초 *qdm*$_1$ /*qadmu*/ 동쪽, 지난날
태초의 바다 *miyt* /*māʾīyatu*/(?) 심연
태초의 심연 *thm* /*tahāmu*/ < **tihāmu* 지하수
탯줄 *šr*$_4$ /*širru*/(?)
탬버린 ☞ 손북
턱 *dqn* /*daqanu*/ < **ḏaqanu* 수염, 구렛나루와 턱수염
lḥ$_1$* 볼, 뺨
lḥt /*la/iḥîtu*/ 아래턱
털 *pd* /*pôdu*/ < **pawdu* 고수머리, 곱슬거리는 털, 털 북데기
šʿrt [šaʿaṛtu] < **śaʿratu* 생양털
☞ 양털
털다 √*nʿr* D 흔들다
털리다 √*nʿr* Dp
토대 *kt*$_1$(?) 대臺, 권좌의 받침대
msdt /*môsadātu*/ < **mawsadātu* 기초
토지 ☞ 땅
통 *ğlp* 조개; 함, 껍질
통곡하다 √*ʾny* G 탄식하다
… 통해 *b* … 안에, … 함께
투구 *ṯryn*(?) 갑옷, 비늘 갑옷
투덜거리다 √*ʾgg* G(?) 낮게 중얼거리다
√*gʿr* G
투지가 넘치다 √*ʾnš* G 끄떡없다
튀어오르다 √*yṯq* < **wṯq* G 뱀이; 고정하다, 묶다
틀린 ☞ 그른
틈 *bdqt* 금, 균열, 째진 틈, 틈새
nq(?) 균열
pṭr$_1$ 균열, 삭제, 해소, 해결

ㅍ

파괴되다 √*ʿrw* G 벌거벗다, 비어 있다
√*ḥsl* N/Dp/Gp
파괴자 *gmr*$_1$ 완성자, 집행자
파괴하다 √*ʾbd* D
√*bʿr*$_2$ D 없애다, 근절하다
√*bwṯ* G(?)
√*grdš* G
√*ḥsl* D
√*ḫlq* D 멸망시키다
√*ḫtt* G (자동사)
√*kly* D
√*ṣmt* D
√*šdd* D*
√*šmd* Gt(?)
파렴치하게 행하다 √*trp* 무시하다
파문 *šmrr*(?) 마술적; 추방
파서 묻다 √*kry/w* G 땅을; 파서 구멍을 내다
파수대 *mṣpt* 망대

파악 ☞ 쥠

파종지播種地 *mdrʿ* /*midarʿu*/ < **midraʿu* < **maḏraʿu* 씨 뿌리는 밭

판 *rq*$_2$ 얇게 눌린

판관 *ṯpṭ* /*ṯāpiṭu*/ 판사, 지배자

판결 *ḥkm* /*ḥukmu*/ 지혜로운, 슬기로운 결정, 지혜

판결하다 √*dyn* G 재판하다, 정의를 펴다
√*ṯpṭ* G

판사 *ṯpṭ* /*ṯāpiṭu*/ 지배자, 판관

팔 *arkt*
ḏrʿ /*ḏirāʿu*/ 아래팔
šmal /*ša/imʾalu*/ 왼팔, 왼쪽
krʿ/*ku/irāʿu*/ 종아리, 아래팔
yd$_1$ /*yadu*/ 손, 남근
ymn /*yamīnu*/ 오른편, 오른팔, 오른쪽으로

팔길이 *arkt*

팔꿈치 *amt*$_2$ /*ʾammatu*/ 길이의 단위

팔로 감싸다 √*ḥbq* G/D 안다

팔리다 √*mkr* N/Gp/Dp

패배한 *anḫ* /*ʾanḫu*/ 지친

펴다 √*ʿdb* G 등을; 놓다, 세우다, 박다, 식탁을 차리다, 등을 굽히다
√*dyn* G 정의를; 판결하나, 재판하다
√*prš* Gp/N 흩어지다, 녹다
√*qbb* G 활을; 구부리다, 굽히다

편입되다 √*ʿrb* N

편지 *lḥ*$_2$* /*lûḥu*/; /*lôḥu*/ 석판

펼쳐지다 √*rbd* Gp 침대가

펼침 *mknpt* 날개, 성벽

평안을 지키다 √*šlm* D 되갚다

평안하다 √*šlm* G 완전하다, 거룩하다

평온하다 √*šlw* 휴식하다

평화 *šlm*$_1$ /*šalāmu*/; /*šulmu*/ 거룩함, 치유

평화를 주다 √*šlm* D 완전하게 하다

평화를 지키다 √*šlm* D 되갚다

평화에 머무르다 √*šlm* N

평화조약을 체결하다 √*šlm* D 되갚다

폐쇄하다 ☞ 닫다

포고자 *ngr* /*nāgiru*/ 사자
ngrt /*nāgir(a)tu*/ 여성 사자/포고자

포구 ☞ 항구

포기하다 √*bhl* D(또는 G) 떠나보내다

포대기로 싸다 *ḥtl* 젖먹이를; 강보에 싸다

포도 *uṯkl* /(ʾ)*uṯkā/ūlu*/ 포도송이
*ǵnb** /*ǵinabu*/ 포도송이

포도나무 *gpn*$_1$ /*gapnu*/ 포도덩굴

포도나무 가지를 치다 √*zbr* < **zmr* G(?)

포도덩굴 *azmr*
gpn$_1$ /*gapnu*/ 포도나무

포도밭 *gt* /*gittu*/ < **gintu* 임금에게 속한 밭
krm /*karmu*/
šdmt 계단식; 경작지

포도송이 *uṯkl* /(ʾ)*uṯkā/ūlu*/ 포도
*ǵnb** /*ǵinabu*/ 포도송이, 포도

포도주 *ḫmr* /*ḫamru*/ 발효중이라 아직 거품이 이는
mṣb$_2$ 포도주의 종류
smd(?)
yn /*yênu*/ < **yaynu*

포도주를 담는 용기 *dkrt*

포도즙 *mrṯ* /*mêrāṯu*/ < **mayrāṯu*(?) 포도액
trṯ /*têrāṯu*/; *tîrāṯu*(< **ta/iyrāṯu*?) 과즙

포로 ☞ 죄수

포장 *mks* /*ma/iksû*/ < **maksawu* 덮개

포함하다 √*ṣrr*$_1$ G 좁다, 비좁다, 포위하다

폭풍우 *ḫḏḏ* 뇌우, 먹구름
ḫḏ(?) 뇌우

표면 *ap*$_2$의 쌍수형 앞면, 겉면, 꼭대기

표현 *hwt*$_1$ 말씀

표현, 말하기 *ṣat* /*siʾatu*/ 솟음, 일출

푸다 √*šʾb* G 물을 뜨다, 긷다

푸른색으로 물들이는 사람 *qnuym* 청금석장이

푸른 양털 *iqnu* /*ʾiqnaʾu*/ 푸른빛이 도는 양털, 라피스라줄리, 청금석

풀 ☞ 나무, 식물

풀려나다 √*ḥbṯ* G(?) 도망치다

풀무 *mpḫ** /*mappūḫu*/ 풍구

풀어줌 *tbrrt* /*tubārir(a)tu*/ 해방

품 *ḥq*** = *ḫé-qu* /*ḥêqu*/ < **ḥayqu* 가슴

품에 안다 √*ḥbq* D 함께 자다

품팔이꾼 *škr*$_1$ /*šakīru*/ < **śakīru* 삯꾼

품팔이꾼을 고용하다 √*škr* < **śkr* G 부리다, 빌리다

풍구 ☞ 풀무

풍부히 준비되어 있다 √*prš*(ʾ)(?) 덮이다

피 *dm*$_2$ /*damu*/

피리 *ṯlb*

피부 *ǵr*$_2$

피부에 주름을 내다 √*ḥrṯ* G/D 긁어 찢다

피붙이 ☞ 친척

피신하는 *brḥ* /*barīḥu*/(?) 바삐 지나가는

피의 복수를 하다 √*ṯʾr*$_1$(?) 앙갚음하다

피하다 √*brḥ* G 도망치다

ㅎ

하나 aḥd$_1$ /ʾaḥ(ḥ)adu/ 일一, 함께, 일치하여
aḥt /ʾaḥ(ḥ)attu/ < *ʾaḥadtu
ʿšt /ʿaštî/; /ʿaštê < *ʿašti/ay- 숫자 열 하나, 11을 표현할 때만
하나뿐인 yḥd /yaḥīdu/ < *waḥīdu 홀로, 혼자 서서
하나뿐인 자 aḥd$_2$ 혼자 있는 자
하녀 amt$_1$ /ʾam(a)tu/ 여종
…하는 한 ʿd$_5$ …할 때, …할 때까지(접속사)
하늘 šmm /šamûma/ < *šamayūma
하다 √kwn Š 준비하다, 규정하다
…하다면! aḥl /ʾaḥVlê/ū/ 아! … 이라면
하루 ʿšty /ʿaštiyV/; /ʿaštayV/ 첫날
ym$_1$ /yômu/ < *yawmu 날日
하루가 지나가다 √ʿtq$_1$ G 지나쳐 가다
하루치 곡식 ḥpr /ḥipru/ 곡식 할당량, 부양, 급식
하룻밤 묵다 √lyn G 밤을 보내다
하얀 lbn$_1$ /labanu/ 하얀
하인 ☞ 종
…하자마자 id …할 때(접속사)
hlm /hallu(m)ma/(?) 보라!
k$_3$ /kī/ 그래서, 왜냐하면, …할 때, …한 경우에, …한다면, …처럼
하지만 ☞ 그러나
하지 않는다 al$_1$ /ʾal/ …이 아니다(부정)
bl$_1$ …이 아니다(부정)
l$_2$ /lā/ …이 아니다(부정)
학살하다 √qyl Š 쳐부수다
학생 ǧmr /ǧamaru/ 무식한 자, 초년생, 초년병
lmd /lu/immūdu/(?) 제자, 숙련된 사람
lmdt /lu/immūdatu/(?) 여학생
…한 경우에 im$_1$ /ʾim(ma)/ < *him(ma) …한다면
k$_3$ /kī/ 그래서, 왜냐하면, …할 때, …하자마자, …한다면, …처럼
…한다면 im$_1$ /ʾim(ma)/ < *him(ma) …할 경우에
hm$_1$ /him(ma)/ 만일; …할 때, 또는
k$_3$ /kī/ 그래서, 왜냐하면, …할 때, …하자마자, …한 경우에, …처럼
kd$_1$ 그래서, 왜냐하면, …할 때
함께 자다 √ḥbq D 품에 안다
한숨 tant(?) 신음, 마주침, 만남
한숨 쉬다 √nwḥ G 탄원하다, 울다
한탄 bky 울음, 눈물 흘림, 비탄
(한탄의) 아아! 오! y$_1$ /yā/; /yê/
한탄하는 여자(들) bkyt* /ba/ikkīyatu/(?); /bākiyātu/우는 여인(들)
할당 ksm$_1$ 몫, 일부
할당량 ḥpr /ḥipru/ 곡식의; 하루치 곡식, 부양, 급식
mnt$_1$ /manâtu/ < *manayatu 제사음식의 몫, 신체의 일부
mštt /maštîtu/ < *maštiytu 음료
…할 때 id …하자마자(접속사)
ʿd$_5$ …하는 한, …할 때까지(접속사)
hm$_1$ /him(ma)/ 만일 …한다면, 또는
k$_3$ /kī/ 그래서, 왜냐하면, …하자마자, …한 경우에, …한다면, …처럼
kd$_1$ 그래서, 왜냐하면, …한다면
km$_2$ /kīma/
…할 때까지 ʿd$_5$ …하는 한, …할 때(접속사)
핥다 √lḥk G 다 핥아 먹다
함函 ǧlp 통, 껍질; 조개
함께 aḥd$_1$ /ʾaḥ(ḥ)adu/ 하나, 일一, 일치하여
aḥdh /ʾaḥ(ḥ)adah/ 서로
ʿm$_2$ /ʿimma/ … 옆에서
b … 안에, … 통해
yd$_2$ /yada/ … 옆에, …와 나란히
함성 ☞ 외침
합계 tgmr /tagmīru/(?) 총합
합류 ʿdt$_1$ 모임, 회합
합병되다 √ʿrb N
합의 mṣmt /maṣVmmat/(?) 계약
합치다 √ʾsp Š 모으다
합환채 ddym 제물
항구 miḫd /maʾḫadu/ < *maʾḫaḏu 포구
항복한 ☞ 복종
항아리 bk$_1$
향香 qṭr /quṭru/ 연기, 냄새
rḥ$_2$ /rīḥu/ 냄새, 연기, 향기
ẓrw /ẓurwu/ 향내를 피우는 송진
향료 msk /misku/; /masku/ 포도주에 섞는 양념, 섞기, 혼합
sm*, smm /sammūma/양념, 향
해日 nyr /nayyāru/; /nay(y)īru/ 빛, 하늘의 빛

šnt$_1$ /*šan*(*a*)*tu*/ 년年
špš 태양
해결 *pṭr*$_1$ 틈, 균열, 삭제, 해소
pṭr$_2$* /*piṭru*/ 해소, 단절, 분열
해결하다 √*mlʾ* D 채우다, 채워 넣다
√*prq* G 갈기갈기 찢다, 떼다, 해방하다
해골 *qdqd* /*qudqudu*/; /*qadqadu*/
해넘이 *mʿrb* /*maʿrabu*/ 일몰
ṣbu$_1$ /*ṣabīʾu*/ 해돋이
tgh(?) 빛남, 해돋이
해돋이 *ṣbu*$_1$ /*ṣabīʾu*/ 일몰
tgh(?) 빛남, 일몰
해룡海龍 ☞ 바다괴물
해방 *ḫb*/*pṯ*$_1$ /*ḫupṯu*/ 후프쑤, 사회적으로 낮은 계급, 놓아줌
tbrrt /*tubārir*(*a*)*tu*/ 풀어줌
해방하다 √*pdy* G 몸값을 치르다, 구원하다
√*plṭ* D 안전하게 하다, 구원하다
√*prq* G 갈기갈기 찢다, 떼다, 해결하다
해산 *ḫllt* 산고
해소 *pṭr*$_1$ 틈, 균열, 삭제, 해결
pṭr$_2$* /*piṭru*/ 해결, 단절, 분열
해안 ☞ 물가
행복 *išryt* /*ʾišriyatu*/ 복
행복하게 하다 √*šmḫ* Š 기쁘게 하다, 즐겁게 하다
행운 ☞ 운명
행하다 √*ršʿ* G 불의를; 악행을 저지르다
√*šrd* D 제의를
√*trp* 파렴치하게; 무시하다
향내 나는 제물을 바치다 √*rym* D* 똑바로 일으키다, 건물을 세우다
향로 *uṯht* 조금 큰
향수 *rqḥ*$_1$ /*riqḥu*/; /*ruqḥu*/
향수를 뿌리다 √*npp* Gt 치장하다
향연 *ʿšrt*$_3$ 술자리, 주연
mšt /*ma*/*ištû*/ < **maštayu* 잔치
향유 ☞ 기름
향하다 √*mnn* D(?) 아래로; 떨어지다
√*nḥ*/*y* G 몸을 돌리다
…향해서 *l*$_1$ …로, …위해, …의, …로부터
허가 *idn* /*ʾidnu*/(?) 허락
허가되다 √*ytn* < **wtn*(?) Gp
허락 *idn* /*ʾidnu*/(?) 허가
허리 *ḫlq** /*ḫilqu*/ 엉덩이, 궁둥이, 목, 목구멍
ksl /*ki*/*aslu*/ 활시위
mtn$_1$* *mtnm* /*matnāmi*/ 엉덩이 윗쪽을 받치는 두 근육
허리고기 *mtnt* 제물
허리끈 *mizrt**
허리를 묶다 √*šns* D 단단히 묶다
허물다 √*nts*(?) 쳐서 부숴버리다
헌작 *mtk* /*mattaku*/ < **mantaku*
šqy$_2$*
tǧẓyt/*taǧzīyatu*/
헤매다 √*ʿws* G 밤에; 방랑하다
√*tǧy* G 이리저리; 거닐다, 여행하다
헤아려지다 √*spr* N 셈해지다
헤아리게 하다 √*spr* Š
헤아리다 √*spr* G 세다
헤아림 *spr*$_1$ 셈, 수
헨나꽃 *kpr* /*kupru*/
혀, 혓바닥 *lšn* /*lašānu*/
현혹하다 √*ḥgr* G
협상대리인 *bdl** 대표
형상 ☞ 형태
형제 *aḫ*$_1$ /*ʾaḫu*/; /*ʾaḫû*/ < **ʾaḫawu*
형제의 미망인 *ybmt* /*yabam*(*a*)*tu*/(?) 제수
형체가 비틀거리다 √*dlp* G 소란스럽게 되다
형태 *sknt*(?)
tmn /*tamûnu*/ 형체
tmnt /*tamûnatu*/ 노습, 사지四肢, 손발
형태를 만들다 √*nḥt*$_1$ D 자르다, 깎다
호수 *ym*$_2$ /*yammu*/ 호수
호의 *nʿmt* /*niʿmatu*/(?) 사랑스러움
호통치다 √*gʿr* G
혹 *ʿṯqb** 낙타의; 등
gbṯt 낙타의; 돌기, 비만, 비대
ǧṣb 종양
혼 *rḫ* = *rḥ*(?) 유령, 정신
혼인 *ḫtn*$_2$ 사돈 맺기
혼인 지참금 *mhr*$_3$ 혼인 선물
trḫt 신부값
혼인 지참금을 지불하다 √*trḫ* G 혼인하다
혼인하다 √*trḫ* G 혼인 지참금/신부값을 지불하다
혼자 서서 *yḥd* /*yaḥīdu*/ < **waḥīdu* 홀로, 하나뿐인
혼자 있는 자 *aḥd*$_2$ 하나뿐인 자
혼합 *msk* /*misku*/; /*masku*/ 포도주에 섞는 양념, 향료, 섞기
혼합액 *mskt* 약품을 조제하기 위한 합성액
홀로 *bddy*(?)
lbdm /*li-baddi*/*u*(*m*)*ma*/(?)
yḥd /*yaḥīdu*/ < **waḥīdu* 혼자 서서,

하나뿐인
화 *ap*$_2$ /ʾ*appu*/ < *ʾ*anpu* 코, 말의 콧등, 분노
화관 ʿ*ṭrṭrt* 왕관/화관을 씌우기, 왕관
lyt /*lâyāti*/(?) < **lawayāti* 화관, 화환, 종, 수행원
화나다 √*kwr* G(?) 분노하다, 격노하다
화덕 *ur*$_2$* /ʾ*ûru*/(?) 불
화려함 ☞ 영광
화를 돋우다 ☞ 자극하다
화살 *ḥḏ** 화살(촉)
ḥẓ /*ḥiẓẓu*/ 화살, 살
šrt(?) 살, 화살, 화살촉
화살 만드는 사람 *ḫḏǧl*
화살촉 *qṣʿt*(?) 무기의 일종; 요리사, 활, 방패
화석 ☞ 석기
화환 ☞ 화관
환영幻影 *ḏhrt* 꿈에서 보는 환영
ḏrt 꿈에서 본 환영
hdrt 꿈에서 보는 환영
환영하다 √ʿ*rs*(?) 즐겁다, 축하하다
환하다 ☞ 빛나다
환호하다 √*gwl* G 외치다
√*rnn* D* 크게 외치다
환희 ʿ*dn*$_2$ 넉넉한 수량 기한, 약속
활弓 *qṣʿt*(?) 무기의 일종; 화살촉, 요리사, 방패
qšt /*qaštu*/
활시위 *ksl* /*ki*/*aslu*/ 허리
활을 당기다 √*drk* G 밟다
√*qbb* G 구부리다, 굽히다
황무지 *aklt*
황소 *alp*$_1$ /ʾ*alpu*/
ibr /ʾ*ibbīru*/ < *ʾ*abbīru*
ṯr /*ṯôru*/ < **ṯawru*
황폐한 땅 *ḥmdrt*
횃불 *šbʿr*
회 *-id* 번, 곱
pamt 번
회계 *ḥṯb* 셈, 계산
ḥṯbn /*ḥi*/*uṯbānu*/ 셈, 계산
회전 *nqpnt* 돌기, 선회
nqpt
회중, 회합 ☞ 모임
회칠하다 ☞ 덧바르다
회향풀의 일종 *qṣḥ**
후손 *uḫry*
špḥ /*šapḥu*/ 대가족, 씨족
šrš /*šuršu*/ 뿌리
후손을 잃다 √*ṯkl* G
후프쑤 *ḫb*/*pṯ*$_1$ /*ḫupṯu*/ 사회적으로 낮은 계급, 놓아줌, 해방
휴식처 *mnḫ*(?)
nḫt /*nûḫatu*/ < **nuwḫatu* 의자
휴식하다 √*nwḫ* G
√*šlw*(?) 평온하다
흉벽 *ḫnpt*(?) 난간
흐르게 하다 √*lḥḥ* Š
흐르다 √*hlk* G 시냇물이; 가다, 지나가 버리다, 사라지다
흐름 *nhr* /*nah*(*a*)*ru*/ 강, 개울
흑! *u*$_2$ /ʾ*ô*/(?) 오오!
흑단黑檀나무 *hbn*
흑요석黑曜石 *ẓr*(2)
흔들다 √*nʿr* D 털다
흔들리다 √*nǧṣ*(< **nǧḍ*) G 떨다, 비틀거리다
√*nṭṭ* G 떨다
흘러나가다 √*ntk* N 범람하다, 눈물이 뚝뚝 떨어지다
흙 *rgbt*(?) 흙덩어리, 진흙
흙벽돌 *lbnt* /*labinātu*/
흙벽돌을 빚다 √*lbn* D
흡입하다 ☞ 빨다
흥분되다 √*ṯkḥ*$_1$ G 성적으로
흥분하다 √*zw*/*yd*(?) 불을 붙이다 등
흩뿌리다 √*dry*/*w* < **ḏry*/*w* G/D 곡식을 까부리다
흩어지다 √*plg* N 갈라지다, 분기하다
√*prš* Gp/N 녹다, 펴다
희망하다 √*ṣby*/*w* 동경하다
희생제를 바치는 구덩이 *ǧb* /*ǧabbu*/
희생 제물 *dbḥ*
trmt /*tarû*/*îmatu*/
희생 제물로 바치다 √*dbḥ* G
희생 제물로 바쳐지다 √*dbḥ* N
√*qdm* Dp
희생 제물을 바치다 √*nkt* G
√*qdm*D
√*qdš* Š
√*qrb* Š 선물로 바치다
√*qry* D
희생 제물을 바침 *trmmt* /*turāmim*(*a*)*tu*/(?)
희열 ʿ*dn*$_2$ 환희, 넉넉한 수량, 기한, 약속
흰 *lbn*$_1$ /*labanu*/ 하얀
흰머리 *šbt* /*šêbatu*/ < **śaybatu*; /*šîbatu*/ 나이듦, 노령

흰색 *lbn*$_2$
힘 *an*$_2$* /*ʾânu*/ < **ʾawanu*
ul /*ʾôlu*/ < **ʾawlu*; /*ʾûlu*/ < **ʾuwlu* 권력, 군사력
ʿz$_2$ /*ʿuzzu*/; /*ʿizzu*/
ʿẓm$_2$ /*ʿuẓmu*/ 권능
dbat /*dubʾatu*/(?)
ḍmr$_2$ /*ḍimru*/ 보호
ḥl$_2$ /*ḥêlu*/ < **ḥaylu*(?) 세력
lan /*laʾânu*/ < **laʾawānu* 권력, 강한, 승리하는
힘든 *abyn* /*ʾabyānu*/ 가난한
√*dwy* G 약하다, 불쌍하다
힘세다 √*ʿzz* G 강하다
힘센 *gdl*$_1$ /*gadulu*/ 두꺼운, 큰
힘센 것 *gdlt*$_2$ /*gadul*(*a*)*tu*/ 두꺼운 것, 큰 것, 강한 것
힘센 자 *ulny* 권력자
ǧzr /*ǧāziru*/(?) 영웅, 강한 자
ḥyly º 칭호; 강한 자
힘을 주다 √*ʿzz* D* 권능을 주다
√*mrr*$_2$ G 축복하다
힘을 잃다 √*lʾw*/*y* G 지치다, 약하다
힘줄 *gd*$_1$* /*gîdu*/ < **giydu*